Die inhaltliche Kontrolle von Betriebsvereinbarungen

Europäische Hochschulschriften
Publications Universitaires Européennes
European University Studies

Reihe II
Rechtswissenschaft

Série II Series II
Droit
Law

Bd./Vol. 4277

PETER LANG
Frankfurt am Main · Berlin · Bern · Bruxelles · New York · Oxford · Wien

Sven Borngräber

Die inhaltliche Kontrolle von Betriebsvereinbarungen

PETER LANG
Europäischer Verlag der Wissenschaften

Bibliografische Information Der Deutschen Bibliothek
Die Deutsche Bibliothek verzeichnet diese Publikation in der Deutschen Nationalbibliografie; detaillierte bibliografische Daten sind im Internet über <http://dnb.ddb.de> abrufbar.

Zugl.: Köln, Univ., Diss., 2004

D 38
ISSN 0531-7312
ISBN 3-631-53732-8

www.peterlang.de

Inhaltsverzeichnis

§ 1 Einführung

I. Problemstellung

Die Betriebsvereinbarung ist das einzige gesetzlich geregelte und in der betrieblichen Praxis das primäre Mittel zur Gestaltung betriebseinheitlicher Arbeitsbedingungen. Anders als die Regelungsabrede bietet sie die Möglichkeit, mit normativer Wirkung einheitliche Arbeitsbedingungen für die im Betrieb beschäftigten Arbeitnehmer zu schaffen (§ 77 Abs. 4 BetrVG). Mit dem Regelungsinstrument der Betriebsvereinbarung kann nach ganz überwiegender Auffassung alles geregelt werden, was auch in Tarifverträgen vereinbart werden kann. Zwar hat der Gesetzgeber den Betriebspartnern nicht ausdrücklich einen umfassenden Regelungsauftrag erteilt; Rechtsprechung und herrschende Lehre halten jedoch alle Arbeitsbedingungen im weitesten Sinne, auch außerhalb der gesetzlichen Einzelermächtigungen, für regelbar[1]. Vereinzelt wird gar gefordert, das kollektive Aushandeln der essentialia des Arbeitsverhältnisses, Arbeitszeit und Arbeitslohn, von der tariflichen auf die betriebliche Ebene zu verlagern[2].

Zur gewachsenen Bedeutung der Betriebsvereinbarung in der betrieblichen Praxis hat die Rechtsprechung des Bundesarbeitsgerichts erheblich beigetragen; zu denken ist insbesondere an die Erweiterung der Beteiligungsrechte bei der Gewährung freiwilliger betrieblicher Sozialleistungen und die Entscheidungen zur grundsätzlichen Zulässigkeit der Verschlechterung vertraglicher Einheitsregelungen durch ablösende Betriebsvereinbarungen sowie zur eingeschränkten Geltung des Tarifvorrangs gem. § 77 Abs. 3 BetrVG.

Trotz der herausragenden Bedeutung der Betriebsvereinbarung fehlt es an ausdrücklichen gesetzlichen Regelungen darüber, ob und inwieweit Betriebsvereinbarungen der richterlichen Kontrolle unterliegen; insbesondere enthält das BetrVG, abgesehen von § 76 Abs. 5 S. 3 u. 4 BetrVG, der die gerichtliche Überprüfung von Beschlüssen der Einigungsstelle regelt, insoweit keine Bestimmungen. Bis zum Inkrafttreten des Schuldrechtsmodernisierungsgesetzes

---

[1] BAG, Beschluß v. 19.05.1978, AP Nr. 1 zu § 88 BetrVG 1972 (mit Anmerkung Löwisch/Hetzel); BAG (GS), Beschluß v. 07.11.1989, AP Nr. 46 zu § 77 BetrVG 1972; BAG, Urteil v. 06.08.1991, AP Nr. 52 zu § 77 BetrVG 1972 = SAE 1992, 197 (mit Anmerkung Rieble); BAG, Urteil v. 01.12.1992, AP Nr. 3 zu § 77 BetrVG 1972 Tarifvorbehalt; Barwasser, DB 1975, 2275; Buchner, DB 1985, 913, 915; F/K/H/E/S, BetrVG, § 77 Rn. 30, 34; Kreutz, Betriebsautonomie, S. 208 ff.; derselbe in: GK-BetrVG, § 77 Rn. 83 ff.; Nebel, Normen, S. 90f.; Zöllner, ZfA 1988, 265; jeweils mit weiteren Nachweisen auch zur Gegenauffassung.

[2] Reuter, RdA 1991, 193, 196 ff..

entsprach die Situation für Betriebsvereinbarungen damit derjenigen im gesamten Arbeitsrecht, für welches eine Kontrolle anhand des AGB-Gesetzes gemäß § 23 Abs. 1 AGBG ausgeschlossen war.

Mangels gesetzlicher Regelung blieb es Rechtsprechung und Wissenschaft überlassen, den Umfang der gerichtlichen Kontrolle von Betriebsvereinbarungen zu klären. Das Bundesarbeitsgericht gelangte dabei auf wechselnder Grundlage zu einer häufig sehr weitgehenden inhaltlichen Kontrolle, die es uneinheitlich als „Billigkeitskontrolle"[3], „Inhaltskontrolle"[4] oder „Rechtskontrolle"[5] bezeichnet und die über die Kontrolle anhand zwingenden Gesetzesrechts und der guten Sitten (§§ 134, 138 BGB) hinausgehen soll[6]. Eine „Billigkeitskontrolle" hält das Bundesarbeitsgericht vor allem dann für geboten, wenn eine Betriebsvereinbarung in bereits bestehende Rechtspositionen zum Nachteil der Arbeitnehmer

---

[3] BAG, Urteil v. 30.01.1970, AP Nr. 142 zu § 242 BGB Ruhegehalt (mit Anmerkung Richardi) = SAE 1970, 262 ff. (mit Anmerkung Säcker) = BB 1970, 1097 ff. (mit Anmerkung v. Arnim); BAG, Beschluß v. 08.12.1981, AP Nr. 1 zu § 1 BetrAVG Ablösung (mit Anmerkung Herschel) = SAE 1983, 191 ff. (mit Anmerkung Reuter) = JuS 1982, 787 ff. (mit Anmerkung Reuter); BAG, Urteil v. 08.12.1981, SAE 1983, 197 ff. (mit Anmerkung Reuter); BAG, Urteil v. 09.12.1981, AP Nr. 14 zu § 112 BetrVG 1972 = SAE 1982, 299 ff. (mit Anmerkung Wolf/Hammen); BAG, Urteil v. 12.08.1982, AP Nr. 4 zu § 77 BetrVG 1972 (mit Anmerkung Hanau) = SAE 1983, 125 ff. (mit Anmerkung Lieb); BAG, Urteil v. 17.03.1987, AP Nr. 9 zu § 1 BetrAVG = SAE 1987, 281 ff. (mit Anmerkung Reuter); BAG, Urteil v. 26.07.1988, AP Nr. 45 zu § 112 BetrVG 1972 (mit Anmerkung Löwisch); BAG, Urteil v. 25.04.1991, AP Nr. 138 zu § 611 BGB Gratifikation = SAE 1992, 237 ff. (mit Anmerkung Misera); BAG, Urteil v. 26. 10.1994, AP Nr. 18 zu § 611 BGB Anwesenheitsprämie (mit Anmerkung Thüsing); BAG, Urteil v. 21.01.1997, AP Nr. 64 zu § 77 BetrVG 1972; BAG, Urteil v. 20.02.2001, AP NR. 107 zu § 87 BetrVG 1972 Lohngestaltung.

[4] BAG, Urteil v. 26.07.1988, AP Nr. 45 zu § 112 BetrVG 1972; BAG, Urteil v. 22.05.1990, SAE 1992, 293 ff (mit Anmerkung Herrmann).; BAG, Urteil v. 23.10.1990, BB 1991, 699 ff.; BAG, Urteil v. 09.04.1991, BB 1991, 2161 ff.; BAG, Urteil v. 25.04.1991, AP Nr. 138 zu § 611 BGB Gratifikation; BAG, Urteil v. 21.01.1992, AP Nr. 24 zu § 1 BetrAVG; BAG, Urteil v. 26.10.1994, AP Nr. 18 zu § 611 BGB Anwesenheitsprämie.

[5] BAG, Urteil vom 22.05.1990, SAE 1992, 293 ff. (mit Anmerkung Herrmann) unter 2 der Gründe; seitdem ständig: BAG, Urteil vom 23.10.1990, BB 1991, 699 f. unter I der Gründe; BAG, Urteil v. 09.04.1991, BB 1991, 2161 ff. unter II der Gründe; BAG, Urteil v. 21.01.1992, AP Nr. 24 zu § 1 BetrAVG Ablösung unter I 2 der Gründe; BAG, Urteil v. 16.07.1996, AP Nr. 21 zu § 1 BetrAVG Ablösung unter II 1 der Gründe; BAG, Urteil v. 18.09.2001, SAE 2003, 221 ff. (mit Anmerkung Steinmeyer) unter II 2 c aa der Gründe; BAG, Urteil v. 23.10.2001, DB 2002, 1383,1384; BAG, Urteil v. 29.10.2002, RdA 2003, 293 ff. (mit Anmerkung Feuerborn).

[6] BAG, Urteil v. 30.01.1970, AP Nr. 142 zu § 242 BGB Ruhegehalt (mit Anmerkung Richardi) unter B IV 3 b der Gründe = SAE 1970, 262 ff. (mit Anmerkung Säcker) = BB 1970, 1097 ff. (mit Anmerkung v.Arnim); BAG, Urteil v. 13.09.1974, AP Nr. 84 zu § 611 BGB Gratifikation (mit Anmerkung Schwerdtner); BAG, Urteil v. 26.07.1988, AP Nr. 45 zu § 112 BetrVG 1972 (mit Anmerkung Löwisch) unter III 1 der Gründe.

eingreift[7]. Betroffen sind daher in erster Linie verschlechternde Betriebsvereinbarungen, insbesondere aus dem Bereich der Betrieblichen Altersversorgung. Insoweit dient die gerichtliche Prüfung einer Kollisionskontrolle[8]. Gerichtlich überprüft wird jedoch ebenso der Regelungsinhalt der Betriebsvereinbarung selbst. Auch Sozialpläne werden einer „Billigkeitskontrolle“ unterworfen[9]. Der – gerade im Vergleich zu Tarifverträgen – strengere Kontrollmaßstab wird im Ausgangspunkt mit der fehlenden Parität zwischen Betriebsrat und Arbeitgeber gerechtfertigt; diese ergebe sich in erster Linie aus der Abhängigkeit der Betriebsratsmitglieder vom Arbeitgeber und aus der Unzulässigkeit des Arbeitskampfes (§ 74 Abs. 2 S. 1 BetrVG)[10].

Die überwiegende Auffassung in der Literatur stand dem von der Rechtsprechung angelegten Kontrollmaßstab schon vor der Schuldrechtsreform weitgehend kritisch gegenüber. Dem Bundesarbeitsgericht wird eine verfehlte Terminologie, aber auch eine unzulässige Beschränkung der Betriebsautonomie ohne ausreichende dogmatische Grundlage vorgeworfen.

Mit den Änderungen des Schuldrechtsmodernisierungsgesetzes wurde die Diskussion um die Grenzen einer Inhaltskontrolle von Betriebsvereinbarungen neu entfacht. Durch die Streichung der bisherigen Bereichsausnahme des § 23 Abs. 1 AGBG für Arbeitsverträge wurde erstmals eine positive Rechtsgrundlage für die Inhaltskontrolle Allgemeiner Geschäftsbedingungen im Arbeitsrecht geschaffen. Betriebsvereinbarungen bleiben jedoch gemäß § 310 Abs. 4 S. 1 BGB weiterhin von einer AGB-Kontrolle ausgeschlossen, womit sie der Gesetzgeber an die Seite der Tarifverträge gestellt hat. Dies ist vor allem deshalb bemerkenswert, weil das Bundesarbeitsgericht der Betriebsvereinbarung bislang stets eine geringere „Richtigkeitsgewähr“ als dem Tarifvertrag unterstellt und gerade mit dieser Begründung eine gegenüber Tarifverträgen

---

[7] BAG, Beschluß v. 08.12.1981, AP Nr. 1 zu § 1 BetrAVG Ablösung (mit Anmerkung Herschel).

[8] Richardi, BetrVG, § 77 Rn. 118.

[9] BAG, Urteil v. 11.06.1975, AP Nr. 1 zu § 77 BetrVG Auslegung; BAG, Urteil v. 17.02.1981, AP Nr. 11 zu § 112 BetrVG 1972 (mit Anmerkung Kraft); BAG, Urteil v. 24.03.1981, AP Nr. 12 zu § 112 BetrVG 1972 (mit Anmerkung Hilger) = SAE 1982, 76 ff. (mit Anmerkung Mayer-Maly); BAG, Urteil v. 09.12.1981, AP Nr. 14 zu § 112 BetrVG 1972 = SAE 1982, 299 ff. (mit Anmerkung Wolf/Hammen); offen gelassen in: BAG, Urteil v. 14.02.1984, AP Nr. 21 zu § 112 BetrVG 1972 (mit Anmerkung Konzen) unter 2 der Gründe = SAE 1985, 321 ff. (mit Anmerkung Löwisch/Bittner).

[10] BAG, Urteil v. 30.01.1970, AP Nr. 142 zu § 242 BGB Ruhegehalt (mit Anmerkung Richardi) unter B IV 3 b der Gründe = SAE 1970, 262 ff. (mit Anmerkung Säcker) = BB 1970. 1097 ff. (mit Anmerkung v. Arnim); BAG, Urteil v. 13.09.1974, AP Nr. 84 zu § 611 BGB Gratifikation (mit Anmerkung Schwerdtner); BAG, Urteil v. 26.07.1988, AP Nr. 45 zu § 112 BetrVG 1972 (mit Anmerkung Löwisch) unter III 1 der Gründe.

strengere Kontrolle gerechtfertigt hatte. Die Feststellung des Bundesarbeitsgerichts, Betriebsvereinbarungen seien der gerichtlichen Kontrolle nicht im selben Maße entzogen wie Tarifverträge[11], gilt nun zumindest nicht mehr für das AGB-Recht.

Die Folgen der neu gefaßten Bereichsausnahme werden unterschiedlich beurteilt. Mit Blick auf eine unklare Gesetzesbegründung und der Feststellung, bei Betriebsvereinbarungen handele es sich nicht um Allgemeine Geschäftsbedingungen, werden zum Teil jegliche Auswirkungen auf die bisherige Kontrollpraxis geleugnet[12]. Demgegenüber entnimmt ein großer Teil der Literatur der Bereichsausnahme des § 310 Abs. 4 S. 1 BGB eine Sperrwirkung für eine Inhaltskontrolle (Angemessenheitskontrolle) von Betriebsvereinbarungen[13], wobei der Einfluß dieser Sperrwirkung auf die bisherige Rechtsprechung vielfach für gering gehalten wird, da diese ohnehin meist nicht über eine „Rechtskontrolle" hinausgegangen sei[14].

II. Gang der Untersuchung

Betriebsvereinbarungen entstehen wie Verträge und wirken wie Gesetze. Diesem Doppelcharakter der Betriebsvereinbarung als Norm und Vertrag muß bei der Frage nach der Reichweite einer inhaltlichen Kontrolle von Betriebsvereinbarungen Rechnung getragen werden. Im ersten Teil der Arbeit ist daher die besondere Wirkungsweise der Betriebsvereinbarung zu erörtern.

Anschließend ist zu untersuchen, anhand welcher der in Rechtsprechung und Literatur diskutierten Kontrollinstitute die Betriebsvereinbarung zu messen ist. Da die Betriebsvereinbarung Vertrag ist, können sich Beschränkungen der Gestaltungsfreiheit der Betriebspartner zunächst aufgrund der Institute der Vertragskontrolle ergeben. Neben einer Kontrolle am Maßstab des zwingenden Gesetzesrechts (insbesondere §§ 134, 138 BGB) erscheint insoweit vor allem eine Inhalts- oder Billigkeitskontrolle von Betriebsvereinbarungen möglich. Weiterhin ist zu beachten, daß die Betriebsvereinbarung, im Unterschied zu

---

[11] BAG, Urteil v. 30.01.1970, AP Nr. 142 zu § 242 BGB (mit Anmerkung Richardi) unter B IV 3 b der Gründe = SAE 1970, 262 ff. (mit Anmerkung Säcker) = BB 1970, 1097 ff. (mit Anmerkung v. Arnim).

[12] Däubler, NZA 2001, 1329, 1334; Richardi, NZA 2002, 1057, 1058 f.; ders., GS Blomeyer S. 299, 312; Singer, RdA 2003, 194, 197 f..

[13] Annuß, BB 2002, 458, 459; Gotthardt, Schuldrechtsreform, Rn. 337; Hromadka, NJW 2002, 2523, 2525; Lieb, FS Ulmer, S. 1231, 1241 f.; ders., Arbeitsrecht, § 1 V 5, Rn. 119; Preis in: ErfK, §§ 305-310 BGB, Rn. 12; ders., Kollektivarbeitsrecht, § 152 I 6. Reichold, Anmerkung zu BAG, Urteil v. 15.11.2000, AP Nr. 84 zu § 77 BetrVG unter I 2.

[14] Gotthardt, Schuldrechtsreform, Rn. 337; Preis in: ErfK, §§ 305-310 BGB, Rn. 12; ders., Kollektivarbeitsrecht, § 152 I 6.

typischen Verträgen im Sinne der §§ 145 ff. BGB, nicht nur die Rechtsverhältnisse der Vertragsschließenden betrifft, sondern auch die Rechtsverhältnisse Dritter, nämlich der Arbeitnehmer, normativ regelt. Dieser normative Charakter wirft die Frage nach einer der Kontrolle staatlicher Gesetze ähnlichen Normenkontrolle auf. Insoweit wird insbesondere die Bindung der Betriebspartner an die Grundrechte, den Verhältnismäßigkeitsgrundsatz und die Rückwirkungsgrundsätze zu untersuchen sein.

Sind die Grenzen einer inhaltlichen Kontrolle von Betriebsvereinbarungen geklärt, gilt es im dritten Teil der Arbeit, die aktuelle Rechtsprechung des Bundesarbeitsgerichts in ausgewählten Bereichen auf ihre Vereinbarkeit mit dem gefundenen Kontrollmaßstab zu untersuchen. Dabei soll den Schwerpunkten der bisherigen Diskussion folgend insbesondere auf die gerichtliche Kontrolle ablösender Betriebsvereinbarungen, die gerichtliche Kontrolle des Regelungsinhalts von Betriebsvereinbarungen im Gratifikationsrecht und die gerichtliche Kontrolle von Sozialplänen eingegangen werden.

§ 2 Rechtscharakter und Wirkungsweise der Betriebsvereinbarung

Die besondere Wirkungsweise der Betriebsvereinbarung erschließt sich aus § 77 Abs. 4 S. 1 BetrVG. Hiernach gilt die Betriebsvereinbarung „unmittelbar und zwingend“, wirkt also mit gesetzesgleicher Kraft auf die Arbeitsverhältnisse ein. Gerade diese besondere Wirkungsweise auch gegenüber den am Zustandekommen der Betriebsvereinbarung unbeteiligten Arbeitnehmern wirft die Frage nach den Grenzen der betrieblichen Rechtsetzung auf und muß daher Ausgangspunkt für die Bestimmung des Umfangs der inhaltlichen Kontrolle von Betriebsvereinbarungen sein.

I. Zustandekommen der Betriebsvereinbarung

1. Rechtsnatur des Regelungsaktes

Über die Rechtsnatur des Begründungsaktes der Betriebsvereinbarung wurde jahrzehntelang gestritten.

Abzulehnen ist zunächst die „Vereinbarungstheorie“, nach welcher die Betriebsvereinbarung durch inhaltsgleiche – nicht lediglich korrespondierende – Willenserklärungen zustande kommt[15]. Hiernach stünden die Betriebspartner anders als die Vertragsparteien nicht einander gegenüber, sondern als Mitwirkende nebeneinander[16]. Arbeitgeber und Betriebsrat verfolgen aber im wesentlichen gerade keine gleichgerichteten Interessen, so daß auch ihre Willensrichtung grundsätzlich nicht als gleichgerichtet angesehen werden kann[17]. Ohnehin hat die Vereinbarung als vom Vertrag kaum abgrenzbares Rechtsinstitut keine eigenständige Bedeutung; es ist nicht ersichtlich, inwiefern sie anders zu behandeln wäre als der Vertrag[18]. Eine Differenzierung zwischen Vertrag und Vereinbarung ist in der Rechtsgeschäftsdogmatik nicht angelegt[19].

Ebensowenig kann die Betriebsvereinbarung als autonome Satzung verstanden werden, die vergleichbar den öffentlich-rechtlichen Satzungen durch parallele

---

[15] Dietz, FS Sitzler, S. 131, 135 f.; Jacobi, Grundlehren, S. 350 ff.; Neumann-Duesberg, RdA 1962, S. 404, 409 f.; Nikisch, Arbeitsrecht III, S. 270 ff..

[16] Jacobi, Grundlehren, S. 351.

[17] G.Hueck, Betriebsvereinbarung, S. 45; Wollgast, Betriebsvereinbarungen, S. 93.

[18] Hueck/Nipperdey II/2, S. 1272; Kreutz, Betriebsautonomie, S. 16; ders., in: GK-BetrVG, § 77 Rn 36.

[19] Kreutz, Betriebsautonomie, S. 15 f.; Wollgast, Betriebsvereinbarungen, S. 93.

Beschlüsse des Arbeitgebers und des Betriebsrats zustande kommt[20]. Der Betrieb ist nicht verbandsmäßig organisiert; Arbeitgeber und Betriebsrat verfolgen jeweils ihre spezifischen Interessen und stellen keine Organe eines übergeordneten Betriebsverbandes dar[21].

Mit der heute ganz überwiegende Auffassung ist die Betriebsvereinbarung daher als privatrechtlicher (Normen-)Vertrag im Sinne der §§ 145 ff. BGB zu begründen (sog. „Vertragstheorie")[22]: Betriebsrat und Arbeitgeber fassen ausgehend von der jeweiligen Interessenlage getrennte Entschlüsse, welche sie der anderen Partei erklären. Da diese Erklärungen erst mit dem Zugang rechtserheblich werden, erfüllen sie den Tatbestand einer auf den Vertragsschluß gerichteten empfangsbedürftigen Willenserklärung[23].

2. *Parteien der Betriebsvereinbarung*

Parteien der Betriebsvereinbarung sind Arbeitgeber und Betriebsrat[24]. Die Belegschaft als solche bzw. die einzelnen Arbeitnehmer in ihrer betrieblichen Verbundenheit können entgegen teilweise vertretener Auffassung[25] nicht als originäre Vertragspartner des Arbeitgebers angesehen werden. Das Tätigwerden

---

[20] a.A. Herschel, RdA 1956, 161, 168; in jüngerer Zeit ausgehend von der These des Betriebsverbandes: Nebel, Normen, S. 162 ff.; Reuter, RdA 1991, 193, 197 ff.; ZfA 1993, 221, 226 ff.; ZfA 1995, 1, 67; modifizierend die sog. „Beschlußtheorie", welche eine eigenständige Beschlußfassung auf Arbeitgeberseite verneint und in der Betriebsvereinbarung selbst einen Beschluß zwischen Arbeitgeber und Betriebsrat sieht: Adomeit, BB 1962, 1246, 1248; Bogs, RdA 1956, 1, 5.

[21] Bickel, ZfA 1971, 181, 188f.; Hammer, Schutzpflicht, S. 62; Heinrich, Formale Freiheit, S. 531; Herrmann, Anmerkung zum Urteil des BAG, v. 22.05.1990, SAE 1992, 293 ff, 297; Konzen, ZfA 1985, 469, 484; Kreutz, Betriebsautonomie, S. 72; Reichold, Sozialprivatrecht, S. 540; Richardi, BetrVG, § 77 Rn 23; ders., Kollektivgewalt, S. 317; Staschik, Betriebsvereinbarung, S. 11; Waltermann, Rechtsetzung, S. 89; Zöllner, FS 25 Jahre BAG, S. 745, 754 ff..

[22] Bulla, DB 1962, 1207; v.Hoyningen-Huene, Betriebsverfassungsrecht, § 11 III 2; Hueck/Nipperdey II/2, S. 1272; G. Hueck, Betriebsvereinbarung, S. 42 ff.; Kirchhof, Rechtsetzung, S. 223; Kreutz, Betriebsautonomie, S. 17 f.; ders., in: GK-BetrVG, § 77 Rn. 35; Matthes in: MünchArbR, § 328, Rn. 1; Strasser, Betriebsvereinbarung, S. 93 ff.; Travlos-Tzanetatos, Regelungsbefugnis, S. 57 f.; Waltermann, Rechtsetzung, S. 97.

[23] Kreutz, Grenzen, S. 17 f..

[24] Brune in: AR-Blattei, SD 520, Rn. 61 ff.; Fitting/Kaiser/Heither/Engels, § 77 Rn. 13, 18; Heinrich, Formale Freiheit, S. 530 f.; Kreutz, Betriebsautonomie, S. 35 f.; ders., in: GK-BetrVG, § 77 Rn. 38; Richardi, BetrVG, § 77 Rn. 31; Säcker, Gruppenautonomie, S. 341; Waltermann, Rechtsetzung, S. 85, 139.

[25] Jacobi, Grundlehren, S. 286 ff.; Quasten, Zulässigkeit, S. 36; Strasser, Betriebsvereinbarung, S. 117 f.; Travlos-Tzanetatos, Regelungsbefugnis, S. 43 f..

des Betriebsrats ist der Belegschaft nicht auf der Entstehungsebene zuzurechnen. Eine andere Deutung wird den Vorgaben des BetrVG nicht gerecht. Wo immer das BetrVG Beteiligungsrechte vorsieht, weist es diese (mit Ausnahme der §§ 81 – 86 BetrVG) nicht der Belegschaft, sondern dem Betriebsrat zu. Nur der Betriebsrat, nicht aber die Belegschaft als solche ist handlungsfähig. Beim Abschluß von Betriebsvereinbarungen handelt der Betriebsrat im eigenen Namen, nicht als Vertreter oder Organ der Belegschaft[26]. Demzufolge übt der Betriebsrat die ihm durch das BetrVG zugewiesenen Rechte und Pflichten – wenn auch im Interesse der Belegschaft – originär aus.

II. Die Betriebsvereinbarung als Institution des Privatrechts

Bei der Betriebsvereinbarung handelt es sich um eine Institution des Privatrechts[27]. Der eine Betriebsvereinbarung abschließende Arbeitgeber ist ein Subjekt des Privatrechts. Ebenso ist der Betriebsrat ein privates Gebilde; er nimmt keine staatlichen Aufgaben wahr, sondern agiert im privaten Bereich[28]. Der Betriebsrat wird weder vom Staat errichtet, noch besteht ein hoheitlicher Errichtungszwang[29]. Darüber hinaus unterliegen die Betriebspartner auch keiner Rechtsaufsicht[30].

III. Unmittelbare, zwingende und normative Wirkung der Betriebsvereinbarung

Die Betriebsvereinbarung wirkt gemäß § 77 Abs. 4 BetrVG unmittelbar und zwingend. Dabei wird die unmittelbare Wirkung der Betriebsvereinbarung allgemein dahingehend verstanden, daß ihre Regelungen von außen auf die Arbeitsverhältnisse wie ein Gesetz einwirken, ohne Bestandteil des Arbeitsvertrages zu sein[31]. Die zwingende Wirkung der Betriebsvereinbarung besagt, daß ihre Regelungen unabdingbar und auch gegen den Willen der Arbeitsvertragsparteien gelten und abweichende arbeitsvertragliche Regelungen über den

---

[26] Kreutz, Betriebsautonomie, S. 30 ff..

[27] Hueck/Nipperdey, II/2, S. 1256, 1274 ff.; Jacobi, Grundlehren, S. 350; Kirchhof, Rechtsetzung, S. 214 f.; Kreutz, Betriebsautonomie, S. 99 ff.; Richardi, Kollektivgewalt, S. 316 f.; ders., BetrVG § 77 Rn. 28 f.; Waltermann, Rechtsetzung, S. 140.

[28] Kirchhof, Rechtsetzung, S. 214; Nikisch, Arbeitsrecht III, S. 20.

[29] Kirchhof, Rechtsetzung, S. 215.

[30] Richardi, Kollektivgewalt, S. 317; ders., BetrVG § 77 Rn. 28 f.; Kirchhof, Rechtsetzung, S. 215; Nikisch, Arbeitsrecht III, S. 22.

[31] BAG (GS), Beschluß v. 16.03.1956, AP Nr. 1 zu § 57 BetrVG; Hueck/Nipperdey, II/2, S. 1266.

gleichen Regelungsgegenstand ausgeschlossen sind[32]. Betriebsvereinbarungswidrige Abreden sind grundsätzlich nichtig, wenn nicht die Betriebspartner auf die zu ihrer Disposition stehende zwingende Wirkung verzichten[33]. Allerdings wirken Betriebsvereinbarungen nur einseitig zwingend. Auch wenn § 77 BetrVG im Gegensatz zu § 4 Abs. 3 TVG das Günstigkeitsprinzip nicht ausdrücklich normiert, ist dessen Geltung im Betriebsverfassungsrecht allgemein anerkannt[34]. Einzelvertragliche Abreden können also zugunsten der Arbeitnehmer von einer Betriebsvereinbarung abweichen.

IV. Verhältnis zur Privatautonomie

Mit der Wirkungsweise der Betriebsvereinbarung ist deren Verhältnis zur Individualautonomie der regelungsunterworfenen Arbeitnehmer angesprochen. Der Kollektivvertrag setzt den Vorrang des Gruppenwillens voraus, welcher sich auch gegenüber dem Widerspruch des einzelnen durchsetzen muß. Damit steht die Betriebsautonomie in einem Spannungsverhältnis zur Individualautonomie der einzelnen Arbeitnehmer, die sich der Geltung der Betriebsvereinbarung nur um den Preis des Arbeitsplatzwechsels entziehen können.

Dieses Verhältnis der Betriebsvereinbarung zur Privatautonomie ist von entscheidender Bedeutung für die Reichweite ihrer inhaltlichen Kontrolle. Wäre die Wirkung der Betriebsvereinbarung privatautonom zu erklären, könnten die allgemeinen Grenzen der Vertragsfreiheit Anwendung finden. Gegenüber der privatautonomen Selbstbestimmung wäre eine besondere Zurückhaltung bei der gerichtlichen Kontrolle geboten. Selbstbestimmung bedeutet nämlich auch, daß es Sache des einzelnen ist, seine Interessen wahrzunehmen; diesem ist das Recht zur Willkür gegeben[35]. Nur wenn die Funktionsvoraussetzungen der Privatautonomie fehlten, also die Vertragsparität gestört wäre[36], wären engere Grenzen zu ziehen.

Andererseits ist Vertragsfreiheit nur gerechtfertigt, wo der Vertragsinhalt von der beiderseitigen Selbstbestimmung der Vertragsschließenden getragen ist[37].

---

[32] BAG (GS), Beschluß v. 16.09.1986, AP Nr. 17 zu § 77 BetrVG 1972 unter C II 1 der Gründe = SAE 1987, 175 ff. (mit Anmerkung Löwisch).

[33] Kreutz, Betriebsautonomie, S. 48.

[34] BAG (GS), Beschluß v. 16.09.1986, AP Nr. 17 zu § 77 BetrVG 1972 unter C II der Gründe = SAE 1987, 175 ff. (mit Anmerkung Löwisch); v.Hoyningen-Huene, Betriebsverfassungsrecht, § 11 III 1; Kreutz in: GK-BetrVG, § 77 Rn. 234 ff.; Lieb, Arbeitsrecht, § 8 I 3 a) aa), Rn. 712; Richardi, BetrVG, § 77 Rn. 141 ff..

[35] v.Hippel, Privatautonomie, S. 61 f..

[36] siehe unten § 3, I, 4.

[37] Flume, Rechtsgeschäft, S. 10; Richardi, Kollektivgewalt, S. 43; Wolf, Entscheidungsfrei-

Idee des Vertrages ist, daß das vertraglich Vereinbarte gilt, weil die Vertragspartner in Wahrnehmung ihrer Selbstbestimmungsfreiheit vereinbart haben, daß es so Rechtens sein soll[38]. Dagegen gewährt die Privatautonomie im Falle des Handelns für einen anderen kein Recht zur Willkürfreiheit. Vielmehr ist Handeln für einen anderen grundsätzlich Handeln in pflichtgemäßer Bindung[39]. Ist die Betriebsvereinbarung also als Fremdbestimmungsordnung zu verstehen, ginge es nicht allein um die Grenzen der Privatautonomie, sondern auch um die Grenzen der Rechtsetzung mit Wirkung für Dritte.

Zu prüfen ist demnach, ob die Privatautonomie durch die Verlagerung der Gestaltungsbefugnisse auf eine kollektive Ebene zurückgedrängt wird, oder ob sie auch die Gruppenentscheidung zu tragen vermag, also auch die Betriebsvereinbarung als Akt der Privatautonomie angesehen werden kann.

1. Die Betriebsvereinbarung als Ausdruck der Vertragsfreiheit von Arbeitgeber und Betriebsrat

Der Arbeitgeber wirkt beim Abschluß der Betriebsvereinbarung als Partei mit[40]. Die Betriebsvereinbarung wird von seinem unmittelbaren Willen getragen; sie stellt – anders als der (Verbands-) Tarifvertrag – eine von ihm selbstbestimmte Ordnung dar[41]. Dem steht nicht entgegen, daß die Möglichkeit des Arbeitgebers zur Selbstgestaltung des Arbeitsverhältnisses durch das kollektive Arbeitsrecht eingeschränkt ist. Zwar ist der Arbeitgeber weitgehend auf eine Einigung mit dem Betriebsrat angewiesen, eine solche Einigung wird aber stets von seinem Willen getragen[42]. Die betriebsverfassungsgesetzlichen Reglementierungen sind vom Prinzip der Privatautonomie verkraftete gesetzgeberische Ausgestaltungen im Sinne der durch das Grundgesetz vorgezeichneten Wertordnung[43]. Eine Ausnahme bildet insoweit die durch Spruch der Einigungsstelle gemäß §§ 77 Abs. 2 S. 2, 112 Abs. 1 S. 3 BetrVG zustande gekommene Betriebsvereinbarung. Diese ist fremdbestimmt und nicht Ausdruck der Vertragsfreiheit des

---

heit, S. 20.

[38] Flume, Rechtsgeschäft, S. 8.

[39] Fastrich, Inhaltskontrolle, S. 205; Flume, Rechtsgeschäft, S. 7, 9.

[40] BVerfG Beschluß v. 23.04.1986, BVerfGE 73, 261, 271 f. = NJW 1987, 827 ff.; Richardi, Kollektivgewalt, S. 320; Waltermann, Rechtsetzung, S. 85.

[41] BVerfG Beschluß v. 23.04.1986, BVerfGE 73, 261, 271 f.; Canaris, JuS 1989, 161, 166; Kreutz, Betriebsautonomie, S. 61; Nebel, Normen, S. 159 ff.; Richardi, ZfA 1992, 307, 330; Waltermann, Rechtsetzung, S. 85 f..

[42] Heinrich, Formale Freiheit, S. 530; Waltermann, Rechtsetzung, S. 85 f..

[43] Waltermann, Rechtsetzung, S. 85 f..

Arbeitgebers; für sie ist in § 76 Abs. 5 S. 4 ein besonderes gerichtliches Kontrollverfahren geregelt.

Ebenso wie der Arbeitgeber ist auch der Betriebsrat Partei der Betriebsvereinbarung und beim Abschluß einer Betriebsvereinbarung in seiner Entscheidungsfreiheit grundsätzlich nicht beschränkt. Seine Beteiligung am Entstehungsakt der Betriebsvereinbarung ist daher ebenfalls selbstbestimmte Gestaltung[44].

Die Betriebsvereinbarung ist also Ausfluß der Vertragsfreiheit von Arbeitgeber und Betriebsrat.

2. Der Mangel privatautonomer Legitimation durch die Arbeitnehmer

Anders als Arbeitgeber und Betriebsrat sind die betriebsangehörigen Arbeitnehmer nicht unmittelbar am Abschluß der Betriebsvereinbarung beteiligt. Für sie gilt die Betriebsvereinbarung gemäß § 77 Abs. 4 S. 1 BetrVG unmittelbar und zwingend. Gleichwohl könnte die Wirkung der Betriebsvereinbarung auf das Prinzip der Selbstbestimmung zurückzuführen sein. Zu denken wäre insoweit zunächst an ein mandatarisches Erklärungsmodell in Anknüpfung an die §§ 164 ff. oder § 328 BGB. Da diese Deutung aber die vom konkreten Willen des Arbeitnehmers unabhängige Wirkung der Betriebsvereinbarung nicht erklären kann, wird sie heute nicht mehr ernsthaft erwogen[45].

Eine Regelung kann allerdings nicht schon dann als Fremdbestimmungsordnung angesehen werden, wenn ihre Wirkung heteronom und der Adressat des Rechtsbefehls nicht an der Regelbildung beteiligt ist. Auch eine freiwillige rechtsgeschäftliche Unterwerfung unter den Regelungswillen anderer steht mit dem Prinzip der Privatautonomie in Einklang. Hinsichtlich der Betriebsvereinbarung könnte also von einer Selbstbestimmungsordnung dann ausgegangen werden, wenn ihre Geltung von der Unterwerfung oder Zustimmung der Arbeitnehmer abhängig wäre[46]. Eine solche willentliche Akzeptanz der Arbeitnehmer würde die Betriebsvereinbarung zu einem Institut der Vertragsfreiheit machen. Der hierfür vorausgesetzte individuelle Selbstbestimmungsakt der Arbeitnehmer wird zum Teil in der Wahl des Betriebsrates[47] oder auch im

---

[44] Heinrich, Formale Freiheit, S. 530.

[45] Kreutz, Betriebsautonomie, S. 51.

[46] Adomeit, Rechtsquellenfragen, S. 130; Kreutz, Betriebsautonomie, S. 58; Waltermann, Rechtsetzung, S. 88.

[47] Hueck/Nipperdey II/2, S. 1262, 1668 f.; Säcker, Gruppenautonomie, S. 344; Travlos-Tzanetatos, Regelungsbefugnis, S. 69 f.; vgl. auch Jahnke, Tarifautonomie, S. 111; Hanau, JZ 1969, 642, 643.

Abschluß des Arbeitsvertrages, verbunden mit dem Eintritt des Arbeitnehmers in den Betrieb[48], erkannt.

Die herrschende Auffassung betrachtet die Betriebsvereinbarung hingegen als Fremdbestimmungsordnung, der es an einer privatautonomen Legitimation durch die einzelnen Arbeitnehmer fehlt[49].

a) Der Abschluß des Arbeitsvertrages als Akt der Selbstbestimmung

Eine Unterwerfung der Arbeitnehmer unter das Bestimmungsrecht der Betriebspartner könnte zunächst im Abschluß des Arbeitsvertrages und der Einbindung in den Betrieb liegen. Durch diesen privatautonomen Akt wird die Zugehörigkeit zur Belegschaft geschaffen, die wiederum Voraussetzung der normativen Wirkung ist.

aa) Der Arbeitsvertrag als Statusvertrag

Meyer-Cording[50] sieht im Arbeitsvertrag die Zustimmung des Arbeitnehmers zur Einordnung in die Ordnung des Betriebes und die Unterwerfung unter dessen objektive Ordnungskräfte. Der Arbeitsvertrag sei damit nicht nur ein Austauschvertrag im herkömmlichen Sinne, sondern habe zumindest teilweise auch die Qualität eines Statusvertrages, mit dem sich der Arbeitnehmer der „präexistenten Rechtsordnung des Betriebes“[51] unterwerfe. Ausgangspunkt dieser Wertung ist die von *Meyer-Cording* getroffene Unterscheidung zwischen „Wahlnormen“ und „Zwangsnormen“. Betriebsvereinbarungen seien als „Wahlnormen“ zu verstehen, die der Arbeitnehmer mit dem Eintritt in den Betrieb akzeptiere. Damit wurzele das „Betriebsrecht“ in der Privatautonomie.

---

[48] Meyer-Cording, Rechtsnormen, S. 89 f., 102 ff.; Reichold, Sozialprivatrecht, S. 542; insbesondere Nebel, Normen, S. 124 ff. und Reuter, RdA 1991, 193 ff. sehen die Betriebsverfassung als Verfassung eines auf Grundlage freiwilliger Mitgliedschaft errichteten Verbandes an.

[49] Biedenkopf, Tarifautonomie, S. 298; Canaris, AuR 1966, 129, 139; Däubler, NZA 1988, 857, 860; Dauner-Lieb, DZWiR 1996, 317; Hans Hanau, Individualautonomie, S. 59 ff.; Herrmann, Anmerkung zu BAG, Urteil v. 22.05.1990, SAE 1992, 293, 296 f.; Hönn, Kompensation, S. 212ff.; Kallrath, Kontrolle, S. 151 ff.; Käppler, FS Kissel, S. 475, 480; Kirchhof, Rechtsetzung, S. 93 f., 212 ff.; Konzen, ZfA 1985, 469, 474; ders., Anmerkung zu BAG, Urteil v. 14.02.1984, AP Nr. 21 zu § 112 BetrVG 1972; Kreutz, Betriebsautonomie, S. 64 ff.; Müller-Franken, Befugnis, S. 59 ff.; Picker, NZA 2002, 761, 769; Richardi, Kollektivgewalt, S. 316 ff.; ders., BetrVG, § 77 Rn. 65; Seifert, Betriebsvereinbarungen, S. 95 ff.; Staschik, Betriebsvereinbarung, S. 9 ff.; Waltermann, Rechtsetzung, S. 86 ff.; ders., FS Söllner, S. 1251, 1266f.; Veit, Zuständigkeit, S. 169 ff..

[50] Meyer-Cording, Rechtsnormen, S. 90.

[51] Meyer-Cording, Rechtsnormen, S. 87 ff.,106.

Der Lehre *Meyer-Cordings* ist zu Recht entgegengehalten worden, daß der Abschluß des Arbeitsvertrages nicht auf eine im Betrieb vorhandene Regelung, sondern einzig auf die Begründung des Arbeitsverhältnisses abzielt. Im Abschluß des Arbeitsvertrages kann daher keine stillschweigende Unterwerfung unter das betriebliche Regelungswerk erkannt werden[52]. Auch ist die Auffassung von der Sanktionierung der Betriebsvereinbarung mittels Arbeitsvertrags nicht mit der zwingenden Wirkung der Betriebsvereinbarung vereinbar, die auch bei ausdrücklicher Abbedingung im Arbeitsvertrag ihre Geltung behält[53].

Ohnehin könnte eine im Abschluß des Arbeitsvertrages liegende Unterwerfung nur die zu diesem Zeitpunkt geltenden Betriebsvereinbarungen erfassen. Zukünftige Betriebsvereinbarungen ergehen auch gegen den Willen des betroffenen Arbeitnehmers und entfalten fremdbestimmende Wirkung[54].

bb) Vertragsrechtsakzessorietät der Betriebsverfassung

Auch nach Auffassung von *Reichold* findet die betriebliche Rechtsetzung ihre privatautonome Legitimation im Arbeitsvertrag. Dem liegt die These von der Vertragsrechtsakzessorietät der Betriebsverfassung zugrunde. Hiernach besteht der materiale Wertungsgrund betrieblicher Mitbestimmung darin, die grundrechtlich geschützte Freiheit der Berufsausübung beider Arbeitsvertragsparteien im Betrieb zu einem schonenden Ausgleich zu bringen, und zwar durch deren Ermöglichung auf Seiten des Arbeitnehmers, durch deren Beschränkung auf Seiten des Arbeitgebers[55]. Zweck der Betriebsverfassung sei es, im Rahmen des Arbeitsverhältnisses „Freiheit auf Gegenseitigkeit" zu organisieren[56]. Der Betriebsrat könne daher als Vertragshelfer für betriebliche Arbeitsbedingungen bezeichnet werden, der die Interessen der Belegschaft bündele und diese bei der ständig notwendigen Konkretisierung der arbeitsvertraglichen Pflichten zur Geltung bringe[57]. Unter anderem mit dem Instrument der Betriebsvereinbarung bewirke der Betriebsrat die hinsichtlich der sozial-immateriellen Interessen der

---

[52] Biberacher, Rechtsetzung, S. 19 f.; Canaris, AuR 1966, 129, 139; Hans Hanau, Individualautonomie, S. 60; Kirchhof, Private Rechtsetzung, S. 93; Kreutz, Grenzen, S. 64 ff.; Müller-Franken, Befugnis, S. 57; Richardi, Kollektivgewalt, S. 313 f.; Waltermann, NZA 1996, 357, 360.

[53] Kreutz, Betriebsautonomie, S. 65; Staschik, Betriebsvereinbarung, S. 12; Waltermann, Rechtsetzung, S. 89 .

[54] Kirchhof, Private Rechtsetzung, S. 94; Müller-Franken, Befugnis, S. 58.

[55] Reichold, Sozialprivatrecht, S. 493; zustimmend Blomeyer, NZA 1996, 337, 345; ähnlich Rieble, Arbeitsmarkt, Rn. 1418 ff..

[56] Reichold, Sozialprivatrecht, S. 459 ff..

[57] Reichold, Sozialprivatrecht, S. 499; ebenso Rieble, Arbeitsmarkt, Rn. 1419.

Belegschaft erforderliche Angemessenheitskontrolle[58]. Auf Grundlage dieser vertragsrechtsakzessorischen Deutung der Betriebsverfassung sieht *Reichold* im Arbeitsvertrag die alleinige und ausreichende privatautonome Legitimation für die Normwirkung der Betriebsvereinbarung[59]. Diese errichte keine Zwangsordnung, sondern sei material Vertragsrecht, indem sie das dem Arbeitgeber von der Rechtsordnung aufgrund Arbeitsvertrages eingeräumte Weisungs- bzw. Gestaltungsrecht durch Gestaltungsteilhabe sozialverträglich materialisiere[60].

Der Lösung *Reicholds* ist zuzugeben, daß bei Regelung solcher Arbeitsbedingungen, die vertraglich dem Alleinbestimmungsrecht des Arbeitgebers unterstellt sind, erst die Beteiligung des Betriebsrats die Mitberücksichtigung der Arbeitnehmerinteressen erzwingen kann. Zwar hat der Arbeitnehmer insoweit durch den Arbeitsvertrag nicht dem Betriebsrat, sondern dem Arbeitgeber ein Bestimmungsrecht eingeräumt. Erst die Mitbestimmung des Betriebsrats begrenzt aber die Alleinzuständigkeit des Arbeitgebers; sie ändert nichts an der ohnehin nicht gegebenen Zuständigkeit des einzelnen Arbeitnehmers[61].

Das vertragsakzessorische Modell Reicholds kann die Wirkung der Betriebsvereinbarung allerdings nur dort erklären, wo dem Arbeitgeber die einseitige Regelung der Arbeitsbedingungen zugewiesen ist[62]. Die gemeinsame Regelungsmacht der Betriebspartner geht jedoch über die des Arbeitgebers hinaus. Als Beispiele lassen sich Betriebsvereinbarungen über die Umstrukturierung und Verschlechterung betrieblicher Sozialleistungen nennen[63]. Auch die vorübergehende Verkürzung der betriebsüblichen Arbeitszeit ist aufgrund des Direktionsrechts nicht möglich, soll aber nach Auffassung des Bundesarbeitsgerichts und der herrschenden Auffassung durch Betriebsvereinbarung geregelt werden können[64]. In derartigen Fällen kann die Tätigkeit des Betriebsrats nur schwerlich als „Vertragshelfer", die Betriebsvereinbarung nicht als vertragsrechtsakzesso-

[58] Reichold, Sozialprivatrecht, S. 509.

[59] Reichold, Sozialprivatrecht, S. 542; sich der Argumentation Reicholds anschließend: Blomeyer, NZA 1996, 337, 345.

[60] Reichold, Sozialprivatrecht, S. 543 ff..

[61] Hammer, Schutzpflicht, S. 90.

[62] Hänlein, RdA 2003, 26, 30; Hammer, Schutzpflicht, S. 60.

[63] Hierzu siehe unten § 10.

[64] BAG, Beschluß v. 21.11.1978, AP Nr. 2 zu § 87 BetrVG 1972 Arbeitszeit (mit Anmerkung Wiedemann/Moll); BAG, Urteil v. 14.02.1991, AP Nr. 4 zu § 615 BGB Kurzarbeit unter IV 3 der Gründe; Richardi, ZfA 1992, 307, 314; Saecker/Oetker, ZfA 1991, 131, 171; jeweils mit weiteren Nachweisen; eine Regelungskompetenz der Betriebspartner verneinend: Lieb, Arbeitsrecht, § 8 III 4 b bb, Rn. 796; Waltermann, NZA 1993, 679 ff.; ders., NZA 1996, 357, 362.

risch angesehen werden. Das Legitimationsproblem der betrieblichen Rechtsetzung erschöpft sich also nicht im Abschluß des Arbeitsvertrages.

cc) Der Arbeitsvertrag als Beitrittsvertrag zum Arbeitsverband Betrieb

Entgegen *Reuter*[65] und *Nebel*[66] kann die Betriebsvereinbarung auch nicht als eine vom Arbeitnehmer akzeptierte Verbandssatzung angesehen werden. Beide erkennen (mit zum Teil abweichender Begründung) in der Betriebsverfassung die Verfassung eines auf der Grundlage freiwilliger Mitgliedschaft errichteten Betriebsverbandes. Der Abschluß des Arbeitsvertrages sei als Beitritt zu diesem Verband zu deuten, mit dem auch die Geltung der Betriebsvereinbarung als Satzung des Betriebsverbandes begründet werde[67].

Mangels eines von Arbeitgeber und Arbeitnehmer gemeinsam verfolgten Zwecks besteht jedoch kein solcher Arbeitgeber und Belegschaft umfassender Betriebsverband. Vielmehr wird der Betriebszweck allein vom Arbeitgeber definiert. Daß zu seinem Erreichen ein Zusammenwirken von Arbeitgeber und Arbeitnehmern erforderlich ist, macht den Betriebszweck nicht zum gemeinsamen Zweck von Arbeitgeber und Belegschaft[68]. Das gemeinsame Interesse an der Funktionsfähigkeit des Unternehmens reicht nicht aus, einen gemeinsamen gesellschaftsrechtlichen Zweck zu begründen[69]. Ebensowenig kann in dem Abschluß des Arbeitsvertrages ein Beitritt zur Belegschaft erkannt werden. Eine entsprechende ausdrückliche oder konkludente Willensäußerung des betreffenden Arbeitnehmers enthält der Arbeitsvertrag nicht[70]. Der Arbeitnehmer verpflichtet sich im Arbeitsvertrag zur Erbringung der Arbeitsleistung, nicht aber dazu, gegen Teilhabe an der Wertschöpfung des Unternehmens mit Übernahme des Wirtschaftsrisikos, einen darüber hinausgehenden Unter-

---

[65] Reuter RdA 1991, 193 ff.; ders., ZfA 1993, 221, 251; ders., RdA 1994, 152 ff.; sich ihm anschließend Ehmann/Lambrich, NZA 1996, 346, 351.

[66] Nebel, Normen, S. 130; ; ebenso Wadephul, Vereinbarungen, S. 19 ff..

[67] Ehmann, ZRP 1996, 314, 317; Ehmann/Lambrich NZA 1996, 346, 351; Reuter ZfA 1993, 221, 251; ders., ZfA 1995, 1, 33.

[68] Bickel, ZfA 1971, 181, 188f.; Hammer, Schutzpflicht, S. 62; Heinrich, Formale Freiheit, S. 531; Herrmann, Anmerkung zum Urteil des BAG v. 22.05.1990, SAE 1992, 293 ff, 297; Konzen, ZfA 1985, 469, 484; Kreutz, Betriebsautonomie, S. 72; Reichold, Sozialprivatrecht, S. 540; Richardi, Kollektivgewalt, S. 317; Staschik, Betriebsvereinbarung, S. 11; Waltermann, Rechtsetzung, S. 89; Zöllner, FS 25 Jahre BAG, S. 745, 754 ff..

[69] MünchArbR/Richardi, § 8, Rn 13.

[70] Hammer, Schutzpflicht, S. 62; Konzen, FS Wolf, S. 279, 295; Kreutz, Betriebsautonomie, S. 63 f.; Reichold, Betriebsverfassung, S. 549; Staschik, Betriebsvereinbarung, S. 11.

nehmenszweck zu verfolgen[71]. Damit gibt es keinen freiwilligen Beitritt zur Belegschaft; diese ist allein durch das Gesetz verfaßt[72].

b) *Die Betriebsratswahl als Akt der Selbstbestimmung*

Ein großer Teil der Befürworter eines privatautonomen Erklärungsmodells stellt auf die Wahl des Betriebsrates als entscheidenden Unterwerfungsakt ab[73]. Die Wahl stelle nicht nur die demokratische Legitimation des Betriebsrats dar, sondern sei auch Grundlage der kollektiv-rechtlichen Gestaltungsmacht. Insbesondere sei zu bedenken, daß ein Betriebsrat nicht notwendig errichtet werden muss und daher auf eine freiwillige Entscheidung der Arbeitnehmer zurückgehe[74].

Auch die Annahme einer privatautonomen Legitimation durch die Betriebsratswahl ist jedoch mit der ganz überwiegenden Auffassung[75] abzulehnen. Die Betriebsratswahl hat nicht die Funktion, das Selbstbestimmungsrecht der einzelnen Arbeitnehmer auf den Betriebsrat zu übertragen. Sie dient allein dazu, die Arbeit des Betriebsrates demokratisch zu legitimieren und durch eine kollektive Mehrheit abzusichern[76]. Auch durch „Demokratie" wird heteronome Herrschaft ausgeübt. Insoweit ist insbesondere zu berücksichtigen, daß auch derjenige Arbeitnehmer, der sich nicht an der Betriebsratswahl beteiligt, durch Betriebsvereinbarungen gebunden wird[77]. Dieser Fall ist nicht nur bei Mitarbeitern gegeben, die von ihrem Wahlrecht keinen Gebrauch machen, sondern auch bei solchen Arbeitnehmern, die während einer laufenden Amtsperiode in den Betrieb eintreten. Ein Akt der Selbstbestimmung fehlt ferner bei denjenigen

---

[71] Hammer, Schutzpflicht, S. 62.

[72] Konzen, Leistungspflichten, S. 32.

[73] Hueck/Nipperdey II/2, S. 1262, 1668 f. ; Säcker, Gruppenautonomie, S. 344; Travlos-Tzanetatos, Regelungsbefugnis, S. 69 f.; vgl. auch Jahnke, Tarifautonomie und Mitbestimmung, S. 111; Hanau, JZ 1969, 642, 643.

[74] Jahnke, Tarifautonomie, S. 111.

[75] Heinrich, Formale Freiheit, S. 532; Hönn, Kompensation, S. 212; Kreutz, Betriebsautonomie, S. 66 ff; Lambrich, Betriebsautonomie, S. 204 f.; Richardi, Kollektivgewalt, S. 317; Staschik, Betriebsvereinbarung, S. 13; Waltermann, Rechtsetzung, S. 91 f..

[76] Heinrich, Formale Freiheit, S. 532; Herrmann, Anmerkung zu BAG, Urteil v. 22.05.1990, SAE 1992, 293, 297; Waltermann, NZA 1998, 505, 508.

[77] Heinrich, Formale Freiheit, S. 532; Kreutz, Betriebsautonomie, S. 68; Lambrich, Betriebsautonomie, S. 204; Staschik, Betriebsvereinbarung, S. 13; auch Jahnke verneint daher hinsichtlich der nicht an der Wahl teilnehmenden Arbeitnehmer eine privatautonome Legitimation: Jahnke, Tarifautonomie, S. 111 f..

Arbeitnehmern, die aufgrund ihres Lebensalters kein aktives Wahlrecht haben[78]. Weitere Durchbrechungen des Prinzips demokratischer Legitimation der Betriebsvertretungen haben die jüngsten Veränderungen im BetrVG zur Folge. So führt die neu geregelte Zuständigkeit des Gesamt- bzw. Konzernbetriebsrats für betriebsratslose Betriebe (§ 50 Abs. 1 S. 1; § 58 Abs. 1 S. 1 BetrVG) zu einer Vertretung auch der nicht wählenden Arbeitnehmer[79].

Selbst hinsichtlich der an der Wahl teilnehmenden Arbeitnehmer kann von einer Delegation des Selbstbestimmungsrechtes nicht gesprochen werden. Der Arbeitnehmer überträgt nämlich die Entscheidungsfreiheit nicht auf ein bestimmtes Gremium; er hat weder maßgeblichen Einfluß auf die Zusammensetzung des Betriebsrates, noch kann er dem Betriebsrat nach seinen Vorstellungen Vorgaben für die Ausübung des Repräsentationsauftrages machen[80]. Das Wahlergebnis stellt, unabhängig davon ob es auf einer Verhältnis- oder einer Mehrheitswahl beruht, eine Gesamtentscheidung aller wahlberechtigten Arbeitnehmer dar. Sowohl bei der Verhältniswahl als auch bei der Mehrheitswahl handelt es sich bei der Wahlentscheidung mangels Geltung des Einstimmigkeitsprinzips um eine Kollektiventscheidung, in welcher ein abweichendes Votum der Minderheit unberücksichtigt bleibt[81]. Dieser wird eine nicht gewollte Zusammensetzung des Betriebsrates aufgezwungen. Die Beteiligung des einzelnen Arbeitnehmers geht in der Gesamtentscheidung auf und kann damit nicht als ein auf seinen individuellen Willen rückführbarer Unterwerfungsakt angesehen werden[82].

Festzuhalten ist also, daß die Betriebsvereinbarung weder im Abschluß des Arbeitsvertrages, noch in der Wahl des Betriebsrates eine privatautonome Legitimation findet. Vielmehr handelt es sich bei der Betriebsvereinbarung um eine Fremdbestimmungsordnung. Ihre Heteronomität kennzeichnet den normativen Charakter der Betriebsvereinbarung. Trotz ihrer rechtsgeschäftlichen Begründung enthält sie Normen, die für die am Abschluß der Betriebsvereinbarung unbeteiligten Arbeitnehmer zwingend gelten. Zu Recht wird die Betriebsvereinbarung daher nahezu einhellig wie der Tarifvertrag als Normenvertrag bezeichnet[83].

---

[78] Konzen/Jacobs, FS Dieterich, S. 297, 303.

[79] hierzu Hanau, RdA 2001, 65, 66.

[80] Heinrich, Formale Freiheit, S. 532.

[81] Kreutz, Betriebsautonomie, S. 68 f.; Müller-Franken, Befugnis, S. 61.

[82] Kreutz, Betriebsautonomie, S. 69; Lambrich, Betriebsautonomie, S. 204 f.; Staschik, Betriebsvereinbarung, S. 14; Waltermann, Rechtsetzung, S. 91 f..

[83] F/K/H/E/S, § 77 Rn. 13; v.Hoyningen-Huene, Betriebsverfassungsrecht, § 11 III 1; Kreutz, in: GK-BetrVG, § 77 Rn. 168; Worzalla in: Hess/Schlochauer/Worzalla/Glock, § 77 Rn. 5; a.A. Hanau: „Quasi-Norm"; Reichold, Sozialprivatrecht, S. 545 und Rieble, Arbeitsmarkt, Rn.

V. Gegenständliche Grenzen der Regelungsbefugnis der Betriebspartner

Der dargestellte Konflikt zwischen der Privatautonomie der regelungsunterworfenen Arbeitnehmer und der durch Betriebsvereinbarung errichteten Zwangsordnung wird im Schrifttum zum Teil durch eine gegenständliche Begrenzung der Gestaltungsmacht der Betriebspartner zu lösen versucht. Insbesondere *Richardi* verneint eine umfassende Regelungsbefugnis der Betriebspartner durch Betriebsvereinbarung im Bereich der materiellen Arbeitsbedingungen[84]. Wegen des Charakters der Betriebsvereinbarung als korporativer Zwangsordnung sei es nicht möglich, den einzelnen Arbeitnehmer mit einer belastenden Regelung über solche materiellen Arbeitsbedingungen zu belegen, die dem Arbeitsverhältnis ihre konkrete Struktur geben. *Waltermann* begründet die Grenzen der Betriebsvereinbarung unter Rückgriff auf die Wesentlichkeitstheorie[85]. Er hält bei Grundrechtseingriffen durch Betriebsvereinbarungen wegen des Gesetzesvorbehalts ein Parlamentsgesetz für erforderlich. Fehle ein solches, sei eine Betriebsvereinbarung unzulässig[86].

Demgegenüber gehen Rechtsprechung und herrschende Auffassung in der arbeitsrechtlichen Lehre in gegenständlicher Hinsicht von einer umfassenden Befugnis der Betriebspartner aus, durch Betriebsvereinbarung sämtliche Arbeitsbedingungen zu regeln[87]. Die Notwendigkeit des Schutzes der Individualautonomie der Arbeitnehmer wird erst bei Bestimmung der inhaltlichen Grenzen der Regelungsmacht berücksichtigt und soll insbesondere durch die Billigkeits- oder Inhaltskontrolle von Betriebsvereinbarungen gewährleistet werden. Begründet wird diese umfassende Regelungsbefugnis der Betriebspartner in erster Linie mit § 88 BetrVG, dessen Generalklausel als Auffangtatbestand für die nicht explizit im Betriebsverfassungsgesetz geregelten Tatbestände verstanden wird[88]. Außerdem wird auf § 77 Abs. 3 BetrVG verwiesen, aus dem

---

1419 bezeichnen die Betriebsvereinbarung als „Quasi-Vertrag".

[84] Richardi, Kollektivgewalt, S. 313 ff.; ders., ZfA 1990, 211 ff.; ders., ZfA 1992, 307 ff..

[85] Waltermann, Rechtssetzung, S. 148 ff.; ders., RdA 1996, 129, 134 ff.; ders., NZA 1996, 357, 360 ff..

[86] Waltermann, Rechtsetzung, S. 148 ff.; ders., RdA 1996, 129, 134 ff.; ders., NZA 1996, 357, 360 ff..

[87] BAG, Beschluß v. 19.05.1978, AP Nr. 1 zu § 88 BetrVG 1972 (mit Anmerkung Löwisch/Hetzel); BAG (GS), Beschluß v. 07.11.1989, AP Nr. 46 zu § 77 BetrVG 1972; BAG, Urteil v. 06.08.1991, AP Nr. 52 zu § 77 BetrVG 1972 = SAE 1992, 197 (mit Anmerkung Rieble); BAG, Urteil v. 01.12.1992, AP Nr. 3 zu § 77 BetrVG 1972 Tarifvorbehalt; Barwasser, DB 1975, 2275; Buchner, DB 1985, 913, 915; F/K/H/E/S, BetrVG, § 77 Rn. 30, 34; Kreutz, Betriebsautonomie, S. 208 ff.; derselbe in: GK-BetrVG, § 77 Rn. 83 ff.; Nebel, Normen, S. 90f.; Zöllner, ZfA 1988, 265; jeweils mit weiteren Nachweisen.

[88] BAG, Beschluß v. 19.05.1978, AP Nr. 1 zu § 88 BetrVG 1972 (mit Anmerkung Löwisch/Hetzel); BAG (GS), Beschluß v. 07.11.1989, AP Nr. 46 zu § 77 BetrVG 1972, unter C

sich ergebe, daß Arbeitsentgelte und sonstige Arbeitsbedingungen grundsätzlich der Betriebsvereinbarung zugänglich seien, sofern nur keine Kollision mit einem Tarifvertrag vorliege[89].

Die Kritiker einer in gegenständlicher Hinsicht unbegrenzten Regelungsmacht der Betriebspartner sehen in dieser zum Teil den Grund für die weitgehende inhaltliche Kontrolle von Betriebsvereinbarungen durch die Rechtsprechung. Die herrschende Meinung nehme mit der Billigkeitskontrolle Freiheiten zurück, die sie sich nicht hätte nehmen dürfen[90].

Da diese Arbeit die inhaltlichen Grenzen der Betriebsvereinbarung darstellen soll, ist hier nicht der Raum, im einzelnen auf die genannten Auffassungen einzugehen. Die gegenwärtige Praxis wird durch die herrschende Auffassung einer umfassenden Regelungsbefugnis der Betriebspartner bestimmt; diese soll den weiteren Ausführungen zu Grunde gelegt werden.

VI. Ergebnis

Die Betriebsvereinbarung steht in einem Spannungsverhältnis zur Individualautonomie der einzelnen Arbeitnehmer. Ihr Begründungsakt folgt zwar den Regeln der Privatautonomie, ihre Wirkung beschränkt sich aber nicht auf die am Vertragsschluß Beteiligten, sondern erfaßt auch die betriebsangehörigen Arbeitnehmer, unabhängig von deren Willen. Anders als die Legitimation der Gewerkschaft beruht die des Betriebsrats nicht auf einem individualrechtlichem Unterwerfungsakt. Damit steht die Tarifautonomie dem Gedanken der Privatautonomie näher als die Betriebsautonomie[91].

Einen Gewinn an Selbstbestimmungsfreiheit für die Arbeitnehmer begründet die betriebliche Mitbestimmung dort, wo der Arbeitsvertrag als Mittel der Selbstbestimmung versagt und erst die kollektive Regelung zu einer angemessenen Berücksichtigung ihrer Interessen führt. Dies ist zum einen der Fall im Bereich der formellen Arbeitsbedingungen, den der Arbeitgeber ansonsten (rechtlich) einseitig regeln könnte. Hier schafft erst die Mitbestimmung des Betriebsrats das rechtstechnische Instrumentarium, welches eine Einflußnahme der Arbeitneh-

---

I 2 a der Gründe; BAG, Urteil v. 06.08.1991, AP Nr. 52 zu § 77 BetrVG 1972 = SAE 1992, 197 (mit Anmerkung Rieble); Oetker, NZA 1986, 148; Travlos-Tzanetatos, Regelungsbefugnis, S. 61.

[89] BAG, Beschluß v. 18.08.1987, AP Nr. 23 zu § 77 BetrVG im Anschluß an Kreutz, Betriebsautonomie, S. 211; ders., in: GK-BetrVG, § 77 Rn. 84 ff..

[90] Herrmann, NZA Beilage 3/2000, 14, 18.

[91] Richardi, Betriebsverfassung und Privatautonomie, S. 13; auch der Tarifvertrag enthält jedoch starke Elemente einer Fremdbestimmungsordnung: vgl. Belling, ZfA 1999, 547, 592 ff.; Waltermann, ZfA 2000, 53, 78 f..

mer auf die Gestaltung der Arbeitsbedingungen ermöglicht[92]. Aber auch im Bereich der materiellen Arbeitsbedingungen ist die Betriebsvereinbarung geeignet, den Arbeitnehmern Gestaltungsmöglichkeiten zu eröffnen, die der Einzelvertrag nicht bietet, sofern der einzelne Arbeitnehmer aufgrund seiner Unterlegenheit gegenüber dem Arbeitgeber seine Interessen selbst nicht durchsetzen kann[93]. Insoweit ist die Betriebsvereinbarung am Prinzip der Selbstbestimmung orientiert[94].

Folge der fehlenden privatautonomen Legitimation der Betriebsvereinbarung muß sein, daß für die Betriebsvereinbarungsautonomie engere als die allgemeinen Grenzen der Vertragsfreiheit gelten. Derartige über die §§ 134, 138 BGB hinausgehende Innenschranken der Betriebsautonomie ergeben sich zunächst insbesondere aus den zwingenden Vorschriften des Betriebsverfassungsgesetzes[95]. Es stellt sich jedoch die Frage, ob hierdurch die Selbstbestimmungsfreiheit der einzelnen Arbeitnehmer hinreichend geschützt ist, oder ob Betriebsvereinbarungen darüber hinaus einer Inhalts- oder Billigkeitskontrolle unterliegen.

---

[92] Hammer, Schutzpflicht, S. 42 ff.; Richardi, Kollektivgewalt, S. 319.

[93] Kreutz, Betriebsautonomie, S. 210 f..

[94] Hammer, Schutzpflicht, S. 42 f.; Kreutz, Betriebsautonomie, S. 210 f..

[95] hierzu siehe unten § 5.

§ 3 Inhaltskontrolle von Betriebsvereinbarungen

I. Grundlagen der Inhaltskontrolle

1. Begriff der Inhaltskontrolle

Der Begriff der Inhaltskontrolle ist mißverständlich, weil er nicht zu erkennen gibt, welcher Art die richterliche Prüfung ist[96]. In einem weiten Sinne verstanden umfaßt der Terminus der Inhaltskontrolle jede inhaltsbezogene Überprüfung, sei es auf Gesetzwidrigkeit, Sittenwidrigkeit oder Unangemessenheit[97]. Zumeist wird mit dem Begriff der Inhaltskontrolle jedoch nicht die gerichtliche Kontrolle von Verträgen anhand der allgemeinen Grenzen der Vertragsfreiheit bezeichnet. Vielmehr wird der Begriff in Anlehnung an die AGB-Vorschriften in einem verengten Sinne verwendet, nämlich als Terminus für eine Rechtskontrolle am Maßstab der Angemessenheit[98]. Ein gesetzlich geregelter Fall dieser Inhaltskontrolle im engeren Sinn ist die Kontrolle Allgemeiner Geschäftsbedingungen nach Maßgabe der §§ 305 ff. BGB (vormals AGBG). Die Anlehnung an das AGB-Recht bedeutet allerdings nicht, daß eine Inhaltskontrolle auf dessen Anwendungsbereich beschränkt ist. Die AGB-Vorschriften stellen nur eine Teilkodifikation des Instituts der Inhaltskontrolle dar[99].

2. Maßstab der Inhaltskontrolle

Der Maßstab der Inhaltskontrolle ist den AGB-Vorschriften zu entnehmen. Grundpfeiler der Prüfung ist hiernach das Verbot der nach Treu und Glauben unangemessenen Benachteiligung (§ 307 BGB)[100]. Zur Feststellung einer unangemessenen Benachteiligung bedarf es der sorgfältigen Abwägung der

---

96 Fastrich, Inhaltskontrolle, S. 5; Heinrich, Formale Freiheit, S. 536; Hildebrandt, Disparität, S. 4; Preis, Vertragsgestaltung, S. 147; Ulmer, Entwicklungen, S. 26; Westhoff, Inhaltskontrolle, S. 9 ff..

97 v. Hoyningen-Huene, Billigkeit, S. 128 f.; Klebau, Inhaltskontrolle, S. 31; Preis, Vertragsgestaltung, S. 148.

98 Fastrich, RdA 1997, 65, 70; Heinrich, Formale Freiheit, S. 301; Hönn, JA 1987, 337, 339; Preis, Vertragsgestaltung, S. 147 f.; Lieb, AcP 178 (1978), 196, 210, verwendet klarstellend den Begriff der „Angemessenheitskontrolle".

99 BGH Urteil v. 17.09.1987, BGHZ 101, 350, 353; im Anschluß an Lieb, AcP 178 (1978), S. 197 ff.; ders., DNotZ 1989, 274, 288; Bunte, ZIP 1984, 1313, 1315; Coester-Waltjen, AcP 190 (1990), 1, 16; Fastrich, RdA 1997, 65, 73; Preis, Vertragsgestaltung, S. 226 f..

100 Preis, Vertragsgestaltung, S. 298.

Interessen der Vertragsparteien[101]. Die Bindung an den Maßstab der Angemessenheit bedeutet nicht, daß nur eine „optimale Vertragsgestaltung“ wirksam ist. Vielmehr ist eine unangemessene Benachteiligung nur dann anzunehmen, wenn es sich um Nachteile von einigem Gewicht handelt[102]. Der Maßstab der Inhaltskontrolle ist dennoch deutlich feiner als derjenige der Sittenwidrigkeit, welcher auf grobe Interessenbeeinträchtigungen von erheblicher Stärke beschränkt ist[103]. Die Inhaltskontrolle erfaßt bereits unangemessene Klauseln, die noch innerhalb der allgemeinen Grenzen der Vertragsfreiheit liegen.

Der Maßstab der Inhaltskontrolle ist ein generalisierender Maßstab[104]; auf die konkrete Interessenlage der Vertragsparteien im Einzelfall kommt es also nicht an. Wie es der Gesetzgeber mit § 307 Abs. 2 Nr. 1 BGB für das Recht der Allgemeinen Geschäftsbedingungen vorgegeben hat, sind die Interessenbewertungen des dispositiven Gesetzesrechts als Leitbild der Inhaltskontrolle heranzuziehen. Ist ein solches gesetzliches Leitbild – wie häufig gerade im Arbeitsrecht – nicht vorhanden, ist es im Wege der Rechtsfortbildung zu begründen[105]. Anschließend ist zu prüfen, ob die vertragliche Regelung so weit zu Lasten des Vertragspartners von dem Leitbild abweicht, daß sie ihn unangemessen benachteiligt.

Ebenso wie die Kontrolle Allgemeiner Geschäftsbedingungen[106] ist auch die Inhaltskontrolle außerhalb der AGB-Vorschriften Rechtskontrolle und nicht Richtigkeitskontrolle[107]. Sie ist Rechtsanwendung, die von engeren materiellen Wirksamkeitsschranken ausgeht[108].

3. *Rechtsfolgen der Inhaltskontrolle*

Die Inhaltskontrolle enthält keine Kompetenz zur Vertragsgestaltung[109]. Wie sich aus § 307 Abs. 1 BGB ergibt, ist die Kontrolle Allgemeiner

---

[101] Preis, Vertragsgestaltung, S. 300 f..

[102] v.Hoyningen-Huene, Inhaltskontrolle, Rn. 143; Preis, Vertragsgestaltung, S. 299.

[103] BGH Beschluß v. 16.04.1996, ZIP 1996, 961; Fastrich, Inhaltskotrolle, S. 18.

[104] Fastrich, Inhaltskontrolle, S. 12; Preis, Vertragsgestaltung, S. 299 f..

[105] Fastrich, Inhaltskontrolle, S. 284 ff..

[106] Fastrich, Inhaltskontrolle, S. 9; Hönn, JZ 1983, 677, 680; ders., Kompensation, S. 159; Lieb, AcP 178 (1978), 196, 208.

[107] Fastrich, Inhaltskontrolle, S. 11; Hönn, JA 1987, S. 337, 339.

[108] Coester-Waltjen, AcP 190 (1990), 1, 5; Fastrich, Inhaltskontrolle, S. 10 f.; Lieb, AcP 178 (1978), 196, 209.

[109] Fastrich, Inhaltskontrolle, S. 13; Hönn, JZ 1983, 677, 681 ff.; Preis, Vertragsgestaltung, S. 148.

Geschäftsbedingungen nach den Vorschriften der §§ 305 ff. BGB eine Wirksamkeitskontrolle. Bestimmungen, die einer solchen Kontrolle nicht standhalten, sind also von Anfang an nichtig; etwaige Vertragslücken sind durch dispositives Recht zu schließen (§ 306 Abs. 2 BGB). Auch eine Inhaltskontrolle außerhalb der AGB-Vorschriften muß Wirksamkeitskontrolle sein[110]. Anders als bei der Billigkeitskontrolle gemäß § 315 BGB kann der Richter nur feststellend, nicht aber gestaltend eingreifen.

4. Rechtstheoretische Legitimation der Inhaltskontrolle

In der Regel sind Vertragsergebnisse unabhängig von ihrer Angemessenheit als Ausdruck der Privatautonomie von der Rechtsordnung zu akzeptieren. Die Vertragsparteien bestimmen selbst, wie ihre Interessen angemessen auszugleichen sind und verfügen damit zugleich über ihre grundrechtlich geschützten Positionen ohne staatlichen Zwang[111].

Der Grund für diese Anerkennung des Vertragsprinzips liegt neben der verfassungsrechtlich garantierten Selbstbestimmung in der dem Individualvertrag innewohnenden Richtigkeitsgewähr. Der zuerst von *Schmidt-Rimpler*[112] entwickelte Gedanke der Richtigkeitsgewähr findet seinen Anwendungsbereich dort, wo innerhalb eines Bereichs von Regelungsinhalten den Parteien ein Freiraum von staatlicher Normierung zu autonomer Vereinbarung belassen wird. Bei vorhandener Machtsymmetrie kann angenommen werden, daß die Parteien jeweils ihre eigenen Interessen wahrnehmen und einen angemessenen Ausgleich ihrer Interessen erreichen können. Auf diese Weise bietet der vertragliche Mechanismus, ohne hoheitlichen Eingriff und unter Wahrung der Initiative und der persönlichen berechtigten Interessen der Vertragspartner, eine Richtigkeitsgewähr[113]. Dabei erkennt die Rechtsordnung in der Regel auch unvernünftige oder unangemessene Vereinbarungen bis zur Schwelle des § 138 BGB als wirksam an; eine weitergehende Kontrolle scheidet im Hinblick auf die typischerweise objektive Richtigkeit des Vertrages aus.

Die Beschränkung der Vertragsfreiheit durch eine Inhaltskontrolle privatrechtlicher Verträge stellt demgemäß eine in hohem Maße begründungsbedürftige Ausnahme dar[114]. Sie ist nur dann zulässig, wenn die dem Vertragsmechanismus

---

[110] Fastrich, Inhaltskontrolle, S. 13; Heinrich, Formale Freiheit, S. 303; Hönn, JA 1987, 337, 340; Preis, Vertragsgestaltung, S. 148.

[111] BVerfG Beschluß v. 07.02.1990, BVerfGE 81, 242, 254.

[112] AcP 147 (1941), 130, 149 ff..

[113] Fastrich, Inhaltskontrolle, S. 79; Schmidt-Rimpler, AcP 147 (1941), 130, 156.

[114] Lieb, DNotZ 1989, 274, 284.

grundsätzlich innewohnende Richtigkeitsgewähr generell und nachhaltig gestört ist[115], wobei die überwiegende Auffassung den Grund für eine solche Störung des Vertragsmechanismus in einer Störung der Vertragsparität erkennt[116]. Das Erfordernis des beiderseitigen Einverständnisses bietet nur dann eine akzeptable Gewähr für die Richtigkeit des vertraglich Vereinbarten, wenn beide Parteien die tatsächliche Möglichkeit zur Einflußnahme auf den Vertragsinhalt haben.

Auch das Bundesverfassungsgericht wählt die mangelnde Parität zwischen den Vertragsparteien als Anknüpfungspunkt für eine Inhaltskontrolle von Verträgen. Im Hinblick auf die grundrechtliche Gewährleistung der Privatautonomie betont es nicht nur den Schutzauftrag des Gesetzgebers im Zivilrecht, sondern weist den Zivilgerichten die Pflicht zur Inhaltskontrolle solcher Verträge zu, die einen der Vertragspartner ungewöhnlich stark belasten und das Ergebnis strukturell ungleicher Verhandlungsstärke sind[117]. Habe einer der Vertragsteile ein derart starkes Übergewicht, daß er vertragliche Regelungen faktisch einseitig setzen kann, bewirke dies für den anderen Vertragsteil Fremdbestimmung. Wo es an einem annähernden Kräftegleichgewicht fehle, sei mit den Mitteln des Vertragsrechts kein sachgerechter Ausgleich der Interessen zu gewährleisten. Wird bei einer solchen Sachlage über grundrechtlich verbürgte Positionen verfügt, müßten staatliche Regelungen ergänzend eingreifen, um den Grundrechtsschutz zu sichern. Auch wenn der Gesetzgeber selbst davon absehe, zwingendes Vertragsrecht für bestimmte Lebensbereiche oder spezielle Vertragsformen zu schaffen, bedeute das keineswegs, daß die Vertragspraxis dem freien Spiel der Kräfte ausgesetzt sei. Vielmehr griffen dann ergänzend solche zivilrechtlichen Generalklauseln ein, die als Übermaßverbote wirkten, insbesondere die §§ 138, 242, 315 BGB. Gerade bei der Konkretisierung und Anwendung dieser Generalklauseln seien die Grundrechte zu beachten. Der Schutzauftrag der Verfassung richte sich dann an den Richter, der den objektiven Grundentscheidungen der Grundrechte in den Fällen gestörter Vertragsparität mit den Mitteln des Zivilrechts Geltung zu verschaffen habe[118].

---

[115] BGH Urteil v. 17.09.1987, BGHZ 101, 350, 354; BAG, Urteil v. 31.10.1969, AP Nr. 1 zu § 242 BGB Ruhegehalt-Unterstützungskassen (mit Anmerkung Lukowsky); BAG, Urteil v. 21.12.1970, AP Nr. 1 zu § 305 BGB Billigkeitskontrolle; BAG, Urteil v. 22.12.1970, AP Nr. 2 zu § 305 BGB Billigkeitskontrolle; Coester-Waltjen, AcP 190 (1990), 1, 15; Fastrich, Inhaltskontrolle, S. 51 ff..

[116] BVerfG Beschluß v. 07.02.1990, BVerfGE 81, 242; BAG, Urteil v. 21.12.1970, AP Nr. 1 zu § 305 BGB Billigkeitskontrolle; Bunte, ZIP 1983, 8, 14; Fastrich, Inhaltskontrolle, S. 4; Lieb, AcP 178 (1978), 196, 203 f.; ders., DNotZ 1989, 274, 284 ff.; Preis, Vertragsgestaltung, S. 216; Thüsing, FS Wiedemann, 558, 568.

[117] BVerfG Beschluß v. 07.02.1990, BVerfGE 81, 242; BVerfG Beschluß v. 19.10.1993, BVErfGE 89, 214.

[118] BVerfG Beschluß v. 07.02.1990, BVerfGE 81, 255 f.; BVerfG Beschluß v. 19.10.1993, BVerfGE 89, 214; 229 ff..

Auch die Rechtsprechung des Bundesverfassungsgerichts läßt jedoch offen, welche Kriterien ein strukturelles Verhandlungsungleichgewicht bezeichnen[119]. Einigkeit besteht insoweit, als die Rechtsordnung nicht jeden nachweisbaren Störfaktor zum Anlaß einer Kompensation nehmen kann. Andernfalls würde die im Privatrechtsverkehr unentbehrliche Rechtssicherheit zerstört und der Vertrag verlöre seine Bedeutung als rechtlich verbindliches Gestaltungsmittel[120]. Es kann daher nur darum gehen, typische Fallgestaltungen zu erfassen, bei denen das Versagen des Vertragsmechanismus offen zu Tage liegt. In diesem Sinne geht das Bundesverfassungsgericht davon aus, daß schon aus Gründen der Rechtssicherheit ein Vertrag nicht bei jeder Störung des Verhandlungsgleichgewichts nachträglich in Frage gestellt oder korrigiert werden dürfe. Es verlangt eine „typisierbare Fallgestaltung", die eine „strukturelle Unterlegenheit" eines Vertragsteils erkennen läßt[121]. Die Feststellung derart typisierender Kriterien bereitet jedoch nach wie vor erhebliche Schwierigkeiten[122].

Die AGB-Vorschriften stellen insoweit nicht auf materielle Merkmale der Verhandlungsmacht ab, sondern auf das formale Kriterium der Verwendung Allgemeiner Geschäftsbedingungen. Auch außerhalb des AGB-Rechts ist die Vertragsparität typischerweise gestört, wenn für eine Vielzahl von Verträgen vorformulierte Vertragsbedingungen verwendet werden[123]. Die Vorformulierung zeigt nämlich, daß eine Einflußnahme des Vertragspartners nicht möglich ist oder zumindest nicht erfolgt[124]. Mit der durch § 310 Abs. 4 BGB geänderten Bereichsausnahme hat der Gesetzgeber anerkannt, daß die vorformulierte Vertragsgestaltung auch im Arbeitsrecht Ansatzpunkt für eine gerichtliche Inhaltskontrolle ist.

Neben der Vorformulierung wird zur Konkretisierung von Ungleichgewichtslagen auch die wirtschaftliche oder soziale Unterlegenheit einer Seite vorgeschlagen[125]. Dem liegt im Arbeitsrecht letztendlich der Gedanke zugrunde, daß sich aus dem Verfügungsrecht bzw. dem Eigentum des Arbeitgebers an den Produktionsmitteln dessen wirtschaftliche und soziale Überlegenheit ergibt[126]. Zum Teil

---

[119] Preis, AuR 1994, 139, 141; ders./Rolfs, DB 1994, 261, 266.

[120] Dieterich, RdA 1995, 129, 131; Fastrich, RdA 1997, 65, 67 f., 71.

[121] BVerfG Beschluß v. 26.06.1991, BVerfGE 84, 212, 227; BVerfG Beschluß v. 19.10.1993, BVerfGE 89, 214, 232.

[122] Preis, AuR 1994, 139, 141.

[123] Preis, Vertragsgestaltung, S. 274; Wolf, FS Brandner 1996, S. 299 ff..

[124] Wolf, FS Brandner 1996, S. 299 ff., 300.

[125] Biedenkopf, FS Böhm, S. 113, 122; Damm, JZ 1978, 173 ff.; Nicklisch, BB 1974, 941, 943 f..

[126] vgl. BAG, Urteil v. 31.03.1966, AP Nr. 54 zu § 611 BGB Gratifikation unter 3 b der

wird das Versagen der Richtigkeitsgewähr auch auf die intellektuelle Unterlegenheit des Vertragspartners zurückgeführt[127] oder der Grund für ein Versagen der Richtigkeitsgewähr in der existentiellen Angewiesenheit des Vertragspartners auf den Vertragsschluß, beispielsweise der Angewiesenheit des Arbeitnehmers auf den Arbeitsplatz, erkannt[128]. Gerade im Anschluß an die Bürgschaftsentscheidung des Bundesverfassungsgerichts werden die Umstände des Vertragsschlusses und die persönliche Abhängigkeit als typisierbare Kriterien herangezogen[129].

5. *Rechtsgrundlage der Inhaltskontrolle*

Eine explizite gesetzliche Grundlage der Inhaltskontrolle hat der Gesetzgeber mit den AGB-Vorschriften der §§ 307 ff. BGB (vormals AGBG) geschaffen. Diese Rechtsgrundlage ist allerdings in zweifacher Hinsicht begrenzt. Zum einen unterliegen nur Allgemeine Geschäftsbedingungen der Inhaltskontrolle gemäß §§ 307 ff. BGB. Zum anderen finden die §§ 305 ff. BGB gemäß § 310 Abs. 4 S. 1 keine Anwendung auf dem Gebiet des Erb-, Familien und Gesellschaftsrechts.

Bis zur Änderung der Bereichsausnahme des § 23 Abs. 1 AGBG durch § 310 Abs. 4 BGB galt diese Einschränkung auch für das Arbeitsrecht. Dennoch unterwarf die Rechtsprechung Arbeitsverträge auf wechselnder Grundlage einer Inhaltskontrolle. Zum Teil wurden hierfür die §§ 138, 242 BGB herangezogen[130]. Daneben wurde die Inhaltskontrolle auf die Fürsorgepflicht des Arbeitgebers[131], das Arbeitnehmerschutzprinzip[132] oder auf die Behauptung einer

---

Gründe; Vossen, Tarifdispositives Richterrecht, S. 76.

[127] Dauner-Lieb, Verbraucherschutz, S. 72 ff.; Nicklisch, BB 1974, 941, 944; Raiser, JZ 1958, 1, 7; Säcker, Gruppenautonomie, S. 88 ff.; Wolf, Entscheidungsfreiheit, S. 18, 49.

[128] Dieterich, RdA 1995, 129, 135; Fastrich, Inhaltskontrolle, S. 186 f., 232 ff.; ders., RdA 1997, 65, 75; Westermann, AcP 178 (1978), 150, 164; Wolf, RdA 1988, 270, 272.

[129] Preis/Rolfs, DB 1994, 261, 266.

[130] BAG, Urteil v. 22.11.1973, AP Nr. 67 zu § 626 BGB (mit Anmerkung Küchenhoff); BAG, Urteil v. 24.03.1988, AP Nr. 1 zu § 241 BGB; BAG, Urteil v. 13.12.2000, AP Nr. 2 zu § 241 BGB = RdA 2002, 38 ff. (mit Anmerkung Preis); BAG, Urteil 21.11.2001, AP Nr. 31 zu § 611 BGB Ausbildungsbeihilfe.

[131] BAG, Urteil v. 31.05.1960, AP Nr. 15 zu § 611 BGB Gratifikation (mit Anmerkung Hefermehl) = AuR 1961, 30 ff. (mit Anmerkung Herschel); BAG, Urteil v. 08.12.1960, AP Nr. 20 zu § 611 BGB Gratifikation (mit Anmerkung Hueck) = SAE 1961, 217 ff. (mit Anmerkung Isele); BAG, Urteil v. 10.05.1962, AP Nr. 22 zu § 611 BGB Gratifikation (mit Anmerkung Nikisch).

[132] BAG, Urteil v. 26.10.1973, AP Nr. 161 zu § 242 BGB Ruhegehalt (mit Anmerkung Steindorff).

allgemein anerkannten Vertragskontrolle kraft Richterrechts[133] gestützt. Vielfach führte das Bundesarbeitsgericht auch eine verdeckte Inhaltskontrolle unter dem Etikett der Auslegung oder der Gesetzesumgehung durch[134].

Nachdem die Bereichsausnahme des § 23 Abs. 1 AGBG durch das Schuldrechtsmodernisierungsgesetz in § 310 Abs. 4 S. 1 BGB neu gefaßt wurde, findet sich in den §§ 307 ff. BGB nunmehr auch eine positivrechtliche Grundlage für die Inhaltskontrolle Allgemeiner Geschäftsbedingungen auf dem Gebiet des Arbeitsrechts, wobei allerdings die dort geltenden Besonderheiten gemäß § 310 Abs. 4 S. 2 BGB zu berücksichtigen sind. Die AGB-Kontrolle von Betriebsvereinbarungen bleibt jedoch gemäß § 310 Abs. 4 S. 1 BGB – ebenso wie für Tarifverträge und Dienstvereinbarungen – ausgeschlossen. Für Betriebsvereinbarungen stellt sich damit auch weiterhin die Frage, ob diese einer Inhaltskontrolle außerhalb des AGB-Rechts unterliegen.

II. Legitimation einer Inhaltskontrolle von Betriebsvereinbarungen

1. Richtigkeitsgewähr von Betriebsvereinbarungen

Nach den vorangehenden Feststellungen kann eine Inhaltskontrolle von Betriebsvereinbarungen gerechtfertigt sein, wenn zwischen Arbeitgeber und Betriebsrat ein strukturelles Verhandlungsungleichgewicht besteht. Auch der Vertragsmechanismus der Betriebsvereinbarung kann seine gerechtigkeitsstiftende Funktion nur erfüllen, wenn die Betriebspartner über eine annähernd gleiche Verhandlungsmacht verfügen. Das Bundesarbeitsgericht verneint diese Voraussetzung und unterwirft Betriebsvereinbarungen in der Folge einer Kontrolle, die über die Kontrolle anhand zwingenden Gesetzesrechts und der guten Sitten (§§ 134, 138 BGB) hinausgehen soll[135]. Dabei wählt das Bundesarbeitsgericht allerdings meist nicht den Begriff der „Inhaltskontrolle"[136], sondern

---

[133] BAG, Urteil v. 21.12.1970, AP Nr. 1 zu § 305 BGB Billigkeitskontrolle (mit Anmerkung Wolf); BAG, Urteil v. 22.12.1970, AP Nr. 2 zu § 305 BGB Billigkeitskontrolle (mit Anmerkung Lieb).

[134] hierzu Fastrich, Inhaltskontrolle, S. 166 ff.; Preis, Vertragsgestaltung, S. 153 ff.; 156 ff.; zur Kontrolle von Bindungsklauseln siehe unten § 11.

[135] BAG, Urteil v. 30.01.1970, AP Nr. 142 zu § 242 BGB Ruhegehalt (mit Anmerkung Richardi) unter B IV 3 b der Gründe = SAE 1970, 262 ff. (mit Anmerkung Säcker) = BB 1970, 1097 ff. (mit Anmerkung v.Arnim); BAG, Urteil v. 13.09.1974, AP Nr. 84 zu § 611 BGB Gratifikation (mit Anmerkung Schwerdtner); BAG, Urteil v. 26.07.1988, AP Nr. 45 zu § 112 BetrVG 1972 (mit Anmerkung Löwisch) unter III 1 der Gründe.

[136] BAG, Urteil v. 26.07.1988, AP Nr. 45 zu § 112 BetrVG 1972 (mit Anmerkung Löwisch); BAG, Urteil v. 22.05.1990, SAE 1992, 293 ff. (mit Anmerkung Herrmann); BAG, Urteil v. 23.10.1990, BB 1991, 699 ff.; BAG, Urteil v. 09.04.1991, BB 1991, 2161 ff.; BAG, Urteil v.

den der „Billigkeitskontrolle“[137]. Zum Teil werden auch beide Begriffe synonym verwandt[138].

Zur Begründung dieser „Inhaltskontrolle“ oder „Billigkeitskontrolle“ verweist das Bundesarbeitgericht auf die gestörte Vertragsparität zwischen Arbeitgeber und Betriebsrat. Betriebsvereinbarungen fehle die den Tarifverträgen innewohnende Richtigkeitsgewähr[139]. Ein großer Teil der Literatur folgt dem Bundesarbeitsgericht in dieser Begründung und stützt die (auch hier teilweise als Billigkeitskontrolle bezeichnete) Inhaltskontrolle von Betriebsvereinbarungen auf das Argument einer funktionalen Schwäche und damit auf die mindere Richtigkeitsgewähr einer Betriebsvereinbarung gegenüber einem Tarifvertrag[140].

25.04.1991, AP Nr. 138 zu § 611 BGB Gratifikation = SAE 1992, 237 ff. (mit Anmerkung Misera) = EzA Nr. 85 zu § 611 BGB Gratifikation, Prämie (mit Anmerkung Henssler); BAG, Urteil v. 21.01.1992, AP Nr. 24 zu § 1 BetrAVG; BAG, Urteil v. 26.10.1994, AP Nr. 18 zu § 611 BGB Anwesenheitsprämie (mit Anmerkung Thüsing); BAG, Urteil v. 18.02.2003, AP Nr. 38 zu § 1 BetrAVG Ablösung.

[137] BAG, Urteil v. 30.01.1970, AP Nr. 142 zu § 242 BGB Ruhegehalt (mit Anmerkung Richardi) = SAE 1970, 262 ff. (mit Anmerkung Säcker) = BB 1970, 1097 ff. (mit Anmerkung v. Arnim); BAG, Beschluß v. 08.12.1981, AP Nr. 1 zu § 1 BetrAVG Ablösung (mit Anmerkung Herschel) = SAE 1983, 191 ff. (mit Anmerkung Reuter) = JuS 1982, 787 ff. (mit Anmerkung Reuter); BAG, Urteil v. 08.12.1981, SAE 1983, 197 ff. (mit Anmerkung Reuter); BAG, Urteil v. 09.12.1981, AP Nr. 14 zu § 112 BetrVG 1972 = SAE 1982, 299 ff. (mit Anmerkung Wolf/Hammen); BAG, Urteil v. 12.08.1982, AP Nr. 4 zu § 77 BetrVG 1972 (mit Anmerkung Hanau) = SAE 1983, 125 ff. (mit Anmerkung Lieb); BAG, Urteil v. 17.03.1987, AP Nr. 9 zu § 1 BetrAVG = SAE 1987, 281 ff. (mit Anmerkung Reuter); BAG, Urteil v. 26.07.1988, AP Nr. 45 zu § 112 BetrVG 1972 (mit Anmerkung Löwisch); BAG, Urteil v. 25.04.1991, AP Nr. 138 zu § 611 BGB Gratifikation = SAE 1992, 237 ff. (mit Anmerkung Misera) = EzA Nr. 85 zu § 611 BGB Gratifikation, Prämie (mit Anmerkung Henssler); BAG, Urteil v. 26. 10.1994, AP Nr. 18 zu § 611 BGB Anwesenheitsprämie (mit Anmerkung Thüsing); BAG, Urteil v. 21.01.1997, AP Nr. 64 zu § 77 BetrVG 1972; BAG, Urteil v. 20.02.2001, AP NR. 107 zu § 87 BetrVG 1972 Lohngestaltung.

[138] BAG, Urteil v. 26.07.1988, AP Nr. 45 zu § 112 BetrVG 1972 (mit Anmerkung Löwisch); BAG, Urteil v. 25.04.1991, AP Nr. 138 zu § 611 BGB Gratifikation = SAE 1992, 237 ff. (mit Anmerkung Misera) = EzA Nr. 85 zu § 611 BGB Gratifikation, Prämie (mit Anmerkung Henssler).

[139] BAG, Urteil v. 30.01.1970, AP Nr. 142 zu § 242 BGB Ruhegehalt (mit Anmerkung Richardi) unter B IV 3 b der Gründe= SAE 1970, 262 ff. (mit Anmerkung Säcker) = BB 1970, 1097 ff. (mit Anmerkung v. Arnim); BAG, Urteil v. 13.09.1974, AP Nr. 84 zu § 611 BGB Gratifikation (mit Anmerkung Schwerdtner); BAG, Urteil v. 26.07.1988, AP Nr. 45 zu § 112 BetrVG 1972 (mit Anmerkung Löwisch) unter III 1 der Gründe.

[140] Brecht, Umsetzung, S. 239 ff.; Canaris, AuR 1966, 129, 140; Däubler, AuR 1984, 1, 26 f.; Dieterich, RdA 2002, 1, 4; Gamillschegg, Anmerkung zu BAG, Urteil v. 16.11.1967, AP Nr. 63 zu § 611 BGB Gratifikation; Kissel, NZA 1995, 1, 4; Lipke, in: Kasseler Handbuch, 2.3, Rn. 310 ff.; Säcker, AuR 1994, 1, 10; ders., Anmerkung zu BAG, Urteil v. 30.01.1970, SAE 1970, 269, 273.; ders., ZfA Sonderheft 1972, 41, 48; Singer, RdA 2003, 194, 197 f.; Travlos-Tzanetatos, Regelungsbefugnis, S. 72 ff.; Vollstädt, Altersgrenze, S. 316 f.; nur für freiwillige

Für ein zwischen Arbeitgeber und Betriebsrat bestehendes Ungleichgewicht wird in Rechtsprechung[141] und Literatur[142] die im Vergleich zur Gewerkschaft geringere Autonomie des Betriebsrates gegenüber dem Arbeitgeber angeführt. Aus der Stellung der Betriebsratsmitglieder als Arbeitnehmer ergebe sich eine Abhängigkeit vom Arbeitgeber, die auch durch den besonderen Kündigungsschutz nicht ausgeglichen werde[143]. Des weiteren wird vor allem auf die mangelnde Befugnis der Betriebspartner zu Arbeitskampfmaßnahmen verwiesen[144]. Das dem BetrVG innewohnende Kooperationsmodell gewährleiste nicht diejenige Parität, die zwischen den Tarifvertragsparteien wegen der auf Art. 9 Abs. 3 GG beruhenden Möglichkeit des Arbeitskampfes bestehe[145]. Außerdem sei der Betriebsrat – wie sich aus § 40 BetrVG ergebe – finanziell vom Arbeitgeber abhängig[146]. Zweifel an der Unabhängigkeit des Betriebsrates werden des weiteren mit der aus § 2 Abs. 1 BetrVG folgenden Verpflichtung des Betriebsrates, auch die Interessen des Betriebes zu berücksichtigen, begründet[147].

Betriebsvereinbarungen: Krebs, Anmerkung zu BAG, Urteil v. 26.10.1993, SAE 1995, 277, 288 f.; Lübbersmann, Rückzahlungsklauseln, S. 68 ff.; nur bei Vergabe freiwilliger Leistungen: Hildebrandt, Disparität, S. 137 f..

141 BAG, Urteil v. 30.01.1970, AP Nr. 142 zu § 242 BGB Ruhegehalt (mit Anmerkung Richardi) = SAE 1970, 262 ff. (mit Anmerkung Säcker) = BB 1970. 1097 ff. (mit Anmerkung v. Arnim); BAG, Urteil v. 26.07.1988, AP Nr. 45 zu § 112 BetrVG 1972 (mit Anmerkung Löwisch) unter III 1 der Gründe.

142 Säcker, Anmerkung zu BAG, Urteil v. 30.01.1970, SAE 1970, 269, 273; Travlos-Tzanetatos, Regelungsbefugnis, S. 70; Veit, Zuständigkeit, S. 105.

143 BAG, Urteil v. 30.01.1970, AP Nr. 142 zu § 242 BGB (mit Anmerkung Richardi) unter B IV 3 b der Gründe = SAE 1970, 262 ff. (mit Anmerkung Säcker) = BB 1970, 1097 ff. (mit Anmerkung v. Arnim); Däubler, NZA 1988, 857, 861; ders., RdA 1994, 169; Gast, Arbeitsvertrag, S. 172 f..

144 BAG, Urteil v. 30.01.1970, AP Nr. 142 zu § 242 BGB (mit Anmerkung Richardi) unter B IV 3 b der Gründe = SAE 1970, 262 ff. (mit Anmerkung Säcker) = BB 1970, 1097 ff. (mit Anmerkung v. Arnim); BAG, Urteil v. 26.07.1988, AP Nr. 45 zu § 112 BetrVG 1972 (mit Anmerkung Löwisch) unter III 1 der Gründe; Däubler, AuR 1984, 1, 26 f.; ders., NZA 1988, 857, 861; Hilger, FS Gaul, S. 327, 332; Lipke, in: Kasseler Handbuch, 2.3, Rn. 310; Säcker, ZfA Sonderheft 1972, 41, 48; Travlos-Tzanetatos, Regelungsbefugnis, S. 74; Veit, funktionelle Zuständigkeit, S. 106 f..

145 BAG, Urteil v. 30.01.1970, AP Nr. 142 zu § 242 BGB (mit Anmerkung Richardi) unter B IV 3 b der Gründe = SAE 1970, 262 ff. (mit Anmerkung Säcker) = BB 1970, 1097 ff. (mit Anmerkung v. Arnim); Veit, Zuständigkeit, S. 106 f..

146 Dieterich, RdA 2002, 1, 4; Veit, Zuständigkeit, S. 105.

147 BAG, Urteil v. 30.01.1970, AP Nr. 142 zu § 242 BGB (mit Anmerkung Richardi) = SAE 1970, 262 ff. (mit Anmerkung Säcker) = BB 1970, 1097 ff. (mit Anmerkung v. Arnim); Veit, Zuständigkeit, S. 104; Däubler, NZA 1988, 857, 861.

Zum Teil wird auch eine intellektuelle Unterlegenheit der Betriebsratsmitglieder gegenüber dem Arbeitgeber angenommen[148].

Demgegenüber verneint der wohl überwiegende Teil der Literatur eine generelle Störung der Vertragsparität und lehnt demzufolge eine Inhaltskontrolle von Betriebsvereinbarungen ab[149]. Von einer grundsätzlichen Durchsetzungsunterlegenheit des Arbeitnehmers gegenüber dem Arbeitgeber könne nicht auf eine strukturelle Unterlegenheit des Betriebsrats geschlossen werden. Die Betriebsratsmitglieder seien gemäß § 37 Abs. 2 bis 4 BetrVG und § 78 BetrVG sowie durch den besonderen Kündigungsschutz gemäß § 15 KSchG und § 103 BetrVG hinreichend geschützt[150]. Dem Argument, dem Betriebsrat sei der Arbeitskampf verwehrt, wird entgegengehalten, auch der Arbeitgeber könne den Inhalt einer Betriebsvereinbarung nicht durch Arbeitskampfmittel beeinflussen[151]. Das Verbot des Arbeitskampfes gelte für beide Parteien der Betriebsvereinbarung[152] und werde durch die bestehenden Mitbestimmungsrechte kompensiert[153]. Gegen die Annahme eines Abhängigkeitsverhältnisses spreche weiterhin, daß der Betriebsrat in den Fällen der zwingenden Mitbestimmung den Abschluß einer Betriebsvereinbarung erzwingen könne[154]. Außerdem habe der Gesetzgeber mit der Zulassung der Betriebsvereinbarungen unterstellt, daß die Betriebspartner die anfallenden Angelegenheiten interessengerecht ordnen können. Eine Angemessenheitskontrolle würde dieses Prinzip in Frage stellen[155].

---

[148] Säcker, Anmerkung zu BAG, Urteil v. 30.01.1970, SAE 1970, 269, 273; ders., AuR 1994, 1, 10; Seifert, Tarifabweichende Betriebsvereinbarungen, S. 103 ff..

[149] Ahrend, FS Hilger/Stumpf, S. 17, 28; Blomeyer, DB 1987, S. 926 ff.; Ehmann/Lambrich, NZA 1996, 346, 353; Hammen, RdA 1986, 23, 24; Heinze, NZA 1987, 41, 48; Herrmann, Anmerkung zum Urteil des BAG v. 22.05.1990, SAE 1992, 293 ff, 298; v. Hoyningen-Huene, BB 1992, 1640, 1642; ders., Billigkeit, S. 163 ff.; Hromadka, Anmerkung zu BAG, Urteil v. 25.10.1983, SAE 1984, 326, 331f.; Kallrath, Kontrolle, S. 187 ff.; Kreutz in: GK BetrVG, Rn. 260; ders., ZfA 1975, 77 ff.; Lindemann, Flexible Gestaltung, S. 56 ff.; Matthes in: MünchArbR, § 328, Rn. 86; Reuter, RdA 1991, 193, 196 f.; ders., RdA 1994, 152, 158; Thiele FS Larenz , S. 1043, 1057; Wolf/Hammen, Anmerkung zu BAG, Urteil v. 09.12.1981, SAE 1982, 299, 301.

[150] Hammen, RdA 1986, S. 23, 24; Schliemann, FS Hanau, S. 577, 604; Wolf/Hammen, Anmerkung zu BAG, Urteil v. 09.12.1981, SAE 1982, 301.

[151] Hammen, RdA 1986, 23, 24; ; v.Hoyningen-Huene, Billigkeit, S. 164; Kreutz, ZfA 1975, 65, 78; Wolf/Hammen, Anmerkung zu BAG, Urteil v. 09.12.1981, SAE 1982, 299, 303.

[152] Kreutz, ZfA 1975, 78 f..

[153] Kreutz in: GK-BetrVG, § 77 Rn. 302; Schliemann, FS Hanau, S. 577, 604.

[154] Hammen, RdA 1986, 23, 24; Hromadka, Anmerkung zu BAG, Urteil v. 25.10.1983, SAE 1984, 326, 331 f.; Thiele in: FS für Larenz, S. 1043, 1057.

[155] v.Hoyningen-Huene, Billigkeit, S. 165; ders., BB 1992, 1640, 1642; Hromadka, Anmerkung zu BAG, Urteil v. 25.10.1983, SAE 1984, 326, 332; Jahnke, Tarifautonomie, S. 123;

2. *Stellungnahme*

a) *Abhängigkeit der Betriebsratsmitglieder vom Arbeitgeber*

Unbestreitbar ist die wirtschaftliche Abhängigkeit der Betriebsratsmitglieder vom Arbeitgeber. Wie andere Arbeitnehmer sind auch die Mitglieder des Betriebsrates in der Regel existentiell auf die Einkünfte aus dem Arbeitsverhältnis angewiesen. Der Arbeitgeber könnte dem Betriebsratsmitglied durch Kündigung die Möglichkeit zur Erzielung von Einkünften nehmen.

Der besondere Kündigungsschutz stellt jedoch sicher, daß die Betriebsratsmitglieder jedenfalls in der aktuellen Entscheidungssituation frei von Ängsten um den Verlust des Arbeitsplatzes entscheiden können. Gemäß § 15 Abs. 1 S. 1 KSchG sind sie während ihrer Amtszeit vor ordentlichen Kündigungen geschützt. Ausnahmeregelungen sind in § 15 Abs. 4 und 5 KSchG lediglich für den Fall der Stillegung des Betriebs bzw. einer Betriebsabteilung vorgesehen. Auch für die Dauer eines Jahres nach ihrer Amtszeit genießen die Betriebsratsmitglieder nach Maßgabe des § 15 Abs. 1 S. 2 u. 3 KSchG Kündigungsschutz. Die außerordentliche Kündigung eines Betriebsratsmitglieds bedarf gemäß § 103 Abs. 1 BetrVG der Zustimmung des Betriebsrates. Zusätzlich sind die Betriebsratsmitglieder gemäß § 103 Abs. 3 BetrVG vor einer qualifizierten Versetzung geschützt, die den Verlust des betriebsverfassungsrechtlichen Amtes oder der Wählbarkeit zur Folge hätte.

Die ungehinderte Ausübung des Betriebsratsamtes wird durch weitere Bestimmungen des BetrVG gewahrt. Der Arbeitgeber hat den Betriebsrat bei seiner Arbeit umfassend zu unterstützen. Gemäß § 37 Abs. 2 BetrVG sind die Betriebsratsmitglieder im erforderlichen Umfang unter Fortzahlung des Arbeitsentgelts von der Arbeit freizustellen. Unter den Voraussetzungen des § 38 BetrVG muß das Betriebsratsmitglied sogar völlig von seiner beruflichen Tätigkeit freigestellt werden. Gemäß § 78 S. 1 BetrVG darf der Betriebsrat bei Ausübung seiner Mitwirkungsrechte nicht gestört oder behindert werden. Die Regelung des § 78 S. 2 BetrVG verbietet die Benachteiligung der Mitglieder des Betriebsrates – auch in ihrer beruflichen Entwicklung. Verhindert werden soll hiermit jede Schlechterstellung oder Bevorzugung tatsächlicher oder rechtlicher Art. Eine Konkretisierung dieses Benachteiligungsverbots enthält § 37 Abs. 4 BetrVG, dem zufolge das Arbeitsentgelt von Betriebsratsmitgliedern nicht geringer bemessen werden darf als das Arbeitsentgelt vergleichbarer Arbeitnehmer mit betriebsüblicher beruflicher Entwicklung. § 37 Abs. 5 BetrVG ergänzt diese Arbeitsentgeltgarantie durch eine Tätigkeitsgarantie: Mitglieder des Betriebsrats

---

Jobs, AuR 1986, 147, 148; Kallrath, Kontrolle, S. 187 ff.; Kreutz in: GK-BetrVG, § 77 Rn. 302; ders., ZfA 1975, 65, 78; Thiele in: FS für Larenz, S. 1043, 1057.

dürfen grundsätzlich nur mit Tätigkeiten beschäftigt werden, die den Tätigkeiten vergleichbarer Arbeitnehmer mit betriebsüblicher beruflicher Entwicklung gleichwertig sind.

Insgesamt ist damit ein engmaschiger gesetzlicher Schutz der persönlichen Unabhängigkeit von Betriebsratsmitgliedern festzustellen. Allein auf die Arbeitnehmerstellung der Betriebsratsmitglieder kann eine schwächere Verhandlungsposition des Betriebsrates nicht gestützt werden.

b) Verbot des Arbeitskampfs

Ebensowenig läßt das Verbot von Arbeitskampfmaßnahmen gemäß § 74 Abs. 2 BetrVG auf die Unterlegenheit des Betriebsrates schließen. Insoweit gilt es zunächst zu beachten, daß beiden Betriebsvereinbarungsparteien Arbeitskampfmaßnahmen untersagt sind[156]. Auch der Arbeitgeber kann also seinerseits den Inhalt einer Betriebsvereinbarung nicht durch eine Aussperrung beeinflussen.

Ohnehin ist es bedenklich, von einer vermeintlich schwächeren Stellung des Betriebsrates im Vergleich zu den Gewerkschaften auf eine schwächere Stellung des Betriebsrates im Verhältnis zum Arbeitgeber zu schließen[157]. Das Konfliktlösungsmodell des Tarifvertragsrechts ist mit dem des Betriebsverfassungsrechts nicht vergleichbar. Die Stärke des Betriebsrates beurteilt sich nach der gesetzlichen Ausgestaltung seiner Mitbestimmungs- und Mitwirkungsbefugnisse[158]. Für den Bereich der zwingenden Mitbestimmung folgt bereits aus der Existenz der Mitbestimmungsrechte eine hinreichende Gegenmacht des Betriebsrates[159]. Insoweit ist der Arbeitgeber auf die Zustimmung des Betriebsrates angewiesen, um rechtswirksam handeln zu können. Kann eine Zustimmung nicht erreicht werden, tritt die Schlichtung durch die Einigungsstelle an die Stelle des Arbeitskampfes[160]. Die Gefahr einer einseitigen Regelung ist damit von Anfang an ausgeschlossen. Weder kann der Arbeitgeber eine solche kraft seines Weisungsrechtes treffen, noch kann er die notwendige Mitbestimmung des Betriebsrates durch gleichlautende Einzelvereinbarungen umgehen. Das Konsensualprinzip gilt zwar auch für den Einzelarbeitsvertrag, auf diesen kann

---

[156] Hammen, RdA 1986, 23, 24; v.Hoyningen-Huene, Billigkeit, S. 164; Kreutz, ZfA 1975, 65, 78.

[157] Kreutz, ZfA 1975, 65, 78.

[158] Kallrath, Kontrolle, S. 200; Kreutz in: GK-BetrVG, § 77 Rn. 302; ders., ZfA 1975, 65, 78 f..

[159] Hammen, RdA 1986, 23, 24; Hromadka, Anmerkung zu BAG, Urteil v. 25.10.1983, SAE 1984, 326, 331f.; Schliemann, FS Schaub, S. 577, 604; Thiele in: FS für Larenz, S. 1043, 1057.

[160] Kreutz, ZfA 1975, 65, 79.

der Arbeitgeber aber bei fehlender Einigung mit einem bestimmten Arbeitnehmer ganz verzichten, soweit andere geeignete Bewerber verfügbar sind. In den Fällen der zwingenden Mitbestimmung fehlt diese Möglichkeit des Ausweichens auf andere Vertragspartner[161].

Anders ist die Situation bei Abschluß freiwilliger Betriebsvereinbarungen. Hier kann der Arbeitgeber die Regelung auch allein durchsetzen, wenn der Betriebsrat eine Mitwirkung ablehnt. Auch im Bereich der freiwilligen Mitbestimmung ist aber nicht erkennbar, warum der Betriebsrat ohne Zwang die Mitverantwortung für unangemessene Regelungen übernehmen sollte[162]. Vielmehr wird er einer Betriebsvereinbarung nur dann zustimmen, wenn er den Inhalt gegenüber der Belegschaft als deren Interessen förderlich rechtfertigen kann. Dies gilt in besonderem Maße beim Abschluß von Betriebsvereinbarungen, welche auf die Änderung freiwilliger Betriebsvereinbarungen gerichtet sind. Zwar kann der Betriebsrat die Zusage freiwilliger Leistungen nicht erzwingen. Andererseits hängt jedoch eine Abänderung zum Nachteil der Arbeitnehmer von der Mitwirkung des Betriebsrats ab.

c) Finanzielle Abhängigkeit des Betriebsrats

Soweit eine Unterlegenheit des Betriebsrates auf dessen finanzielle Abhängigkeit vom Arbeitgeber gestützt wird[163], kann dem ebenfalls nicht gefolgt werden. Zwar hat der Arbeitgeber gemäß § 40 BetrVG die Kosten der Betriebsratsarbeit zu tragen. Der Betriebsrat ist bei der Finanzierung seiner Tätigkeit aber nicht auf das Wohlwollen des Arbeitgebers angewiesen, sondern hat gemäß § 40 BetrVG einen Rechtsanspruch gegen diesen. Falls erforderlich, kann er seine Interessen gerichtlich durchsetzen und ist deshalb nicht an der effektiven Verfolgung der Arbeitnehmerinteressen gehindert[164].

d) Verpflichtung auf das Wohl der Belegschaft und des Betriebs

Des weiteren läßt sich eine Unterlegenheit des Betriebsrates auch nicht mit dessen Verpflichtung auf die Interessen der Belegschaft und des Betriebes begründen. Der Zwang zur Rücksichtnahme auf das Interesse der Belegschaft ist der Richtigkeitsgewähr der Betriebsvereinbarung nicht abträglich, sondern eher

---

[161] Hammer, Schutzpflicht, S. 43.

[162] Bakopoulos, Zuständigkeitsverteilung, S. 88 f.; Hromadka, Anmerkung zu BAG, Urteil v. 25.10.1983, SAE 1984, 326, 332; Jahnke, Tarifautonomie, S. 122; Reuter, RdA 1991, 193, 202; ders., RdA 1994, 152, 158; ders., ZfA 1995, 1, 66 f..

[163] Veit, Zuständigkeit, S. 105.

[164] Schwarze, Betriebsrat, S. 216.

förderlich[165]. Selbst arbeitskostensenkende Zugeständnisse des Betriebsrates können nicht als Zeichen von Schwäche gedeutet werden, wenn sie aufgrund der erkannten Unrentabilität des Betriebes zur Verhinderung von Produktionseinschränkungen oder –verlagerungen erfolgen[166]. Ebensowenig kann die Verpflichtung auf das Betriebswohl den Betriebsrat an einer wirksamen Interessenvertretung hindern und führt auch nicht zur Aufhebung des Interessengegensatzes[167]. Vielmehr ist auch das Betriebsverfassungsrecht als Teil des Arbeitsrechts vom Interessengegensatz zwischen Arbeitgeber und Arbeitnehmern geprägt. Der in den §§ 2, 74 BetrVG zum Ausdruck kommende Gedanke der Partnerschaft steht nicht im Gegensatz zur Interessenwahrnehmung, sondern soll lediglich deren Grenzen kennzeichnen. Hierdurch werden zwar tendenziell gegenläufige Interessen ausgeglichen, deren Durchsetzung aber nicht völlig verhindert[168].

e) Intellektuelle Unterlegenheit

Schließlich ist auch ein strukturelles intellektuelles Ungleichgewicht der Betriebspartner, welches in der Literatur zum Teil erkannt wird[169], nicht festzustellen. Die Betriebsratsmitglieder verfügen in der Regel über die nötige Sachkompetenz, um die Interessen der Belegschaft effektiv zu vertreten. Zwar wird der Arbeitgeber vielfach einen Wissensvorsprung bzgl. die Leitung des Betriebes betreffender Fragen haben, da er anders als der Betriebsrat betriebsrelevante Informationen nicht nur ausschnitthaft, sondern kontinuierlich und umfassend aufnimmt[170]. Ebenso mag im Einzelfall ein Vorsprung des Arbeitgebers in der Sachkompetenz aus entsprechenden Ausbildungsvorteilen resultieren[171]. Den Betriebsräten stehen jedoch zahlreiche und qualifizierte Schulungsmöglichkeiten offen[172]. Auch in kleineren Betrieben hat der Betriebsrat einen Freistellungsanspruch gemäß § 37 Abs. 2 BetrVG und kann auf Kosten des Arbeitgebers gemäß § 37 Abs. 6 BetrVG Schulungsveranstaltungen besuchen, soweit diese Kenntnisse vermitteln, die für die Arbeit des Betriebsrats erforderlich sind. Als erforderlich gelten dabei insbesondere Grundkenntnisse im

---

165 Reuter, RdA 1994, 152, 159; insoweit auch Veit, Zuständigkeit, S. 106.

166 Reuter, RdA 1994, 152, 159.

167 F/K/H/E/S, BetrVG, § 2 Rn. 17; Konzen, FS Zöllner, Bd. II, S. 799, 815; Schwarze, Betriebsrat, S. 217.

168 Konzen, FS Zöllner, Bd. II, S. 799, 815; Wollgast, Betriebsvereinbarungen, S. 88 ff..

169 Säcker, Anmerkung zu BAG, Urteil v. 30.01.1970, SAE 1970, 262, 273; ders., AuR 1994, 1, 10; Seifert, Tarifabweichende Betriebsvereinbarungen, S. 103 ff..

170 Seifert, Tarifabweichende Betriebvereinbarungen, S. 103.

171 Däubler, Schulung, S. 45 f..

172 Wank, FS Kraft, S. 665, 679; Schliemann, FS Hanau, S. 577, 604.

Arbeitsrecht und Betriebsverfassungsrecht[173]. Alle Betriebsratsmitglieder haben darüber hinaus Anspruch auf bezahlte Freistellung für insgesamt drei bis vier Wochen zur Teilnahme an als geeignet anerkannten Schulungs- und Bildungsveranstaltungen (§ 37 Abs. 7 BetrVG). Gemäß § 40 Abs. 2 BetrVG hat der Arbeitgeber die für die Betriebsratstätigkeit erforderlichen Sachmittel, beispielsweise die benötigte Fachliteratur, zur Verfügung zu stellen. Umfassende Unterrichtungsrechte (insbesondere §§ 80 Abs. 2, 92 Abs. 1, 111 S. 1 BetrVG) gewährleisten ein annäherndes Informationsgleichgewicht zwischen den Betriebspartnern. Zusätzlich kann der Betriebsrat die vom Arbeitgeber gemäß § 106 Abs. 2 BetrVG an den Wirtschaftsausschuß weitergegebenen Informationen für seine Arbeit nutzen. Sollte die Sachkompetenz des Betriebsrats dennoch in einzelnen komplexen Fragen nicht ausreichen, kann auf Kosten des Arbeitgebers anwaltlicher oder sonst sachverständiger Rat eingeholt werden (§ 80 Abs. 2 u. 3 BetrVG). Darüber hinaus werden die Betriebsräte in ihrer Arbeit von den Gewerkschaften unterstützt; deren Hilfe wird gerade aufgrund des hohen gewerkschaftlichen Organisationsgrades von Betriebsräten häufig in Anspruch genommen[174].

f) Verhandlungsungleichgewicht im Einzelfall

Die Befürworter einer Inhaltskontrolle von Betriebsvereinbarungen versuchen zum Teil, die Annahme eines Verhandlungsungleichgewichts mit Ergebnissen der betriebssoziologischen Forschung zu untermauern[175].

Insofern läßt sich nicht leugnen, daß es insbesondere in kleineren und mittleren Betrieben zu Störungen der Betriebsratsarbeit durch den Arbeitgeber kommen kann[176]. Voraussetzung der Inhaltskontrolle ist aber, daß der Vertragsmechanismus in einem bestimmten Bereich generell und nicht nur in Einzelfällen gestört ist. Auf ein derartiges strukturelles Verhandlungsungleichgewicht lassen die in der Betriebssoziologie erkannten Gründe für eine Machtasymmetrie nicht schließen. Weder ein mangelnder Rückhalt des Betriebsrats in der Belegschaft[177], noch das Verhandlungsgeschick und die Durchsetzungsfähigkeit der

---

[173] BAG, Beschluß v. 06.11.1973, AP Nr. 5 zu § 37 BetrVG 1972 (mit Anmerkung Kittner); BAG Beschluß v. 16.10.1986, AP Nr. 58 zu § 37 BetrVG 1972.

[174] Seifert, Betriebsvereinbarungen, S. 104 f..

[175] Brecht, Umsetzung, S. 240 f.; Dieterich, RdA 2002, 1, 4 (Fn. 17); Seifert, Betriebsvereinbarungen, S. 101 f..

[176] Artus/Liebold/Schmidt/Schmidt/Strohwald, Austauschbeziehungen, S. 167; Bosch, Interessenkonflikt, S. 37 ff..

[177] Bosch, Interessenkonflikt, S. 184; Brecht, Umsetzung, S. 117; Kotthoff, Betriebsräte, S. 63, 67.

einzelnen Betriebsratsmitglieder[178], noch die Mißachtung von Informationspflichten[179] oder die besondere Position der Betriebsräte in einigen kleineren ostdeutschen Betrieben[180] können die Annahme einer typischerweise fehlenden Parität begründen. Eine solche kann auch nicht deshalb angenommen werden, weil die Betriebsräte in anderen Bereichen von unternehmerischen Entscheidungen des Arbeitgebers abhängig sind[181]. Ebensogut ließe sich im Hinblick auf die in der Praxis häufige Vereinbarung von Koppelungsgeschäften auf eine mangelnde Durchsetzungskraft des Arbeitgebers schließen[182]. Wie bereits dargelegt[183] steht es einer effektiven Mitbestimmung nicht entgegen, wenn der Betriebsrat in einer wirtschaftlich schwierigen Situation kostenreduzierenden Maßnahmen zustimmt um die Wettbewerbsfähigkeit des Unternehmens zu stärken und auf diese Weise andernfalls erforderliche unternehmerische Entscheidungen des Arbeitgebers abzuwenden. Im übrigen spielen die möglichen Reaktionen des Arbeitgeberlagers, beispielsweise die Standortverlagerung ins Ausland, auch im Rahmen von Tarifverhandlungen eine erhebliche Rolle.

Das in der betriebssoziologischen Forschung vereinzelt festgestellte Ungleichgewicht beruht damit nicht auf einer typischen, sondern auf der in bestimmten Betrieben bestehenden besonderen Situation. Dies wird besonders deutlich anhand der in der Betriebssoziologie vorgenommenen Unterscheidung verschiedener „Partizipationsmuster". Während der „standfeste Betriebsrat", der „Betriebsrat als konsolidierte Gegenmacht", der „Betriebsrat als aggressive Gegenmacht" sowie der „Betriebsrat als kooperative Gegenmacht" eine wirksame Interessenvertretung verkörpern sollen, sei eine solche bei einem „ignorierten Betriebsrat", einem „isolierten Betriebsrat" oder einem „Betriebsrat als Organ der Geschäftsleitung" nicht gewährleistet[184]. Die Einordnung als defiziente oder wirksame Mitbestimmungsstruktur hängt dabei in erster Linie vom individuellen Verhalten des jeweiligen Betriebsrats ab, insbesondere davon, ob die Betriebsräte sich mit den ihnen zur Verfügung stehenden Rechtsmitteln gegen die Mißachtung von Mitbestimmungsrechten wehren. Dabei lassen die empirischen Ergebnisse der betriebssoziologischen Forschung erkennen, daß eine unwirksame Interessenvertretung eher die Ausnahme bildet[185]. Insoweit hat

---

[178] Brecht, Umsetzung, S. 120.

[179] Brecht, Umsetzung, S. 126 ff..

[180] Artus/Schmidt/Sterkel, Tarifrealität, S. 49 f..

[181] so aber Brecht, Umsetzung, S. 132 f..

[182] Hromadka, Anmerkung zu BAG Urteil v. 25.10.1983, SAE 1984, 326, 332; allgemein zur Problematik der Koppelungsgeschäfte: Konzen, FS Zöllner, Bd. II, S. 799 ff..

[183] siehe oben § 3, II, 2, d.

[184] Kotthoff, Betriebsräte, S. 63 ff..

[185] Brecht, Umsetzung, S. 114; Kotthoff, Betriebsräte, S. 39 ff.; Müller-Jentsch, Soziologie in

die Stärkung der betrieblichen Mitbestimmung durch das BetrVG 1972 auch die tatsächliche Situation in den Betrieben grundlegend verändert[186].

g) Ergebnis

Abschließend läßt sich eine prinzipielle Durchsetzungsunterlegenheit des Betriebsrates nicht feststellen; zwischen Betriebsrat und Arbeitgeber besteht in der Regel ein jedenfalls annäherndes Machtgleichgewicht. Dem steht nicht entgegen, daß die Möglichkeit einer Unterlegenheit des Betriebsrates im Einzelfall nicht geleugnet werden kann.

3. Keine Inhaltskontrolle als Konsequenz des Fehlens betriebsvereinbarungsdispositiven Gesetzesrechts

Möglicherweise läßt sich eine Inhaltskontrolle von Betriebsvereinbarungen aber unabhängig von der positiven Feststellung eines strukturellen Verhandlungsungleichgewichts zwischen Arbeitgeber und Betriebsrat begründen. Einen solchen selbständigen Ansatz für eine Inhaltskontrolle von Betriebsvereinbarungen wählt insbesondere *Fastrich*[187]. Er hält die Diskussion um eine Vertragsparität der Betriebspartner für festgefahren und sucht den Ansatzpunkt für eine Inhaltskontrolle von Betriebsvereinbarungen in der Nichtexistenz betriebsvereinbarungsdispositiven Gesetzesrechts. Ausgangspunkt seiner Überlegungen ist die These, das Arbeitsrecht sei ein System der Inhaltskontrolle. Zum Schutze des Arbeitnehmers, der bei Abschluß des Arbeitsvertrages selbst nicht in der Lage sei, eine angemessene Berücksichtigung seiner Interessen durchzusetzen, habe die Rechtsordnung materielle Einschränkungen der Vertragsfreiheit entwickelt, die sich im Laufe der Zeit zu einem solchen System verdichtet hätten[188]. Die materiellen Einschränkungen der Vertragsfreiheit sollen grundsätzlich auch für die Kollektivvertragsparteien gelten. Tarifverträge allerdings seien – wie sich an der Figur des tarifdispositiven Rechts zeige – von den engeren Schranken der Inhaltskontrolle freigestellt. Demgegenüber finde eine Inhaltskontrolle von Betriebsvereinbarungen statt, da es ein betriebsvereinbarungsdispositives Recht nicht gebe[189]. Die Inhaltskontrolle sei die sachlich begründete Konsequenz der gesetzgeberischen Entscheidung, die inhaltlichen

---

industriellen Beziehungen, S. 273.

[186] vgl. Kotthoff, Betriebsräte, S. 39 ff., der seine Forschungsergebnisse aus 1975 und 1990 gegenüberstellt.

[187] Inhaltskontrolle, S. 208 ff..

[188] Fastrich, Inhaltskontrolle, S.201.

[189] Fastrich, Inhaltskontrolle, S. 208 ff..

Schranken des Arbeitsvertrags nicht gegenüber Betriebsvereinbarungen zu lockern[190].

Dieser Argumentation kann nicht gefolgt werden. Insoweit ist zunächst festzustellen, daß auch *Fastrich* den Grund für die besonderen Schranken des Arbeitsvertrages in der typischen Unterlegenheit des Arbeitnehmers sieht[191]. Dann aber können die besonderen Schranken des Arbeitsvertrages in solchen Bereichen nicht gelten, in denen ein annäherndes Verhandlungsgleichgewicht besteht. Dies ist bei der Betriebsvereinbarung – wie dargestellt[192] – grundsätzlich der Fall. Des weiteren kann aus der Existenz tarifdispositiven Rechts und der Nichtexistenz betriebsvereinbarungsdispositiven Rechts nicht auf die Erforderlichkeit einer Inhaltskontrolle von Betriebsvereinbarungen geschlossen werden. Auch insoweit ist die neu gefaßte Bereichsausnahme des § 310 Abs. 4 S. 1 BGB zu beachten, die in ihrer Wirkung betriebsvereinbarungsdispositiven Regelungen sehr nahe kommt. Durch die AGB-Vorschriften werden Teile des dispositiven Rechts zu einer „Leitbildfunktion" aufgewertet und stehen damit für den Verwender von AGB dem (einseitig) zwingenden Recht gleich. Die Ausnahme von der Geltung der AGB-Vorschriften, wie sie für Betriebsvereinbarungen in § 310 Abs. 4 S. 1 BGB vorgesehen ist, ist damit durchaus mit der betriebsvereinbarungsdispositiven Ausgestaltung zwingender Rechtsnormen vergleichbar.

Darüber hinaus lassen jüngere tarifdispositive Gesetze, wie beispielsweise die §§ 7 Abs. 1 und 2, 12 ArbZG – abhängig von einer Ermächtigung im Tarifvertrag – abweichende Regelungen auch in Betriebsvereinbarungen zu. Insofern ist der Arbeitszeitschutz mittelbar betriebsvereinbarungsoffen gestaltet. In der Eisen- und Stahlindustrie (§ 4 Abs. 3 S. 2 AusnahmeVO Stahl-und Eisenindustrie) sowie in der Papierindustrie (§ 6 AusnahmeVO Papierindustrie) können die Betriebspartner gar ohne Befugung durch die Tarifvertragsparteien Regelungen in Form von Betriebsvereinbarungen treffen, wenn tarifvertragliche Regelungen fehlen. Auch vom Änderungskündigungsschutz des § 2 KSchG können die Betriebspartner nach herrschender Auffassung abweichen, indem sie gemäß § 87 Abs. 1 Nr. 3 Kurzarbeit einführen. Das Vertrauen des Gesetzgebers in das Regelungsinstrumentarium der Betriebsvereinbarung wird ebenso deutlich in § 1 Abs. 4 KSchG, wonach die Bewertung der sozialen Gesichtspunkte durch die Betriebspartner nur auf grobe Fehlerhaftigkeit zu überprüfen ist.

Auch die Betriebspartner sind also nach der Vorstellung des Gesetzgebers kraft ihrer Sachnähe und ihrer beiderseitigen Mächtigkeit in der Lage, vom Gesetzesrecht abweichende, ebenfalls angemessene Regelungen zu finden. Daß von der

---

[190] Fastrich, Inhaltskontrolle, S. 212.

[191] Fastrich, Inhaltskontrolle, S. 184 ff..

[192] siehe oben § 3, II, 2.

Möglichkeit betriebsvereinbarungsoffenen Rechts nicht öfter Gebrauch gemacht wird, liegt weniger an dem geringeren Vertrauen des Gesetzgebers in das Regelungsinstrument der Betriebsvereinbarung als vielmehr an dem Ziel, die Tarifautonomie vor der Konkurrenz durch Betriebsvereinbarungen zu schützen[193]. Da mithin das Fehlen betriebsvereinbarungsdispositiven Gesetzesrechts nicht als gesetzgeberisches Urteil über die mindere Richtigkeitsgewähr der Betriebsvereinbarung verstanden werden kann, läßt sich die Inhaltskontrolle von Betriebsvereinbarungen hierauf nicht stützen.

4. Ausschluß einer Inhaltskontrolle durch § 310 Abs. 4 S. 1 BGB

Zuzugeben ist der Argumentation *Fastrichs* jedoch, daß die Diskussion um die Richtigkeitsgewähr der Betriebsvereinbarung kaum zu Ergebnissen geführt hat[194]. Trotz der massiven Kritik im Schrifttum hat das Bundesarbeitsgericht auch unter Geltung des BetrVG 1972 und der hierdurch gestärkten Rolle des Betriebsrates an seiner Auffassung eines Verhandlungsungleichgewichts zwischen Arbeitgeber und Betriebsrat festgehalten. Dieser Stillstand in der Diskussion um eine Inhaltskontrolle von Betriebsvereinbarungen könnte sein Ende in einer gesetzgeberischen Entscheidung finden, die möglicherweise mit der neu gefaßten Bereichsausnahme des § 310 Abs. 4 S. 1 BGB gefallen ist. Bislang hatte die Rechtsprechung die Betriebsvereinbarung – anders als den Tarifvertrag – hinsichtlich ihrer Kontrollbedürftigkeit an die Seite der Allgemeinen Arbeitsbedingungen gestellt. Der Gesetzgeber beurteilt diese Frage offenbar anders: Gemäß § 310 Abs. 4 S. 1 BGB ist die Inhaltskontrolle nach Maßgabe der AGB-Vorschriften für Betriebsvereinbarungen ebenso ausgeschlossen wie für Tarifverträge und Dienstvereinbarungen. Dem könnte eine Sperrwirkung auch hinsichtlich einer Inhaltskontrolle außerhalb des AGB-Rechts zu entnehmen sein. Zur Beantwortung dieser Frage ist zunächst ein näherer Blick auf die historische Entwicklung der Bereichsausnahme zu werfen.

a) Bisherige Bereichsausnahme in § 23 Abs. 1 AGB-Gesetz

Der Gesetzgeber des AGB-Gesetzes schloß in § 23 Abs. 1 AGBG das gesamte Arbeitsrecht von der Geltung des Gesetzes aus, weil er auf die im Arbeitsrecht vorhandenen spezifischen Schutzinstrumente und deren Fortbildung vertraute[195]. Hinsichtlich dieser bisherigen Bereichsausnahme bestand jedoch weitgehend Einigkeit, daß der Gesetzgeber über eine Inhaltskontrolle außerhalb des AGBG nicht entscheiden wollte. Vielmehr wurde eine Inhaltskontrolle neben dem

---

[193] vgl. Löwisch/Kaiser, BetrVG, § 77 Rn 25.

[194] Inhaltskontrolle, S. 209.

[195] BT-Drucks. 7/3919, S. 41.

AGBG, zumindest im Arbeits- und Gesellschaftsrecht, ganz überwiegend für möglich gehalten[196]. Durch das AGBG habe nämlich die Kontrollmöglichkeit der Gerichte erweitert und nicht beschränkt werden sollen[197]. Der wahre Grund der Bereichsausnahme des § 23 Abs. 1 AGBG wurde zum Teil darin erkannt, daß zur Zeit der Schaffung des AGBG an einem einheitlichen Arbeitsvertragsrecht gearbeitet wurde, welches die Geltung des AGBG entbehrlich machen sollte[198]. Gestützt wurde diese Auffassung durch die Gesetzesmaterialien. Dort heißt es zunächst, daß die in § 23 Abs. 1 AGBG genannten Rechtsgebiete von einer AGB-Kontrolle auszunehmen seien, weil der Schutz des Gesetzes insoweit nicht erforderlich und nicht angemessen oder nicht systemgerecht erscheine. Insbesondere auf dem Gebiet des Arbeitsrechts werde der Schutz des schwächeren Vertragspartners vor unangemessenen Vertragsbedingungen durch zwingende Vorschriften und kollektivrechtliche Vereinbarungen verwirklicht. Etwaige erforderliche Verbesserungen des Schutzes vor unangemessenen Bedingungen sollten durch besondere gesetzgeberische Maßnahmen erreicht werden[199]. Weiterhin heißt es jedoch, daß es in den ausgenommenen Rechtsgebieten für die Inhaltskontrolle vorformulierter Vertragsbedingungen bei den bisher geltenden Vorschriften bleiben soll[200]. Dies ließ die Fortsetzung einer Inhaltskontrolle auf Grundlage des § 242 BGB zu[201]. Auch nach der Äußerung des Rechtsausschusses sollten in den ausgenommenen Rechtsgebieten die bisher geltenden Rechtsmaßstäbe weiterhin Anwendung finden, eine Inhaltskontrolle vorformulierter Klauseln also weiterhin möglich sein[202].

b) *Neufassung der Bereichsausnahme für das Arbeitsrecht durch § 310 Abs. 4 BGB*

Im Zuge der Reform des Schuldrechts hat der Gesetzgeber das bisher geltende AGB-Gesetz in das Bürgerliche Gesetzbuch integriert. Dabei übernahm der Regierungsentwurf des Schuldrechtsmodernisierungsgesetzes die bisherige Bereichsausnahme des § 23 Abs. 1 AGBG zunächst wörtlich in § 310 Abs. 4

---

[196] Bunte, ZIP 1984, 1313, 1316; Fastrich, RdA 1997, S. 65, 73; Heinrich, Formale Freiheit, S. 304; Hönn, JA 1987, 337, 342; Hromadka, FS Dieterich, S. 251, 253; Lieb, AcP 178 (1978), 196, 197 ff.; ders., DNotZ 1989, 274, 288; Preis, Vertragsgestaltung, S. 234, 240 ff.; a.A. Schwarz, BB 1996, 1434.

[197] Bunte, ZIP 1984, 1313, 1316; Wiedemann in FS Kummer, S. 175, 181.

[198] Preis, Vertragsgestaltung, S. 243 f..

[199] BT-Drucks. 7/3919, S. 41.

[200] BT-Drucks. 7/3919, S. 41.

[201] Fastrich, Inhaltskontrolle, S. 62.

[202] BT-Drucks. 7/5422, S. 13.

BGB[203]. Erst nachdem der Bundesrat die Bundesregierung in seiner Stellungnahme[204] zu einer erneuten Prüfung aufforderte, äußerte die Bundesregierung in ihrer Gegenstellungnahme[205] die Auffassung, die Bereichsausnahme für das Arbeitsrecht sei im Grundsatz aufzuheben, da auch im Arbeitsrecht ein Bedürfnis nach richterlicher Kontrolle der einseitig vom Arbeitgeber festgesetzten Arbeitsbedingungen bestehe. Die Rechtsprechung des Bundesarbeitsgerichts habe gezeigt, daß eine sich selbst überlassene Vertragsfreiheit nicht in der Lage gewesen sei, einen ausreichenden Schutz der Arbeitnehmer vor unangemessenen Vertragsbedingungen zu gewährleisten. Dem Vorschlag des Bundesrats schlossen sich Rechtsausschuß und Bundestag an[206]. Mit dem Gesetz zur Modernisierung des Schuldrechts wurde daher – in letzter Minute – die Bereichsausnahme des § 23 Abs. 1 AGBG für das Arbeitsrecht teilweise aufgehoben. Das nunmehr in den §§ 305 ff. BGB integrierte Recht der Allgemeinen Geschäftsbedingungen ist auch auf Arbeitsverträge anzuwenden, wobei allerdings gemäß § 310 Abs. 4 S. 2 BGB die im Arbeitsrecht geltenden Besonderheiten angemessen zu berücksichtigen sind. Nur für Tarifverträge, Betriebs- und Dienstvereinbarungen besteht die Bereichsausnahme gemäß § 310 Abs. 4 S. 1 BGB fort.

c) Auswirkungen auf die Kontrolle von Betriebsvereinbarungen

Es stellt sich die Frage, ob mit dem Ausschluß einer AGB-Kontrolle von Betriebsvereinbarungen zugleich die Diskussion um eine Inhaltskontrolle von Betriebsvereinbarungen außerhalb der AGB-Vorschriften im negativen Sinne entschieden ist, ob der Ausschluß einer AGB-Kontrolle durch § 310 Abs. 4 S. 1 BGB also auch eine Sperrwirkung gegenüber einer Inhaltskontrolle auf anderer Rechtsgrundlage entfaltet. Dies wird in der Literatur unterschiedlich beurteilt.

Zum Teil wird der Bereichsausnahme des § 310 Abs. 4 S. 1 BGB das generelle Verbot einer Inhaltskontrolle von Betriebsvereinbarungen entnommen[207].

---

[203] BT-Drucks. 14/6040, S. 12.

[204] BT-Drucks. 14/6857, S. 17.

[205] BT-Drucks. 14/6857, S. 53.

[206] BT-Drucks. 14/7052, Erl. zu Art. 1 § 310.

[207] Annuß, BB 2002, 458, 459; Gotthardt, Schuldrechtsreform, Rn. 337; Hromadka, NJW 2002, 2523, 2525; Lieb, FS Ulmer, S. 1231, 1241 f.; ders., Arbeitsrecht, § 1 V 5, Rn. 119; Preis in: ErfK, §§ 305-310 BGB, Rn. 12; ders., Kollektivarbeitsrecht, § 152 I 6. Reichold, Anmerkung zu BAG, Urteil v. 15.11.2000, AP Nr. 84 zu § 77 BetrVG unter I 2.

Lieb[208] verweist insoweit auf die Gleichstellung von Betriebsvereinbarungen mit Tarifverträgen in § 310 Abs. 4 S. 1 BGB. Da Tarifverträge einer Inhaltskontrolle nicht unterliegen, müsse dies fortan auch für Betriebsvereinbarungen gelten. Eine Ungleichbehandlung bezüglich einer Inhaltskontrolle auf anderer Grundlage lasse sich angesichts der Gleichbehandlung bezüglich einer AGB-Kontrolle nicht mehr rechtfertigen. Die Bereichsausnahme des § 310 Abs. 4 S. 1 BGB sei insofern aussagekräftiger als diejenige des § 23 Abs. 1 AGB, als sie sich allein auf die Kollektivverträge beziehe, im übrigen aber eine Kontrolle von Arbeitsverträgen zulasse[209].

Ebenso hält *Annuß*[210] eine am Maßstab von Treu und Glauben ausgerichtete allgemeine Inhaltskontrolle mit dem Gesetzeswortlaut des § 310 Abs. 4 S. 1 BGB für unvereinbar und eine Kontrollfreiheit von Betriebsvereinbarungen für geboten. Insbesondere auf die Annahme eines Autonomiedefizits gegenüber dem Tarifvertrag[211] könne eine weitergehende Kontrolle von Betriebsvereinbarungen zukünftig nicht mehr gestützt werden[212].

Reichold[213] sieht die Bereichsausnahme des § 310 Abs. 4 S. 1 BGB in der Richtigkeitsgewähr der Kollektivvereinbarungen begründet und lehnt demzufolge ebenfalls eine Inhaltskontrolle von Betriebsvereinbarungen ab.

Auch *Gotthardt*[214] und *Preis*[215] entnehmen der neu geregelten Bereichsausnahme des § 310 Abs. 4 S. 1 BGB eine Sperrwirkung gegenüber der Inhaltskontrolle von Betriebsvereinbarungen. Die Auswirkungen seien jedoch gering, da schon die bisherige Rechtsprechung regelmäßig die Grenzen einer Rechtskontrolle nicht überschritten habe[216]. Demgegenüber weist *Lieb*[217] darauf hin, daß

---

[208] Lieb, FS Ulmer, S. 1231, 1241 f.; ebenso Worzalla in: Hess / Schlochauer / Worzalla / Glock, BetrVG, § 77 Rn. 53.

[209] Lieb, FS Ulmer, S. 1231, 1241.

[210] Annuß, BB 2002, 458, 459.

[211] BAG, Urteil v. 30.01.1970, AP Nr. 142 zu § 242 BGB (mit Anmerkung Richardi) unter B IV 3 b der Gründe = SAE 1970, 262 ff. (mit Anmerkung Säcker) = BB 1970, 1097 ff. (mit Anmerkung v. Arnim).

[212] Annuß, BB 2002, 458, 459.

[213] Anmerkung zu BAG Urteil v. 15.11.2000, AP Nr. 84 zu § 77 BetrVG unter I 2.

[214] Schuldrechtsreform, Rn. 337.

[215] ErfK §§ 305-310 BGB Rn. 12; Kollektivarbeitsrecht, § 152 I 6.

[216] Gotthardt, Schuldrechtsreform, Rn. 337; Preis, Kollektivarbeitsrecht, § 152 I 6; ders., in: ErfK, §§ 305-310 BGB, Rn. 12; ebenso Streicher, Betriebsvereinbarung, Rn. 423.

[217] Lieb, FS Ulmer, S. 1231, 1242.

auch die Inhaltskontrolle Rechtskontrolle[218] sei, was eine derartige begriffliche Lösung ausschließe.

Ein anderer Teil der Literatur spricht der neu gefaßten Bereichsausnahme des § 310 Abs. 4 S. 1 BGB jegliche Auswirkungen auf die Zulässigkeit einer Inhaltskontrolle von Betriebsvereinbarungen ab. So geht *Däubler*[219] davon aus, daß die von der Rechtsprechung entwickelte „Billigkeitskontrolle" von Betriebsvereinbarungen weiterhin praktiziert werden könne. Dies sei der Gesetzesbegründung zu entnehmen, welche auf den Schutz der Tarifautonomie verweise, den Schutz der Betriebsautonomie jedoch nicht ausdrücklich erwähne[220]. Ohnehin bleibe die Billigkeitskontrolle von Betriebsvereinbarungen in ihrer Intensität deutlich hinter der AGB-Kontrolle zurück[221].

Auch *Richardi*[222] sieht keine Auswirkungen des Schuldrechtsmodernisierungsgesetzes auf die gerichtliche Inhaltskontrolle von Betriebsvereinbarungen. Der Gesetzgeber habe die von der Rechtsprechung entwickelte Angemessenheitskontrolle nicht ausschließen wollen[223]. Die Bereichsausnahme des § 310 Abs. 4 S. 1 BGB habe für normativ geltende Betriebsvereinbarungen eine nur klarstellende Funktion, weil es sich bei ihnen – mangels Stellens durch eine Vertragspartei – nicht um Allgemeine Geschäftsbedingungen im Sinne des § 305 Abs. 1 BGB handele[224]. Schon hieraus ergebe sich, daß die Inhaltskontrolle von normativ geltenden Betriebsvereinbarungen durch das Schuldrechtsmodernisierungsgesetz unberührt bleibe[225]. Auch die Regelung des § 310 Abs. 4 S. 3 BGB, wonach Betriebsvereinbarungen Rechtsvorschriften im Sinne von § 307 Abs. 3 gleichstehen, so daß auch eine mittelbare Kontrolle von Betriebsvereinbarungen ausgeschlossen ist, habe für Betriebsvereinbarungen keinen Anwendungsbereich[226]. Eine eigenständige Bedeutung könne die Neuregelung nur erhalten, sofern die Betriebsvereinbarung erst als Bestandteil des Arbeitsvertrages für das Arbeitsverhältnis verbindlich werde. Dies könne etwa der Fall sein, wenn in einem Betrieb kein Betriebsrat besteht und der Arbeitgeber die für

---

218 s.o. § 3, I.

219 NZA 2001, 1329, 1334; ders. in: Däubler/Dorndorf, AGB-Kontrolle im Arbeitsrecht, § 310 Rn. 33.

220 BT-Drucks. 14/6857, S. 54.

221 Däubler, NZA 2001, 1329, 1334.

222 Richardi, NZA 2002, 1057, 1058 f.; ders., GS Blomeyer S. 299, 312.

223 Richardi, NZA 2002, 1057, 1059, 1062.

224 Richardi, NZA 2002, 1057, 1058; ders., GS Blomeyer S. 299, 312.

225 Richardi, GS Blomeyer, S. 299, 312.

226 Richardi, NZA 2002, 1057, 1062.

einen anderen Betrieb geschlossenen Betriebsvereinbarungen zu Grunde legt[227]. Gerade in einem solchem Fall spreche aber keine Angemessenheitsvermutung für die Regelung der Betriebsvereinbarung.

Ebenso hält *Singer*[228] eine Inhaltskontrolle von Betriebsvereinbarungen weiterhin für erforderlich und zulässig. Die neugefaßte Bereichsausnahme des § 310 Abs. 4 S. 1 BGB überzeuge nur bei Tarifverträgen, da für diese die Vermutung gelte, daß die Tarifpartner einen angemessenen Interessenausgleich fänden. Für Betriebs- und Dienstvereinbarungen passe die Bereichsausnahme hingegen nicht, weil es hier an einem Kräftegleichgewicht zwischen den Parteien fehle. Da es sich aber bei der Inhaltskontrolle von Betriebsvereinbarungen nicht um eine AGB-Kontrolle handele, habe die Neuregelung des § 310 Abs. 4 S. 1 BGB keinerlei Auswirkungen auf die bisherige Kontrollpraxis[229]. Ebenso wie *Richardi* spricht auch *Singer* der Regelung des § 310 Abs. 4 S. 3 BetrVG in Bezug auf Betriebs- und Dienstvereinbarungen jeglichen Anwendungsbereich ab. Soweit die Betriebsvereinbarung im Rahmen ihres Geltungsbereichs unmittelbar und zwingend wirke, habe die Verweisung ohnehin nur deklaratorische Bedeutung. In den Fällen, in denen eine Betriebsvereinbarung erst aufgrund eines Verweises gelte, solle trotz § 310 Abs. 4 S. 3 BGB eine Inhaltskontrolle der verweisenden Arbeitsbedingungen stattfinden, da auch insoweit die Vermutung eines angemessenen Interessenausgleichs nicht gerechtfertigt sei[230].

d) Stellungnahme

Soweit Inhaltskontrolle nicht gesetzlich legitimiert ist, handelt es sich bei ihr um Rechtsfortbildungen, die den allgemeinen Voraussetzungen und Schranken richterlicher Rechtsfortbildung unterliegen[231]. Außerhalb der AGB-Vorschriften läßt sich eine Inhaltskontrolle paritätsgestörter Verträge also nur rechtsfortbildend begründen[232]. Da die Inhaltskontrolle von Betriebsvereinbarungen insgesamt ungeregelt geblieben und der Rückgriff auf eine vergleichbare Norm oder ein im Gesetz angelegtes Prinzip nicht möglich ist, kommt insofern allein eine gesetzesübersteigende Rechtsfortbildung in Betracht. Diese vollzieht sich zwar außerhalb des Gesetzes (extra legem), hat sich jedoch an den allgemeinen

---

[227] Richardi, NZA 2002, 1057, 1058.

[228] RdA 2003, 194, 197 f..

[229] Singer, RdA 2003, 194, 197.

[230] Singer, RdA 2003, 194, 197 unter Hinweis auf Richardi, NZA 2002, 1057, 1062.

[231] Fastrich, Inhaltskontrolle, S. 70.

[232] Fastrich, Inhaltskontrolle, S. 61 ff.; Lieb, AcP 178 (1978), 196, 212; Preis, Vertragsgestaltung, S. 237 ff..

Prinzipien und Wertungen der Rechtsordnung zu orientieren (intra ius)[233]. Unzulässig wäre die rechtsfortbildend begründete Inhaltskontrolle von Betriebsvereinbarungen, wenn das Fehlen entsprechender Regelungen auf einer bewußten Entscheidung des Gesetzgebers beruht, dieser eine Inhaltskontrolle von Betriebsvereinbarungen also ausschließen wollte. Es würde sich dann um eine dem Richter nicht gestattete Rechtsfortbildung „contra legem“ handeln[234].

Dem Wortlaut des § 310 Abs. 4 S. 1 BGB läßt sich ein Verbot der Inhaltskontrolle auch außerhalb der §§ 305 ff. BGB nicht entnehmen. Lediglich die Anwendung der §§ 305 ff. BGB ist hiernach ausgeschlossen. Insofern ließen sich aus der Neuregelung keine weitergehenden Konsequenzen als aus § 23 Abs. 1 AGBG ziehen, welcher eine AGB-Kontrolle auf dem gesamten Gebiet des Arbeitsrechts, und damit auch für Betriebsvereinbarungen, ausschloß. Es bleibt jedoch festzustellen, daß der Gesetzgeber hinsichtlich der Anwendbarkeit der §§ 305 ff. BGB aus bestimmten Gründen zwischen Einzelarbeitsverträgen und Kollektivverträgen differenzieren will. Hierin liegt ein Unterschied zur bisherigen Bereichsausnahme des § 23 Abs. 1 AGBG. Nur Tarifverträge, Betriebs- und Dienstvereinbarungen sollen der Inhaltskontrolle gemäß §§ 305 ff. BGB entzogen sein.

Des weiteren läßt sich der Neuregelung entnehmen, daß Betriebsvereinbarungen und Tarifverträge zukünftig gleichermaßen einer AGB-Kontrolle entzogen sind. Diese Gleichstellung widerspricht der bisherigen Kontrollpraxis durch das Bundesarbeitsgericht. Während dieses nämlich Betriebsvereinbarungen einer zum Teil sehr weitgehenden Inhalts- und Billigkeitskontrolle unterworfen hat, bestand für normativ geltende Tarifverträge schon vor der Schuldrechtsreform ein weitgehender Konsens, daß diese keiner Inhaltskontrolle unterliegen. Tarifverträge wurden nur dahingehend überprüft, ob sie gegen das Grundgesetz, zwingende Gesetze, die guten Sitten und tragende Grundsätze des Arbeitsrechts verstoßen[235]. Dies wurde in erster Linie mit der den Tarifverträgen zukommenden Richtigkeitsgewähr begründet. Zwischen den Tarifvertragsparteien bestehe ein weitgehendes Kräftegleichgewicht, so daß von einer hinreichenden Berücksichtigung sowohl der Arbeitgeber- als auch der Arbeitnehmerinteressen ausgegangen werden könne. Hierin wurde der entscheidende Unterschied zur Regelung durch Betriebsvereinbarung erkannt. Ausdrücklich stellte das

---

233 Larenz, Methodenlehre, S. 413 ff..

234 vgl. Larenz, Methodenlehre, S. 414.

235 BAG, Urteil v. 31.03.1966, AP Nr. 54 zu § 611 BGB Gratifikation (mit Anmerkung Biedenkopf); BAG, Urteil v. 04.12.1969, AP Nr. 32 zu § 620 BGB Befristeter Arbeitsvertrag (mit Anmerkung Richardi); BAG, Urteil v. 14.12.1982, AP Nr. 1 zu § 1 BetrAVG Besitzstand (mit Anmerkung Wiedemann/Mangen); BAG, Urteil 06.02.1985, AP Nr. 1 zu § 1 TVG Tarifverträge – Süßwarenindustrie (mit Anmerkung v.Stebut/Brackmann); BAG, Urteil v. 06.11.1996, AP Nr. 1 zu § 10 AVR Caritasverband.

Bundesarbeitsgericht fest, Betriebsvereinbarungen seien nicht „in demselben Maße autonom und der gerichtlichen Inhaltskontrolle entzogen" wie Tarifverträge[236].

Dies läßt sich vor dem Hintergrund der Gleichstellung in § 310 Abs. 4 S. 1 BGB nicht mehr aufrechterhalten. Verbietet der Gesetzgeber in § 310 Abs. 4 S. 1 BGB für den Bereich der Allgemeinen Geschäftsbedingungen eine Inhaltskontrolle in gleicher Weise für Betriebsvereinbarungen wie für Tarifverträge, spricht vieles dafür, dem Ausschluß der AGB-Kontrolle auch das Verbot einer Inhaltskontrolle von Betriebsvereinbarungen außerhalb des AGB-Bereichs zu entnehmen. Damit wäre die Frage nach der Zulässigkeit einer Inhaltskontrolle für Tarifverträge und Betriebsvereinbarungen auch außerhalb der §§ 305 ff. BGB übereinstimmend beantwortet, wie es jedenfalls für das AGB-Recht dem Willen des Gesetzgebers entspricht[237].

Daß die neugefaßte Bereichsausnahme in diesem Sinne zu verstehen ist, läßt sich den Gesetzesmaterialien allerdings nicht auf den ersten Blick entnehmen. Dort heißt es:

„Die Bereichsausnahme muß allerdings weiterhin für Tarifverträge, Betriebs- und Dienstvereinbarungen bestehen bleiben. Sie stellen nicht nur ausgehandelte Verträge zwischen den beteiligten Kollektivvertragsparteien dar, sondern enthalten zugleich Rechtsnormen, die unmittelbar und zwingend für die Arbeitsverhältnisse der betriebsangehörigen bzw. tarifgebundenen Arbeitnehmer gelten (§ 77 Abs. 4 S. 1 BetrVG, § 4 Abs. 1 S. 1 TVG). In diesen gewissermaßen „normsetzenden" Bereich kann und darf eine AGB-Kontrolle nicht eingreifen, da anderenfalls das System der Tarifautonomie konterkariert würde[238]."

Die weitergehende Freiheit der Kollektivvertragsparteien wird also zunächst mit dem Hinweis auf die Tarifautonomie begründet. Diese Begründung ist insoweit nicht nachvollziehbar, als der Hinweis auf die zu schützende Tarifautonomie allenfalls die Bereichsausnahme für Tarifverträge, nicht aber für Betriebsvereinbarungen zu erklären vermag[239]. Letztere sind Ausfluß der Betriebs-, nicht der Tarifautonomie.

Entgegen *Däubler*[240] tritt trotz dieser insoweit mißglückten Begründung der gesetzgeberische Wille, eine Kontrollfreiheit auch von Betriebsvereinbarungen

---

[236] BAG, Urteil v. 30.01.1970, AP Nr. 142 zu § 242 BGB (mit Anmerkung Richardi) unter B IV 3 b der Gründe = SAE 1970, 262 ff. (mit Anmerkung Säcker) = BB 1970, 1097 ff. (mit Anmerkung v. Arnim).

[237] Lieb, FS Ulmer, S. 1231, 1241 f..

[238] BT-Drucks. 14/6857, S. 54.

[239] Däubler, NZA 2001, 1329, 1334.

[240] Däubler, NZA 2001, 1329, 1334.

zu gewährleisten, deutlich zu Tage. Es soll nicht nur der den Tarifparteien, sondern der den Kollektivparteien überlassene „gewissermaßen normsetzende“[241] Bereich vor einer gerichtlichen Inhaltskontrolle geschützt sein. Für eine Differenzierung zwischen Tarifparteien, Betriebspartnern und Dienstvereinbarungsparteien lassen sich weder dem Wortlaut des § 310 Abs. 4 S. 1 BGB noch der Gesetzesbegründung Anhaltspunkte entnehmen. Die Festlegung dessen, was als angemessen oder unangemessen anzusehen ist, soll dem jeweiligen Normgeber überlassen bleiben. Damit dient die Bereichsausnahme nicht nur der Wahrung der Tarifautonomie, sondern darüber hinaus auch dem Schutz der Betriebsautonomie. Der Gesetzgeber vertraut in die Richtigkeitsgewähr auch der Betriebsvereinbarung.

Angesichts dieses Gesetzeszwecks läßt sich entgegen den Auffassungen von *Richardi*[242] und *Singer*[243] der neugefaßten Bereichsausnahme auch nicht deshalb jedwede Wirkung auf die Zulässigkeit einer Inhaltskontrolle von Betriebsvereinbarungen absprechen, weil es sich bei normativ geltenden Betriebsvereinbarungen nicht um Allgemeine Geschäftsbedingungen im Sinne von § 305 Abs. 1 BGB handelt. Insoweit ist zunächst anzuerkennen, daß die Definition der Allgemeinen Geschäftsbedingung bei Betriebsvereinbarungen nicht erfüllt ist, da diese nicht von einer Vertragspartei „gestellt“ werden. Aufgabe des Merkmals „Stellen“ ist es, die Rolle des Verwenders derjenigen Vertragspartei zuzuweisen, auf deren Veranlassung die Einbeziehung der vorformulierten Bedingungen zurückgeht[244]. Angesichts der normativen Wirkung der Betriebsvereinbarung ist eine solche Zuordnung nicht möglich. Ob es sich bei Betriebsvereinbarungen um Allgemeine Geschäftsbedingungen handelt oder nicht, ist aber für die Sperrwirkung gegenüber einer rechtsfortbildend begründeten Inhaltskontrolle nicht von Bedeutung. Wie dargelegt, verfolgt der Gesetzgeber mit der Neuregelung des § 310 Abs. 4 S. 1 BGB im Unterschied zur bisherigen Bereichsausnahme in § 23 Abs. 1 AGBG einen Zweck, der einer Inhaltskontrolle von Betriebsvereinbarungen nicht nur nach Maßgabe der AGB-Vorschriften, sondern auch außerhalb der §§ 305 ff. BGB entgegensteht.

Darüber hinaus würde eine Inhaltskontrolle von Betriebsvereinbarungen auch der Regelung des § 310 Abs. 4 S. 3 BGB widersprechen. Hiernach stehen Tarifverträge, Betriebs- und Dienstvereinbarungen Rechtsvorschriften im Sinne von § 307 Abs. 3 BGB gleich. Mit dieser Vorschrift will der Gesetzgeber verhindern, „daß auch Einzelarbeitsverträge, die Bezug auf einen Tarifvertrag nehmen, ohne daß eine beiderseitige Tarifbindung besteht, oder die mit

---

[241] BT-Drucks. 14/6857, S. 54.

[242] Richardi, NZA 2002, 1057, 1058; ders., GS Blomeyer S. 299, 312.

[243] RdA 2003, 194, 197 f..

[244] Ulmer in: Ulmer/Brandner/Hensen, AGBG, § 1 Rn. 27.

Kollektivvereinbarungen übereinstimmen und lediglich deren gesamten Inhalt wiedergeben, [...] der Inhaltskontrolle unterliegen"[245]. Zweck der Regelung ist es also, auch eine mittelbare Kontrolle von Kollektivvereinbarungen auszuschließen[246]. Es macht aber keinen Sinn, eine indirekte Inhaltskontrolle von Betriebsvereinbarungen auszuschließen, während man eine direkte Inhaltskontrolle zuläßt.

Der Vorschrift des § 310 Abs. 4 S. 3 BGB läßt sich auch nicht ohne weiteres jegliche Relevanz für Betriebsvereinbarungen absprechen. Zwar ist der Auffassung *Richardis*[247] und *Singers*[248] zuzugeben, daß die Betriebsvereinbarung im Regelfall bereits gemäß § 77 Abs. 4 S. 1 BetrVG normative Wirkung entfaltet, so daß es einer Bezugnahme nicht mehr bedarf. Auch mag eine nur kraft Verweisung geltende Betriebsvereinbarung häufig eine Richtigkeitsgewähr nicht bieten. Warum jedoch die Betriebsvereinbarung eines Betriebes generell nicht auch für weitere vergleichbare Betriebe des Unternehmens eine Richtigkeitsgewähr entfalten soll, leuchtet nicht ein. Schließlich gelten in einem solchen Fall auch eventuelle Gesamtbetriebsvereinbarungen normativ in dem betriebsratslosen Betrieb, ohne daß der Gesamtbetriebsrat durch die dort beschäftigten Arbeitnehmer legitimiert wäre. Ähnliches gilt für die Einbeziehung leitender Angestellter i.S.v. § 5 Abs. 3 BetrVG. Bei Tarifverträgen wird die inhaltliche Angemessenheit nicht als Frage des persönlichen, sondern des fachlichen Geltungsbereichs angesehen, auch für Außenseiter soll zumindest der nicht branchenfremde Tarifvertrag eine Richtigkeitsgewähr vermitteln[249]. Entsprechend ist auch bei Betriebsvereinbarungen in jedem Einzelfall zu prüfen, ob die in Bezug genommene Betriebsvereinbarung für das Arbeitsverhältnis, für das sie konkret vereinbart ist, die Vermutung einer angemessenen Regelung in sich trägt.

III. Ergebnis

Betriebsvereinbarungen unterliegen keiner Inhaltskontrolle im Sinne einer Angemessenheitskontrolle. Bei der rechtsfortbildenden Begründung einer Inhaltskontrolle von Betriebsvereinbarungen aufgrund gestörter Vertragsparität handelt es sich um eine Rechtsfortbildung contra legem. Der neugefaßten

---

[245] BT-Drucks. 14/6857, S. 54.

[246] Gotthardt, Schuldrechtsreform, Rn. 266; Henssler, RdA 2002, 131, 136; Hromadka, NJW 2002, 2523, 2527; Lingemann, NZA 2002, 181, 189.

[247] NZA 2002, 1057, 1062.

[248] RdA 2003, 194, 197.

[249] Gotthardt, ZIP 2002, 277, 281, ders., Schuldrechtsreform, Rn. 266; Preis, Arbeitsvertrag, II V 60 Rn. 10 ff.; Singer, RdA 2003, 194, 198.

Bereichsausnahme des § 310 Abs. 4 S. 1 BGB sowie dem Ausschluß einer indirekten Inhaltskontrolle gemäß § 310 Abs. 4 S. 3 BGB läßt sich der gesetzgeberische Wille entnehmen, Betriebsvereinbarungen insgesamt einer Inhaltskontrolle zu entziehen. Ohnehin läßt sich ein strukturelles Verhandlungsungleichgewicht zwischen Arbeitgeber und Betriebsrat als Voraussetzung der Inhaltskontrolle nicht feststellen.

Dieses Ergebnis entspricht den Wertungen des BetrVG. Wo der Gesetzgeber bestimmte Regelungsbereiche der Eigenverantwortung der Betriebspartner überlassen hat, vertraut er auf die rechtliche Vertretbarkeit der Ergebnisse[250]. Würde man die vom Konsens der Betriebspartner getragene Regelung einer Inhaltskontrolle unterziehen, würde dies ein Mißtrauen in die Fähigkeit des Betriebsrats zur kraftvollen Wahrnehmung der Arbeitnehmerinteressen ausdrücken und das Grundkonzept der betrieblichen Mitbestimmung in Zweifel ziehen.

Steht damit fest, daß eine Inhaltskontrolle im Sinne einer Angemessenheitskontrolle von Betriebsvereinbarungen auch außerhalb der AGB-Vorschriften ausgeschlossen ist, stellt sich die Frage, inwieweit es einer Korrektur des bislang insbesondere von der Rechtsprechung angewandten Kontrollmaßstabes bedarf. Insofern werden bislang kaum Auswirkungen erkannt. Selbst Stimmen in der Literatur, welche nach dem Schuldrechtsmodernisierungsgesetz eine Inhaltskontrolle von Betriebsvereinbarungen für unzulässig halten, sehen kaum Konsequenzen, da auch die bisherige Rechtsprechung im Ergebnis kaum über eine Rechtskontrolle hinausgehe[251]. Dieses Argument kann die Frage nach einer Inhaltskontrolle von Betriebsvereinbarungen allerdings schon deshalb nicht abschließend beantworten, weil auch die Inhaltskontrolle nach den §§ 305 ff. BGB und ebenso außerhalb der AGB-Vorschriften eine Rechtskontrolle ist[252]. Diese Form der Rechtskontrolle ist aber bei Betriebsvereinbarungen wie dargelegt ausgeschlossen. Betriebsvereinbarungen unterliegen nur einer Rechtskontrolle nach allgemeinen Maßstäben, nicht dagegen den engeren materiellen Wirksamkeitsschranken der Inhaltskontrolle für Ungleichgewichtslagen. Ob sich die in der Vergangenheit praktizierte inhaltliche Kontrolle von Betriebsvereinbarungen in diesem Rahmen hält, soll im späteren Verlauf der Arbeit[253] am Beispiel ausgewählter Bereiche geprüft werden.

---

[250] Kreutz in: GK-BetrVG, § 77 Rn. 302; v.Hoyningen-Huene, Billigkeit, S. 165.

[251] Gotthardt, Schuldrechtsreform, Rn. 338; Preis, ErfK §§ 305-310 BGB Rn. 12; Kollektivarbeitsrecht, § 152 I 6; Schaub, GS Blomeyer, S. 225, 336 f.; Streicher, Betriebsvereinbarung, Rn. 423.

[252] Lieb, FS Ulmer, S. 1231, 1242, hierzu bereits unter § 3, I, 2.

[253] §§ 10 ff..

§ 4 Billigkeitskontrolle von Betriebsvereinbarungen

I. Grundlagen der Billigkeitskontrolle

1. Begriff der Billigkeitskontrolle

Der Terminus der Billigkeitskontrolle wird teilweise, insbesondere in der Rechtsprechung des Bundesarbeitsgerichts, mit demjenigen der Inhaltskontrolle oder der allgemeinen Rechtskontrolle gleichgesetzt[254]. In der Rechtsprechung des Bundesgerichtshofs und der ganz überwiegenden Literatur hat sich hingegen eine Differenzierung zwischen beiden Begriffen durchgesetzt[255]. Die Billigkeitskontrolle betrifft hiernach nicht die inhaltliche Überprüfung von Verträgen, sondern die Frage, ob eine Vertragsbestimmung im konkreten Fall einer billigen Leistungsbestimmung entspricht. Sie unterscheidet sich hinsichtlich ihrer Voraussetzungen, ihres Maßstabes und ihrer Rechtsfolgen von der Inhaltskontrolle[256].

2. Anwendungsbereich der Billigkeitskontrolle

Der Anwendungsbereich der Billigkeitskontrolle ist eröffnet, wenn die Parteien bewußt den Leistungsinhalt nicht von Anfang an festlegen, sondern dem Bestimmungsrecht einer Partei (§ 315 BGB) oder eines Dritten (§ 317 BGB) überlassen. Da eine derartige Leistungsbestimmung in ihrer Ausübung nicht vom Konsens der Parteien getragen ist, hat der Gesetzgeber die einseitig zugeordnete Rechtsmacht in § 315 Abs. 1 BGB der Willkürfreiheit entzogen, um im Zweifel eine Bestimmung nach billigem Ermessen zu fordern.

Die Billigkeitskontrolle setzt voraus, daß die Leistungsbestimmung zum Zeitpunkt des Vertragsschlusses noch nicht getroffen ist. Sie verlangt damit

---

[254] BAG, Urteil v. 26.07.1988, AP Nr. 45 zu § 112 BetrVG 1972 (mit Anmerkung Löwisch) unter III 1 der Gründe; BAG, Urteil v. 25.04.1991, AP Nr. 138 zu § 611 BGB Gratifikation = SAE 1992, 237 ff. (mit Anmerkung Misera) = EzA Nr. 85 zu § 611 BGB Gratifikation, Prämie (mit Anmerkung Henssler); BAG, Urteil v. 21.11.2001, NZA 2002, 551; Heither, RdA 1993, 72, 77.

[255] BGH in ständiger Rspr. seit Urteil v. 29.10.1956, BGHZ 22, 90 ff.; Bötticher, AuR 1967, 324, 326; Fastrich, Inhaltskontrolle, S. 15; v. Hoyningen-Huene, Billigkeit, S. 85 ff.; Kreutz, ZfA 1975, 65, 74; Lieb, AcP 178 (1978), 196, 207 f.; Mayer-Maly, FS 25 Jahre BAG, S. 393, 401; Preis, Grundfragen, S. 187; Wolf, Entscheidungsfreiheit, S. 53 f..

[256] v. Hoyningen-Huene, Billigkeit, S. 128 ff..

– anders als die Inhaltskontrolle – gerade keinen formal wirksam vereinbarten Vertragsinhalt[257]. Vielmehr enthält die Regelung des § 315 BGB eine Ausnahme von dem Grundsatz, daß ein Vertrag erst dann wirksam geschlossen ist, wenn die essentialia negotii hinreichend bestimmt sind[258]. § 315 BGB ist demnach nicht anwendbar, wenn es um Vertragsgestaltungen geht, die keiner Ausfüllung mehr bedürfen, die also formal übereinstimmend geregelt sind[259].

Nur ein in den Vertrag einbezogenes und wirksames Bestimmungsrecht unterliegt bei seiner konkreten Ausübung der Billigkeitskontrolle. Damit setzt die Billigkeitskontrolle erst auf einer der Sittenwidrigkeits- und Inhaltskontrolle nachfolgenden Ebene ein. Sie dient allein der Prüfung der konkreten Gestaltungserklärung, die Wirksamkeitskontrolle der Kompetenzklausel zählt nicht zu ihrem Anwendungsbereich[260].

3. *Maßstab der Billigkeitskontrolle*

Maßstab der Billigkeitskontrolle ist gemäß § 315 Abs. 1 BGB im Zweifel, ob die Leistungskonkretisierung im Einzelfall billigem Ermessen genügt. Während der Inhaltskontrolle ein abstrakt-genereller Maßstab zu Grunde liegt, ist die Billigkeit ein individueller Maßstab, der alle Umstände des Einzelfalles berücksichtigt[261]. Die Billigkeit der konkreten Inhaltsbestimmung ist abhängig vom individuellen vertraglichen Verhältnis der Parteien; Billigkeit bedeutet die Verwirklichung von konkreter Gerechtigkeit im Einzelfall und erfordert damit stets eine Einzelfallentscheidung[262]. Die gesamten Verhältnisse der Beteiligten und jeder in Betracht kommende Umstand der individuellen Beziehung sind in einer umfassenden Interessenabwägung zu berücksichtigen. Dagegen ist nicht zu fragen, ob die Inhaltszuordnung im Verhältnis zum dispositiven Gesetzesrecht oder zu typischen Vertragsinhalten als „zumutbar", „angemessen" oder „fair" zu beurteilen ist[263]. § 315 Abs. 1 BGB eröffnet dem Bestimmungsberechtigten

---

[257] Fastrich, Inhaltskontrolle, S. 16; v.Hoyningen-Huene, Billigkeit, S. 76; Zöllner, RdA 1989, 152, 156.

[258] Fastrich, Inhaltskontrolle, S. 15.

[259] Heinrich, Formale Freiheit, S. 307; Preis, Vertragsgestaltung, S. 196; Säcker, Gruppenautonomie, S. 225; Westhoff, Inhaltskontrolle, S. 67.

[260] Fastrich, Inhaltskontrolle, S. 16; Heinrich, Formale Freiheit, S. 307.

[261] Bydlinski, Methodenlehre, S. 365; Fastrich, Inhaltskontrolle, S. 16; v. Hoyningen-Huene, Die Billigkeit im Arbeitsrecht, S. 153, 156; Konzen, Anmerkung zu BAG, Urteil v. 14.02.1984, AP Nr. 21 zu § 112 BetrVG 1972; Preis, Vertragsgestaltung, S. 193.

[262] Preis, Vertragsgestaltung, S. 193.

[263] Fastrich, Inhaltskontrolle, S. 16; Heinrich, Formale Freiheit, S. 307; v.Hoyningen-Huene, Billigkeit, S. 156; Preis, Vertragsgestaltung, S. 187 ff.; Westhoff, Inhaltskontrolle, S. 69; Zöllner AcP 176 (1976), 221, 245.

einen Spielraum, wobei die Billigkeit die Grenze des Ermessensspielraums umschreibt[264]. Auch eine nachteilige Vertragsbestimmung kann vertragsgemäß sein, insbesondere, wenn die Auslegung eine den Vertragspartner benachteiligende Konzeption ergibt[265].

4. Rechtsfolgen

Im Gegensatz zur Rechtskontrolle hat die Billigkeitskontrolle nicht nur rein feststellenden Charakter, sondern auch rechtsgestaltende Wirkung. Sie beinhaltet die Befugnis des Richters, die beanstandete Regelung durch eine eigene Entscheidung zu ersetzen, also eine Art von Vertragshilfe auszuüben[266]. Bei Ausübung der Ersetzungsbefugnis hat das Gericht das vertragliche Gefüge zu bewahren und die Inhaltsbestimmung auf den Boden des Vertrages zurückzuführen[267]. Der Richter kann also nicht auf allgemeine Rechtsgedanken zurückgreifen, die er von außen an den Vertrag herangetragen hat. Vielmehr muß er aus dem Vertrag judizieren[268]. Dennoch bedeutet die Billigkeitskontrolle als richterliche Vertragshilfe einen wesentlich stärkeren Eingriff in die Prinzipien der Vertragsfreiheit, als die Kontrolle eines Vertrages nach Recht und Gesetz[269].

II. Legitimation einer Billigkeitskontrolle von Betriebsvereinbarungen

1. Eigenständige Bedeutung der Billigkeitskontrolle im Recht der Betriebsvereinbarungen

Das Bundesarbeitsgericht überprüft seit seiner grundlegenden Entscheidung vom 31.10.1969[270] Einzelarbeitsverträge am Maßstab der Billigkeit. Ein Vertragswerk, das praktisch allein vom Arbeitgeber vorgegeben werde, müsse sich eine Korrektur nach Billigkeitsgesichtspunkten gefallen lassen. Die Billigkeitskontrolle sei bei allen Verträgen geboten, bei deren Zustandekommen die Vertragsparität gestört sei. Ausgehend von dieser These übertrug das

---

264 BGH Urteil v. 24.06.1991, NJW-RR 1991, 1248, 1249.

265 Heinrich, Formale Freiheit, S. 308; Westhoff, Inhaltskontrolle, S. 69.

266 Fastrich, Inhaltskontrolle, S. 17; v. Hoyningen-Huene, Die Billigkeit im Arbeitsrecht, S. 129; Preis, Grundlagen der Vertragsgestaltung im Arbeitsrecht, S. 187; ders., AuR 1994, 139, 147.

267 Heinrich, Formale Freiheit, S. 309.

268 Westhoff, Inhaltskontrolle, S. 68 f..

269 Preis, Vertragsgestaltung, S. 196; ders., FS Stahlhacke, S. 417, 433.

270 AP Nr. 1 zu § 242 BGB Ruhegeld-Unterstützungskassen.

Bundesarbeitsgericht die Billigkeitskontrolle auch auf Betriebsvereinbarungen, bei denen es die Vertragsparität ebenfalls als gestört ansieht[271]. Zwar bezeichnet das Bundesarbeitsgericht seine Kontrolle von Betriebsvereinbarungen in jüngerer Zeit vermehrt als „Rechtskontrolle“[272], daneben wird jedoch noch immer der Begriff der „Billigkeitskontrolle“ verwandt[273].

In der Literatur wird eine Billigkeitskontrolle von Betriebsvereinbarungen – wie sie hier[274] verstanden wird – jedenfalls in Form der „abstrakten Billigkeitskontrolle“ mehrheitlich abgelehnt[275]. Soweit einige Vertreter des Schrifttums eine „Billigkeitskontrolle“ fordern, beruht dies meist auf einer anderen Terminologie und einer fehlenden Differenzierung zwischen Inhalts- und Billigkeitskontrolle; gemeint ist dann überwiegend eine der Sittenwidrigkeitskontrolle vorgelagerte Vertragsinhaltskontrolle[276].

Auch hinsichtlich der vom Bundesarbeitsgericht durchgeführten „Billigkeitskontrolle“ ist zweifelhaft, inwieweit es sich tatsächlich um eine solche und nicht lediglich um eine falsch bezeichnete Rechtskontrolle – sei es auch in Form der Inhaltskontrolle – handelt. Wäre letzteres stets der Fall, bedürfte die Billigkeitskontrolle von Betriebsvereinbarungen keiner eigenständigen Betrachtung.

Zum Teil setzt das Bundesarbeitsgericht selbst die von ihm durchgeführte

---

[271] BAG, Urteil v. 30.01.1970, AP Nr. 142 zu § 242 BGB Ruhegehalt (mit zustimmender Anmerkung Richardi) = SAE 1970, 262 ff. (mit Anmerkung Säcker) = BB 1970, 1097 ff. (mit Anmerkung v. Arnim).

[272] BAG, Urteil vom 22.05.1990, SAE 1992, 293 ff. (mit Anmerkung Herrmann); BAG, Urteil vom 23.10.1990, BB 1991, 699 ff.; BAG, Urteil v. 16.07.1996, BAGE 83, 293 ff.; Urteil v. 23.10.2001, DB 2002, 1383,1384; BAG, Urteil v. 15.11.2000, AP Nr. 84 zu § 77 BetrVG 1972 (mit Anmerkung Reichold) unter III 2 der Gründe.

[273] BAG, Urteil v. 26.07.1988, AP Nr. 45 zu § 112 BetrVG 1972 (mit Anmerkung Löwisch); BAG, Urteil v. 25.04.1991, AP Nr. 138 zu § 611 BGB Gratifikation = SAE 1992, 237 ff. (mit Anmerkung Misera) = EzA Nr. 85 zu § 611 BGB Gratifikation, Prämie (mit Anmerkung Henssler); BAG, Urteil v. 26. 10.1994, AP Nr. 18 zu § 611 BGB Anwesenheitsprämie (mit Anmerkung Thüsing) unter II 3 a der Gründe; BAG, Urteil v. 21.01.1997, AP Nr. 64 zu § 77 BetrVG 1972; BAG, Urteil v. 20.02.2001, AP NR. 107 zu § 87 BetrVG 1972 Lohngestaltung.

[274] siehe oben § 4, I, 1.

[275] Fastrich, Richterliche Inhaltskontrolle im Privatrecht, S. 204; ; Heinrich, Formale Freiheit, S. 534; v.Hoyningen-Huene, Die Billigkeit im Arbeitsrecht, S. 24; ders., BB 1992, 1640, 1641; Hromadka, Anmerkung zu BAG, Urteil v. 25.10.1983, SAE 1984, 326, 331; Jobs, DB 1986, 1120 ff.; Kallrath, Kontrolle, S. 170; Konzen, Anmerkung zu BAG, Urteil v. 14.02.1984, AP Nr. 21 zu § 112 BetrVG 1972.

[276] Canaris, AuR 1966, 129, 138; Däubler, AuR 1984, 1, 26; Löwisch, AuR 1978, 97, 102 f.; Moll, NZA Beilage zu Heft 1/1988, 17, 26; auch im Schrifttum wird allerdings zum Teil die vom Bundesarbeitsgericht durchgeführte „konkrete Billigkeitskontrolle“ unterstützt, die eine echte Erscheinung der Billigkeit ist – hierzu siehe noch unten § 10, I, 10.

Billigkeitskontrolle mit Rechtskontrolle gleich. Der erste Senat des Bundesarbeitsgerichts stellte diesbezüglich ausdrücklich fest, die Billigkeitskontrolle beziehe sich nur auf die sogenannten „Innenschranken" der Betriebsvereinbarung und sei „insoweit eine Rechtskontrolle"[277].

Insbesondere der dritte Senat des Bundesarbeitsgerichts ist bemüht, den Unterschied zwischen Rechtskontrolle und richterlicher Vertragsanpassung nach Billigkeitsgesichtspunkten durch die begriffliche Unterscheidung von „abstrakter Billigkeitskontrolle" und „konkreter Billigkeitskontrolle" deutlich zu machen[278]. Soweit der Senat eine „abstrakte Billigkeitskontrolle" von Betriebsvereinbarungen durchführt, verbindet es mit dem Begriff der „Billigkeit" nicht die Einzelfallgerechtigkeit, sondern unterzieht den kollektiven Tatbestand der gerichtlichen Prüfung. Insoweit betont das Bundesarbeitsgericht ausdrücklich, daß die generellen und abstrakten Normen einer Betriebsvereinbarung an einem verallgemeinernden Maßstab zu messen seien[279]. In jüngeren Entscheidungen bezeichnet der dritte Senat die von ihm im Bereich der Betrieblichen Altersversorgung durchgeführte „abstrakte Billigkeitskontrolle" ausdrücklich als „Rechtskontrolle"[280]. Auch bei der vom Bundesarbeitsgericht als Teil der Billigkeitskontrolle durchgeführten Gleichbehandlungsprüfung von Sozialplänen handelt es sich in Wahrheit um eine falsch bezeichnete Rechtskontrolle[281]. Gegen eine eigenständige Bedeutung der Billigkeitskontrolle könnte weiterhin

---

[277] BAG, Urteil v. 17.02.1981, AP Nr. 11 zu § 112 BetrVG 1972 (mit Anmerkung Kraft); ebenso der 10. Senat: BAG, Urteil v. 26. 10.1994, AP Nr. 18 zu § 611 BGB Anwesenheitsprämie (mit Anmerkung Thüsing) unter II 3 a der Gründe.

[278] BAG, Beschluß v. 08.12.1981, AP Nr. 1 zu § 1 BetrAVG Ablösung (mit Anmerkung Herschel) unter B II 2 der Gründe = SAE 1983, 197 ff. (mit Anmerkung Reuter) = JuS 1982, 787 ff. (mit Anmerkung Reuter); BAG, Urteil v. 08.12.1981, AP Nr. 1 zu § 1 BetrAVG Unterstützungskassen unter II 3 der Gründe = SAE 1983, 191 ff. (mit Anmerkung Reuter); BAG, Urteil v. 17.03.1987, AP Nr. 9 zu § 1 BetrAVG Ablösung unter III der Gründe; BAG, Urteil v. 21.01.1992, AP Nr. 24 zu § 1 BetrAVG Ablösung unter I 2 c u. d der Gründe; BAG, Urteil v. 16.07.1996, AP Nr. 21 zu § 1 BetrAVG Ablösung unter IV der Gründe; zur „konkreten Billigkeitskontrolle" bei Altersgrenzen: BAG, Urteil v. 20.11.1987, AP Nr. 2 zu § 620 BGB Altersgrenze unter VI der Gründe (mit Anmerkung Joost).

[279] BAG, Beschluß v. 08.12.1981, AP Nr. 1 zu § 1 BetrAVG Ablösung (mit Anmerkung Herschel) unter B II 2 der Gründe = SAE 1983, 197 ff. (mit Anmerkung Reuter) = JuS 1982, 787 ff. (mit Anmerkung Reuter).

[280] BAG, Urteil vom 22.05.1990, SAE 1992, 293 ff. (mit Anmerkung Herrmann) unter 2 der Gründe; seitdem ständig: BAG, Urteil vom 23.10.1990, BB 1991, 699 f. unter I der Gründe; BAG, Urteil v. 09.04.1991, BB 1991, 2161 ff. unter II der Gründe; BAG, Urteil v. 21.01.1992, AP Nr. 24 zu § 1 BetrAVG Ablösung unter I 2 der Gründe; BAG, Urteil v. 16.07.1996, AP Nr. 21 zu § 1 BetrAVG Ablösung unter II 1 der Gründe; BAG, Urteil v. 18.09.2001, SAE 2003, 221 ff. (mit Anmerkung Steinmeyer) unter II 2 c aa der Gründe; BAG, Urteil v. 23.10.2001, DB 2002, 1383,1384.

[281] Hierzu unten § 12, II, 1.

sprechen, daß in einigen Entscheidungen des Bundesarbeitsgerichts die Begriffe der Inhaltskontrolle und der Billigkeitskontrolle synonym verwandt werden[282].

Dennoch beruht der Streit um die Zulässigkeit der Billigkeitskontrolle von Betriebsvereinbarungen nicht – wie zum Teil angenommen[283] – allein auf terminologischen Mißverständnissen. Die Überprüfung von Betriebsvereinbarungen führt vielfach zu einer Vertragshilfe durch das Gericht. So hält auch der dritte Senat des Bundesarbeitsgerichts, der den Begriff der „abstrakten Billigkeitskontrolle" zwischenzeitlich aufgegeben hat und diese nunmehr ausdrücklich als Rechtskontrolle bezeichnet[284], noch immer eine „konkrete Billigkeitskontrolle" für erforderlich und zulässig. Diese soll als Instrument zur Regelung von Härtefällen dienen[285]. Der Senat überprüft die Betriebsvereinbarung dahingehend, ob deren Regelungen im konkreten Fall hinsichtlich des einzelnen Arbeitnehmers billiger Leistungsbestimmung entspricht. Im Falle der Unbilligkeit will das Gericht eine Vertragskorrektur vornehmen, also im Wege einer echten Billigkeitskontrolle seine eigene Vorstellung von einer billigen Regelung an die Stelle der von den Betriebspartnern getroffenen Regelung setzen. Auch

---

[282] BAG, Urteil v. 22.02.1983, 1 AZR 478/81 (nicht veröffentlicht); BAG, Urteil v. 26.07.1988, AP Nr. 45 zu § 112 BetrVG 1972 (mit Anmerkung Löwisch) unter III 1 der Gründe; BAG, Urteil v. 25.04.1991, AP Nr. 138 zu § 611 BGB Gratifikation = SAE 1992, 237 ff. (mit Anmerkung Misera) = EzA Nr. 85 zu § 611 BGB Gratifikation, Prämie (mit Anmerkung Henssler).

[283] Heither, RdA 1993, 72, 77; Streicher, Betriebsvereinbarung, Rn. 418.

[284] BAG, Urteil vom 22.05.1990, SAE 1992, 293 ff. (mit Anmerkung Herrmann) unter 2 der Gründe; seitdem ständig: BAG, Urteil vom 23.10.1990, BB 1991, 699 f. unter I der Gründe; BAG, Urteil v. 09.04.1991, BB 1991, 2161 ff. unter II der Gründe; BAG, Urteil v. 21.01.1992, AP Nr. 24 zu § 1 BetrAVG Ablösung unter I 2 der Gründe; BAG, Urteil v. 16.07.1996, AP Nr. 21 zu § 1 BetrAVG Ablösung unter II 1 der Gründe; BAG, Urteil v. 18.09.2001, SAE 2003, 221 ff. (mit Anmerkung Steinmeyer) unter II 2 c aa der Gründe; BAG, Urteil v. 23.10.2001, DB 2002, 1383,1384.

[285] BAG, Beschluß v. 08.12.1981, AP Nr. 1 zu § 1 BetrAVG Ablösung (mit Anmerkung Herschel) = SAE 1983, 197 ff. (mit Anmerkung Reuter) unter II 2 der Gründe; BAG, Urteil v. 08.12.1981, AP Nr. 1 zu § 1 BetrAVG Unterstützungskassen = SAE 1983,191 ff. (mit Anmerkung Reuter) unter II 3 der Gründe ; BAG, Urteil v. 22.02.1983, 1 AZR 478/81 (nicht veröffentlicht); BAG, Urteil v. 17.03.1987, AP Nr. 9 zu § 1 BetrAVG Ablösung unter III der Gründe = SAE 1987, 281 ff. (mit Anmerkung Reuter); BAG, Urteil v. 21.01.1992, AP Nr. 24 zu § 1 BetrAVG Ablösung unter I 2 c u. d der Gründe; BAG, Urteil v. 16.07.1996, AP Nr. 21 zu § 1 BetrAVG Ablösung (mit Anmerkung Rolfs) unter IV der Gründe; BAG, Urteil v. 23.09.1997, AP Nr. 23 zu § 1 BetrAVG Ablösung (zur konkreten Billigkeitskontrolle bei Dienstvereinbarungen); BAG, Urteil v. 28.07.1998, 3 AZR 74/98 (nicht veröffentlicht) unter II 3 b der Gründe; BAG, Urteil v. 28.07.1998, 3 AZR 77/98 (nicht veröffentlicht) unter B I 4 der Gründe.

im Schrifttum wird zum Teil eine solche Form der Vertragshilfe für zulässig gehalten[286].

Demgegenüber lehnt der zweite Senat des Bundesarbeitsgerichts für den Bereich der Altersgrenzenvereinbarungen eine „konkrete Billigkeitskontrolle“ von Betriebsvereinbarungen ausdrücklich ab. Entsprechend der Natur der Betriebsvereinbarung als kollektiver Regelung erstrecke sich die gerichtliche Kontrolle nur auf die Norm als solche (abstrakte Billigkeitskontrolle), nicht hingegen auf deren Auswirkung auf die einzelnen Arbeitnehmer[287]. In der Sache jedoch behält sich auch der zweite Senat die Möglichkeit vor, Altersgrenzenvereinbarungen in Betriebsvereinbarungen durch eine allgemeine Härteklausel zu ergänzen, wenn die Beendigung des Arbeitsverhältnisses eine besondere wirtschaftliche Härte für den Arbeitnehmer darstellt. Diese Voraussetzung sei zum Beispiel bei besonders niedrigem Rentenanspruch (Sozialhilfeniveau) oder besonderer finanzieller Belastung durch Unterhaltsverpflichtungen erfüllt[288]. In derartigen Fällen sei die Betriebsvereinbarung durch eine Ausnahmeregelung zu ergänzen, die es dem Arbeitnehmer erlaube, über die vereinbarte Altersgrenze hinaus weiterzuarbeiten. Mit diesen Erwägungen führt der 2. Senat entgegen der zuvor geäußerten Absicht in Wahrheit eine „konkrete Billigkeitskontrolle“ durch und überprüft die Altergrenzenregelung hinsichtlich ihrer Auswirkungen auf den klagenden einzelnen Arbeitnehmer. Im Falle der Unbilligkeit im Einzelfall will er seine Auffassung einer billigen Vertragsgestaltung an die Stelle der vertraglichen Vereinbarung setzen, ohne daß für die Ergänzung Anhaltspunkte im Vertragswerk zu finden sind[289]. Hierbei handelt es sich um eine echte Billigkeitskontrolle[290].

Auch jenseits der Ergänzung durch Härtefallklauseln lassen sich Beispiele für eine Billigkeitskontrolle von Betriebsvereinbarungen finden. So hat der fünfte Senat des Bundesarbeitsgerichts echte Billigkeitsrechtsprechung ausgeübt, indem er einen eigenen Sozialplan an die Stelle eines für unwirksam erachteten

---

[286] Brecht, Umsetzung, S. 244 f.; Griebeling, NZA Beilage 3/1989, 26, 33; Höfer, BetrAVG, ART Rn. 632 ff. (aber begrenzt auf „seltene Ausnahmefälle“, Rn. 636); ebenso Höfer/Küpper, BB 1982, 565, 567; Löwisch/Kaiser, BetrVG, § 77 Rn. 30.

[287] BAG, Urteil v. 20.11.1987, AP Nr. 2 zu § 620 BGB Altersgrenze (mit Anmerkung Joost) unter B VI der Gründe.

[288] BAG, Urteil v. 20.11.1987, AP Nr. 2 zu § 620 BGB Altersgrenze (mit Anmerkung Joost) unter B VI der Gründe.

[289] Preis, FS Stahlhacke, S. 417, 432 f.; Vollstädt, Altersgrenze, S. 198 f..

[290] Däubler, AuR 1984, 1, 28; Kallrath, Gerichtliche Kontrolle, S. 80; Preis, Vertragsgestaltung, S. 183.

Sozialplans setzte und damit selbst an Stelle der Betriebspartner vertragsgestaltend tätig wurde[291].

Da somit der Streit um die Billigkeitskontrolle von Betriebsvereinbarungen nicht lediglich ein Streit um die richtige Terminologie ist, ist eine nähere Auseinandersetzung mit deren Zulässigkeit unerläßlich.

2. *Billigkeit ungeeigneter Maßstab*

Die in der Literatur geäußerten Bedenken gegen die Billigkeitskontrolle von Betriebsvereinbarungen richten sich zunächst gegen die Geeignetheit des Billigkeitsmaßstabes zur Überprüfung abstrakt genereller Regelungen. Zu Recht wird geltend gemacht, der Billigkeitsbegriff könne wegen des mit ihm verbundenen Prinzips der Einzelfallgerechtigkeit von vornherein kein geeigneter Maßstab sein, um die Regelungsbefugnis der Betriebspartner zu beschränken[292]. Die Prüfung der normativ wirkenden, auf die Regelung einer Vielzahl von Rechtsverhältnissen gerichteten Betriebsvereinbarung kann nur anhand eines generalisierenden und abstrakten Maßstabes erfolgen. Demgegenüber kann der Billigkeitsmaßstab nur individuelle Fälle betreffen. Der Begriff der „abstrakten Billigkeitskontrolle“ ist damit ein Widerspruch in sich[293].

3. *Fehlen einer dogmatischen Grundlage*

Zudem läßt sich die Billigkeitskontrolle von Betriebsvereinbarungen dogmatisch nicht begründen.

a) *§ 75 Abs. 1 BetrVG als Grundlage einer Billigkeitskontrolle*

In seinen jüngeren Entscheidungen nennt das Bundesarbeitsgericht überwiegend die Vorschrift des § 75 Abs. 1 BetrVG als dogmatische Grundlage der Billigkeitskontrolle[294]. Diese Norm kann aber eine Billigkeitskontrolle nicht rechtfer-

---

[291] BAG, Urteil v. 09.12.1981, AP Nr. 14 zu § 112 BetrVG 1972 unter III der Gründe; hierzu näher unten § 12, II, 2.

[292] Fastrich, Richterliche Inhaltskontrolle im Privatrecht, S. 204; ; Heinrich, Formale Freiheit, S. 534; v.Hoyningen-Huene, Die Billigkeit im Arbeitsrecht, S. 24; ders., BB 1992, 1640, 1641; Hromadka, Anmerkung zu BAG, Urteil v. 25.10.1983, SAE 1984, 326, 331; Jobs, DB 1986, 1120 ff.; Kallrath, Kontrolle, S. 170; Konzen, Anmerkung zu BAG, Urteil v. 14.02.1984, AP Nr. 21 zu § 112 BetrVG 1972.

[293] Konzen, Anmerkung zu BAG, Urteil v. 14.02.1984, AP Nr. 21 zu § 112 BetrVG 1972.

[294] BAG, Urteil vom 11.03.1976, AP Nr. 11 zu § 242 BGB Ruhegehalt-Unverfallbarkeit unter II 2a der Gründe; BAG, Urteil v. 08.12.1981, SAE 1983, 197 ff. (mit Anmerkung Reuter) unter B II 2 der Gründe; BAG, Urteil v. 25.04.1991, AP Nr. 138 zu § 611 BGB Gratifikation unter II 3 e der Gründe = SAE 1992, 237 ff. (mit Anmerkung Misera) = EzA Nr. 85 zu § 611

tigen. Anders als die Regelung des § 315 Abs. 3 S. 2 BGB enthält § 75 Abs. 1 S. 1 BetrVG kein ausdrückliches Recht der Gerichte zu einer allgemeinen Billigkeitskontrolle, sondern macht es lediglich Arbeitgeber und Betriebsrat zur Aufgabe, über die Behandlung aller im Betrieb tätigen Personen nach den Grundsätzen von Recht und Billigkeit zu wachen. In der Literatur wird eine Billigkeitskontrolle auf Grundlage des § 75 Abs. 1 S. 1 BetrVG daher zu Recht ganz überwiegend abgelehnt[295].

Zwar haben die Betriebspartner auch beim Abschluß von Betriebsvereinbarungen die Grundsätze von Recht und Billigkeit zu beachten[296]. Was die „Grundsätze der Billigkeit" sind, legt die Regelung jedoch ebensowenig fest wie die „Grundsätze des Rechts". Aus § 75 Abs. 1 BetrVG ergeben sich keine inhaltlich klaren Vorgaben, an denen sich die Gerichte zu orientieren hätten[297]. Der schlichte Hinweis auf die in § 75 Abs. 1 S. 1 BetrVG niedergelegten Grundsätze von Recht und Billigkeit kann daher ohne nähere Begründung die durchgeführte Kontrolle nicht rechtfertigen. Die Vorschrift trägt eine gerichtliche Kontrolle nur dort, wo aus anderen Rechtsnormen hergeleitet werden kann, daß die Regelungsmacht der Betriebspartner an bestimmte rechtliche Grundsätze gebunden und der Gerichtskontrolle unterworfen ist[298].

b) Billigkeitskontrolle aufgrund gesetzesimmanenter Rechtsfortbildung

Als dogmatische Grundlage der Billigkeitskontrolle von Betriebsvereinbarungen wird in der Rechtsprechung des Bundesarbeitsgerichts weiterhin ein in § 315 BGB, §§ 75 Abs. 1 S. 1, 76 Abs. 5 S. 3 BetrVG enthaltener allgemeiner Rechtsgedanke angeführt[299]. Zwar betreffe § 315 BGB nicht die Regelungs-

---

zu § 611 BGB Anwesenheitsprämie (mit Anmerkung Thüsing) unter II 3 a der Gründe.

[295] Fastrich, Richterliche Inhaltskontrolle im Privatrecht, S. 204; ; Hammen, RdA 1986, 23, 24; Heinrich, Formale Freiheit, S. 535; v. Hoyningen-Huene, Die Billigkeit im Arbeitsrecht, S. 161 ff., ders., BB 1992, 1640, 1642; Hromadka, Anmerkung zu BAG, Urteil v. 25.10.1983, SAE 1984, 326, 331; ; Jobs, AuR 1986, 147, 148; Kallrath, Gerichtliche Kontrolle von Betriebsvereinbarungen, S. 59 f., 176; Konzen, Anmerkung zu BAG, Urteil v. 14.02.1984, AP Nr. 21 zu § 112 BetrVG 1972; Kreutz in: GK BetrVG, § 77 Rn. 263.

[296] Kirchhof, Rechtsetzung, S. 218; Kreutz in: GK BetrVG, § 75 Rn. 92; Löwisch/Bittner, Anmerkung zu BAG, Urteil v. 14.02.1984, SAE 1985, 324, 325; Thiele, FS Larenz, S. 143, 1059; Wolf/Hammen, Anmerkung zu BAG, Urteil v. 09.12.981, SAE 1982, 301, 302.

[297] v.Hoyningen-Huene, BB 1992, 1640, 1642; Kreutz in: GK-BetrVG, § 75 Rn. 32.

[298] Fastrich, Richterliche Inhaltskontrolle im Privatrecht, S. 204; Heinrich, Formale Freiheit, S. 535; v. Hoyningen-Huene, Die Billigkeit im Arbeitsrecht, S. 161 ff.; ders., BB 1992, 1640, 1642; Hromadka, SAE 1984, 330 f.; Kallrath, Gerichtliche Kontrolle von Betriebsvereinbarungen, S. 176; Konzen, Anmerkung zu BAG, Urteil v. 14.02.1984, AP Nr. 21 zu § 112 BetrVG 1972; Kreutz in: GK-BetrVG, § 75 Rn. 32.

[299] BAG, Beschluß v. 08.12.1981, AP Nr. 1 zu § 1 BetrAVG Ablösung (mit Anmerkung

macht der Betriebspartner. Die Vorschrift sei aber Ausdruck eines allgemeinen Rechtsgedankens, der – wie die §§ 75 Abs. 1 S. 1 und § 76 Abs. 5 S. 3 BetrVG zeigten – auch im Betriebsverfassungsrecht Geltung beanspruche.

Wäre den vom Bundesarbeitsgericht genannten Vorschriften tatsächlich der angenommene allgemeine Rechtsgedanke zu entnehmen, ließe sich eine Billigkeitskontrolle von Betriebsvereinbarungen im Wege einer „Gesamtanalogie“ begründen. Dies würde allerdings voraussetzen, daß die gemeinsame ratio legis aller herangezogenen Einzelbestimmungen nicht nur in den von diesen geregelten Einzelfällen, sondern schon dann zutrifft, wenn bestimmte, in allgemeiner Weise zu bezeichnende Voraussetzungen vorliegen[300]. Den §§ 315 BGB, §§ 75 Abs. 1 S. 1, 76 Abs. 5 S. 3 BetrVG müßte also der verallgemeinerungsfähige Grundsatz zu entnehmen sein, daß keine Vereinbarung dem Grundsatz der Billigkeit widersprechen darf. Einen derartigen allgemeinen Rechtsgedanken enthalten diese Vorschriften nicht. Sowohl die Regelung des § 315 BGB als auch § 75 Abs. 1 S. 1 BetrVG und § 76 Abs. 5 BetrVG betreffen eng umgrenzte Ausnahmefälle.

§ 315 BGB findet nur dann Anwendung, wenn die Parteien einen regelungsbedürftigen Punkt der einseitigen Leistungsbestimmung durch einen Vertragspartner oder einen Dritten überlassen haben. Die Vorschrift greift demgemäß nur dann ein, wenn eine Lücke im Bereich der rechtsgeschäftlichen Gestaltungsfreiheit zu schließen ist. Bedarf die vertragliche Regelung keiner Lückenfüllung, kann die Regelung des § 315 BGB auch dann nicht herangezogen werden, wenn die Regelung unangemessen oder unbillig ist[301]. Die Gestaltungsfreiheit der Betriebspartner ist mit dem Leistungsbestimmungsrecht eines Vertragsteils oder eines Dritten nicht vergleichbar[302]. Die §§ 315, 317 BGB verlangen eine freiwillige Unterwerfung unter eine Leistungsbestimmung, die wegen der unmittelbaren und zwingenden Wirkung gemäß § 77 Abs. 4 S. 1 BetrVG bei der Betriebsvereinbarung nicht gegeben ist[303].

Herschel) unter B II 2 der Gründe = SAE 1983, 191 ff. (mit Anmerkung Reuter) = JuS 1982, 787 ff. (mit Anmerkung Reuter).

[300] Larenz, Methodenlehre, S. 384.

[301] Fastrich, Inhaltskontrolle, S. 15 f.; Herrmann, Anmerkung zum Urteil des BAG v. 22.05.1990, SAE 1992, 293 ff., 298; v.Hoyningen-Huene, Billgkeit, S. 163; Kallrath, Gerichtliche Kontrolle, S. 65; Preis, Vertragsgestaltung, S. 196.

[302] Heinrich, Formale Freiheit, S. 536; Herrmann, Anmerkung zum Urteil des BAG v. 22.05.1990, SAE 1992, 293 ff., 298; v. Hoyningen-Huene, Die Billigkeit im Arbeitsrecht, S. 163; Hromadka, SAE 1984, S. 332; Konzen, Anmerkung zu BAG, Urteil v. 14.02.1984, AP Nr. 21 zu § 112 BetrVG 1972.

[303] Herrmann, Anmerkung zum Urteil des BAG v. 22.05.1990, SAE 1992, 293 ff., 298; Konzen, Anmerkung zu BAG, Urteil v. 14.02.1984, AP Nr. 21 zu § 112 BetrVG 1972.

Auch der Regelung des § 76 Abs. 5 BetrVG läßt sich ein verallgemeinerungsfähiger, die Billigkeitskontrolle von Betriebsvereinbarungen legitimierender Rechtsgedanke nicht entnehmen. Gemäß § 76 Abs. 5 BetrVG hat die Einigungsstelle ihre Beschlüsse unter angemessener Berücksichtigung der Belange des Betriebes und der betroffenen Arbeitnehmer nach billigem Ermessen zu fassen. Die Überschreitung der Ermessensgrenzen können Arbeitgeber und Betriebsrat gemäß § 76 Abs. 5 S. 4 BetrVG binnen einer Frist von zwei Wochen nach Zuleitung des Beschlusses beim Arbeitsgericht geltend machen. Eine Übertragung dieser Kontrolle auf ausgehandelte Betriebsvereinbarungen ist jedoch im Einklang mit der ganz überwiegenden Auffassung in der Literatur abzulehnen[304]. Die Vorschrift des § 76 Abs. 5 S. 3 u. 4 BetrVG eröffnet eine Ermessenskontrolle lediglich für verbindliche Sprüche der Einigungsstelle in Regelungsstreitigkeiten. Diese beruhen aber nicht auf der Selbstbestimmung der Betriebspartner, sondern auf dem Entschluß einer dritten Seite. Die Regelung des § 76 Abs. 5 S. 4 BetrVG entspricht mithin dem allgemeinen Rechtsgedanken, wonach bei einer Leistungsbestimmung durch Dritte eine gerichtliche Überprüfbarkeit gegeben sein muß[305]. Bei frei ausgehandelten Betriebsvereinbarungen, die vom Konsens der Betriebspartner getragen sind, besteht hingegen keine Notwendigkeit für eine Ermessenskontrolle[306]. Hier bietet bereits die Einigung widerstreitender Interessen im Wege des Vertragsschlusses die hinreichende Gewähr für einen billigen Interessenausgleich[307]. Damit stimmt überein, daß der Spruch der Einigungsstelle nur von den Betriebspartnern selbst, nicht aber von den betroffenen Arbeitnehmern angefochten werden kann. Die Betriebspartner sollen also selbst darüber entscheiden, ob eine Regelung billigem Ermessen entspricht oder nicht[308].

Ohnehin gibt § 76 Abs. 5 S. 4 BetrVG dem Gericht nicht das Recht, über eine kassatorische Entscheidung hinaus selbst nach eigenem billigen Ermessen den

---

304 Fastrich, Richterliche Inhaltskontrolle im Privatrecht, S. 204; Hammen, RdA 1986, 23, 25; Heinrich, Formale Freiheit, S. 535 f.; v.Hoyningen-Huene, BB 1992, 1640, 1642; Leinemann in: Hromadka, Änderungen von Arbeitsbedingungen, S. 145, 149; ders., BB 1989, 1905, 1906; Kallrath, Kontrolle, S. 185; Kreutz in: GK-BetrVG, § 77 Rn. 263; ders., ZfA 1975, 65, 83; Matthes in: MünchArbR, § 328 Rn. 87.

305 Hammen, RdA 1986, 23, 25; Heinrich, Formale Freiheit, S. 536; v.Hoyningen-Huene, BB 1992, 1640, 1642.

306 Burghardt, Handlungsmöglichkeiten, S. 51; Fastrich, Richterliche Inhaltskontrolle im Privatrecht, S. 204; Hammen, RdA 1986, 23, 24 f.; Heinrich, Formale Freiheit, S. 535 f.; Hilger/Stumpf, FS Müller, S. 209, 222; v.Hoyningen-Huene, Billigkeit, S. 165; Kallrath, Kontrolle, S. 185; Kreutz in: GK-BetrVG, § 77 Rn. 263; Matthes in: MünchArbR, § 328 Rn. 87; Reichold, Anmerkung zu BAG, Urteil v. 15.11.2000, AP Nr. 84 zu § 77 BetrVG 1972.

307 siehe oben § 3, II, 2.

308 Matthes in: MünchArbR, § 328 Rn. 87.

Spruch der Einigungsstelle zu ersetzen[309]. Das Arbeitsgericht kann den Spruch der Einigungsstelle lediglich für unwirksam erklären, ist aber nicht befugt, den Spruch der Einigungsstelle an seinen eigenen Vorstellungen von einer billigen Entscheidung zu messen. Sind also schon die Sprüche der Einigungsstelle einer Billigkeitskontrolle entzogen, muß dies erst recht für ausgehandelte Betriebsvereinbarungen gelten.

Da auch die Regelung des § 75 Abs. 1 S. 1 BetrVG aus den oben[310] genannten Gründen nicht als allgemeine Ermächtigung zur gerichtlichen Billigkeitskontrolle von Betriebsvereinbarungen verstanden werden kann, läßt sich die Überprüfung von Betriebsvereinbarungen am Maßstab der Billigkeit nicht überzeugend als allgemeiner Rechtsgrundsatz beschreiben. Es gibt keinen allgemeinen Rechtsgedanken, wonach eine Regelung bei fehlender Billigkeit unwirksam ist.

c) Billigkeitskontrolle aufgrund gesetzesübersteigender Rechtsfortbildung

Eine Billigkeitskontrolle von Betriebsvereinbarungen ließe sich somit allenfalls auf eine gesetzesübersteigende Rechtsfortbildung stützen. Um eine solche handelt es sich in Wahrheit, wenn das Bundesarbeitsgericht die Billigkeitskontrolle von Betriebsvereinbarungen mit dem behaupteten Machtungleichgewicht zwischen Betriebsrat und Arbeitgeber begründet[311]. Selbst wenn man diesem Ausgangspunkt zustimmen wollte[312], könnte dies allenfalls eine Inhaltskontrolle im Sinne einer Angemessenheitskontrolle legitimieren. Es ginge also um den Intensitätsgrad der Rechtskontrolle, nicht um eine darüber hinausgehende allgemeine Billigkeitskontrolle[313]. Eine gesetzesübersteigende Rechtsfortbildung hat sich daran zu orientieren, daß sie sich systemgerecht in die Rechtsordnung einfügt, Wertungen der Gesamtrechtsordnung berücksichtigt und allgemeinen Rechtsüberzeugungen Rechnung trägt[314]. Hierzu gehört auch, daß die Betriebsautonomie so weit als möglich zu wahren ist. Bei der Billigkeitskontrolle handelt es sich um eine richterliche Vertragshilfe, in deren Rahmen der Richter

---

309 Dütz, DB 1972, 383; Hromadka, Anmerkung zu BAG, Urteil v. 25.10.1983, SAE 1984, 326, 331; Kallrath, Kontrolle, S. 186; Kreutz, ZfA 1975, 65, 83.

310 Siehe oben § 4, II, 3, a.

311 BAG, Urteil v. 30.01.1970, AP Nr. 142 zu § 242 BGB Ruhegehalt (mit Anmerkung Ricardi) unter B IV 3 b der Gründe = SAE 1970, 262 ff. (mit Anmerkung Säcker) = BB 1970, 1097 ff. (mit Anmerkung v. Arnim); BAG, Urteil v. 13.09.1974, AP Nr. 84 zu § 611 BGB Gratifikation (mit Anmerkung Schwerdtner); BAG, Urteil v. 26.07.1988, AP Nr. 45 zu § 112 BetrVG 1972 (mit Anmerkung Löwisch) unter III 1 der Gründe.

312 Ein strukturelles Machtungleichgewicht zwischen den Betriebspartnern besteht nicht – s.o. § 3, II, 2.

313 Konzen, Anmerkung zu BAG, Urteil v. 14.02.1984, AP Nr. 21 zu § 112 BetrVG 1972.

314 Preis, Vertragsgestaltung, S. 245 ff..

seine Vorstellungen einer billigen Regelung an die Stelle des Vereinbarten setzt[315]. Mit dieser durch die Billigkeitskontrolle gegebenen Möglichkeit zur Vertragskorrektur ist ein stärkerer Einschnitt in die Betriebsautonomie verbunden als mit der Rechtskontrolle, bei der nicht gestaltend in den Vertrag eingegriffen werden kann[316]. Darüber hinaus ist die Billigkeit – wie bereits dargestellt[317] – als individueller Maßstab zur Kontrolle von Betriebsvereinbarungen nicht geeignet. Schließlich führt die Billigkeitskontrolle auch zu erheblicher Rechtsunsicherheit; es liegt in der Natur einer Billigkeitsprüfung, daß Entscheidungen zwar im Einzelfall „gerecht", aber vielfach nicht voraussehbar sind[318].

Im übrigen steht die Vorschrift des § 310 Abs. 4 S. 1 BGB einer rechtsfortbildend begründeten Billigkeitskontrolle ebenso entgegen wie einer Inhaltskontrolle. Die neu gefaßte Bereichsausnahme entfaltet auch insoweit eine Sperrwirkung. Will der Gesetzgeber bereits eine Rechtskontrolle am Maßstab der Angemessenheit ausschließen[319], gilt dies erst recht für eine Kontrolle am Maßstab der Billigkeit mit der Folge richterlicher Vertragskorrektur.

4. Ergebnis

Bei der vom Bundesarbeitsgericht als „Billigkeitskontrolle" bezeichneten Prüfung von Betriebsvereinbarungen handelt es sich meist nicht um eine Billigkeitskontrolle im eigentlichen Sinn, sondern um eine Rechtskontrolle, die allerdings häufig über die Kontrolle anhand höherrangigen zwingenden Rechts hinausgeht. Soweit das Bundesarbeitsgericht den kollektiven Tatbestand der Betriebsvereinbarung am Maßstab der Verhältnismäßigkeit und des Vertrauensschutzes der gerichtlichen Prüfung unterzieht, ist die Bezeichnung als „abstrakte Billigkeitskontrolle" mißverständlich gewählt. Auch die Überprüfung anhand des Gleichbehandlungsgrundsatzes, insbesondere im Sozialplanrecht, ist Rechtskontrolle und nicht – wie vom Bundesarbeitsgericht angenommen – Teil der Billigkeitskontrolle. Dennoch handelt es sich bei der Diskussion um die Zulässigkeit einer Billigkeitskontrolle von Betriebsvereinbarungen nicht lediglich um einen Streit um die richtige Terminologie. In zahlreichen Fällen hat das Bundesarbeitsgericht Betriebsvereinbarungen einer echten Billigkeitskontrolle unterzogen. Um eine solche handelt es sich insbesondere bei der noch immer durchgeführten „konkreten Billigkeitskontrolle", mittels derer Betriebs-

---

[315] siehe oben § 4, I, 4.

[316] Preis, Vertragsgestaltung, S. 196; ders., FS Stahlhacke, S. 417, 432 f..

[317] Siehe oben § 4, II, 2.

[318] Blomeyer, DB 1984, 926, 927; Hanau/Preis, RdA 1988, 65, 77; Preis, Vertragsgestaltung, S. 191; ders., AuR 1994, 139, 147.

[319] Siehe oben § 3, II, 4.

vereinbarungen durch eine allgemeine Härteklausel ergänzt werden sollen. Eine Billigkeitskontrolle, ob in abstrakter oder in konkreter Form, ist jedoch unzulässig. Schon der an der Einzelfallgerechtigkeit orientierte Billigkeitsmaßstab ist für die Kontrolle der kollektiven Regelungen einer Betriebsvereinbarung nicht geeignet. Darüber hinaus fehlt es an einer dogmatischen Grundlage für eine derartige Kontrolle. Weder auf § 75 Abs. 1 BetrVG, noch auf einen allgemeinen, in den §§ 315 BGB, §§ 75 Abs. 1 S. 1, 76 Abs. 5 S. 3 BetrVG enthaltenen, allgemeinen Rechtsgedanken läßt sich eine allgemeine Billigkeitskontrolle von Betriebsvereinbarungen stützen. Der rechtsfortbildenden Begründung einer Billigkeitskontrolle steht die Regelung des § 310 Abs. 4 S. 1 BGB entgegen, die auch insoweit eine Sperrwirkung entfaltet.

§ 5 Kontrolle am Maßstab höherrangigen zwingenden Rechts

Grenzen der Betriebsvereinbarungsautonomie ergeben sich unstreitig aus dem zwingenden staatlichen Recht. Eine gegen gesetzliche Verbotsnormen verstoßende Betriebsvereinbarung ist – ganz oder teilweise – nichtig.

I. Bindung an einfaches Gesetzesrecht

Als Verträge sind Betriebsvereinbarungen zunächst an zwingendem Gesetzesrecht, insbesondere den §§ 134, 138 BGB zu messen. Gerade im Arbeitsrecht finden sich in Form der Abschluß- und Beschäftigungsverbote zahlreiche Verbotsgesetze, die in Verbindung mit § 134 BGB die Abschlußfreiheit der Betriebspartner beschränken. Auch tarifdispositive Gesetzesnormen unterliegen nicht der Disposition der Betriebspartner und bilden eine Grenze der Betriebsautonomie. Vom dispositiven Gesetzesrecht können die Betriebspartner hingegen grundsätzlich auch zuungunsten der Arbeitnehmer abweichen.

Die Außengrenze der Gestaltungsfreiheit der Betriebspartner verkörpert die Vorschrift des § 138 BGB. Die Sittenwidrigkeitskontrolle gewährleistet jedoch wegen ihrer Evidenzrolle einen bloßen Minimalschutz[320]. Sie erfaßt nur grobe Verstöße gegen die „Gesamtheit der Wertvorstellungen, die das Volk in einem bestimmten Zeitpunkt seiner geistig-kulturellen Entwicklung erreicht und in seiner Verfassung fixiert hat“[321].

Engere Schranken sind den Betriebspartnern durch die zwingenden Vorschriften des BetrVG gezogen. Besondere Bedeutung kommt dabei der Regelung des § 75 BetrVG zu. Gemäß § 75 Abs. 1 BetrVG haben Arbeitgeber und Betriebsrat darüber zu wachen, daß die Belegschaft „nach den Grundsätzen von Recht und Billigkeit“ behandelt wird. Obwohl damit den Betriebspartnern nach dem Gesetzeswortlaut nur eine Aufsichtsfunktion auferlegt ist, werden sie zugleich auf die Einhaltung dieser Ziele bei ihrem eigenen Tun verpflichtet. Gerade beim Abschluß von Betriebsvereinbarungen müssen Arbeitgeber und Betriebsrat also die in § 75 Abs. 1 BetrVG in Bezug genommenen Grundsätze von Recht und Billigkeit beachten[322].

---

[320] Canaris, AcP 184 (1984), 201, 236; Lieb, AcP 178 (1978), 196, 207.

[321] BVerfG, Urteil v. 15.01.1958, BVerfGE 7,198, 206.

[322] Kirchhof, Rechtsetzung, S. 218; Kreutz in: GK BetrVG, § 75 Rn. 92; Löwisch/Bittner, Anmerkung zu BAG, Urteil v. 14.02.1984, SAE 1985, 324, 325; Thiele, FS Larenz, S. 143, 1059; Wolf/Hammen, Anmerkung zu BAG, Urteil v. 09.12.981, SAE 1982, 301, 302.

§ 75 Abs. 1 BetrVG definiert jedoch den Begriff der Grundsätze von Recht und Billigkeit nicht, sondern setzt ihn als bestehend und bekannt voraus[323]. Insbesondere die Aufzählung absoluter Differenzierungsverbote aus den Schutzbereichen der Art. 3 Abs. 2 und Art. 9 Abs. 3 ist lediglich beispielhaft. Die Geltung der Grundsätze des Rechts ist wegen der Bindung von Arbeitgeber und Betriebsrat an die einfachgesetzliche Rechtsordnung an sich ohnehin selbstverständlich. Konstitutive Bedeutung wird der Regelung des § 75 BetrVG aber insoweit zuerkannt, als Arbeitgeber und Betriebsrat zur Beachtung der in der Norm exemplarisch genannten Grundrechte der Arbeitnehmer und der wesentlichen verfassungsrechtlichen Grundentscheidungen verpflichtet werden[324]. Deren unmittelbare Geltung ist nämlich nach der Rechtsprechung des Bundesverfassungsgerichts, soweit sich eine Drittwirkung nicht – wie in Art. 9 Abs. 3 GG – aus dem Grundgesetz ergibt, zu verneinen[325]. Nach allgemeiner Auffassung sind die Betriebspartner aber zumindest mittelbar über § 75 BetrVG an die Grundrechte gebunden[326].

II. Bindung an Richterrecht

Auch das gesetzesvertretende Richterrecht haben die Betriebspartner als Grenze ihrer Gestaltungsfreiheit zu beachten. Dies soll ebenfalls für den Bereich des sog. „tarifdispositiven Richterrechts" gelten. Im Einklang mit dem ganz überwiegenden Teil der Literatur[327] sieht das Bundesarbeitsgericht insbesondere die von ihm in Bezug auf Gratifikationsrückzahlungsklauseln entwickelten Richtlinien für Betriebsvereinbarungen als zwingendes Recht an[328]. Diese Rechtsprechung beruht allerdings auf demselben Mißtrauen der Rechtsprechung gegenüber der Effizienz der betrieblichen Mitbestimmung, das auch der Annahme einer Inhaltskontrolle von Betriebsvereinbarungen zugrunde liegt[329]. Die weitergehende Kompetenz der Tarifparteien wird mit dem bei Abschluß von Betriebsvereinbarungen bestehenden Machtungleichgewicht begründet. Diese

---

323 Kreutz in: GK BetrVG, § 75 Rn. 28.

324 Kreutz in: GK BetrVG, § 75 Rn. 29.

325 BVerfG Beschluß vom 23.04.1986, BVerfGE 73, 261 ff., 268 f..

326 hierzu siehe unten § 6.

327 A. Becker, Sonderzuwendungen, S. 117; Brune in: AR-Blattei, SD 520 Rn. 279; Gaul in: AR-Blattei SD 1460, Rn. 68; Hueck/Nipperdey II/2, S. 1264; Kallrath, Kontrolle, S. 11 f.; Lipke, in: Kasseler Handbuch, 2.3, Rn. 310 ff.; Richardi, BetrVG, § 77, Rn 92; Schaub, ZIP 1994, 921, 928; kritisch dagegen Kreutz in: GK-BetrVG, § 77 Rn. 297.

328 BAG, Urteil v. 16.11.1967, AP Nr. 63 zu § 611 BGB Gratifikation; BAG, Urteil v. 17.10.1968, AP Nr. 66 zu § 611 BGB Gratifikation.

329 Kreutz, in: GK-BetrVG § 77 Rn. 297.

Argumentation ist aus den genannten Gründen[330] abzulehnen. Ob damit das „tarifdispositive Richterrecht" nicht auch zur Disposition der Betriebspartner stehen muß, ist im weiteren Verlauf der Arbeit zu erörtern[331].

[330] siehe oben § 3, II, 2.

[331] siehe unten § 11.

§ 6 Kontrolle am Maßstab der Grundrechte

Gerade da die Betriebsvereinbarung nicht auf die Selbstbestimmung der regelungsbetroffenen Arbeitnehmer rückführbar ist, stellt sich die Frage nach deren Grundrechtsschutz. Im Gegensatz zur Bindung der Tarifparteien an die Grundrechte wird die Frage nach der Grundrechtsbindung der Betriebspartner in Rechtsprechung und Literatur allerdings kaum diskutiert. Dies ist auch darauf zurückzuführen, daß die Rechtsprechung des Bundesarbeitsgerichts ohnehin wegen der angenommenen fehlenden Richtigkeitsgewähr der Betriebsvereinbarung eine Befugnis zur Inhaltskontrolle bejaht, welche einen gegenüber den Tarifverträgen weitergehenden Schutz der Normadressaten gewährleistet[332]. Hält man jedoch – wie hier vertreten – die Angemessenheits- und Billigkeitskontrolle von Betriebsvereinbarungen für nicht gerechtfertigt, gewinnt die Frage nach der Grundrechtsbindung der Betriebspartner an Bedeutung.

I. Keine unmittelbare Grundrechtsbindung der Betriebsvereinbarung

Insoweit spricht wegen der normativen Wirkung der Betriebsvereinbarung vieles für eine unmittelbare Grundrechtsbindung der Betriebspartner beim Abschluß von Betriebsvereinbarungen. Das Bundesverfassungsgericht verneinte eine solche jedoch in seinem Beschluß vom 23.04.1986[333], wobei es auf die vertraglichen Grundlagen der Betriebsvereinbarung und auch darauf verwies, daß die Betriebspartner trotz der normativen Wirkung der Betriebsvereinbarung (§ 77 Abs. 4 BetrVG) keine Grundrechtsadressaten im Sinne des Art. 1 Abs. 3 GG seien. Betriebsvereinbarungen seien – jedenfalls soweit sie im Wege der Einigung zwischen den Betriebspartnern zustande kommen – dem Bereich des Privatrechts zuzuordnen. Sie erhielten nicht allein dadurch, daß der Gesetzgeber ihnen normative Wirkung zuerkannt habe, den Charakter eines Aktes der öffentlichen Gewalt. Wie bereits im Lüth-Urteil[334] entschieden, komme auf dem Gebiet des Privatrechts eine unmittelbare Grundrechtsbindung nicht in Betracht. Die Grundrechte beeinflußten das Privatrecht nur insoweit, als das Grundgesetz zugleich Elemente objektiver Ordnung errichtet habe, die als verfassungsrechtliche Grundentscheidung für alle Bereiche des Rechts Geltung beanspruchten.

Im Anschluß an diese verfassungsgerichtliche Entscheidung nahm auch das Bundesarbeitsgericht von der zuvor[335] von ihm vertretenen Annahme einer

---

[332] Wiedemann, FS Dieterich, S. 661, 682.

[333] BVerfGE 73, 261, 268 unter I der Gründe = NJW 1987, 827, 827 f..

[334] BVerfG Urteil v. 15.01.1958, BVerfGE 7, 198, 205.

[335] BAG, Urteil v. 28.03.1958 (mit Anmerkung Krüger) AP Nr. 28 zu Art. 3 GG; BAG, Urteil

unmittelbaren Grundrechtsbindung Abstand und ging fortan von einer lediglich mittelbaren Grundrechtsbindung der Betriebsvereinbarung aus[336]. Ebenso hält die mittlerweile überwiegende Auffassung in der Literatur die Betriebspartner für nur mittelbar an die Grundrechte gebunden[337]. Dabei wird allerdings häufig betont, daß die mittelbare Grundrechtbindung in ihrer Intensität nicht hinter der unmittelbaren Grundrechtsbindung zurückbleiben dürfe[338]. Insbesondere wird der Verhältnismäßigkeitsgrundsatz als zentrales Element der Grundrechtsprüfung auch von den Vertretern einer mittelbaren Grundrechtsbindung herangezogen[339], wodurch eine weitgehende Ergebnisidentität erreicht wird.

Obwohl es sich bei der Betriebsvereinbarung um eine Institution des Privatrechts handelt[340], sprechen gute Argumente für eine unmittelbare Grundrechtsbindung der Betriebspartner[341]. Die Beziehung zwischen regelungsunterworfenen Arbeitnehmern und Betriebspartnern ist für das Privatrecht untypisch. Der einzelne Arbeitnehmer befindet sich gegenüber der Betriebsvereinbarung in einer in vielerlei Hinsicht vergleichbaren Lage wie der Bürger gegenüber der staatlichen Rechtsetzung[342]. Insbesondere ist die normative und zwingende

---

v. 28.11.1958, AP Nr. 39 zu Art. 3 GG (mit Anmerkung Krüger); BAG, Urteil v. 07.12.1962, AP Nr. 28 zu Art. 12 GG (mit Anmerkung Hueck); BAG, Urteil v. 24.03.1981, AP Nr. 12 zu § 112 BetrVG 1972 (mit Anmerkung Hilger) = SAE 1982, 76 ff. (mit Anmerkung Mayer-Maly); BAG, Urteil v. 14.02.1984, AP Nr. 21 zu § 112 BetrVG 1972 (mit Anmerkung Konzen) = SAE 1985, 321 ff. (mit Anmerkung Löwisch/Bittner).

336 BAG, Beschluß v. 27.05.1986, AP Nr. 15 zu § 87 BetrVG Überwachung; BAG (GS), Beschluß v. 07.11.1989, AP Nr. 46 zu § 77 BetrVG 1972 unter C I 3 c der Gründe.

337 Canaris, JuS 1989, 161, 166f.; Dieterich in: ErfK, Einl. GG Rn. 24; Hammer, Schutzpflicht, S. 107 f.; Kempen, RdA 1994, 140, 151; Kirchhof, Rechtsetzung, S. 218, 517 ff.; Kreutz, Betriebsautonomie, S.248; ders., in: GK-BetrVG, § 77 Rn. 293 f.; Otto, FS Zöllner, Bd. II, S. 879, 882 ff.; Preis/Greiner, FS Rüfner, S. 653, 667 f.; Richardi, BetrVG § 77 Rn. 100; ders., in: MünchArbR, § 10, Rn. 34 ff.; Schliemann, FS Hanau, S. 605; Schmidt, FS Dieterich, S. 585, 592 f.; Zöllner/Loritz, Arbeitsrecht, § 7 IV 4, S. 104.

338 Berg in: D/K/K, BetrVG, § 77 Rn. 9; Dieterich in: ErfK, Einl. GG Rn. 60; Preis, Kollektives Arbeitsrecht, § 152 I 6; Preis/Greiner, FS Rüfner, S. 653, 668.

339 siehe unten § 7.

340 siehe oben § 2, II.

341 eine unmittelbare Grundrechtsbindung bejahen: Belling, Anmerkung zu BAG, Urteil v. 20.11.1987, EzA Nr. 1 zu § 620 BGB Altersgrenze; Berg in: D/K/K, § 77 Rn. 9; Boecken, Verhandlungen des 62. DJT, Band I, B 45; Däubler, AuR 1984, 1, 6 ff.; Gamillscheg, AcP 164 (1964), 385, 402 f.; Konzen, Anmerkung zu BAG, Urteil v. 14.02.1984, AP Nr. 21 zu § 112 BetrVG 1972; Nause, Regelungsbefugnis, S. 155; Reuter, Anmerkung zu BAG, Urteil v. 17.03.1987, SAE 1987, 281 ff., 286; Travlos-Tzanetatos, Regelungsbefugnis, S. 75 ff.; Waltermann, Rechtsetzung, S. 245f..

342 Gamillscheg, AcP 164 (1964), 385, 399 ff.;); Reuter, AcP 188 (1988), 649, 652 f.; Schwarze, ZTR 1996, 1, 5; Waltermann, Rechtsetzung, S. 245 f; ders., RdA 1990, 138, 141 f..

Wirkung der Betriebsvereinbarung nicht durch einen privatautonomen Akt der Arbeitnehmer legitimiert[343]. Diese können sich der Rechtsetzungsmacht der Betriebspartner nur um den Preis des Arbeitsplatzverlustes entziehen.

Dennoch ist im Ergebnis der verfassungsgerichtlichen Rechtsprechung folgend eine unmittelbare Grundrechtsbindung der Betriebspartner abzulehnen. Gegen eine solche spricht vor allem, daß die Betriebsvereinbarung gerade ein die Arbeitnehmerstellung stärkendes Instrument ist[344]. Die Anwendung der Grundrechte in ihrer abwehrrechtlichen Funktion paßt daher nicht für die Betriebsvereinbarung. Mit einem Verweis auf Art. 1 Abs. 3 GG läßt sich eine unmittelbare Grundrechtsbindung nicht begründen[345]. Zwar stellen die Normen der Betriebsvereinbarung Gesetze im materiellen Sinne dar, private Normsetzer sind aber der Geltung des Art. 1 Abs. 3 GG nicht unterworfen. Wie sich aus dem systematischen Zusammenhang des Grundgesetzes ergibt, ist mit „Gesetzgebung" im Sinne des Art. 1 Abs. 3 GG nur der staatliche Gesetzgeber gemeint[346]. Hierfür spricht schon die Nennung der „Gesetzgebung" in engem Zusammenhang mit der vollziehenden und rechtsprechenden Gewalt. Die Begriffstrias „Gesetzgebung, vollziehende Gewalt und Rechtsprechung" verweist auf die drei staatlichen Gewalten und stellt klar, daß die Grundrechte in allen Bereichen staatlicher Tätigkeit justiziabel sein sollen[347].

Die Betriebspartner sind also bei der Rechtsetzung durch Betriebsvereinbarung nicht unmittelbar an die Grundrechte gebunden. Es gelten aber die Grundsätze zur mittelbaren Drittwirkung der Grundrechte und die Grundsätze über die grundrechtsbezogenen staatlichen Schutzpflichten.

II. Grundrechtsschutz durch § 75 BetrVG

Die Verwirklichung der Schutzfunktion der Grundrechte ist in erster Linie Aufgabe des einfachen Rechts. Der Gesetzgeber hat widerstreitende Grundrechtspositionen im Privatrecht zum Ausgleich zu bringen. Dabei wird der Grundrechtsschutz des Normunterworfenen gegenüber privater Rechtsetzung durch eine Begrenzung des Umfangs der privaten Rechtsetzungsbefugnis

---

[343] Siehe oben § 2, IV, 2.

[344] Zöllner/Loritz, Arbeitsrecht, § 7 IV 4, S. 104.

[345] Biberacher, Betriebliche Rechtsetzung, S. 114; Müller, Gestaltung, S. 140 ff.; Travlos-Tzanetatos, Regelungsbefugnis, S. 75 ff..

[346] Maunz/Dürig, GG, Art. 1 Abs. 3, Rn. 101.

[347] Starck in: v.Mangoldt/Klein/Starck, GG, Art. 1 Abs. 3 GG, Rn. 138.

erreicht[348]. Im Betriebsverfassungsrecht ist dies vor allem durch die Vorschrift des § 75 BetrVG geschehen[349].

Gemäß § 75 Abs. 1 S. 1 und S. 2 BetrVG haben die Betriebspartner in besonderem Maße darüber zu wachen, daß keine der im Betrieb tätigen Personen wegen der dort genannten Merkmale benachteiligt wird. Laut § 75 Abs. 1 S. 1 BetrVG hat jede unterschiedliche Behandlung von im Betrieb tätigen Personen wegen ihrer Abstammung, Religion, Nationalität, Herkunft, politischer oder gewerkschaftlicher Betätigung oder Einstellung oder wegen ihres Geschlechts oder sexuellen Identität zu unterbleiben. Gemäß § 75 Abs. 1 S. 2 BetrVG haben die Betriebspartner darauf zu achten, daß Arbeitnehmer nicht wegen Überschreitung bestimmter Altersstufen benachteiligt werden. Hierbei handelt es sich um absolute Differenzierungsverbote. Die Aufzählung ist nicht erschöpfend, sondern – wie sich aus dem Wort „insbesondere" ergibt – beispielhaft zu verstehen[350]. Damit enthält die Vorschrift eine dem Art. 3 GG ähnliche Gleichbehandlungspflicht.

Auch § 75 Abs. 2 BetrVG kann als Wahrnehmung der dem Gesetzgeber aus dem Grundgesetz obliegenden Pflicht zum Schutz der freien Entfaltung der Persönlichkeit der Arbeitnehmer vor Fremdbestimmung durch die Betriebspartner verstanden werden[351]. Hiernach haben Arbeitgeber und Betriebsrat die freie Entfaltung der Persönlichkeit der im Betrieb beschäftigten Arbeitnehmer zu schützen und zu fördern. Dies gilt gerade auch für die eigenen Maßnahmen der Betriebspartner, insbesondere für den Abschluß von Betriebsvereinbarungen[352]. Damit wird die Vorschrift des § 75 Abs. 2 BetrVG zu einer Vorschrift der „Normenkontrolle"[353].

Diese Kontrolle beschränkt sich nicht auf den Schutz der freien Entfaltung der Persönlichkeit. Vielmehr findet sich in § 75 Abs. 2 BetrVG eine einfachgesetzliche Konkretisierung des Art. 2 Abs. 1 GG, mit dem auch die Grundsätze der spezielleren Freiheitsgrundrechte in das Betriebsverfassungsrecht eingeführt werden[354].

---

348 Kirchhof, Rechtsetzung, S. 522.

349 Hammer, Schutzpflicht, S. 112 ff.; Richardi, BetrVG § 77 Rn. 102.

350 Worzalla, in: Hess/Schlochauer/Worzalla/Glock, BetrVG, § 75 Rn. 4.

351 Hammer, Schutzpflicht, S. 106 ff..

352 Kreutz, in: GK BetrVG, § 75 Rn. 92.

353 Löwisch, AuR 1972, 359.

354 BAG, Urteil v. 19.01.1999, AP Nr. 28 zu § 87 BetrVG 1972 Ordnung des Betriebes (mit Anmerkung v. Hoyningen-Huene) unter II 3 der Gründe; BAG, Urteil v. 11.07.2000, AP Nr. 16 zu § 87 BetrVG 1972 Sozialeinrichtung (mit zustimmender Anmerkung v.Hoyningen-Huene) unter II 2 a) der Gründe; Belling, Haftung, S. 205, 212 f.; Hammer, Schutzpflicht, S.

Nur wer befugt ist, frei zu handeln, kann seine Persönlichkeit frei entfalten[355]. Nach der Rechtsprechung des Bundesverfassungsgerichts verkörpert Art. 2 Abs. 1 GG daher ein selbständiges Grundrecht, das die allgemeine Handlungsfreiheit in einem umfassenden Sinn gewährleistet[356]. Die Vorschrift stellt als „Hauptfreiheitsgrundrecht" des Grundgesetzes eine „lex generalis" zu den speziellen Freiheitsrechte in dem Sinne dar, daß diese Teilfreiheitsrechte nur Konkretisierungen des Art. 2 Abs. 1 GG sind und sich zu ihm als „leges speciales" verhalten[357]. Dabei schützt Art. 2 Abs. 1 GG nicht nur einen absolut geschützten Kernbereich privater Lebensgestaltung, sondern jede Form menschlichen Handelns ohne Rücksicht darauf, welches Gewicht der Betätigungsfreiheit für die Persönlichkeitsentfaltung zukommt[358]. Ebenso kann die Regelung des § 75 Abs. 2 BetrVG verstanden werden. Dies legt schon der an Art. 2 Abs. 1 GG orientierte Wortlaut nahe[359]. Der Gesetzgeber griff bei der Formulierung des § 75 Abs. 2 BetrVG bewußt auf den Persönlichkeitsbegriff des Art. 2 Abs. 1 GG zurück[360]. Ein entsprechender gesetzgeberischer Wille läßt sich auch den Gesetzgebungsmaterialien zu § 75 Abs. 2 BetrVG entnehmen. Die dort getroffene Unterscheidung zwischen dem „Schutz der Persönlichkeit" und der „freien Entfaltung der Persönlichkeit"[361] läßt erkennen, daß sich die Verpflichtung der Betriebspartner nicht nur auf die passive, sondern auch auf die aktive Dimension der Persönlichkeitsentfaltung erstrecken soll[362].

---

116 f.; Kirchhof, Rechtsetzung, S. 218; Löwisch, AuR 1972, 359; ders., ZfA 1996, 293, 301; Löwisch/Kaiser, BetrVG, § 75 Rn. 29; Richardi, MünchArbR, § 10 Rn. 36; Wadephul, Vereinbarungen der Betriebspartner, S. 143; Waltermann, Rechtsetzung, S. 245; nach anderer Auffassung folgt eine mittelbare Grundrechtsbindung aus den Grundsätzen des Rechts gemäß § 75 Abs. 1 BetrVG: Kreutz in: GK-BetrVG, § 77 Rn. 294.

355 Hammer, Schutzpflicht, S. 21; Hubmann, Persönlichkeitsrecht, S. 175.

356 BVerfG Urteil v. 16.01.1957, BVerfGE 6, 32, 36.

357 Maunz/Dürig, GG I, Art. 2 Abs. 1, Rn. 21; Jarass, NJW 1989, 857.

358 BVerfG Beschluß v. 09.03.1994, BVerfGE, 90, 145, 171 ff.; BAG, Urteil v. 19.01.1999, AP Nr. 28 zu § 87 BetrVG 1972 Ordnung des Betriebes (mit Anmerkung v. Hoyningen-Huene) unter II 3 der Gründe; BAG, Urteil v. 11.07.2000, AP Nr. 16 zu § 87 BetrVG 1972 Sozialeinrichtung (mit zustimmender Anmerkung v.Hoyningen-Huene) unter II 2 a) der Gründe.

359 BAG, Urteil v. 19.01.1999, AP Nr. 28 zu § 87 BetrVG 1972 Ordnung des Betriebes (mit Anmerkung v. Hoyningen-Huene) unter II 3 der Gründe; BAG, Urteil v. 11.07.2000, AP Nr. 16 zu § 87 BetrVG 1972 Sozialeinrichtung (mit zustimmender Anmerkung v.Hoyningen-Huene) unter II 2 a) der Gründe.

360 BT-Drucksache VI / 334, S. 56; BT-Drucksache VI / 1786, S. 30; Hallenberger, Persönlichkeitsentfaltung, S. 44 f.; Hammer, Schutzpflicht, S. 24.

361 BT-Drucks., VI/1786, S. 46.

362 Hammer, Schutzpflicht, S. 24 f..

§ 75 Abs. 2 BetrVG konkretisiert das Grundrecht des Art. 2 Abs. 1 GG für die besondere Stellung des Arbeitnehmers im Betrieb. Damit ist § 75 Abs. 2 BetrVG eine grundrechtsausführende Norm, bewirkt aber nicht die unmittelbare Bindung der Betriebspartner an die Grundrechte[363].

III. Ergebnis

Die Betriebspartner sind beim Abschluß von Betriebsvereinbarungen nicht unmittelbar an die Grundrechte gebunden. Es gelten jedoch die Grundsätze der mittelbaren Drittwirkung und die Grundsätze über die grundrechtsbezogenen staatlichen Schutzpflichten. Hinsichtlich der privaten Rechtsetzung durch Betriebsvereinbarung ist der Gesetzgeber seiner Schutzpflicht vor allem durch die Regelung des § 75 BetrVG nachgekommen, der die Betriebspartner nach Abs. 1 zur Wahrung der Gleichheitsrechte und nach Abs. 2 zur Wahrung der Freiheitsrechte der Arbeitnehmer verpflichtet. Das materielle Anliegen des Grundrechtskatalogs ist somit bereits durch das BetrVG voll berücksichtigt, so daß die Frage nach der mittelbaren oder unmittelbaren Geltung der Grundrechte im Ergebnis von geringer praktischer Relevanz bleibt[364].

---

363 Hammer, Schutzpflicht, S. 112.

364 Kirchhof, Rechtsetzung, S. 218; Meyer, Abänderung, S. 125 f.; Otto, NZA 1992, 97, 107.

§ 7 Verhältnismäßigkeit

Die Grundrechte erlangen in ihrer Funktion als Abwehrrechte vor allem dadurch praktische Effizienz, daß Eingriffe in sie sich in den Grenzen des verfassungsrechtlichen Übermaßverbots, also der Prinzipien der Geeignetheit, Erforderlichkeit und Verhältnismäßigkeit i.e.S. halten müssen. Wer also eine unmittelbare Grundrechtsbindung der Betriebsvereinbarung annimmt, gelangt schon auf diesem Wege zur Geltung des Verhältnismäßigkeitsgrundsatzes. Im Recht der Betriebsvereinbarungen wird darüber hinaus unabhängig vom jeweiligen Ausgangspunkt einer unmittelbaren oder mittelbaren Grundrechtsbindung der Betriebspartner in Rechtsprechung[365] und Literatur[366] das Verhältnismäßigkeitsprinzip einhellig als ein für die Wertbindung der Betriebsautonomie maßgeblicher Grundsatz angesehen, sofern eine Betriebsvereinbarung in grundrechtlich geschützte Positionen der Arbeitnehmer eingreift. Dies entspricht der vielfach anzutreffenden Aussage, wonach der Grundrechtsschutz gegenüber Betriebsvereinbarungen nicht hinter dem Grundrechtsschutz gegenüber staatlichen Eingriffen zurückbleiben dürfe[367].

---

[365] BAG (GS), Beschluß v. 16.09.1986, AP Nr. 17 zu § 77 BetrVG 1972 unter C II 5 der Gründe = SAE 1987, 175 ff. (mit Anmerkung Löwisch); BAG, Urteil v. 03.11.1987, AP Nr. 25 zu § 77 BetrVG 1972 (mit Anmerkung Hromadka); BAG, Urteil v. 22.05.1990, AP Nr. 3 zu § 1 BetrAVG Betriebsvereinbarung = SAE 1992, 293 ff. (mit Anmerkung Herrmann); BAG, Urteil v. 23. 10. 1990, AP Nr. 13 zu § 1 BetrAVG Ablösung; BAG, Urteil v. 09.04.1991, AP Nr. 15 zu § 1 BetrAVG Ablösung; BAG, Urteil v. 24.08.1993, AP Nr. 19 zu § 1 BetrAVG Ablösung; BAG, Urteil v. 19.01.1999, AP Nr. 28 zu § 87 BetrVG 1972 Ordnung des Betriebes (mit Anmerkung v.Hoyningen-Huene); BAG, Urteil v. 11.07.2000, AP Nr. 16 zu § 87 BetrVG 1972 Sozialeinrichtung (mit Anmerkung v.Hoyningen-Huene); BAG, Urteil v. 29.10.2002, RdA 2003, 290 ff. (mit Anmerkung Feuerborn).

[366] Ahrend/Förster/Rößler/Rühmann, BetrAVG Teil 12 Rn. 665; Berg in: D/K/K-BetrVG, § 77 Rn 12; Biberacher, Rechtsetzungsmacht, S. 129; Blomeyer, FS 25 Jahre BAG, S.17; ders., GS Dietz, S. 147, 163 f.; Blomeyer/Otto, BetrAVG, Anh. § 1 Rn. 147 f.; Canaris, AuR 1966, 129, 136 f.; ders., JuS 1989, 161, 167; F/K/H/E/S BetrVG § 77 Rn. 233; Dieterich in: ErfK, Einl. GG, Rn. 60; Florig, Abdingbarkeit, S. 173; Griebeling, NZA Beilage 3/1989, 26, 32; Hammer, Schutzpflicht, S. 114 ff.; v.Hoyningen-Huene, Anmerkung zu BAG, Urteil v. 19.01.1999, AP Nr. 28 zu § 87 BetrVG 1972 Ordnung des Betriebes; ders., Anmerkung zu BAG, Urteil v. 11.07.2000, AP Nr. 16 zu § 87 BetrVG 1972 Sozialeinrichtung; Hromadka, Anmerkung zu BAG, Urteil v. 03.11.1987, AP Nr. 25 zu § 77 BetrVG 1972; Kallrath, Kontrolle, S. 160 ff.; Koch in: Schaub, Arbeitsrechtshandbuch, § 231 Rn. 10; Kreutz in: GK-BetrVG, § 77 Rn. 306; ders., Betriebsautonomie, S. 134; Löwisch, ZfA 1975, 293, 301 f.; Löwisch/Kaiser, BetrVG, § 77 Rn. 27; Luding, Beendigung, S. 113 f.; Matthes in: MünchArbR, § 328 Rn. 85; Moll, NZA Beilage 1/1988, 17, 26; Preis, Kollektives Arbeitsrecht, S. 565; Preis/Greiner, FS Rüfner, S. 653, 668 f.; Reuter, ZfA 1993, 221, 240; ders., ZfA 1995, 1, 59; Zöllner/Loritz, Arbeitsrecht, § 26 II 4 dd.

[367] Berg in: D/K/K, BetrVG, §77 Rn. 9; Dieterich in: ErfK, Einl. GG Rn. 60; Preis/Greiner,

Da es sich bei der Betriebsvereinbarung um eine Institution des Privatrechts handelt, stellt sich hiermit zunächst das Problem einer Übertragbarkeit des Verhältnismäßigkeitsgrundsatzes auf das Privatrecht. Das Übermaßverbot ist im öffentlichen Recht entwickelt worden und soll sicherstellen, daß einseitig belastende Akte der öffentlichen Gewalt nur insoweit ergehen, als sie zur Erfüllung staatlicher Interessen geeignet, erforderlich und angemessen sind. In seinem Ursprung dient das Verhältnismäßigkeitsprinzip also dem Schutz individueller Freiheit vor staatlichem Zugriff. Dennoch besteht Einigkeit, daß der allgemeine Grundgedanke der Verhältnismäßigkeit auch im Privatrecht Anwendung findet.

Das Übermaßverbot kollidiert jedoch mit dem Prinzip der Privatautonomie, wenn Rechtsgeschäfte am Maßstab der Verhältnismäßigkeit kontrolliert und gegebenenfalls in ihrer Wirksamkeit eingeschränkt werden. Eine generelle Anwendung der Grundsätze der Geeignetheit, Erforderlichkeit und Verhältnismäßigkeit i.e.S. würde zu einer strengen Kontrolle von Rechtsgeschäften führen, deren Kriterien denjenigen der AGB-Vorschriften ähneln und weit über diejenigen des § 138 BGB hinausgehen. Eine derartige Kontrolle träfe die Privatautonomie in ihrem Kern[368]. Aus ähnlichen Erwägungen werden in jüngerer Zeit verstärkt auch Bedenken gegen eine Verhältnismäßigkeitskontrolle von Tarifverträgen erhoben[369].

Jedenfalls für Betriebsvereinbarungen stellt sich jedoch das Problem einer Kollision von Privatautonomie und Verhältnismäßigkeitsprüfung nicht in dieser Form, da die Betriebsvereinbarung nicht Ausdruck privatautonomer Selbstbestimmung der regelungsbetroffenen Arbeitnehmer ist. Die für die Anwendung des Verhältnismäßigkeitsgrundsatzes typische Situation der Rechtsausübung mit Wirkung für Dritte ist damit auch bei der Betriebsvereinbarung gegeben.

I. Geltung des Verhältnismäßigkeitsgrundsatzes in der Betriebsverfassung

Im Hinblick auf die besondere soziale Machtstellung der Betriebspartner im Verhältnis zu den betriebsangehörigen Arbeitnehmern wird die grundsätzliche Geltung des Verhältnismäßigkeitsprinzips im Betriebsverfassungsrecht einhellig

---

FS Rüfner, S. 653, 668; vgl. auch Waltermann, Rechtsetzung, S. 246.

[368] Canaris, AcP 184 (1984), 201, 209 f.; ders., JuS 1989, 161, 162; Loritz, RdA 1991, 65, 67; Singer, Selbstbestimmung, S.93 f..

[369] Canaris, AcP 184 (1984), 201, 244; ders., JuS 1989, 161, 166; Dieterich, FS Schaub, S. 117, 122 ff.; ders., FS Wiedemann, S. 229, 241 ff.; ders., in: ErfK Einleitung GG, Rn. 23; Schliemann, FS Hanau, S. 577, 587; ders., Brennpunkte des Arbeitsrechts 2000, 141, 155; A. Wiedemann, Tarifnormen, S. 158 ff.; Zachert, AuR 2002, 330 ff..

bejaht[370]. Unterschiedlich beurteilt wird allein die Frage, wie der Schutz der einzelnen Arbeitnehmer in Gestalt des Verhältnismäßigkeitsgrundsatzes im Betriebsverfassungsrecht gewährleistet ist.

Vielfach wird das Übermaßverbot zu den Grundsätzen des Rechts im Sinne von § 75 Abs. 1 BetrVG gezählt, und damit in dieser Vorschrift eine Einbruchstelle des Verhältnismäßigkeitsgrundsatzes erkannt[371].

Auch *Blomeyer* erkennt in der Generalklausel des § 75 Abs. 1 BetrVG eine „Einbruchstelle" des Übermaßverbots, das einen mittelbaren Schutz der Arbeitnehmer vor übermäßiger Belastung durch betriebliche Gestaltungsmacht bewirke[372]. Nach seiner Auffassung gilt das Verhältnismäßigkeitsprinzip aber darüber hinaus schon a priori als verfassungsrechtlicher Grundsatz, der überall dort Geltung beanspruche, wo eine dem öffentlichen Recht vergleichbare Kollisionssituation vorliege. Dies sei insbesondere der Fall, wenn Private durch Gesetz ermächtigt sind, in rechtlich geschützte Interessen Dritter einzugreifen[373]. Damit sei das BetrVG ein „klassischer Anwendungsbereich" des Übermaßverbots. Insbesondere beim Abschluß von Betriebsvereinbarungen übe der Betriebsrat im Zusammenwirken mit dem Arbeitgeber unmittelbare Rechtsmacht über die Belange der Arbeitnehmer aus. Ein Mißbrauch dieser betriebsverfassungsrechtlichen Macht könne nur durch eine Kontrolle anhand des Verhältnismäßigkeitsgrundsatzes wirksam verhindert werden. Da der Gesetzgeber an das Übermaßverbot gebunden sei, fließe dieses über die verfassungskonforme Auslegung unmittelbar in das Betriebsverfassungsrecht ein[374].

Die den Betriebspartnern gesetzlich eingeräumte Macht, in rechtlich geschützte Interessen Dritter einzugreifen, ist Ausgangspunkt auch für diejenigen Stimmen in der Literatur, welche die Geltung des Verhältnismäßigkeitsgrundsatzes mit der Norm- und Zwangswirkung der Betriebsvereinbarung begründen[375]. Die Kompetenz der Betriebspartner zur Normsetzung ohne privatautonome Legiti-

---

370 vgl. die Nachweise in Fußnote Nr. 865 und Nr. 866.

371 Canaris, AuR 1966, 129, 138; Kreutz in: GK-BetrVG § 77 Rn. 306; Worzalla in: Hess/Schlochauer/Worzalla/Glock, BetrVG, § 75 Rn. 4.

372 Blomeyer, FS 25 Jahre BAG, S. 17, 25.

373 Blomeyer, FS 25 Jahre BAG, S. 17, 25; ders., GS Dietz, S. 147, 163 f.; ders., FS Ostheim, S. 517, 522.

374 Blomeyer, FS 25 Jahre BAG, S. 17, 25.

375 Herrmann, Anmerkung zu BAG, Urteil v. 22.05.1990, SAE 1992, 293, 298; Kallrath, Kontrolle, S. 157 ff.; Reichold, Anmerkung zu BAG, Urteil v. 15.11.2000, AP Nr. 84 zu § 77 BetrVG 1972; auch Canaris, JuS 1989, 161, 167 will die Betriebsvereinbarung wegen deren Norm- und Zwangswirkung an den Verhältnismäßigkeitsgrundsatz binden, dessen Geltung er mit einer Analogie zu Art. 1 Abs. 3 GG begründet; vgl. auch Fastrich, Inhaltskontrolle, S. 207 f..

mation durch die Arbeitnehmer gebiete es, sie in ähnlicher Weise wie den staatlichen Gesetzgeber an den Verhältnismäßigkeitsgrundsatz zu binden[376].

Sieht man – wie hier vertreten – die Freiheitsgrundrechte in § 75 Abs. 2 BetrVG konkretisiert, ergibt sich auch die Geltung des Verhältnismäßigkeitsgrundsatzes aus der hierin normierten Pflicht der Betriebspartner, das Recht der Arbeitnehmer auf freie Entfaltung ihrer Persönlichkeit mitsamt seinen Ausprägungen in den speziellen Freiheitsrechten zu beachten[377]. Die Verpflichtung auf den Schutz der Freiheitsgrundrechte zieht den Verhältnismäßigkeitsgrundsatz als Bindungsgrundsatz nach sich. Der Grundsatz der Verhältnismäßigkeit bestimmt also, in welchem Umfang die Betriebspartner in die Freiheitsrechte der Arbeitnehmer eingreifen können. Des Rückgriffs auf überpositive Grundsätze bedarf es hierzu nicht[378]. Als zu weitgehend erscheint es hingegen, wenn namentlich *Blomeyer*[379] das gesamte Betriebsverfassungsrecht der Geltung des Verhältnismäßigkeitsgrundsatzes unterwerfen will. Im Hinblick auf Betriebsvereinbarungen bliebe dabei unberücksichtigt, daß diese hinsichtlich der Wirkungen auf den Arbeitgeber durch diesen privatautonom legitimiert sind und damit eine Form der Selbstbeschränkung darstellen[380]. Ohnehin ist bei Anwendung des Verhältnismäßigkeitsgrundsatzes in einem weithin geregelten Bereich wie dem BetrVG Zurückhaltung geboten[381].

II. Keine Instrumentalisierung der Verhältnismäßigkeitsprüfung zu einer umfassenden Inhaltskontrolle

Fraglich ist, ob eine staatsanaloge Prüfung anhand des Verhältnismäßigkeitsgrundsatzes den Besonderheiten der Betriebsvereinbarung gerecht würde. Bejahte man eine strikte Bindung der Betriebspartner an den Grundsatz der Verhältnismäßigkeit, unterschiede sich die mittelbare Grundrechtsbindung der Betriebspartner von der unmittelbaren gemäß Art. 1 Abs. 3 GG zwar rechtstechnisch, nicht aber in ihrer Intensität. Dabei bliebe unberücksichtigt, daß die

---

376 Herrmann, Anmerkung zu BAG, Urteil v. 22.05.1990, SAE 1992, 293, 298; Kallrath, Kontrolle, S. 157 ff..

377 BAG, Urteil v. 19.01.1999, AP Nr. 28 zu § 87 BetrVG 1972 Ordnung des Betriebes (mit Anmerkung v. Hoyningen-Huene) unter II 3 der Gründe; BAG, Urteil v. 11.07.2000 AP Nr. 16 zu § 87 BetrVG 1972 Sozialeinrichtung (mit zustimmender Anmerkung v.Hoyningen-Huene) unter II 2 a) der Gründe; Hammer, Schutzpflicht, S. 115 ff.; Otto, NZA 1992, 97, 108; Streicher, Betriebsvereinbarung, Rn. 410.

378 Hammer, Schutzpflicht, S. 115 f..

379 Blomeyer, FS 25 Jahre BAG, S. 17, 25.

380 Canaris, JuS 1989, 161, 166; hierzu bereits oben § 2, IV, 1.

381 Preis, Prinzipien, S. 291; ders., FS Dieterich, S. 429, 448.

Betriebsvereinbarung wegen der mit der Vertragsform verbundenen Einigung widerstreitender Interessen bereits eine gewisse „Richtigkeitsgewähr" bietet. Dies läßt eine Verhältnismäßigkeitskontrolle weniger dringlich erscheinen. Keinesfalls darf die Verhältnismäßigkeitsprüfung zu einer umfassenden Inhaltskontrolle instrumentalisiert werden; eine solche würde dem Regelungszweck des § 310 Abs. 4 S. 1 BGB widersprechen und die Gestaltungsfreiheit der Betriebspartner unzulässig einschränken.

Diese Gefahr birgt insbesondere die Bindung an die Verhältnismäßigkeit im engeren Sinne. Da sich die Proportionalitätskontrolle als Abwägungsvorgang darstellt, teilt sie auch die allgemeine Schwäche des Güterabwägungsverfahrens[382]. Dieses gewährt dem Richter einen größeren Spielraum als die bloße Subsumtion[383]. Der Grundsatz der Verhältnismäßigkeit (i.e.S.) enthält kaum inhaltliche Direktiven und verleiht dem Gericht weitgehend die Möglichkeit, Betriebsvereinbarungen nach eigenen Maßstäben zu beurteilen[384].

1. Gestaltungsspielraum der Betriebspartner

Die vom Bundesarbeitsgericht in Anwendung des Verhältnismäßigkeitsprinzips durchgeführte Überprüfung von Betriebsvereinbarungen kommt im Ergebnis häufig einer Inhaltskontrolle gleich[385], was letztlich darin begründet liegt, daß die Arbeitsgerichte den Gestaltungsspielraum der Betriebspartner zwar häufig betonen, jedoch bei der Kontrolle von Betriebsvereinbarungen oft nicht ausreichend in Rechnung stellen.

Bereits in seiner grundlegenden Entscheidung zur „Billigkeitskontrolle" von Betriebsvereinbarungen vom 30.01.1970[386] stellte das Bundesarbeitsgericht fest, daß den Betriebspartnern bei der Ablösung einer betrieblichen Ruhegeldordnung durch eine Betriebsvereinbarung ein Ermessensspielraum zustehe. Dieser sei jedoch durch die aus § 49 Abs. 1 BetrVG 1952 (§ 2 BetrVG 1972) folgende Verpflichtung zum Ausgleich zwischen Belegschafts- und Betriebsinteressen beschränkt. Im Bereich der betrieblichen Altersversorgung erkennt das Bundesarbeitsgericht an, daß allein die Betriebspartner beantworten können „welche Versorgungsordnung den Bedürfnissen des Betriebes und seiner Belegschaft am besten gerecht wird"[387]. Deren Gestaltungsermessen sei jedoch begrenzt durch

---

[382] Preis, Prinzipien, S. 269 ff..

[383] Hirschberg, Verhältnismäßigkeit, S. 101.

[384] Hirschberg, ZfA 1982, 505, 529.

[385] Preis, Kollektives Arbeitsrecht, § 152 I 6, S. 567 f..

[386] AP Nr. 142 zu § 242 BGB unter B IV 3 b der Gründe.

[387] BAG, Beschluß v. 08.12.1981, AP Nr. 1 zu § 1 BetrAVG Ablösung unter B II 2 der Gründe = SAE 1983, 191 ff. (mit Anmerkung Reuter) = JuS 1982, 787 ff. (mit Anmerkung

höherrangige Rechtsnormen sowie den Grundsatz der Billigkeitskontrolle[388]. Auch in späteren Entscheidungen wird ausgeführt, man müsse den Betriebsvereinbarungsparteien bei der gestaltenden Regelung einen „weiten Ermessensspielraum" zugestehen[389]. Den Betriebsorganen sei jedoch durch die ihnen obliegende Pflicht, dem Wohl des Betriebes und seiner Arbeitnehmer zu dienen, in der Ausübung ihres Ermessens eine Grenze gezogen, die gerichtlich nachprüfbar sei[390]. Durch diese Einschränkung wird der eingeräumte Ermessensspielraum der Sache nach oft obsolet[391]. Vielfach ist nicht die Einschätzung der Betriebspartner, sondern diejenige des Gerichts maßgebliche Grundlage der Entscheidung.

Wie weit der Gestaltungsspielraum der Betriebspartner tatsächlich reicht, ist den gesetzlichen Wertungen zu entnehmen. Auch insoweit muß die vom Gesetzgeber in § 310 Abs. 4 S. 1 BGB der Rechtskontrolle gezogene Grenze beachtet werden. Da die AGB-Vorschriften eine positiv-rechtliche Erscheinungsform des Verhältnismäßigkeitsprinzips im Privatrecht sind[392], ist die gesetzgeberische Entscheidung in § 310 Abs. 4 S. 1 BGB zugleich eine Entscheidung gegen eine ähnlich weitgehende Einschränkung der Betriebsautonomie im Wege einer nicht ausdrücklich kodifizierten Verhältnismäßigkeitskontrolle. In der Vorschrift des § 310 Abs. 4 S. 1 BGB kommt zum Ausdruck, daß die Regelungen der Betriebspartner nicht schon bei jeder Unangemessenheit unwirksam sind. Aufgrund der Richtigkeitsgewähr der Betriebsvereinbarung konnte der Gesetzgeber deren unmittelbare und mittelbare Inhaltskontrolle nach den AGB-Vorschriften ausschließen. Die Betriebsvereinbarung ist bereits wegen ihrer Vertragsform mit einer Gegenmachtkontrolle verbunden. Die Einigung entgegengesetzter Interessen auf eine gemeinsame Lösung impliziert eine „Richtigkeitsgewähr" und begründet die Vermutung eines sachgerechten Interessenausgleichs[393]. Auch aufgrund ihrer besonderen Sachnähe werden die Betriebspartner Interessenkonflikte zumeist sachgerechter lösen können als das Gericht.

Reuter).

[388] BAG, Beschluß v. 08.12.1981, AP Nr. 1 zu § 1 BetrAVG Ablösung unter B II 2 der Gründe = SAE 1983, 191 ff. (mit Anmerkung Reuter) = JuS 1982, 787 ff. (mit Anmerkung Reuter).

[389] BAG, Beschluß v. 14.11.1974, AP Nr. 1 zu § 87 BetrVG 1972 (mit Anmerkung Richardi); BAG, Urteil v. 22.05.1990, SAE 1992, 293 ff. (mit Anmerkung Herrmann) unter 2 c der Gründe; BAG, Urteil v. 05.10.2000, SAE 2002, 193 (mit Anmerkung Meyer) unter II 2 a der Gründe.

[390] BAG, Beschluß v. 14.11.1974, AP Nr. 1 zu § 87 BetrVG 1972 (mit Anmerkung Richardi).

[391] Hammen, RdA 1986, 23.

[392] Preis, FS Dieterich, S. 429, 456.

[393] Siehe oben, § 3, II, 2.

Daß die Rechtsordnung den Betriebspartnern einen weiten Gestaltungsspielraum zubilligt, ist des weiteren der Regelung des § 76 Abs. 5 S. 4 BetrVG zu entnehmen. Hiernach findet eine Ermessenskontrolle eines Einigungsstellenspruchs nur auf Antrag der Betriebspartner statt. Diese sollen also darüber entscheiden, was ein billiger Ausgleich der Interessen des Arbeitnehmers und des Betriebes ist.

Dem Schutz des Beurteilungsspielraums der Betriebspartner dient schließlich auch die Regelung des § 1 Abs. 4 S. 1 KSchG, wonach die Bewertung der in einer Betriebsvereinbarung enthaltenen Auswahlrichtlinie – ebenso wie bei tarifvertraglichen Auswahlrichtlinien – nur auf grobe Fehlerhaftigkeit überprüft werden kann.

Hinzu kommt, daß beim Abschluß von Betriebsvereinbarungen regelmäßig auf mehreren Seiten grundrechtlich geschützte Positionen zu beachten sind. Grundrechten der Arbeitnehmer stehen solche des Arbeitgebers und der übrigen Arbeitnehmer entgegen. Es hat also – und hierin liegt ein Unterscheid zur üblichen Situation im öffentlichen Recht – eine Abwägung zwischen mehreren Positionen mit Verfassungsrang stattzufinden, für die in der Regel nicht nur ein einziges Ergebnis vertretbar ist. Dieser Gesichtspunkt, welcher generell gegen die uneingeschränkte Geltung des Übermaßverbots im Privatrecht angeführt wird[394], ist gerade auch im Betriebsverfassungsrecht zu beachten.

2. *Beschränkung der Verhältnismäßigkeitsprüfung auf eine Evidenzkontrolle*

Die Anerkennung des Gestaltungsspielraums der Betriebspartner führt dazu, daß sich korrespondierend die gerichtliche Kontrolldichte vermindert. Da das Gericht die Entscheidung nicht mehr in vollem Umfang überprüft, entstehen Wertungsfreiräume für die Betriebspartner. Dabei lassen sich Parallelen ziehen zur Kontrolle staatlicher Gesetze und zur Kontrolle von Tarifverträgen.

Während die Exekutive einer strikten Bindung an den Verhältnismäßigkeitsgrundsatz unterworfen ist, übt das Bundesverfassungsgericht bei der Prüfung von Geeignetheit und Erforderlichkeit staatlicher Gesetze große Zurückhaltung. Gesetze sind nur dann verfassungswidrig, wenn sie zum Zeitpunkt des Erlasses des Gesetzes[395] „schlechthin ungeeignet“[396], „grundsätzlich ungeeignet“[397] bzw.

---

[394] Medicus, AcP 192 (1992), 35, 59 f..

[395] BVerfG Urteil v. 22.05.1963, BVerfGE 16, 147, 181; BVerfG Beschluß v. 06.10.1987, BVerfGE 77, 84, 109.

[396] BVerfG Beschluß v. 24.09.1965, BVerfGE 19, 119, 127.

[397] BVerfG Beschluß v. 14.05.1985, BVerfGE 70, 1, 26.

„gänzlich ungeeignet oder völlig unzulänglich“[398] sind. Auch eine fehlende Erforderlichkeit wird nur in evidenten Fällen angenommen; die sachliche Gleichwertigkeit zur Zweckerreichung muß bei dem als Alternative vorgeschlagenen milderen Eingriff eindeutig feststehen[399]. Ebenso wird das Kriterium der Angemessenheit in der Staatslehre nur als zusätzliches Korrektiv verstanden, das in Ausnahmefällen unerträgliche und mit dem Gerechtigkeitsempfinden unvereinbare Ergebnisse vermeiden soll[400]. In ähnlicher Weise wird für die Verhältnismäßigkeitskontrolle von Tarifverträgen eine Beschränkung auf eine Evidenzkontrolle, auch hinsichtlich der Prüfung der Verhältnismäßigkeit i.e.S., angenommen[401], sofern nicht – ausgehend von einer nicht unmittelbaren Grundrechtsbindung der Tarifparteien – eine Verhältnismäßigkeitsprüfung generell abgelehnt wird[402]. Eine eingeschränkte Verhältnismäßigkeitsprüfung führt das Bundesarbeitsgericht insbesondere im Bereich des „tarifdispositiven Richterrechts“ durch, wenn es in Anerkennung des Gestaltungsspielraums der Tarifparteien einer Tarifnorm erst dann die Anerkennung versagt, „wenn sie zu einer grundlegenden Schlechterstellung von Arbeitnehmern im Vergleich zu einer sachlich vertretbaren Lösung führt“[403].

Eine entsprechende Zurückhaltung ist gegenüber dem Normgeber des Betriebsverfassungsrechts zu üben. Bei der gerichtlichen Kontrolle von Geeignetheit und Erforderlichkeit einer Betriebsvereinbarung ist der Prognose- und Beurteilungsspielraum der Betriebspartner zu beachten. Zur Gewährleistung dieses Spielraums ist die gerichtliche Kontrolle auf eine Evidenzkontrolle zurückzuführen. Eine Betriebsvereinbarung ist erst dann unwirksam, wenn die in der Betriebsvereinbarung getroffene Regelung offensichtlich ungeeignet ist bzw. eindeutig feststeht, daß ein anderes Mittel den Regelungszweck in gleicher Weise mit

---

[398] BVerfG, Urteil v. 28.01.1992, BVerfGE 85, 191, 212.

[399] BVerfG Beschluß v. 18.12.1968, BVerfGE 25, 1, 13; BVerfG Beschluß v. 16.03.1971, BVerfGE 30, 292, 319; BVerfG Beschluß v. 16.01.1980, BVerfGE 53, 135, 145; BVerfG Beschluß v. 09.03.1994, BVerfGE 90, 145, 173; BVerfG Beschluß v. 10.04.1997, BVerfGE 96, 10, 23 ff..

[400] Pieroth/Schlink, Staatsrecht II, § 21 II 3, Rn. 858.

[401] BAG, Urteil v. 06.09.1995, SAE 1997, 209 (mit Anmerkung Singer) unter III der Gründe; Oetker, Gemeinsame Anmerkung zu den BAG-Urteilen vom 25.02.1998 und 11.03.1999, SAE 1999, 149, 152; Saecker/Oetker, Tarifautonomie, S. 284 ff.; Stark, Arbeitsplatzsicherung, S. 131; Waltermann, Altersgrenzen, S. 125 (zu Geeignetheit).

[402] Canaris, AcP 184 (1984), 201, 244; ders., JuS 1989, 161, 166; Dieterich, FS Schaub, S. 117, 122 ff.; ders., FS Wiedemann, S. 229, 241 ff.; ders., in: ErfK Einleitung GG, Rn. 23; Schliemann, FS Hanau, S. 577, 587; ders., Brennpunkte des Arbeitsrechts 2000, 141, 155; A. Wiedemann, Tarifnormen, S. 158 ff.; Zachert, AuR 2002, 330 ff..

[403] BAG, Urteil v. 06.09.1995, SAE 1997, 209 (mit Anmerkung Singer) unter III 1 der Gründe; vgl. hierzu die Anmerkung von Singer, SAE 1997, 213, 216.

geringeren Nachteilen für die Betroffenen erreichen kann. Darüber hinaus ist bei Prüfung der Verhältnismäßigkeit i.e.S. besonders zu berücksichtigen, daß die Betriebsvereinbarung bereits einen ausgehandelten Interessenausgleich beinhaltet, der die Vermutung der Angemessenheit in sich trägt[404]. Auch an der Unangemessenheit kann eine Betriebsvereinbarung daher erst scheitern, wenn die von den Betriebspartnern vorgenommene Abwägung der widerstreitenden Rechtsgüter im offensichtlichen Widerspruch zu deren objektiven Wertigkeit steht. Die Grenzen des Gestaltungsspielraums der Betriebspartner sind hier ebenfalls erst im Rahmen einer Evidenzkontrolle zu ermitteln. Dies trägt zur Vermeidung einer unzumutbaren Grauzone bei und gewährleistet ein Mindestmaß an Rechtssicherheit für die Betriebspartner.

Dem hier vorgeschlagenen Kontrollmaßstab sehr nahe kommt eine jüngere Entscheidung des ersten Senats zu einer Frage des Ordnungsverhaltens im Betrieb[405]. Gegenstand der Entscheidung war ein betriebliches Rauchverbot, von dem nur zwei überdachte Unterstände auf dem Freigelände ausgenommen waren. Der Senat prüfte, ob hierin eine Verletzung der über § 75 Abs. 2 BetrVG mittelbar geschützten allgemeinen Handlungsfreiheit der Nichtraucher liegt und verneinte dies im Ergebnis[406]. Das zulässige Ausmaß einer Beschränkung der allgemeinen Handlungsfreiheit bestimme sich nach dem Grundsatz der Verhältnismäßigkeit. Dabei erkennt der Senat auch im Rahmen der Angemessenheitsprüfung einen weitgehenden Gestaltungsspielraum der Betriebspartner an; erst die gröbliche Vernachlässigung entgegenstehender Interessen bildet den Kontrollmaßstab[407]. Zutreffend wird festgestellt, daß es in erster Linie Sache von Arbeitgeber und Betriebsrat ist, die Gegebenheiten des Betriebes und seiner Belegschaft zu beurteilen[408]. Die Mitwirkung des Betriebsrates sichere die gleichberechtigte Teilhabe der von ihm repräsentierten Arbeitnehmer an einer Entscheidung und damit grundsätzlich auch eine angemessene Vertretung ihrer Interessen.

Gegen diesen eingeschränkten Kontrollmaßstab wendet sich *Ahrens*[409]. Er erkennt hierin eine unzulässige Begrenzung der Verhältnismäßigkeitsprüfung.

---

[404] Siehe oben § 3, II, 2.

[405] BAG, Urteil v. 19.01.1999 AP Nr. 28 zu § 87 BetrVG 1972 Ordnung des Betriebes (mit zustimmender Anmerkung v.Hoyningen-Huene).

[406] BAG, Urteil v. 19.01.1999 AP Nr. 28 zu § 87 BetrVG 1972 Ordnung des Betriebes (mit Anmerkung v.Hoyningen-Huene) unter II 3 u. 4 der Gründe.

[407] BAG, Urteil v. 19.01.1999 AP Nr. 28 zu § 87 BetrVG 1972 Ordnung des Betriebes (mit Anmerkung v.Hoyningen-Huene).

[408] BAG, Urteil v. 19.01.1999, AP Nr. 28 zu § 87 BetrVG 1972 Ordnung des Betriebes (mit Anmerkung v.Hoyningen-Huene).

[409] NZA 1999, 686 ff..

Indem sich der Senat für die Beurteilung der Zumutbarkeit anhand der Schwere des Eingriffs einerseits sowie des Gewichts der ihn rechtfertigenden Gründe andererseits weitgehend auf die Einschätzung der Betriebspartner stütze, werde ein wesentlicher Bestandteil der Rechtmäßigkeitsprüfung von Betriebsvereinbarungen auf eine Willkürkontrolle reduziert[410]. Die Prüfung der Verhältnismäßigkeit i.e.S. verlange aber grundsätzlich eine umfassende Güterabwägung. Die gröbliche Vernachlässigung von Interessen könne kein der Verhältnismäßigkeitsprüfung angemessenes Kriterium sein, da sie unangemessene Beeinträchtigungen unterhalb dieses Prüfungsmaßstabs nicht beachte[411]. Diese Kritik läßt jedoch unberücksichtigt, daß bereits die Einigung zwischen Betriebsrat und Arbeitgeber eine gewisse „Richtigkeitsgewähr“ und die Vermutung eines sachgerechten Interessenausgleichs begründet[412]. Wegen deren besonderen Sachnähe sollte in erster Linie den Betriebspartnern die Lösung innerbetrieblicher Interessenkonflikte überlassen bleiben. Die jedenfalls in Teilbereichen erkennbare Einschränkung der gerichtlichen Kontrolle ist daher zu begrüßen.

III. Ergebnis

Betriebsvereinbarungen unterliegen einer Verhältnismäßigkeitskontrolle. Diese ist jedoch nicht Teil einer „Billigkeitskontrolle“ der Betriebsvereinbarung, sondern folgt aus § 75 Abs. 2 BetrVG.

In grundrechtlich geschützte Positionen der Arbeitnehmer darf durch Betriebsvereinbarung nur dann eingegriffen werden, wenn die Regelung geeignet ist, das angestrebte Ziel zu erreichen, das eingesetzte Mittel im Verhältnis zu anderen „gleich wirksamen" Mitteln das mildere ist und das eingesetzte Mittel nicht außer Verhältnis zum angestrebten Zweck steht. Die Verhältnismäßigkeitskontrolle muß den Gestaltungsspielraum der Betriebspartner beachten und darf nicht zu einer umfassenden Inhaltskontrolle instrumentalisiert werden. Den Betriebspartnern werden durch den Verhältnismäßigkeitsgrundsatz nur äußere Grenzen aufgezeigt, innerhalb derer sich die Rechtsetzung durch Betriebsvereinbarung bewegen muß. In Anerkennung des Gestaltungsspielraums der Betriebspartner ist die Verhältnismäßigkeitskontrolle auf eine Evidenzkontrolle zu beschränken. Auch das Bundesarbeitsgericht gelangt bei der Überprüfung von Betriebsverein-

---

410 Ahrens, NZA 1999, 686.

411 Ahrens, NZA 1999, 686, 689.

412 Siehe oben, § 3, II, 2.

barungen zu Fragen der betrieblichen Ordnung zum Teil zu einer eingeschränkten Verhältnismäßigkeitsprüfung, indem es die Beurteilung der Gegebenheiten des Betriebs und seiner Belegschaft in erster Linie den Betriebspartnern überläßt und deren Gestaltungsspielraum lediglich durch eine gröbliche Vernachlässigung von Interessen begrenzt sieht.

§ 8 Vertrauensschutz der Arbeitnehmer

Im Hinblick auf die normative Wirkung von Betriebsvereinbarungen stellt sich ferner die Frage, inwieweit bei deren Abschluß und insbesondere bei deren Änderung durch eine nachfolgende Betriebsvereinbarung dem Vertrauen der regelungsunterworfenen Arbeitnehmer Rechnung zu tragen ist. Der Vertrauensgrundsatz wird als elementares Rechtsprinzip in allen Rechtsgebieten angewendet und ist gerade im Rahmen der Gesetzgebung einzuhalten. Mittelbar dient er der Sicherung der Freiheitsrechte: deren planende Ausübung wird dem einzelnen erst durch den Vertrauensschutz ermöglicht[413].

Auch Betriebsvereinbarungen müssen nach allgemeiner Auffassung in Rechtsprechung[414] und Literatur[415] den Grundsatz des Vertrauensschutzes beachten. Da die Betriebsvereinbarung gesetzesgleich in die wechselseitigen Rechte und Pflichten der Individualparteien eingreift, muß sie mittelbar den gleichen Beschränkungen unterliegen, wie sie dem Gesetzgeber wegen des Vertrauensgrundsatzes bei rückwirkenden Gesetzen auferlegt sind[416].

---

[413] Beathalter, Gestaltungsmöglichkeiten, S. 96; Streicher, Betriebsvereinbarung, Rn 409.

[414] BAG, Urteil v. 17.03.1987, AP Nr. 9 zu § 1 BetrAVG Ablösung; BAG, Beschluß v. 10.08.1994, AP Nr. 86 zu § 112 BetrVG (mit Anmerkung v.Hoyningen-Huene) = SAE 1995, 297 ff. (mit Anmerkung Pottmeyer); BAG, Urteil v. 19.09.1995, AP Nr. 61 zu § 77 BetrVG; BAG, Urteil v. 16.07.1996 AP Nr. 21 zu § 1 BetrAVG Ablösung; BAG, Urteil v. 29.10.2002, RdA 2003, 290 ff. (mit Anmerkung Feuerborn).

[415] Ahrend/Förster/Rößler/Rühmann, Altersversorgung, Teil 12 Rn. 667; Berg, in: D/K/K BetrVG, § 77, Rn. 12; F/K/H/E/S, BetrVG, § 77 Rn. 233; Herrmann, Anmerkung zu BAG, Urteil v. 22.05.1990, SAE 1992, 295, 299 f.; Hromadka, Anmerkung zu BAG, Urteil v. 03.11.1987, AP Nr. 25 zu § 77 BetrVG; Kreutz in: GK-BetrVG, § 77 Rn 198; Lieb, gemeinsame Anmerkung zu BAG, Urteil v. 12.08.1982 und BAG, Beschluß v. 08.12.1982, SAE 1983,130, 132 f.; Löwisch/Kaiser, BetrVG, § 77 Rn. 27; Matthes in: MünchArbR, § 328 Rn. 30; Richardi, BetrVG, § 77, Rn 130; Worzalla in: Hess/Schlochauer/Worzalla/Glock, BetrVG, § 77 Rn. 50.

[416] Beathalter, Gestaltungsmöglichkeiten, S. 96 f..

I. Grenzen der Rückwirkung von Betriebsvereinbarungen

Als Maßstab der Kontrolle rückwirkender Betriebsvereinbarungen bieten sich wegen ihres Normcharakters – ebenso wie bei Tarifverträgen[417] – die zur Rückwirkung von Gesetzen entwickelten Grundsätze an[418].

Hiernach ist hinsichtlich des Vertrauensschutzes der regelungsunterworfenen Arbeitnehmer zu differenzieren: Zunächst kann durch Betriebsvereinbarung in bereits abgewickelte, der Vergangenheit angehörige Tatbestände eingegriffen werden; diese Fallgruppe beschreibt das Bundesverfassungsgericht mit dem Begriff der „echten Rückwirkung". Weiterhin ist denkbar, daß die Betriebsvereinbarung bei formaler Wirkung ex nunc noch nicht abgeschlossene, aber bereits in der Vergangenheit begonnene Vorgänge betrifft und materiell eine Rechtsposition auch für den in der Vergangenheit liegenden Teil schmälern oder entwertet (unechte Rückwirkung). Schließlich kann sich die Betriebsvereinbarung allein zukunftsbezogen auswirken. Insoweit ist zu fragen, ob ein schützenswertes Vertrauen der Arbeitnehmer in den unveränderten Fortbestand einer Betriebsvereinbarung gegeben sein kann.

1. Die Zulässigkeit rückwirkender Gesetze

Gegenüber der staatlichen Gesetzgebung muß der Bürger grundsätzlich darauf vertrauen können, daß die Rechtsordnung beständig bleibt, bzw. daß sein mit der geltenden Rechtslage konformes Handeln von der Rechtsordnung anerkannt wird[419]. Dieses Vertrauen kann durch Vorschriften enttäuscht werden, die auch

---

417 BAG, Urteil v. 10.10.1989, AP Nr. 3 zu § 1 TVG Vorruhestand (mit Anmerkung Wiedemann/Buchner) unter II 3 d der Gründe; BAG, Urteil v. 23.11.1994, AP Nr. 12 zu § 1 TVG Rückwirkung (mit Anmerkungen von Wiedemann und Buchner) unter II 2 c dd der Gründe; BAG, Urteil v.17.05.2000, SAE 190 ff. (mit Anmerkung Büdenbender) unter I 1 b der Gründe; BAG, Urteil v. 22.10.2003, BB 2004, 551 ff.; Wiedemann, TVG, § 1 Rn. 141 ff. mit weiteren Nachweisen.

418 ganz h.M.: BAG, Urteil v. 19.09.1995, AP Nr. 61 zu § 77 BetrVG 1972; BAG, Urteil v. 15.11.2000, AP Nr. 84 zu § 77 BetrVG 1972 (mit Anmerkung Reichold) unter III 4 c der Gründe; BAG, Urteil v. 29.10.2002, RdA 2003, 290 (mit Anmerkung Feuerborn) unter I 2 a der Gründe; Beathalter, Gestaltungsmöglichkeiten, S. 100 ff.; Däubler, AuR 1984, 1, 24; Hilger/Stumpf, BB 1990, 929, 932 ff.; Herrmann, Anmerkung zu BAG, Urteil v. 22.05.1990, SAE 1992, 295, 299 f.; dies., ZfA 1989, 577, 634 ff.; Kallrath, Kontrolle, S. 165 f.; Matthes in: MünchArbR § 328 Rn. 30; Meyer, Abänderung von Sozialplänen, S. 140 ff.; ders., Anmerkung zu BAG, Urteil v. 11.02.1998, SAE 1999, 190, 195; Reuter, gemeinsame Anmerkung zu BAG, Beschluß v. 08.12.1981 u. zu BAG, Urteil v. 08.12.1981, SAE 1983, 201, 203; Richardi, BetrVG, § 77, Rn. 130; Wiedemann, FS Dieterich, S. 661, 681; Wollgast, Betriebsvereinbarungen, S. 228; Worzalla in: Hess/Schlochauer/Worzalla/Glock , BetrVG, § 77 Rn. 58; a.A. Kreutz in: GK-BetrVG, § 77 Rn. 198, der die Geltung des Vertrauensschutzes mit § 75 Abs. 1 BetrVG in Verbindung mit § 242 BGB begründet.

419 Bauer, JuS 1984, 241; Fiedler, NJW 1988, 1624, 1627.

für Sachverhalte gelten, die sich zumindest zum Teil vor ihrem Erlaß abgespielt haben. Dennoch ist anerkannt, daß rückwirkende Normen nicht prinzipiell unzulässig sind. Vielmehr muß der Staat in der Lage sein, auf eine Veränderung der politischen oder gesellschaftlichen Verhältnisse zu reagieren und entsprechende Gesetzesänderungen durchzuführen[420]. Den Ausgleich zwischen dem gesetzlichen Gestaltungswillen und dem schutzwürdigen Interesse des Bürgers sucht das Bundesverfassungsgericht in seiner Rückwirkungsdogmatik. Es unterscheidet mit der echten und unechten Rückwirkung in ständiger Rechtsprechung zwei typisierende Vertrauenslagen, an die es ein jeweils unterschiedliches Schutzniveau knüpft[421].

a) Echte Rückwirkung

Eine echte Rückwirkung wird herkömmlich dann angenommen, wenn die Regelung in bereits abgewickelte, der Vergangenheit angehörige Tatbestände eingreift[422]. Der zweite Senat des Bundesverfassungsgerichts wählt bei der Bestimmung der Rückwirkungsqualität in jüngeren Entscheidungen einen eigenständigen dogmatischen Ansatz. Er umschreibt das Wesen der echten Rückwirkung als „Rückbewirkung von Rechtsfolgen", welche dann gegeben sei, wenn sich der zeitliche Anwendungsbereich einer Norm auf einen Zeitpunkt vor ihrem Inkrafttreten erstreckt[423].

Belastende Regelungen mit echter Rückwirkung hält das Bundesverfassungsgericht nur dann für zulässig, wenn kein schutzwürdiges Vertrauen der Bürger besteht, weil der Betroffene nicht mit dem Fortbestand der Regelung rechnen durfte, die bisherige Rechtslage verworren und unklar oder unwirksam war, durch die Rückwirkung nur ein ganz unerheblicher Schaden verursacht wird oder zwingende Gründe des Gemeinwohls die Rückwirkung erfordern[424].

---

[420] Bauer, JuS 1984, 241.

[421] BVerfG Beschluß v. 31.05.1960, BVerfGE 11, 139, 145; BVerfG Beschluß v. 11.10.1962, BVerfGE 14, 288, 297; BVerfG Beschluß v. 05.07.1972, BVerfGE 33, 265, 293; BVerfG Beschluß v. 22.01.1975, BVerfGE 39, 128, 143.

[422] BVerfG Beschluß v. 31.05.1960, BVerfGE 11, 139, 145; BVerfG Beschluß v. 23.03.1971, BVerfGE 30, 367, 387; BVerfG Beschluß v. 22.01.1975, BVerfGE39, 128, 143 BVerfG Beschluß v. 15.10.1996, BVerfGE 95, 64, 86.

[423] BVerfG Beschluß v. 14.05.1986, BVerfGE 72, 200, 241; BVerfG Beschluß v. 03.12.1997, BVerfGE 97, 67, 78.

[424] BVerfG, Urteil v. 19.12.1961, BVerfGE 13, 261 ff., 272; BVerfG, Beschluß v. 10.03.1971, BVerfGE 30, 272 ff., 286; BVerfG Beschluß v. 08.04.1998, BVerfGE 98, 17, 39.

b) *Unechte Rückwirkung*

Unechte Rückwirkung entfaltet eine Regelung, wenn sie auf noch nicht abgewickelte Sachverhalte und Rechtsbeziehungen für die Zukunft einwirkt, damit aber zugleich die betroffenen Rechtspositionen nachträglich im Ganzen entwertet[425]. In der Terminologie des zweiten Senats liegt ein Fall tatbestandlicher Rückanknüpfung[426] vor, sofern die Rechtsfolgen erst nach Wirksamwerden der Norm Anwendung finden, der Tatbestand aber an Gegebenheiten aus der Zeit vor der Normverkündung anknüpft[427].

Die Anforderungen an eine unechte Rückwirkung sind deutlich geringer als bei einer echten Rückwirkung, da es hier vorrangig um den Schutz des Vertrauens in die Zukunft geht. Es besteht kein allgemeiner Anspruch auf den Fortbestand einer bestimmten Regelung. Allerdings kann auch bei einer unechten Rückwirkung das Vertrauensinteresse im Einzelfall höher zu bewerten sein als das mit der rückwirkenden Vorschrift verfolgte Anliegen des Normgebers. Insoweit hat der Gesetzgeber das Vertrauen des einzelnen auf den Fortbestand einer Regelung gegen das gesetzgeberische Anliegen für das Wohl der Allgemeinheit abzuwägen[428]. Eine unechte Rückwirkung ist demzufolge unzulässig, wenn das Vertrauen des einzelnen das öffentliche Interesse an einer rückwirkenden Änderung überwiegt[429]. Für die Interessenabwägung ist auf Seite des Bürgers die Schutzwürdigkeit des beeinträchtigten Besitzstandes, die Schwere des Eingriffs sowie das Ausmaß des Vertrauensschadens zu beachten[430]. Ob überhaupt ein Vertrauenstatbestand gegeben ist, bemißt sich danach, ob die Norm einen Eingriff enthält, mit dem der Betroffene nicht zu rechnen brauchte, den er also auch bei seinen Dispositionen nicht zu berücksichtigen brauchte[431].

---

425 BVerfG Beschluß v. 2.03.1971, BVerfGE 30, 367, 385; BVerfG Beschluß v. 15.10.1996, BVerfGE 95, 64, 86.

426 In seinem Beschluß v. 03.12.1997, NJW 1998, 1547, 1548, nimmt der zweite Senat des BVerfG eine begriffliche Gleichsetzung von „tatbestandlicher Rückanknüpfung" und „unechter Rückwirkung" vor.

427 BVerfG Beschluß v. 14.05.1986, BVerfGE 72, 200, 242; BVerfG Beschluß v. 03.12.1997, BVerfGE 97, 67, 79.

428 BVerfG Beschluß v. 11.10.1962, BVerfGE 14, 288, 300; BVerfG Beschluß v. 16.12.1981, BVerfGE 59, 128 ff., 166; BVerfG Beschluß v. 14.01.1987, BVerfGE 74, 129 ff., 155 ff.; BVerfG Beschluß v. 15.10.1996, BVerfGE 95, 64, 86.

429 BVerfG Beschluß v. 23.03.1971, BVerfGE 30, 392, 404; BVerfG Beschluß v. 22.06.1971, BVerfGE 31, 222, 227; BVerfG Beschluß v. 22.01.1975, BVerfGE 39, 128, 146; BVerfG Beschluß v. 20.06.1978, BVerfGE 48, 403, 416.

430 Fischer, JuS 2001, 861, 863; Leibholz/Rinck/Hesselberger, GG I, Art. 20, Rn. 1671.

431 BVerfG Beschluß v. 13.03.1979, BVerfGE 50, 386, 395; BVerfG Beschluß v. 26.06.1979, BVerfGE 51, 356, 363; BVerfG Beschluß v. 28.11.1984, BVerfGE 68, 287, 307; BVerfG

Soweit hiernach der Gesetzgeber Vertrauen enttäuscht, kann er zur Schaffung einer angemessenen Übergangsregelung verpflichtet sein, die dem Vertrauensschutzinteresse des Einzelnen Rechnung trägt[432].

Sind von der rückwirkenden Regelung grundrechtlich geschützte Positionen betroffen, ist der Gesichtspunkt des Vertrauensschutzes auf der Stufe der Verhältnismäßigkeit im engeren Sinne zu berücksichtigen, so daß sich beide rechtsstaatlichen Prinzipien verbinden[433].

c) *Gesetzgebung nur für zukünftige Tatbestände*

Grundsätzlich keinen Vertrauensschutz gewährt die Rechtsprechung des Bundesverfassungsgerichts gegenüber einer Gesetzgebung, die lediglich für zukünftige Tatbestände gilt[434]. „Der verfassungsrechtlich verbürgte Vertrauensschutz gebietet nicht, den von einer bestimmten Rechtslage Begünstigten vor jeglicher Enttäuschung seiner Hoffnungen oder Erwartungen betreffend die Dauerhaftigkeit der bestehenden Rechtslage zu bewahren“[435]. Der Gesetzgeber kann also für zukünftige Sachverhalte neue gesetzliche Regelungen erlassen, auch wenn diese für den Bürger belastende Wirkungen haben. Andernfalls würde die Gestaltungsfreiheit des Gesetzgebers unzulässig verkürzt[436]. Dieser muß die Möglichkeit haben, auf neue Entwicklungen zu reagieren, neue Erkenntnisse aufzunehmen und neue politische Vorstellungen durchzusetzen, aber auch alte Fehler für die Zukunft zu korrigieren[437]. Ein Vertrauensschutz kann in derartigen Fällen nur ausnahmsweise durchgreifen, wenn ein besonderer Vertrauenstatbestand begründet ist[438]. Dies ist insbesondere dann denkbar, wenn der Gesetzgeber den Fortbestand eines Gesetzes für eine gewisse Zeit zusichert[439], oder auf sonstige Weise Bindungen eingeht. Das Bundesverfassungsge-

---

Urteil v. 16.07.1985, BVerfGE 69, 272, 319.

[432] BVerfG Urteil v. 08.02.1977, BVerfGE 43, 242, 288; BVerfG Beschluß v. 10.04.1984, BVerfGE 67, 1, 14 ff.; BVerfG Beschluß v. 08.06.1988, BVerfGE 78, 249, 285 f..

[433] BVerfG Beschluß v. 15.05.1995, BVerfGE 92, 277, 344; Rensmann, JZ 1999, 168, 169; Sommermann in: v. Mangoldt/Klein/Starck, GG II, Art. 20 Abs. 3, Rn 286.

[434] BVerfG Beschluß v. 17.07.1974, BVerfGE 38, 61, 83; BVerfG Beschluß v. 31.10.1984, BVerfGE 68, 193, 222; BVerfG Beschluß v. 12.03.1996, BVerfGE 94, 241, 258.

[435] BVerfG Beschluß v. 30.09.1987, BVerfGE 76, 256, 349 f..

[436] Dreier, GG II, Art. 20 Rn 136; Isensee/Kirchhof, Staatsrecht III, § 60 III 1, Rn. 55 f.; Sachs, GG, Art. 20 Rn. 139.

[437] Isensee/Kirchhof, Staatsrecht II, § 60 III 1, Rn. 56.

[438] Sachs, GG, Art. 20 Rn. 139.

[439] BVerfG Beschluß v. 23.03.1971, BVerfGE 30, 392, 404.

richt wendet dann die Regeln über die unechte Rückwirkung an, da das Vertrauen auf den Bestand der früheren Regelung in solchen Konstellationen keinen geringeren Schutz genieße als den, der nach der Rechtsprechung des Bundesverfassungsgerichts zur unechten Rückwirkung von Gesetzen bestehe[440].

2. *Rezeption der staatsrechtlichen Grundsätze*

Die vom Bundesverfassungsgericht entwickelten Regeln zur Zulässigkeit rückwirkender Gesetze lassen sich in ihren Grundzügen auf rückwirkende Betriebsvereinbarungen übertragen[441]. Eine echte Rückwirkung ist demnach nur ausnahmsweise zulässig, wenn ein Vertrauen der Arbeitnehmer nicht schutzwürdig ist oder gänzlich fehlt. Auf überragende Gründe des Gemeinwohls kann sich eine Betriebsvereinbarung dabei nicht stützen, da die Betriebspartner nicht das Gemeinwohlinteresse, sondern allein ihre eigenen Interessen sowie die Interessen der Belegschaft und des Betriebes verfolgen. Die Entscheidung, ob Eingriffe aus überragenden Gründen des Gemeinwohls erfolgen sollen, muß dem Gesetzgeber vorbehalten bleiben[442].

In Fällen unechter Rückwirkung hat eine Abwägung zwischen dem Vertrauensschutz der regelungsbetroffenen Arbeitnehmer und den betrieblichen Interessen zu erfolgen[443]. Die Schutzwürdigkeit des Vertrauens ist im Rahmen einer wertenden Abwägung der Gesichtspunkte, die für die Aufrechterhaltung der alten Betriebsvereinbarung sprechen, gegenüber denen, die für ihre Änderung sprechen, zu ermitteln. Im Rahmen dieser Abwägung ist wiederum der Regelungsspielraum der Betriebspartner zu beachten. Nicht schutzwürdig sind die Arbeitnehmer insbesondere dann, wenn sie mit einer rückwirkend belastenden Regelung rechnen mußten und sich hierauf einrichten konnten[444].

---

[440] BVerfG Beschluß v. 23.03.1971, BVerfGE 30, 392, 404.

[441] BAG, Urteil v. 19.09.1995, AP Nr. 61 zu § 77 BetrVG 1972; BAG, Urteil v. 29.10.2002, RdA 2003, 290 ff. (mit Anmerkung Feuerborn); Herrmann, Anmerkung zu BAG, Urteil v. 22.05.1990, SAE 1992, 295, 299 f.; dies., ZfA 1989, 577, 634 ff.; Hilger/Stumpf, BB 1990, 929, 932 ff.; Kallrath, Kontrolle, S. 165 f.; Richardi, BetrVG, § 77, Rn. 130; ders., Kollektivgewalt und Individualwille, S. 432 f.; Reuter, gemeinsame Anmerkung zu BAG, Beschluß v. 08.12.1981 u. zu BAG, Urteil v. 08.12.1981, SAE 1983, 201, 203; Wiedemann, FS Dieterich, S. 661, 680; Worzalla in: Hess/Schlochauer/Worzalla/Glock, BetrVG, § 77 Rn. 58; a.A. Kreutz in: GK-BetrVG, § 77 Rn. 198, der die Geltung des Vertrauensschutzes mit § 75 Abs. 1 BetrVG in Verbindung mit § 242 BGB begründet.

[442] Beathalter, Gestaltungsmöglichkeiten, S. 101.

[443] Herrmann, Anmerkung zu BAG, Urteil v. 22.05.1990, SAE 1992, 293, 300.

[444] BAG, Urteil v. 19.09.1995, AP Nr. 61 zu § 77 BetrVG 1972; BAG, Urteil v. 18.09.2001, AP Nr. 35 zu § 1 BetrAVG Ablösung (mit Anmerkung Feuerborn) = SAE 2003, 221 ff. (mit Anmerkung Steinmeyer); F/K/H/E/S, § 77 Rn. 44; Kreutz in: GK-BetrVG, § 77 Rn. 198; Worzalla in: Hess/Schlochauer/Worzalla/Glock, BetrVG, § 77 Rn. 58.

Bei der Rezeption der staatsrechtlichen Rückwirkungsgrundsätze muß jedoch den unterschiedlichen tatsächlichen Gegebenheiten bei rückwirkenden Gesetzen und Betriebsvereinbarungen Rechnung getragen werden. Typischerweise ist die räumliche und persönliche Nähe zwischen Belegschaft und Betriebspartnern größer als zwischen Bürger und Staat. Die betriebsangehörigen Arbeitnehmer sind meist besser über aktuelle, den Betrieb betreffende Fragen informiert als der Bürger hinsichtlich anstehender Gesetzgebungsvorhaben. Der Informationsfluß im Betrieb gestaltet sich deutlich leichter als zwischen Staat und Bürger. Hierzu tragen der überschaubarere Personenkreis sowie die ständige Erreichbarkeit der Betriebsräte bei. Überraschende Neuregelungen sind daher im betrieblichen Bereich eher ausgeschlossen als im Bereich staatlicher Gesetzgebung. Beispielsweise kann das Vertrauen der Arbeitnehmer in den unveränderten Fortbestand einer betrieblichen Altersversorgung dann eingeschränkt sein, wenn die Arbeitnehmer über die schwierige wirtschaftliche Lage des Unternehmens und die Absicht des Arbeitgebers, die Versorgung einzuschränken, unterrichtet sind. In diesem Fall wissen die Arbeitnehmer, daß der Arbeitgeber sich bemühen wird, mit dem Betriebsrat eine – möglicherweise auch rückwirkende – Betriebsvereinbarung zu schließen[445]. Ebenso kann schon die Mitteilung des Arbeitgebers, Tariferhöhungen auf übertarifliche Zulagen anrechnen zu wollen, das Entstehen eines gegenläufigen schutzwürdigen Vertrauens der Arbeitnehmer verhindern[446].

Bei der Übertragung der Rückwirkungsdogmatik ist des weiteren zu beachten, daß Betriebsvereinbarungen im Vergleich zum staatlichen Recht weniger bestandsfest sind, also mit geringerem zeitlichen und verfahrensmäßigen Aufwand beseitigt oder modifiziert werden können[447]. Wie im Grundsatz auch das Bundesarbeitsgericht anerkennt[448], birgt die Betriebsvereinbarung für die Arbeitnehmer von vornherein erkennbar das Risiko der kollektiven Aufhebung und Abänderung durch Vereinbarung der Betriebspartner. Anders als Gesetze können Betriebsvereinbarungen gemäß § 77 Abs. 5 BetrVG durch einseitige empfangsbedürftige Willenserklärung gekündigt werden. Ein Bestandsschutz besteht zunächst nur in Form der Nachwirkung und nur für erzwingbare Mitbestimmungsrechte (§ 77 Abs. 6 BetrVG). Darüber hinaus ist eine Kündigungs- bzw. Widerrufsmöglichkeit häufig auch in der Betriebsvereinbarung selbst geregelt. Das Vertrauen der Arbeitnehmer in den unveränderten Fortbe-

---

[445] Vgl. BAG, Urteil v. 18.09.2001, AP Nr. 34 zu § 1 BetrAVG Ablösung (mit Anmerkung Feuerborn) = SAE 2003, 221 ff. (mit Anmerkung Steinmeyer).

[446] BAG, Urteil v. 19.09.1995, AP Nr. 61 zu § 77 BetrVG 1972 unter II 1 b der Gründe.

[447] vgl. Blomeyer, Anmerkung zu BAG, Beschluß v. 17.08.1999, SAE 2000, 225, 236.

[448] BAG, Urteil v. 18.09.2001, AP Nr. 34 zu § 1 BetrAVG Ablösung (mit Anmerkung Feuerborn) unter II c) bb) (2) (a) der Gründe = SAE 2003, 221 ff. (mit Anmerkung Steinmeyer).

stand der Betriebsvereinbarung ist damit von vornherein stärker eingeschränkt als das Vertrauen des Staatsbürgers in den Bestand gesetzlicher Regelungen. Lediglich zukunftsbezogenen Änderungen einer Betriebsvereinbarung durch eine nachfolgende Betriebsvereinbarung wird daher ein schützenswertes Vertrauen der Arbeitnehmer regelmäßig nicht entgegenstehen.

3. Kein absoluter Schutz „gewordener Individualrechte" vor rückwirkenden Betriebsvereinbarungen

In der Literatur werden der Rückwirkung von Betriebsvereinbarungen teilweise engere als die sich aus dem Vertrauensschutz der Arbeitnehmer ergebenden Grenzen gesetzt. So wird zum Teil davon ausgegangen, daß sich die auf Betriebsvereinbarung beruhenden Ansprüche mit ihrer Entstehung verselbständigen und damit der Gestaltungsmacht der Betriebspartner entziehen. Auf diese Weise begründet insbesondere *Siebert* einen absoluten Schutz „wohlerworbener Rechte" vor Eingriffen der Betriebspartner[449].

Ausgangspunkt seiner Theorie von der „kollektivfreien Individualsphäre" ist die These, daß der Persönlichkeitsbereich der Arbeitnehmer der kollektivvertraglichen Gestaltungsbefugnis entzogen sein müsse. Dem kollektivfreien Individualbereich ordnet *Siebert* neben den „ursprünglichen Individualrechten" die „gewordenen Individualrechte" zu. Bei den ursprünglichen Individualrechten handele es sich um Rechtspositionen, die von Anfang an ausschließlich dem Individualbereich angehören, da sie „in einem so losen Zusammenhang mit dem Arbeitsverhältnis stehen, daß ihre Unterwerfung unter den Kollektivwillen den Privatbereich des Arbeitnehmers ungebührlich einengen würde". Zur Bestimmung der ursprünglichen Individualrechte sei „die Intensität des Zusammenhangs mit dem Arbeitsverhältnis und dem Arbeitsprozeß einerseits und das berechtigte Individualinteresse des Arbeitnehmers andererseits" gegeneinander abzuwägen[450]. Demgegenüber handele es sich bei den „gewordenen Individualrechten" um solche Ansprüche, die zwar durch Kollektivnorm begründet sind, sich aber mit ihrer Entstehung aus dem unmittelbaren Zusammenhang mit dem Arbeitsprozeß und dem Arbeitsverhältnis gelöst haben[451]. Diese Ansprüche stellten „wohlerworbene Rechte" dar, die bereits zur Individualsphäre zählten und demnach vor einer kollektivvertraglichen Beeinträchtigung geschützt sein müßten. Da die kollektive Gestaltung den Arbeitnehmern lediglich angemessene Arbeitsbedingungen sichern solle, erledige sich dieser Schutzzweck mit der Entstehung der Ansprüche[452].

---

[449] FS Nipperdey, S, 119, 133.

[450] Siebert, FS Nipperdey, S. 119, 139 ff..

[451] Siebert, FS Nipperdey, S.119, 134, 136 f..

[452] Siebert, FS Nipperdey, S. 119, 133 f..

Der Gedanke einer kollektivfreien Individualsphäre sowie die Unterscheidung zwischen ursprünglichen und gewordenen Individualrechten fand Eingang auch in die Rechtsprechung des Bundesarbeitsgerichts. Im Sinne der Lehre Sieberts entschied der vierte Senat mit seinem Urteil vom 28.09.1983[453], als er feststellte, daß die Regelung von entstandenen und fälligen Einzelansprüchen der Arbeitnehmer außerhalb der Macht der Tarifparteien liege, da derartige Ansprüche vom Bestand des Arbeitsverhältnisses unabhängig seien und folglich rechtlich ein Eigendasein führten. Von dieser Begründung nahm der Senat jedoch in seinem Urteil vom 23.11.1994[454] wieder Abstand und schloß sich der Auffassung an, wonach ein kollektiv (hier durch Tarifvertrag) begründeter Individualanspruch grundsätzlich in den Grenzen des Vertrauensschutzes seine Abänderbarkeit in sich trägt. Zur Konkretisierung des Vertrauensschutzes sei auf die Grundsätze zurückzugreifen, die im Verfassungsrecht für rückwirkende Gesetze entwickelt worden sind[455]. Diese Sichtweise hat das Bundesarbeitsgericht mittlerweile auch auf das Betriebsverfassungsrecht ausgedehnt[456].

Auch im arbeitsrechtlichen Schrifttum ist die Lehre *Sieberts* von der kollektivfreien Individualsphäre überwiegend auf Ablehnung gestoßen[457]. Ihr wird zu Recht entgegnet, daß sie den Begriff der Individualsphäre nicht von dem der kollektiven Macht zugänglichen Bereich abgrenzt. Vielmehr hält sie den Begriff für vorbestimmt. Für die Bestimmung einer kollektivrechtsunzugänglichen Privatsphäre lassen sich jedoch vom Individualrecht her keine dogmatisch faßbaren Anhaltspunkte ermitteln[458], weshalb die geschützte Individualsphäre doch wieder aus ihrer die Kollektivmacht begrenzenden Funktion zu bestimmen ist. Insofern beruht die Theorie vom kollektivfreien Individualbereich auf einem inhaltsleeren Zirkelschluß[459]. Darüber hinaus führt die Lehre Sieberts zu einer

---

453 BAG, Urteil v. 28.09.1983, AP Nr. 9 zu § 1 TVG Rückwirkung (mit Anmerkung Herschel).

454 BAG, Urteil v. 23.11.1994, AP Nr. 12 zu § 1 TVG Rückwirkung (mit Anmerkungen von Wiedemann und Buchner) unter II 2 c der Gründe.

455 BAG, Urteil v. 23.11.1994, AP Nr. 12 zu § 1 TVG Rückwirkung (mit Anmerkungen von Wiedemann und Buchner) unter II 2 c dd der Gründe.

456 BAG, Urteil v. 19.09.1995, AP Nr. 61 zu § 77 BetrVG 1972; BAG, Urteil v. 15.11.2000, AP Nr. 84 zu § 77 BetrVG 1972 (mit Anmerkung Reichold) unter III 4 c der Gründe; BAG, Urteil v. 29.10.2002, RdA 2003, 290 (mit Anmerkung Feuerborn) unter I 2 a der Gründe.

457 Biedenkopf, Tarifautonomie, S. 246 f.; Karakatsanis, Gestaltung, S. 80 f.; Kreutz, Betriebsautonomie, S. 5 f.; ders., in: GK-BetrVG § 77 Rn. 309; Nause, Regelungsbefugnis, S. 16 f.; Richardi, Kollektivgewalt, S. 336 ff.; Wiedemann, Anmerkung zu BAG, Urteil v. 23. 11. 1994, AP Nr. 12 zu § 1 TVG Rückwirkung; Wollgast, Betriebsvereinbarungen, S.182 ff..

458 Kreutz, Betriebsautonomie, S. 6; ders., GK-BetrVG, § 77 Rn. 309; Wollgast, Betriebsvereinbarungen, S. 182.

459 Nause, Regelungsbefugnis, S. 17; Travlos-Tzanetatos, Regelungsbefugnis, S. 87;

starren Grenzziehung, die sachnahe und fallbezogene Gesichtspunkte – beispielsweise ein im Einzelfall nicht schutzwürdiges Vertrauen der Arbeitnehmer – nicht hinreichend zu berücksichtigen vermag[460].

Ein absoluter Schutz gewordener Individualrechte vor rückwirkenden Eingriffen durch Betriebsvereinbarungen ist somit nicht anzuerkennen. Die von kollektiven Regelungen freie Individualsphäre ist vielmehr aus den der kollektiven Regelung gezogenen Grenzen zu bestimmen[461].

II. Ergebnis

Die Betriebspartner haben beim Abschluß von Betriebsvereinbarungen dem Vertrauensschutz der regelungsunterworfenen Arbeitnehmer Rechnung zu tragen. Dabei gilt im Ausgangspunkt die im Verfassungsrecht zur Zulässigkeit rückwirkender Gesetze entwickelte Abwägungssystematik. Bei der Ermittlung schutzwürdiger Aspekte im Einzelnen ist jedoch den unterschiedlichen rechtlichen und tatsächlichen Gegebenheiten bei staatlicher und betrieblicher Rechtsetzung Rechnung zu tragen. Insbesondere sind die räumliche und persönliche Nähe der regelungsbetroffenen Arbeitnehmer zu den normsetzenden Betriebspartnern und die besondere „Flüchtigkeit“[462] der Betriebsvereinbarung aufgrund ihrer jederzeitigen Kündbarkeit und Abänderbarkeit in die Erwägungen einzubeziehen. Einen absoluten Schutze „wohlerworbener Rechte“ vor rückwirkenden Betriebsvereinbarungen gibt es nicht.

Wollgast, Betriebsvereinbarungen, S. 182.

[460] Rüthers, in: Rüthers/Boldt, Vorträge, S. 18; Schmidt, AcP 162 (1963), 305, 312; Wollgast, Betriebsvereinbarungen, S. 182.

[461] Karakatsanis, S. 80 f.; Rüthers, in: Rüthers/Boldt, Vorträge, S. 18 f.; O. Schmidt, Verpflichtung, S. 74; Wadephul, Vereinbarungen, S. 149.

[462] vgl. Blomeyer, Anmerkung zu BAG, Beschluß v. 17.08.1999, SAE 2000, 225, 236.

§ 9 Ausschließlich belastende Betriebsvereinbarungen

Engere als die sich aus dem höherrangigen Recht ergebenden Grenzen sind der inhaltlichen Gestaltungsmacht der Betriebspartner nach verbreiteter Auffassung durch den Schutzzweck der Betriebsvereinbarung gesetzt. Vielfach werden Betriebsvereinbarungen grundsätzlich für unzulässig gehalten, die ausschließlich zu einer Belastung der betroffenen Arbeitnehmer führen[463].

Ausgangspunkt der Diskussion war eine Entscheidung des zweiten Senats über einen durch Betriebsvereinbarung geregelten Haftungsausschluß[464]. Der Arbeitgeber hatte seinen Arbeitnehmern eine betriebliche Abstellfläche für Motorräder zur Verfügung gestellt. Die Betriebsvereinbarung sah einen Haftungsausschluß zugunsten des Arbeitgebers bei Beschädigung der dort abgestellten Motorräder vor. Das Bundesarbeitsgericht hielt diese Regelung für unwirksam. Begünstige der Betriebsrat bei Abschluß einer Betriebsvereinbarung durch Wegfall einer nach der sonstigen Rechtsordnung gegebenen Haftung einseitig den Arbeitgeber, überschreite er seinen Handlungsauftrag. Der Betriebsrat sei eine „Institution zur Wahrung der Arbeitnehmerbelange". Die getroffene Vereinbarung ginge weit über die Aufgabe hinaus, die der geschichtlichen Entwicklung des Betriebsrats entspreche und diesem als Repräsentanten der Belegschaft zugewiesen sei[465]. In seiner jüngeren Rechtsprechung stellt das Bundesarbeitsgericht ausdrücklich auf den „Mißbrauch der Regelungskompetenz" durch die Betriebspartner ab, der gegeben sei, wenn die Betriebsvereinbarung „zweckwidrig" eingesetzt werde[466]. Durch die Regelung einer Vertragsstra-

---

[463] BAG, Urteil v. 05.03.1959, AP Nr. 26 zu § 611 BGB Fürsorgepflicht (mit Anmerkung Hueck) = SAE 1959, 145 (mit Anmerkung Bulla); BAG, Urteil v. 01.12.1992, AP Nr. 20 zu § 87 BetrVG 1972 Betriebliche Ordnung unter II 2 der Gründe = EzA Betriebsverfassungsgesetz 1972, § 87 Nr. 20 Betriebliche Ordnung (mit zustimmender Anmerkung v.Hoyningen-Huene) = SAE 1994, 316 (mit insoweit zustimmender Anmerkung Weber); vgl. auch BAG, Urteil v. 06.08.1991, AP Nr. 52 zu § 77 BetrVG 1972 unter II 2 u. 3 der Gründe = SAE 1992, 197 ff. (mit Anmerkung Rieble); Däubler, AuR 1984, 1, 5; F/K/H/E/S, § 77 Rn. 66; v.Hoyningen-Huene, Betriebsverfassungsrecht, S. 223 f.; ders., DB Beilage 1/1984, 1, 4; Löwisch, AuR 1978, 97, 100; Löwisch/Kaiser, BetrVG, § 77 Rn. 29; Ramm, JZ 1964, 546, 554 f.; Säcker, Gruppenautonomie, S. 454 f.; ablehnend: Hanau/Adomeit, Arbeitsrecht, Rn. 422; Heinze, NZA 1997, 1, 5; Matthes in: MünchArbR, § 327 Rn. 54; Rieble, Anmerkung zu BAG, Urteil v. 06.08.1991, SAE 1992, 197, 200 ff..

[464] BAG, Urteil v. 05.03.1959, AP Nr. 26 zu § 611 BGB Fürsorgepflicht (mit Anmerkung Hueck) = SAE 1959, 145 (mit Anmerkung Bulla).

[465] BAG, Urteil v. 05.03.1959, AP Nr. 26 zu § 611 BGB Fürsorgepflicht (mit Anmerkung Hueck) unter II 2 der Gründe.

[466] BAG, Urteil v. 06.08.1991, AP Nr. 52 zu § 77 BetrVG 1972 unter II 2 der Gründe = SAE 1992, 197 ff. (mit Anmerkung Rieble).

fe, die bestimmte, daß einzelvertragliche Vertragsstrafenversprechen gegenüber der Betriebsvereinbarung Vorrang haben, werde der Zweck einer Betriebsvereinbarung in sein Gegenteil verkehrt. Dieser bestehe unter anderem darin, „einzelvertragliche Vereinbarungen wegen der dabei gestörten Vertragsparität zurückzudrängen".

I. Schutzzwecklehre

In der Literatur haben vor allem *Canaris*[467] und *Kreutz*[468] eine dogmatische Begründung des Verbots ausschließlich belastender Betriebsvereinbarungen versucht. Beide wollen der Regelungsbefugnis der Betriebspartner unter Bezugnahme auf den Zweck der Betriebsvereinbarung Schranken setzen, wobei allerdings *Canaris* der Betriebsautonomie funktionelle Grenzen zieht[469], während *Kreutz* dem Schutzzweck der Betriebsvereinbarung eine inhaltliche Schranke entnimmt[470]. Die Frage nach der Zulässigkeit ausschließlich belastender Betriebsvereinbarungen beantworten beide differenzierend.

Den Überlegungen von *Canaris* liegt eine Unterscheidung von formellen und materiellen Arbeitsbedingungen zu Grunde. Ausschließlich belastende Regelungen seien allein im Bereich der formellen Arbeitsbedingungen zulässig[471]. Bei diesen stehe die Ordnungsfunktion der Betriebsvereinbarung im Vordergrund. Hingegen trete die Ordnungsfunktion im Bereich der materiellen Arbeitsbedingungen hinter der Schutzfunktion der Betriebsvereinbarung zurück. Hier seien nur die Arbeitnehmer begünstigende Regelungen möglich[472]. Die Einheitlichkeit der materiellen Arbeitsbedingungen spiele für die betriebliche Organisation eine geringfügigere Rolle, während das Schutzinteresse der Arbeitnehmer höchstes Gewicht habe.

In ähnlicher Weise erkennt *Kreutz* im Schutzzweck der Betriebsvereinbarung eine „Innenschranke" der Betriebsautonomie[473]. Anders als *Canaris* sieht er jedoch im Schutz der regelungsbetroffenen Arbeitnehmer den alleinigen Zweck der Betriebsvereinbarung[474]; einen Ordnungszweck verfolge die Betriebsverein-

---

467 AuR 1966, 129 ff..

468 Betriebsautonomie, S. 182 f.; 246 ff.; ders., in: GK-BetrVG § 77 Rn. 315 ff..

469 Canaris, AuR 1966, 129 ff..

470 Kreutz, Grenzen, S. 246.

471 Canaris, AuR 1966, 129, 131 f..

472 Canaris, AuR 1966, 129, 131f..

473 Betriebsautonomie, S. 182 f.; 246 ff.; ders., in: GK-BetrVG § 77 Rn. 315 ff..

474 Betriebsautonomie, S. 239.

barung nicht[475]. Im Ergebnis gelangt er dennoch zu einer Unterscheidung zwischen materiellen und formellen Arbeitsbedingungen. Der Schutzzweck wirke sich nämlich im Bereich formeller Arbeitsbedingungen anders aus als im Bereich materieller Arbeitsbedingungen. Bezüglich derjenigen Arbeitsbedingungen, die der Arbeitgeber kraft seines Direktionsrechts einseitig anordnen kann, verwirkliche sich der Schutzzweck der Betriebsvereinbarung schon durch die vertraglich-einvernehmliche Gestaltung als solche[476]. Hier sei bereits das Einverständnis des Betriebsrats Filter betriebsegoistischen Wollens des Arbeitgebers, so daß es für die Zweckwahrung ohne Bedeutung sei, ob es sich um eine Betriebsvereinbarung zugunsten oder zuungunsten der Arbeitnehmer handele. Die Gestaltung materieller Arbeitsbedingungen sei hingegen unzulässig, sofern sie ausschließlich zu Lasten der betroffenen Arbeitnehmer erfolge. Dies ergebe sich aus dem Zweck der Betriebsvereinbarung, die mangelnde Vertragsparität zwischen Arbeitgeber und Arbeitnehmer durch Einschaltung des Betriebsrates auszugleichen[477]. Eine Betriebsvereinbarung, die gegen die aus dem Schutzzweck der Betriebsvereinbarung abgeleitete Begrenzungsformel verstoße, sei unwirksam. Für ausnahmsweise zulässig hält *Kreutz* eine ausschließlich den Arbeitnehmer belastende Regelung, wenn eine jüngere Betriebsvereinbarung eine ältere für Arbeitnehmer günstigere Betriebsvereinbarung ablöst, da grundsätzlich jede Regelung durch actus contrarius aufhebbar sei[478].

II. Vorliegen einer ausschließlichen Belastung der Arbeitnehmer

1. Beachtung der Gesamtumstände

Will man über die Zulässigkeit einer die Arbeitnehmer belastenden Betriebsvereinbarung entscheiden, wirft bereits die Frage Schwierigkeiten auf, wann eine Betriebsvereinbarung ausschließlich zu Lasten der Arbeitnehmer wirkt. So wird in der Literatur die Entscheidung des Bundesarbeitsgerichts vom 05.03.1959[479] vielfach nicht in ihrem Ausgangspunkt, wohl aber deswegen kritisiert, weil sich der Arbeitgeber in der haftungsausschließenden Betriebsvereinbarung auch verpflichtet habe, das Abstellen von Motorrädern auf dem Betriebsgelände weiterhin zu dulden. Zu Recht wird darauf hingewiesen, daß die Unterstellmöglichkeit auf eigene Gefahr für die Belegschaft günstiger ist als ein völliges

---

[475] Betriebsautonomie, S. 201 ff.; 225 ff..

[476] Kreutz, Betriebsautonomie, S. 191 ff.; 247.

[477] Kreutz, Betriebsautonomie, S. 182 f.; 246 ff.; ders., in: GK-BetrVG § 77 Rn. 316.

[478] Kreutz in: GK-BetrVG § 77 Rn 316.

[479] BAG, Urteil v. 05.03.1959, AP Nr. 26 zu § 611 BGB Fürsorgepflicht (mit Anmerkung Hueck) = SAE 1959, 145 (mit Anmerkung Bulla).

Verbot[480]. In die Prüfung, ob eine ausschließliche Belastung der Arbeitnehmer vorliegt, sind also stets die mit der Betriebsvereinbarung in Zusammenhang stehenden Umstände einzubeziehen.

2. *Förderung des Betriebswohls als Begünstigung der Arbeitnehmer*

Ohne praktische Relevanz bliebe die These von der Unzulässigkeit ausschließlich belastender Betriebsvereinbarungen, wenn der zum Teil vertretenen Auffassung zu folgen wäre, wonach eine ausreichende Begünstigung des Arbeitnehmers schon bei einer (jeder) Förderung des Betriebswohls vorliegt[481]. Es wären dann auch Betriebsvereinbarungen anzuerkennen, die sich erst über den Umweg der Förderung des Betriebswohls zugunsten der Arbeitnehmer auswirken können.

Dieser Überlegung wird entgegengehalten, daß durch das Betriebswohl nur die die Arbeitnehmer des Betriebes begünstigende Interessenvertretung des Betriebsrates begrenzt werden solle. Hingegen lasse sich dem Betriebswohl eine Ermächtigung zum Handeln zulasten der Arbeitnehmer nicht entnehmen[482].

Diesem Einwand kann nicht gefolgt werden. Wie sich schon aus dem Wortlaut des § 2 Abs. 1 BetrVG ergibt, haben die Betriebspartner nicht allein das unmittelbare Wohl des Arbeitnehmers, sondern auch das Wohl der Belegschaft und des Betriebes zu beachten. Eine allgemeine Regel, wonach das Wohl des einzelnen Arbeitnehmers im Falle einer Kollision mit den Interessen der Belegschaft oder des Betriebes stets vorrangig wäre, gibt es nicht[483]. Von einer die Arbeitnehmer ausschließlich belastenden Regelung kann somit nicht die Rede sein, wenn der Belastung indirekte Vorteile über den Umweg des Betriebswohls gegenüberstehen[484].

Vielmehr kann auch eine für die Arbeitnehmer unmittelbar nachteilige Betriebsvereinbarung mit deren übergeordneten Interessen vereinbar sein. Denkbar ist

---

480 F/K/H/E/S, § 77 Rn. 66; Worzalla in: Hess/Schlochauer/Worzalla/Glock, § 77 Rn. 40; v.Hoyningen-Huene, DB Beilage 1/1984, 1, 4; Hueck, Anmerkung zu BAG, Urteil v. 05.03.1959, AP Nr. 26 zu § 611 BGB Fürsorgepflicht; Kreutz, Betriebsautonomie, S. 249; Richardi, BetrVG, § 77 Rn. 112; Säcker, Gruppenautonomie, S. 455; Veit, Zuständigkeit, S. 403.

481 Bulla, Anmerkung zu BAG, Urteil v. 05.03.1959, SAE 1959, 145, 149; v.Hoyningen-Huene, Betriebsverfassungsrecht, § 11 4c, S. 223 f.; Löwisch, AuR 1978, 97, 100; Löwisch/Kaiser, BetrVG, § 77 Rn. 29; zu Sozialplänen: Meyer, Abänderung, S. 152 ff..

482 Canaris, AuR 1966, 129, 130.

483 Fastrich, RdA 1994, 129, 134.

484 Löwisch/Kaiser, BetrVG § 77 Rn. 29; Rieble, Anmerkung zu BAG, Urteil v.06.08.1991, SAE 1992, 197, 200; Wollgast, Betriebsvereinbarungen, S. 199 f..

zunächst, daß der Betriebsrat einer nachteiligen Betriebsvereinbarung zustimmt, um weitergehende, im Wege der Änderungskündigung erreichbare Eingriffe zu verhindern. Auch eine ungünstige Betriebsvereinbarung bewahrt die Arbeitnehmer, sofern sie zwingend wirkt[485], vor noch ungünstigeren Regelungen[486]. Weiterhin kann der eintretende Nachteil beispielsweise erforderlich sein, um den Bestand der Arbeitsplätze zu sichern. In einem solchen Fall ist die Maßnahme bei langfristiger Betrachtung für die Arbeitnehmer vorteilhaft[487]. Auch das Bundesarbeitsgericht erkennt in einigen Konstellationen Betriebsvereinbarungen an, die sich lediglich mittelbar zugunsten der Arbeitnehmer auswirken können. Beispielsweise hält das Bundesarbeitsgericht[488] die Betriebspartner gemäß § 87 Abs. 1 Nr. 3 BetrVG für berechtigt, in die individualvertragliche Arbeitszeit und damit in den Entgeltanspruch der Arbeitnehmer einzugreifen. Diese Belastung kann nur auf dem Umweg über das Betriebswohl auch dem einzelnen Arbeitnehmer dienen, indem sie durch die finanzielle Entlastung des Arbeitgebers zu einem Arbeitsplatzerhalt beiträgt[489]. Dementsprechend stellt das Bundesarbeitsgericht fest, daß bei einer Betriebsvereinbarung über die Einführung von Kurzarbeit nicht nur das Interesse der Arbeitnehmer an der Erhaltung ihrer Entgeltansprüche und das Interesse des Arbeitgebers, von Lohnansprüchen befreit zu werden, gegeneinander abzuwägen seien. Vielmehr könne auch die Tatsache, daß notwendige betriebsbedingte Kündigungen vermieden oder hinausgeschoben werden können, die Minderung der Entgeltansprüche der Arbeitnehmer rechtfertigen[490].

Die Berücksichtigung mittelbarer Vorteile kann nicht auf die Frage der Einführung von Kurzarbeit beschränkt bleiben, sondern muß auch beim Abschluß sonstiger Betriebsvereinbarungen gelten. Da Betriebsvereinbarungen, die dem Wohl des Betriebes dienen, regelmäßig auch den Arbeitnehmern mittelbar zugute kommen, ist eine starre Schranke im Sinne einer generellen Unzulässig-

---

[485] Anders, wenn einzelvertragliche, ungünstigere Abreden vorgehen sollen: vgl. BAG, Urteil v. 06.08.1991, SAE 1992, 197 ff. (mit Anmerkung Rieble).

[486] Rieble, Anmerkung zu BAG, Urteil v.06.08.1991, SAE 1992, 197, 199 ff..

[487] Martens, RdA 1983, 217, 221; Wollgast, Betriebsvereinbarungen, S. 199.

[488] BAG, Beschluß v. 21.11.1978, AP Nr. 2 zu § 87 BetrVG 1972 Arbeitszeit (mit Anmerkung Wiedemann/Moll); BAG, Urteil v. 14.02.1991, AP Nr. 4 zu § 615 BGB Kurzarbeit; ebenso die hM: Richardi, ZfA 1992, 307, 314; Saecker/Oetker, ZfA 1991, 131, 171; jeweils mit weiteren Nachweisen; eine Regelungskompetenz der Betriebspartner verneinend: Lieb, Arbeitsrecht, § 8 III 4 b bb, Rn. 796; Waltermann, NZA 1993, 679 ff.; ders., NZA 1996, 357, 362.

[489] Rieble, Anmerkung zu BAG, Urteil v. 06.08.1991, SAE 1992, 197, 200.

[490] BAG, Beschluß v. 04.03.1986, AP Nr. 3 zu § 87 BetrVG 1972 Kurzarbeit (mit Anmerkung Wiese).

keit „ausschließlich belastender" Betriebsvereinbarungen nicht anzuerkennen[491]. Wer demgegenüber pauschal unmittelbar zu Lasten der Arbeitnehmer wirkende Betriebsvereinbarungen als unzulässig erachtet, verhindert weitergehende Schutzmöglichkeiten im Hinblick auf vorteilhafte mittel- und langfristige Entscheidungsfolgen[492]. Diese sind einem sofortigen Nachweis vielfach nicht zugänglich; ihre Einschätzung ist den Betriebspartnern zu überlassen, deren Einigung die Vermutung eines angemessenen Interessenausgleichs in sich trägt.

III. Verhältnismäßigkeit als Schranke belastender Regelungen

Ohnehin erfordert der Schutz der regelungsunterworfenen Arbeitnehmer keinen Rückgriff auf die Schutzzwecklehre. Einem Mißbrauch der Regelungsmacht der Betriebspartner kann auf andere Weise wirksam begegnet werden[493]. Jedenfalls soweit eine auch unter Einbeziehung aller mit dem Regelungsinhalt zusammenhängenden Umstände ausschließlich belastende Betriebsvereinbarung vorliegt, wird diese regelmäßig unverhältnismäßig in die geschützten Rechtspositionen der Arbeitnehmer eingreifen. Die Prüfung anhand des Verhältnismäßigkeitsgrundsatzes führt also zu mit der Schutzzwecklehre weitgehend übereinstimmenden Ergebnissen. Der durch das Bundesarbeitsgericht in seiner grundlegenden Entscheidung vom 05.03.1959[494] verworfene Haftungsausschluß stellt allerdings keinen solchen unverhältnismäßigen Eingriff dar, sondern sieht lediglich die „Modifizierung einer Begünstigung" vor[495].

IV. Ergebnis

Betriebsvereinbarungen, die unmittelbar zu einer ausschließlichen Belastung der regelungsunterworfenen Arbeitnehmer führen, sind nicht generell unzulässig. Ebensowenig kann ein allgemeines Verbot einseitig den Arbeitgeber begünstigender Regelungen angenommen werden[496]. Vor einem Mißbrauch der Regelungsmacht der Betriebspartner schützt bereits das Verhältnismäßigkeitsprinzip.

---

[491] Rieble, Anmerkung zu BAG, Urteil v.06.08.1991, SAE 1992, 197, 200.

[492] Wollgast, Betriebsvereinbarungen, S. 199 ff..

[493] Rieble, Anmerkung zu BAG, Urteil v.06.08.1991, SAE 1992, 199, 200 f..

[494] AP Nr. 26 zu § 611 BGB Fürsorgepflicht (mit Anmerkung Hueck) = SAE 1959, 145 ff. (mit Anmerkung Bulla).

[495] Wadephul, Vereinbarungen, S. 153.

[496] so aber BAG, Urteil v. 01.12.1992, AP Nr. 3 zu § 77 BetrVG 1972 Tarifvorbehalt unter I 3 der Gründe.

§ 10 Gerichtliche Kontrolle von Betriebsvereinbarungen zur Begrenzung der Zeitkollisionsregel

Noch bis in die frühen 70er Jahre waren die ökonomischen Verhältnisse in der Bundesrepublik Deutschland durch ein stetiges Wirtschaftswachstum geprägt. Der hieraus resultierende Arbeitskräftemangel veranlaßte die Unternehmen in besonderem Maße, ihre Belegschaft durch Honorierung von Betriebstreue an sich zu binden und sich im Wettbewerb um qualifizierte Fachkräfte als attraktive Arbeitgeber zu präsentieren. Neben steigenden Löhnen äußerte sich dies vor allem in der Zunahme freiwilliger sozialer Leistungen der Arbeitgeber, insbesondere im Bereich der betrieblichen Altersversorgung.

In der Folgezeit haben sich die Rahmenbedingungen deutlich gewandelt. Spätestens seit dem Konjunkturrückgang Ende der 70er Jahre sehen sich viele Unternehmen einem erhöhten Kosten- und Wettbewerbsdruck ausgesetzt. Die zunächst großzügig gewährten Leistungen müssen häufig reduziert werden, um die Wettbewerbsfähigkeit und den Fortbestand des Unternehmens zu sichern. Schon wegen der Unabdingbarkeit der Tarifentgelte (§ 4 IV TVG) bieten sich hier in erster Linie die freiwilligen sozialen Leistungen im über- und außertariflichen Bereich an. Der mit diesen Sozialleistungen verfolgte Motivationszweck hat sich angesichts des mittlerweile bestehenden Überschusses an Arbeitskräften ohnehin relativiert.

Als Anpassungsinstrument ist die Betriebsvereinbarung – schon wegen ihrer normativen und zwingenden Wirkung für alle betriebsangehörigen Arbeitnehmer – eine besonders attraktive Gestaltungsform. Änderungen von Arbeitsbedingungen werden daher vielfach im Wege der verschlechternden Betriebsvereinbarung durchgeführt. Diese ist ein geeignetes Anpassungsmittel, sofern die abzuändernde Leistungszusage ihrerseits auf einer Betriebsvereinbarung beruht. Darüber hinaus hält die Rechtsprechung im Rahmen der kollektiven Günstigkeit auch vertragliche Einheitsregelungen einer Änderung durch Betriebsvereinbarung für zugänglich. Dabei wird dem Bestandsschutzinteresse der Arbeitnehmer durch die „Billigkeitskontrolle“ der verändernden Betriebsvereinbarung Rechnung getragen, deren Grundlagen das Bundesarbeitsgericht im Recht der betrieblichen Altersversorgung entwickelte. Später übertrug es diese Grundsätze auf Betriebsvereinbarungen in anderen Bereichen und auf Sozialpläne.

Die Frage, inwieweit durch nachfolgende Betriebsvereinbarungen vorangehende Regelungen verändert und auf deren Grundlage erworbene Rechtspositionen eingeschränkt werden können, bildet noch immer einen Schwerpunkt in der Diskussion um die inhaltliche Kontrolle von Betriebsvereinbarungen.

I. Änderung von Versorgungszusagen

1. Bedeutung der Betrieblichen Altersversorgung

Die gewichtigste betriebliche Sozialleistung im Arbeitsverhältnis ist die Betriebliche Altersversorgung. Viele Arbeitgeber gewähren ihrer Belegschaft zusätzlich zur gesetzlichen Rente eine Betriebsrente, um die zwischen gesetzlicher Rente und Einkommen zur Aktivenzeit verbleibende Lücke zu schließen. Derzeit werden etwa 43% der in der Privatwirtschaft tätigen Arbeitnehmer von Systemen der betrieblichen Altersversorgung erfaßt[497]. Damit erfüllt die Betriebliche Altersversorgung innerhalb des „Drei-Säulen-Konzepts", bestehend aus der gesetzlichen Rentenversicherung, der betrieblichen Altersversorgung und der Eigenvorsorge, eine ergänzende Funktion, deren Bedeutung jedoch – insbesondere wegen der Entwicklung im Bereich der gesetzlichen Rentenversicherung – weiter zunimmt.

Für die Unternehmen ist die Betriebliche Altersversorgung ein erheblicher Kostenfaktor. Im Jahre 2002 beliefen sich die Aufwendungen der deutschen Unternehmen für Betriebliche Altersversorgung im produzierenden Gewerbe auf 6,9% des Direktentgelts[498]. Im Dienstleistungssektor ist diese Quote noch deutlich höher; in einigen Bereichen (Kreditgewerbe, Versicherungsgewerbe) beträgt sie über 17%[499].

2. Anpassungsbedarf

Naturgemäß sind betriebliche Ruhegeldordnungen langfristig angelegt; die Versorgungsansprüche sind durch die Arbeitnehmer über viele Berufsjahre hinweg zu erwerben. Gleichzeitig werden die Ruhegeldordnungen von zahlreichen veränderlichen Rahmenbedingungen beeinflußt. Insbesondere die Ertragslage des Unternehmens, die steuer- und sozialversicherungsrechtlichen Regelungen sowie die jeweilige altersmäßige Zusammensetzung der Belegschaft wirken auf sie ein und bestimmen den Gesamtumfang der aus den Versorgungszusagen resultierenden Verpflichtungen.

Viele Unternehmen haben in wirtschaftlich guten Zeiten kollektive Systeme der betrieblichen Altersversorgung aufgebaut, die sich später mit den ursprünglich

---

[497] Infratest Sozialforschung in: Frankfurter Allgemeine Zeitung v. 10.01.2004, S. 11.

[498] Institut der Deutschen Wirtschaft Köln, Personalkosten in der deutschen Wirtschaft, Dokumentation 2003, S. 11.

[499] Institut der Deutschen Wirtschaft Köln, Personalkosten in der deutschen Wirtschaft, Dokumentation 2003, S. 14.

gemachten Zusagen als nicht mehr finanzierbar erwiesen[500]. Dabei wurde den Versorgungszusagen häufig eine zu optimistische Prognose der zukünftigen wirtschaftlichen Entwicklung zu Grunde gelegt[501]. Des weiteren führten die gestiegene Lebenserwartung und der Trend zu einem früheren Rentenbeginn zu einer erheblichen Verlängerung der Rentenbezugsdauer[502]. Im Falle eines Gesamtversorgungssystems verpflichten erforderliche Einschnitte bei der gesetzlichen Rentenversicherung die Arbeitgeber zur Ausfüllung der Versorgungslücke[503]. Erhebliche Kostensteigerungen brachten außerdem die zahlreichen Änderungen der gesetzlichen Rahmenbedingungen und der Rechtsprechung mit sich[504]. Vor allem das Gesetz zur Verbesserung der betrieblichen Altersversorgung vom 19.12.1974 hat zu gravierenden Kostensteigerungen für die Unternehmen geführt[505]. Nach dessen §§ 1 und 2 werden Versorgungsanwartschaften der Arbeitnehmer nach relativ kurzer Zeit unverfallbar. Weiterhin sieht § 16 BetrAVG eine gesetzliche Pflicht zur Anpassung der laufenden Leistung der betrieblichen Altersversorgung vor. Für den Insolvenzfall hat der Arbeitgeber Beiträge an den Pensions-Sicherungs-Verein abzuführen. Zusätzlich wurden die Finanzierungsgrundlagen der Unternehmen durch Änderungen im Steuerrecht beeinträchtigt[506].

Infolge dieser Entwicklungen werden die Bilanzen der Unternehmen durch Pensionsrückstellungen enorm belastet, teilweise (z.B. Lufthansa, Thyssen-Krupp) belaufen sich diese auf 20% oder mehr der Bilanzsumme, im Durchschnitt aller DAX-Unternehmen auf 7%[507]. Erst in jüngster Zeit wurde das Rating zahlreicher Unternehmen durch die Ratingagentur S & P wegen derartiger Pensionsprobleme herabgestuft[508].

Insbesondere die genannten Gründe zwingen vielfach dazu, erteilte Versorgungszusagen auf ein geringeres Maß zurückzuführen, um die Wettbewerbsfähigkeit der Unternehmen zu erhalten. Auch das Bundesarbeitsgericht hat bereits

---

500 Loritz, ZfA 1989, 1, 2 ff..

501 Blomeyer, Betriebliche Altersversorgung unter veränderten Rahmenbedingungen, S. 2 f.; Heither, RdA 1993, 72, 73.

502 Loritz, ZfA 1989, 1, 3; Schumann, ZIP 1987, 137.

503 Hanau/Preis, RdA 1988, 65, 66 ff..

504 Engelhardt, Kündigung, S. 7; Loritz, FS Kraft, S. 385, 386ff.; Schumann, ZIP 1987,137, 138.

505 nach Schumann, DB 1990, 2118 belaufen sich die Mehrbelastungen bei interner Finanzierung je nach Versorgungssystem auf 62% bis 170%.

506 Hierzu Griebeling, FS Ahrend, S. 208; Loritz, FS Kraft, S. 385, 389 ff.;.

507 Frankfurter Allgemeine Zeitung v. 27.07.2003, S. 37.

508 Frankfurter Allgemeine Zeitung v. 27.07.2003, S. 37.

in seiner grundlegenden Entscheidung zur Billigkeitskontrolle von Betriebsvereinbarungen vom 30.01.1970[509] anerkannt, daß Anpassungen an veränderte Umstände sowie Korrekturen möglich sein müssen, um eine Versteinerung der Versorgungssysteme zu vermeiden. Bei der Anpassung sind jedoch die Besitzstände der Arbeitnehmer zu beachten. Die Rentenzusage bildet eine Grundlage für die weitere Lebens- und Vermögensplanung. Da die Arbeitnehmer mit der betrieblichen Zusatzrente rechnen, werden laufende Einnahmen für den täglichen Konsum statt für die private Altersversorgung aufgewandt[510]. Das Vertrauen der Arbeitnehmer in die versprochene Betriebsrente bedarf daher besonderen Schutzes. Geschützt sind dabei neben den Ansprüchen der Betriebsrentner, die nach Auffassung des Bundesarbeitsgerichts einem Eingriff durch Betriebsvereinbarung mangels Regelungskompetenz der Betriebspartner grundsätzlich nicht zugänglich sind[511], auch Versorgungsanwartschaften der aktiven Arbeitnehmer. Bei diesen Anwartschaften handelt es sich um – meist mehrfach – bedingte Versorgungsansprüche, die in der Regel durch zwei aufschiebende Bedingungen (§ 158 Abs. 1 BGB) gekennzeichnet sind, nämlich das Erreichen einer bestimmten Altersgrenze und den Bestand eines Arbeitsverhältnisses zu diesem Zeitpunkt[512].

3. Rechtsbegründungsakt der betrieblichen Altersversorgung

Bevor auf die inhaltlichen Grenzen einer abändernden Betriebsvereinbarung eingegangen werden kann, ist zunächst festzustellen, inwieweit die Betriebsvereinbarung überhaupt ein geeignetes Instrument zur Änderung betrieblicher Altersversorgungszusagen ist. Dies hängt von dem die Versorgung begründenden Rechtsakt ab[513]. Insoweit gilt der Grundsatz der Vertragsfreiheit. Dem Arbeitgeber steht es frei, auf welcher Rechtsgrundlage er eine Betriebliche Altersversorgung errichtet.

---

[509] BAG, Urteil v. 30.01.1970 AP Nr. 142 zu § 242 BGB Ruhegehalt (mit Anmerkung Richardi) unter I der Gründe = SAE 1970, 262 ff. (mit Anmerkung Säcker) = BB 1970, 1097 ff. (mit Anmerkung v.Arnim).

[510] Loritz, RdA 1991, 65, 78.

[511] BAG (GS), Beschluß v. 16.03.1956, AP Nr. 1 zu § 57 BetrVG; BAG, Urteil v. 28.04.1977, AP Nr. 7 zu § 242 BGB Ruhegehalt-Unterstützungskassen; BAG, Urteil v. 17.01.1980, AP Nr. 185 zu § 242 BGB Ruhegehalt; BAG, Urteil v. 25.10.1988, AP Nr. 1 zu § 1 BetrAVG Betriebsvereinbarung; BAG, Urteil v. 13.05.1997, AP Nr. 65 zu § 77 BetrVG 1972; Richardi, BetrVG, § 77 Rn. 76 mit weiteren Nachweisen, auch zur Gegenauffassung.

[512] Blomeyer, FS Hilger/Stumpf, S. 44 f..

[513] Heither, FS Förster, S. 149, 151 f..

a) *Einzelvertragliche Regelung*

Rechtsbegründungsakt der betrieblichen Altersversorgung kann zunächst eine einzelvertragliche Regelung sein. Hier kommt die Betriebsvereinbarung als (verschlechterndes) Änderungsinstrument nicht in Betracht; im Verhältnis von Arbeitsvertrag und Betriebsvereinbarung gilt das Günstigkeitsprinzip. Einzelvertragliche Vereinbarungen können daher grundsätzlich nur einverständlich oder durch Änderungskündigung zuungunsten der Arbeitnehmer geändert werden. Derartige individuelle Versorgungszusagen bilden im Betriebsrentenrecht jedoch eher die Ausnahme; anzutreffen sind sie in erster Linie bei leitenden Angestellten und sonstigen Arbeitnehmern, die aufgrund besonderer Erfahrung und Kenntnisse eine starke Verhandlungsposition gegenüber dem Arbeitgeber haben[514].

b) *Vertragliche Einheitsregelungen und Gesamtzusagen*

Meist wird wegen der gewünschten generellen Begünstigung der gesamten Belegschaft eine kollektive Regelung gewählt. Insoweit boten sich zunächst vertragliche Einheitsregelungen und Gesamtzusagen an. Auch diesbezüglich sind Anpassungen durch Änderungsvertrag oder Änderungskündigung möglich. Da diese zur Verfügung stehenden individualrechtlichen Änderungsinstrumente jedoch nicht als ausreichend erachtet wurden, entwickelte der 3. Senat des Bundesarbeitsgerichts in seiner Entscheidung vom 30.01.1970[515] das sog. „Ablösungsprinzip“, welches auch die eine einheitsvertragliche Regelung ablösende Betriebsvereinbarung ermöglichen sollte. Der Senat ließ die Rechtsnatur der zu ändernden Ruhegeldrichtlinie mit der Erwägung dahinstehen, daß gleichgültig, ob die Richtlinie auf einer Betriebsvereinbarung oder auf einem (Einheits-) Vertrag beruhe, eine Ablösung bzw. Änderung durch eine spätere Betriebsvereinbarung möglich sein müsse. Durch den Wegfall des Ordnungsprinzips habe sich eine anfängliche offene Regelungslücke ergeben, die im Wege der Rechtsfortbildung zu schließen sei. Das Ablösungsprinzip sei eine praktikable Möglichkeit zur Herbeiführung einheitlicher Regelungen. Der 2. Senat des Bundesarbeitsgerichts erweiterte den Anwendungsbereich dieses Kollisionsprinzips in seiner Entscheidung vom 25.03.1971[516] auf alle einheitlichen Arbeitsbedingungen. Nach dem Ablösungsprinzip seien einheitliche Arbeitsbedingungen wie eine Betriebsvereinbarung nach dem Grundsatz „lex posterior derogat legi priori“ ablösbar. Zum Schutze der Arbeitnehmer sei allerdings eine gerichtliche Billigkeitskontrolle unter Berücksichtigung des Vertrauensschutzgedankens vorzunehmen.

---

[514] Griebeling, AR-Blattei, SD 460.2, Rn. 49.

[515] AP Nr. 142 zu § 242 BGB Ruhegehalt.

[516] BAGE 23, 257, 275.

Das Ablösungsprinzip blieb in der Rechtsprechung des Bundesarbeitsgerichts bis zur Entscheidung des 6. Senats vom 12.08.1982[517] die maßgebliche Regel bei der Kollision von einheitlichen Arbeitsbedingungen und nachfolgenden Betriebsvereinbarungen[518]. Erst nachdem der 6. Senat von der ständigen Rechtsprechung zum Ablösungsprinzip abwich[519], sah sich der 5. Senat zu einer Vorlage an den Großen Senat veranlaßt, welche zu einer Klärung der Grundsatzfrage der Ablösbarkeit einheitlicher Arbeitsbedingungen durch Betriebsvereinbarungen führen sollte[520]. Der Große Senat bejahte in seinem Beschluß vom 16.09.1986[521] die vertragliche Rechtsnatur der einheitlichen Arbeitsbedingungen und die grundsätzliche Geltung des Günstigkeitsprinzips im Rahmen des § 77 Abs. 4 S. 1 BetrVG. Dem kollektiven Bezug der Einheitlichen Arbeitsbedingungen müsse jedoch durch einen kollektiven Vergleichsmaßstab Rechnung getragen werden. Eine Änderung genereller Regelungen auf individualrechtlicher Grundlage durch eine ablösende Betriebsvereinbarung soll demnach zulässig sein, sofern die Neuregelung insgesamt bei kollektiver Betrachtung nicht ungünstiger ist[522]. Ihre Zulässigkeit bestimmt sich seither nicht mehr nach dem Ablösungsprinzip, sondern nach dem Prinzip des „kollektiven Günstigkeitsvergleichs“. Ist die ablösende Betriebsvereinbarung insgesamt ungünstiger, ist sie nur zulässig, soweit der Arbeitgeber wegen eines Vorbehalts der Betriebsvereinbarungsoffenheit oder wegen eines Wegfalls der Geschäftsgrundlage eine Einschränkung der zugesagten Leistung verlangen kann[523]. Das Bundesarbeitsgericht will die Lehre des Großen Senats vom kollektiven Günstigkeitsvergleich jedoch auf Sozialleistungen begrenzt wissen. Für einheitliche Arbeitsbedingungen, die nicht Sozialleistungen betreffen, verbleibt es beim individuellen Günstigkeitsvergleich[524]. Außerdem soll ein kollektiver Günstigkeitsvergleich auch bei Sozialleistungen ausscheiden, wenn deren Regelung in einem nicht

---

[517] BAG, AP Nr. 4 zu § 77 BetrVG 1972 (mit Anmerkung Hanau).

[518] Zuletzt BAG, Beschluß v. 08.12.1981, AP Nr. 1 zu § 1 BetrAVG Ablösung (mit Anmerkung Herschel).

[519] BAG, Urteil v. 12.08.1982, AP Nr. 4 zu § 77 BetrVG 1972 (mit Anmerkung Hanau) unter II 4 der Gründe.

[520] BAG, Beschluß v. 08.12.1982, AP Nr. 6 zu § 77 BetrVG 1972 (mit Anmerkung Hanau).

[521] AP Nr. 17 zu § 77 BetrVG 1972 unter C II der Gründe.

[522] BAG (GS), Beschluß v. 16.09.1986, AP Nr. 17 zu § 77 BetrVG 1972 = SAE 1987, 175 ff. (mit Anmerkung Löwisch).

[523] BAG (GS), Beschluß v. 16.09.1986, AP Nr. 17 zu § 77 BetrVG 1972 unter C II der Gründe = SAE 1987, 175 ff. (mit Anmerkung Löwisch); BAG, Urteil v. 20.11.1990, AP Nr. 14 zu § 1 BetrAVG Ablösung unter B I der Gründe; F/K/H/E/S, § 77 Rn. 198, 214 mit weiteren Nachweisen.

[524] BAG, Urteil v. 21.09.1989, AP Nr. 43 zu § 77 BetrVG 1972 (mit Anmerkung Löwisch); BAG, Urteil v. 28.03.2000, AP Nr. 83 zu § 77 BetrVG 1972 (mit Anmerkung Richardi).

trennbaren Zusammenhang mit den in der Betriebsvereinbarung geregelten übrigen Arbeitsbedingungen steht[525].

Die Rechtsprechung zum kollektiven Günstigkeitsvergleich sieht sich heftiger Kritik[526] ausgesetzt, auf die im Rahmen dieser Arbeit nicht im einzelnen einzugehen ist. Allerdings werden einheitliche Arbeitsbedingungen ablösende Betriebsvereinbarungen, die einer Überprüfung anhand des kollektiven Günstigkeitsprinzips standhalten, so gestellt, als lösten sie eine vorangehende Betriebsvereinbarung ab. Sie unterliegen also einer inhaltlichen Kontrolle, die derjenigen gegenüber abändernden Betriebsvereinbarungen entspricht[527]. Insofern ist auch die Rechtsprechung zur Ablösung einheitlicher Arbeitsbedingungen durch Betriebsvereinbarung für diese Arbeit von besonderer Bedeutung.

c) Tarifvertrag

Auch ein Tarifvertrag kann Grundlage einer betrieblichen Altersversorgung sein. Der Gesetzgeber hat den Tarifparteien sogar einen besonders weiten Regelungsspielraum überlassen. Diese können gemäß § 17 Abs. 3 BetrAVG auch mit Wirkung für nicht tarifgebundene Arbeitnehmer (durch vertragliche Bezugnahme) von einigen Mindestschutznormen des BetrAVG abweichen. Beispielsweise kann für die Rentenphase ein Anspruch auf Anpassung der Rente ausgeschlossen werden oder es kann beim vorzeitigen Ausscheiden eine geringere Leistung als die zeitanteilig erdiente Rente aufrecht erhalten werden. Abgesehen vom öffentlichen Dienst und dem Baugewerbe spielen Tarifverträge zur Begründung einer arbeitgeberfinanzierten betrieblichen Altersversorgung dennoch bislang eine nur untergeordnete Rolle[528]. Insbesondere wegen der unterschiedlichen Verhältnisse in den einzelnen Betrieben wird meist die Betriebsvereinbarung als Regelungsmittel favorisiert. Für die Betriebliche Altersversorgung durch Entgeltumwandlung scheint sich dagegen der Tarifvertrag zur favorisierten Lösung zu entwickeln, wie die zunehmende Anzahl der zur betrieblichen Altersversorgung abgeschlossenen Tarifverträge zeigt[529].

---

525 BAG, Urteil v. 28.03.2000, AP Nr. 83 zu § 77 BetrVG 1972 (mit Anmerkung Richardi).

526 Annuß, NZA 2001,756, 761; Belling, DB 1987, 1888 ff.; Blomeyer, DB 1987, 634 ff.; Kreutz in: GK-BetrVG, § 77 Rn. 154; Richardi, NZA 1987, 185, 187 f.; ders., GS Blomeyer, S. 299, 309 f.; jeweils mit weiteren Nachweisen.

527 BAG (GS), Beschluß v. 16.09.1986, AP Nr. 17 zu § 77 BetrVG 1972 unter C II 5 der Gründe; BAG, Urteil v. 03.11.1987, AP Nr. 25 zu § 77 BetrVG 1972 (mit Anmerkung Hromadka) unter II 4 der Gründe; BAG, Urteil v. 16.07.1996, BAGE 83, 293, 298 f.; BAG, Urteil v. 23.10.2001, AP Nr. 33 zu § 1 BetrAVG Ablösung unter II 1 u. 2 der Gründe; BAG, Urteil v. 18.03.2003, AP Nr. 41 zu § 1 BetrAVG Ablösung unter B II 2 a der Gründe.

528 vgl. Steinmeyer, FS Schaub, S. 727 ff..

529 Doetsch, GS Blomeyer, S. 49 ff.; Steinmeyer, GS Blomeyer, S. 423; bis zum Jahr 2002

d) Betriebsvereinbarung

Das bevorzugte Mittel zur Regelung einer arbeitgeberfinanzierten betrieblichen Altersversorgung bleibt gleichwohl die Betriebsvereinbarung[530], was vor allem darin begründet liegt, daß nach der Rechtsprechung des Bundesarbeitsgerichts Leistungen der betrieblichen Altersversorgung der zwingenden Mitbestimmung des Betriebsrates unterliegen. Dies folgt für Pensions- oder Unterstützungskassen bereits aus § 87 Abs. 1 Nr. 8 BetrVG, da es sich insoweit um Sozialeinrichtungen handelt, über deren Form, Ausgestaltung und Verwaltung der Betriebsrat mitzubestimmen hat[531]. Leistungen aufgrund einer unmittelbaren Versorgungszusage oder einer Direktversicherung gehören nach Auffassung des Bundesarbeitsgerichts zum „Lohn" im Sinne von § 87 Abs. 1 Nr. 10 BetrVG und unterliegen damit ebenfalls der zwingenden Mitbestimmung des Betriebsrates[532]. Der Entgeltcharakter der Versorgungszusage hat auch in der Literatur allgemeine Anerkennung gefunden[533]. Bestätigt wird diese Wertung durch die Bestimmung des § 2 BetrAVG, wonach der Versorgungsanspruch kontinuierlich, nach Maßgabe der wachsenden Betriebstreue, erdient wird.

Da es sich bei der betrieblichen Altersversorgung um eine freiwillige Leistung des Arbeitgebers handelt, ist das Mitbestimmungsrecht des Betriebsrates allerdings auf die Ausgestaltung des Verteilungsplanes beschränkt. Mitbestimmungsfrei kann der Arbeitgeber also entscheiden, ob und in welchem Umfang er finanzielle Mittel für die Betriebliche Altersversorgung zur Verfügung stellen will, welche Voraussetzungen er wählen und welche Gruppen von Arbeitnehmern er versorgen will[534].

---

wurden bereits 170 Tarifverträge zum Anspruch auf Entgeltumwandlung abgeschlossen, Kemper/Kisters-Kölkes, Betriebliche Altersversorgung, Rn. 367.

530 Heither DB 1991, 700; Hilger/Stumpf BB 1990, 929.

531 BAG, Beschluß v. 12.06.1975 AP NR. 1 zu § 87 BetrVG 1972 Altersversorgung (mit Anmerkung Richardi); BAG, Beschluß v. 18.03.1976, AP Nr. 4 zu § 87 BetrVG 1972 Altersversorgung (mit Anmerkung Hanau); BAG, Urteil v. 09.05.1989, AP Nr. 18 zu § 87 BetrVG 1972 Altersversorgung (mit Anmerkung v.Hoyningen-Huene); Richardi BetrVG, § 87 Rn. 837.

532 BAG, Urteil v. 12.06.1975, AP Nr. 1 zu § 87 BetrVG Altersversorgung; BAG, Urteil v. 04.05.1982, AP Nr. 6 zu § 87 BetrVG 1972 Altersversorgung; BAG, Urteil v. 16.02.1993, AP Nr. 19 zu § 87 BetrVG 1972 Altersversorgung.

533 Blomeyer/Otto, BetrAVG, Einl. Rn 141 ff.; Wackerbarth, Entgelt für Betriebstreue, S. 41 ff.; jeweils mit weiteren Nachweisen.

534 BAG, Urteil v. 26.04.1988, AP Nr. 3 zu § 87 BetrAVG Geschäftsgrundlage; BAG, Urteil v. 10.03.1992, AP Nr. 34 zu § 1 BetrAVG Unterstützungskasse; Heither, RdA 1994, 363, 369.

Neben der Mitbestimmungspflichtigkeit hinsichtlich des Verteilungsplans sprechen weitere Argumente für das Regelungsmittel der Betriebsvereinbarung. Besonders geeignet ist die Betriebsvereinbarung schon deshalb, weil Leistungen der betrieblichen Altersversorgung einen kollektiven Charakter haben und untereinander ein Bezugssystem bilden[535]. Darüber hinaus wird die Betriebsvereinbarung als Rechtsbegründungsakt wegen der Flexibilität bei denkbaren künftigen Änderungen empfohlen[536].

4. *Änderung von durch Betriebsvereinbarung begründeten Versorgungszusagen*

Handelt es sich bei der zu ändernden Regelung um eine Betriebsvereinbarung, kann eine Rückführung der Versorgungszusagen in erster Linie durch eine verschlechternde nachfolgende Betriebsvereinbarung oder die Kündigung der aktuellen Betriebsvereinbarung erreicht werden. Die Möglichkeit, die Betriebsvereinbarung durch einen (Firmen-) Tarifvertrag zu ersetzen, hat demgegenüber nur geringe praktische Bedeutung.

a) Kündigung der Betriebsvereinbarung

Erreicht der Arbeitgeber keine Einigung mit dem Betriebsrat über die Reduzierung der Leistungen, bleibt ihm die Möglichkeit, die Versorgungszusage in Form der Betriebsvereinbarung zu kündigen. Gemäß § 77 Abs. 5 BetrVG können beide Betriebspartner Betriebsvereinbarungen mit einer Frist von drei Monaten kündigen, soweit nichts anderes vereinbart ist. Diese freie Kündbarkeit gilt nach der ständigen Rechtsprechung des Bundesarbeitsgerichts auch für Betriebsvereinbarungen im Recht der betrieblichen Altersversorgung[537]. Besondere materielle Kündigungsvoraussetzungen bestehen hiernach nicht, insbesondere bedarf es keines Kündigungsgrundes[538]. Betriebsvereinbarungen

---

[535] Heither RdA 1993, 72, 76.

[536] Andresen/Förster/Rößler/Rühmann, Altersversorgung, Teil 7 A Rn. 257 ff.; Blomeyer/Otto, BetrAVG, Einleitung, Rn. 236 ff.; Hromadka, NZA Beilage 3/1987, 2, 13.

[537] BAG, Urteil v. 18.04.1989, AP Nr. 2 zu § 1 BetrAVG Betriebsvereinbarung (mit Anmerkungen von Richardi und Hanau) unter III der Gründe = SAE 1990, 181 ff. (mit Anmerkung Kraft; BAG, Beschluß v. 10.03.1992 AP Nr. 5 zu § 1 BetrAVG Betriebsvereinbarung; BAG, Urteil v. 26.08.1997, AP Nr. 27 zu § 1 BetrAVG Ablösung; BAG, Urteil v. 11.05.1999,AP Nr. 6 zu § 1 BetrAVG Betriebsvereinbarung (mit Anmerkung Käppler) = RdA 2000, 365 (mit Anmerkung Blomeyer/Vienken); BAG, Urteil v. 17.08.1999, SAE 2000, 225 (mit Anmerkung Blomeyer) = ZIP 2000, 850 (mit Anmerkung Strick); BAG, Beschluß v. 21.08.2001, AP Nr. 8 zu § 1 BetrAVG Betriebsvereinbarung; BAG, Urteil v. 18.09.2001, AP Nr. 34 zu § 1 BetrAVG Ablösung (mit Anmerkung Feuerborn).

[538] a.A. Hanau/Preis, NZA 1991, S. 81 ff; Hilger/Stumpf, BB 1990, 929, 931; Schaub, BB 1990, 289, 290 f..

über Betriebliche Altersversorgung entfalten grundsätzlich auch keine Nachwirkung[539]. Da die Gewährung und Dotierung der freiwilligen Leistung mitbestimmungsfrei ist und nur die Aufstellung und Änderung des Verteilungsplans gemäß § 87 Abs. 1 Nr. 8 oder 10 BetrVG der Mitbestimmung des Betriebsrats unterliegt, greift die Regelung des § 77 Abs. 6 BetrVG nicht ein.

Nach Auffassung des Bundesarbeitsgerichts soll die Kündigung der Betriebsvereinbarung nicht nur die zukünftig in den Betrieb eintretenden Arbeitnehmer, sondern auch diejenigen Arbeitnehmer treffen, die zum Zeitpunkt des Ausspruchs der Kündigung bereits durch die Betriebsvereinbarung begünstigt waren. Mit dem Wegfall der unmittelbaren und zwingenden Wirkung der Betriebsvereinbarung infolge der Kündigung entfalle die Rechtsgrundlage für die Entstehung von Versorgungsansprüchen für alle betriebsangehörigen Arbeitnehmer, die noch keinen Vollanspruch erdient haben. Allerdings seien die Kündigungswirkungen durch die Grundsätze des Vertrauensschutzes und der Verhältnismäßigkeit begrenzt. Die aufgrund der gekündigten Betriebsvereinbarung erdienten Besitzstände sollen ebenso zu schützen sein wie gegenüber einer abändernden Betriebsvereinbarung. Das Bundesarbeitsgericht unterzieht daher die Rechtsfolgen der Kündigung einer gerichtlichen Kontrolle, wobei es auf das zur abändernden Betriebsvereinbarung entwickelte „Drei-Stufen-Modell" zurückgreift[540].

b) Anpassung der Versorgungszusage durch nachfolgende Betriebsvereinbarung

In der arbeitsrechtlichen Praxis ist eine Kündigung der Betriebsvereinbarung häufig vermeidbar, weil Arbeitgeber und Betriebsrat im Laufe ihrer Verhand-

---

539 BAG, Urteil v. 18.04.1989, AP Nr. 2 zu § 1 BetrAVG Betriebsvereinbarung (mit Anmerkungen von Richardi und Hanau) unter III 1 b der Gründe; BAG, Urteil v. 11.05.1999, AP Nr. 6 zu § 1 BetrAVG Betriebsvereinbarung (mit Anmerkung Käppler) unter IV 1 der Gründe; BAG, Urteil v. 18.09.2001, AP Nr. 34 zu § 1 BetrAVG Ablösung (mit Anmerkung Feuerborn) unter II 2 b dd der Gründe; für Nachwirkung: Blomeyer DB 1990, 173, 174 f.; anders aber Blomeyer, Anmerkung zu BAG, Urteil v. 17.08.1999, SAE 2000, 225, 233 ff..

540 BAG, Urteil v. 18.04.1989, AP Nr. 2 zu § 1 BetrAVG Betriebsvereinbarung (mit Anmerkungen von Richardi und Hanau) unter III 1 c der Gründe; BAG, Beschluß v. 10.03.1992, AP Nr. 5 zu § 1 BetrAVG Betriebsvereinbarung; BAG, Urteil v. 26.08.1997, AP Nr. 27 zu § 1 BetrAVG Ablösung; BAG, Urteil v. 11.05.1999,AP Nr. 6 zu § 1 BetrAVG Betriebsvereinbarung (mit Anmerkung Käppler) unter III 2 a der Gründe = RdA 2000, 365 (mit Anmerkung Blomeyer/Vienken); BAG, Urteil v. 17.08.1999, SAE 2000, 225 (mit Anmerkung Blomeyer) = ZIP 2000, 850 (mit Anmerkung Strick); BAG, Beschluß v. 21.08.2001, AP Nr. 8 zu § 1 BetrAVG Betriebsvereinbarung; BAG, Urteil v. 18.09.2001, AP Nr. 34 zu § 1 BetrAVG Ablösung (mit Anmerkung Feuerborn); zur Kritik vgl. Lieb, gemeinsame Anmerkung zu BAG, Urteil v. 12.08.1982 und BAG, Beschluß v. 08.12.1982, SAE 1983,130, 134; Reichold, GS Blomeyer, S. 275 ff., jeweils mit weiteren Nachweisen.

lungen vereinbaren, die bestehende Betriebsvereinbarung durch eine neue, nachfolgende Betriebsvereinbarung zu ersetzen. Die nachfolgende Betriebsvereinbarung ist das maßgebliche zweiseitige Gestaltungsmittel zur Änderung bestehender Betriebsvereinbarungen. Der Vorteil einer solchen einvernehmlichen Anpassung auf freiwilliger Basis liegt zunächst darin, daß Verhandlungen zwischen Arbeitgeber und Betriebsrat am besten die Wahrung der Arbeitnehmerinteressen gewährleisten. Darüber hinaus erhöht eine von Arbeitgeber und Betriebsrat gemeinsam beschlossene Betriebsvereinbarung die Akzeptanz in der Belegschaft gegenüber einseitigen Lösungsversuchen der Arbeitgeberseite.

Vereinbaren Arbeitgeber und Betriebsrat eine nachfolgende Betriebsvereinbarung, gilt im Verhältnis zwischen alter und neuer Betriebsvereinbarung – wie grundsätzlich bei gleichrangigen Normen – zunächst die sog. „Zeitkollisionsregel", wonach die ältere Norm durch die jüngere abgelöst wird[541]. Die nachfolgende Betriebsvereinbarung kann also nach dem Grundsatz „lex posterior derogat legi priori" die Arbeitsbedingungen der früheren Betriebsvereinbarung auch zu Lasten der Arbeitnehmer ändern, was im Ergebnis einem allgemeinen Widerrufsvorbehalt gleichkommt[542]. Die Regelungen der neuen Betriebsvereinbarung gelten gemäß § 77 IV BetrVG unmittelbar und zwingend für die Arbeitnehmer des Betriebes. Nach der Rechtsprechung des Bundesarbeitsgerichts ist allerdings das Zeitkollisionsprinzip zum Schutze der Arbeitnehmer untrennbar mit einer gerichtlichen Kontrolle der nachfolgenden Betriebsvereinbarung verbunden, deren Grundlagen der dritte Senat in seiner Entscheidung vom 30.01.1970[543] entwickelte.

5. *Die Entwicklung der Rechtsprechung zur Kontrolle nachfolgender Betriebsvereinbarungen im Recht der betrieblichen Altersversorgung*

a) *Ausgangspunkt: „Billigkeitskontrolle" aufgrund gestörter Vertragsparität*

Im grundlegenden Urteil vom 30.01.1970 hatte der dritte Senat über die Zulässigkeit einer ablösenden Betriebsvereinbarung zu entscheiden, die von der bisherigen betrieblichen Ruhegeldordnung abweichende, geringere Höchstgrenzen für das Gesamteinkommen der Ruhegehaltsempfänger festlegte. Der Senat erkannte die Zulässigkeit einer solchen verschlechternden Betriebsvereinbarung grundsätzlich an; der Inhalt ablösender Betriebsvereinbarungen sollte aber einer

---

[541] BAG (GS), Beschluß v. 16.09.1986, AP Nr. 17 zu § 77 BetrVG 1972; BAG, Urteil v. 17.03.1987, AP Nr. 9 zu § 1 BetrAVG Ablösung; F/K/H/E/S, BetrVG, § 77 Rn. 163 mit weiteren Nachweisen.

[542] Blomeyer in: Hromadka, Arbeitsbedingungen, S. 193, 203; Däubler, AuR 1984, 1, 4.

[543] BAG, Urteil vom 30.01.1970, AP Nr. 142 zu § 242 BGB Ruhegehalt = SAE 1970, 262 ff. (mit Anmerkung Säcker).

gerichtlichen Billigkeitskontrolle unterliegen. Eine derartige Billigkeitskontrolle sei – anders als beim Tarifvertrag – notwendig, weil der Betriebsrat gegenüber dem Arbeitgeber weniger autonom sei als die überbetrieblich organisierten Gewerkschaften[544]. Zwischen Arbeitgeber und Betriebsrat bestünde keine Vertragsparität. Die Betriebsratsmitglieder seien trotz besonderen Kündigungsschutzes als Arbeitnehmer vom Arbeitgeber abhängig. Auch weil dem Betriebsrat gemäß § 74 Abs. 2 S. 1 BetrVG der Arbeitskampf verwehrt sei, müsse die Kontrolle von Betriebsvereinbarungen weitergehen als bei Tarifverträgen, also über eine allgemeine Rechtskontrolle hinaus[545]. Da das Bundesarbeitsgericht zunächst nicht danach unterschied, ob es sich bei der abgelösten Regelung um eine Betriebsvereinbarung oder um eine vertragliche Einheitsregelung handelte, diente die Billigkeitskontrolle in letzterem Fall – in Ersetzung des Günstigkeitsprinzips – auch dem Schutz der durch Einheitsregelung erworbenen Besitzstände vor verschlechternden Betriebsvereinbarungen und damit als Begrenzung des sog. „Ablösungsprinzips“[546].

Den Maßstab der gerichtlichen Kontrolle entnahm der 3. Senat der Vorschrift des § 49 Abs. 1 BetrVG 1952 (mit geringfügigen Änderungen § 2 Abs. 1 BetrVG 1972). Insbesondere beim Abschluß von Betriebsvereinbarungen ergebe sich für Arbeitgeber und Betriebsrat aus dieser Norm die Verpflichtung, einen Ausgleich zwischen Belegschaftsinteressen einerseits und Betriebsinteressen andererseits zu finden. Die Einhaltung dieser Verpflichtung müsse im Wege der Billigkeitskontrolle gerichtlich nachprüfbar sein. Das Gericht müsse „nach Maßstab von Treu und Glauben unter besonderer Berücksichtigung des Vertrauensschutzgedankens“ die Auswirkungen auf alle betroffenen Arbeitnehmergruppen prüfen[547].

b) „Billigkeitskontrolle“ auf der Grundlage des § 75 Abs. 1 BetrVG

In späteren Entscheidungen – unter Geltung des BetrVG 1972 – erkannte der 3. Senat[548] die dogmatische Grundlage der Billigkeitskontrolle in § 75 BetrVG. Die

---

[544] BAG, Urteil vom 30.01.1970, , AP Nr. 142 zu § 242 BGB Ruhegehalt = SAE 1970, 262 ff. (mit Anmerkung Säcker) unter B IV 3 b der Gründe.

[545] BAG, Urteil vom 30.01.1970, AP Nr. 142 zu § 242 BGB Ruhegehalt (mit Anmerkung Richardi) = SAE 1970, 262 ff. (mit Anmerkung Säcker) unter B IV 3 b der Gründe.

[546] BAG, Urteil vom 30.01.1970, AP Nr. 142 zu § 242 BGB Ruhegehalt (mit Anmerkung Ricardi) = SAE 1970, 262 ff. (mit Anmerkung Säcker) unter B IV 3 c der Gründe; seit der Entscheidung des Großen Senats vom 16.09.1986, AP Nr. 17 zu § 77 BetrVG 1972, nimmt das BAG, in derartigen Fällen einen „kollektiven Günstigkeitsvergleich“ vor.

[547] BAG, Urteil vom 30.01.1970, AP Nr. 142 zu § 242 BGB Ruhegehalt (mit Anmerkung Richardi) unter B IV 3 b der Gründe = SAE 1970, 262 ff. (mit Anmerkung Säcker).

[548] BAG, Urteil vom 11.03.1976, AP Nr. 11 zu § 242 BGB Ruhegehalt-Unverfallbarkeit unter

aus § 75 BetrVG folgende Verpflichtung der Betriebspartner, über die Wahrung von Recht und Billigkeit zu wachen, gelte gerade auch für den Abschluß von Betriebsvereinbarungen. Vereinzelt zog der 3. Senat zur Begründung der Billigkeitskontrolle auch einen in § 315 BGB und den §§ 75 Abs. 1, 76 Abs. 5 S. 3 BetrVG zum Ausdruck kommenden allgemeinen Rechtsgedanken heran, der auch im Betriebsverfassungsrecht Geltung beanspruche[549].

c) *Unterscheidung zwischen konkreter und abstrakter „Billigkeitskontrolle"*

Nachdem der 3. Senat zunächst hervorgehoben hatte, daß bei der gerichtlichen Billigkeitskontrolle von Betriebsvereinbarungen nicht die individuelle Interessenabwägung im Vordergrund stehe, sondern die Billigkeit anhand eines verallgemeinernden Maßstabs gemessen werden müsse[550], differenziert er seit den Entscheidungen vom 08.12.1981[551] in ständiger Rechtsprechung[552] zwischen einer abstrakten Billigkeitskontrolle und einer auf konkrete Einzelfälle bezogenen Billigkeitskontrolle. Die Überprüfung einer Betriebsvereinbarung erfordere andere Maßstäbe als die Beurteilung einer einzelvertraglichen Regelung. Es sei der Tatsache Rechnung zu tragen, daß es sich bei einer Betriebsvereinbarung um eine generelle Regelung für eine Vielzahl von Fällen handelt. Im Wege der „abstrakten Billigkeitskontrolle" sei daher zu prüfen, inwieweit bei den Eingriffen in die Versorgungsrechte der Arbeitnehmer der Vertrauensschutz berücksichtigt worden sei. Daneben müsse eine „konkrete Billigkeitskontrolle" erfolgen, wenn die Neuregelung zwar insgesamt nicht zu beanstanden sei, für

---

II 2a der Gründe; BAG, Urteil v. 08.12.1981, SAE 1983, 197 ff. (mit Anmerkung Reuter) unter B II 2 der Gründe; BAG, Urteil v. 25.04.1991, AP Nr. 138 zu § 611 BGB Gratifikation unter II 3 e der Gründe = SAE 1992, 237 ff. (mit Anmerkung Misera) = EzA Nr. 85 zu § 611 BGB Gratifikation, Prämie (mit Anmerkung Henssler); BAG, Urteil v. 26.10.1994, AP Nr. 18 zu § 611 BGB Anwesenheitsprämie (mit Anmerkung Thüsing) unter II 3 a der Gründe.

549 BAG, Beschluß v. 08.12.1981AP Nr. 1 zu § 1 BetrAVG Ablösung (mit Anmerkung Herschel) = SAE 1983, 197 ff. (mit Anmerkung Reuter) unter II 2 der Gründe.

550 BAG, Urteil vom 30.01.1970, AP Nr. 142 zu § 242 BGB Ruhegehalt; vom 08.12.1981, AP Nr. 1 zu § 1 BetrAVG Ablösung.

551 BAG, Beschluß vom 08.12.1981, SAE 1983, S. 191 ff; BAG, Urteil vom 08.12.1981, SAE 1983, S. 197 ff..

552 BAG, Beschluß v. 08.12.1981, AP Nr. 1 zu § 1 BetrAVG Ablösung (mit Anmerkung Herschel) = SAE 1983, 197 ff. (mit Anmerkung Reuter) unter II 2 der Gründe; BAG, Urteil v. 08.12.1981, AP Nr. 1 zu § 1 BetrAVG Unterstützungskassen = SAE 1983 191 ff. (mit Anmerkung Reuter) unter II 3 der Gründe ; BAG, Urteil v. 17.03.1987, AP Nr. 9 zu § 1 BetrAVG Ablösung unter III der Gründe; BAG, Urteil v. 21.01.1992, AP Nr. 24 zu § 1 BetrAVG Ablösung unter I 2 c u. d der Gründe; BAG, Urteil v. 16.07.1996, AP Nr. 21 zu § 1 BetrAVG Ablösung unter IV der Gründe; zur „konkreten Billigkeitskontrolle" bei Altersgrenzen: BAG, Urteil v. 20.11.1987, AP Nr. 2 zu § 620 BGB Altersgrenze unter VI der Gründe (mit Anmerkung Joost).

den betroffenen Arbeitnehmer jedoch eine unbillige Härte bedeute. Trete eine solche übermäßige Härte ein, enthalte die Betriebsvereinbarung eine Regelungslücke, die sach- und interessengerecht im Sinne einer Härteregelung auszufüllen sei. Die rechtliche Wirksamkeit der Betriebsvereinbarung werde hierdurch nicht berührt.

Eine „konkrete Billigkeitskontrolle" soll auch nach Kündigung einer Betriebsvereinbarung über Betriebliche Altersversorgung stattfinden können, hier führe die Billigkeitskontrolle zu einer teleologischen Reduktion des Eingriffs durch Kündigung[553].

d) Wandel von der „Billigkeitskontrolle" zur „Rechtskontrolle"

In seiner jüngeren Rechtsprechung ist der dritte Senat von der Terminologie der „abstrakten Billigkeitskontrolle" abgewichen und unterwirft ablösende Betriebsvereinbarungen im Recht der betrieblichen Altersvorsorge seit seinem Urteil vom 22.05.1990 ausdrücklich einer „Rechtskontrolle" am Maßstab der Verhältnismäßigkeit und des Vertrauensschutzes[554]. Trotz des Wandels in der Bezeichnung von der „Billigkeitskontrolle" zur „Rechtskontrolle" hat sich der Kontrollmaßstab nicht grundlegend verändert. Schon bei der zuvor als Billigkeitskontrolle bezeichneten Prüfung handelte es sich in Wahrheit – soweit es um die „abstrakte Kontrolle" der Betriebsvereinbarung ging – um Rechtsschutz[555]. Der dritte Senat überprüfte die Betriebsvereinbarung im Rahmen der „abstrakten Billigkeitskontrolle" nicht am Maßstab der Billigkeit im Sinne der Verwirklichung von individueller Einzelfallgerechtigkeit[556]. Vielmehr standen schon unter der Bezeichnung als „Billigkeitskontrolle" Erwägungen des Vertrauensschutzes und der Verhältnismäßigkeit im Vordergrund[557]. Auch unter dem Begriff der

---

553 BAG, Beschluß v.17.08.1999, ZIP 2000, 850 ff. (mit Anmerkung Strick) unter B II 3 c der Gründe.

554 BAG, Urteil vom 22.05.1990, SAE 1992, S. 293 ff. unter 2 der Gründe; seitdem ständig: BAG, Urteil vom 23.10.1990, BB 1991, S. 699 f. unter I der Gründe; BAG, Urteil v. 09.04.1991, BB 1991, 2161 ff. unter II der Gründe; BAG, Urteil v. 21.01.1992, AP Nr. 24 zu § 1 BetrAVG Ablösung unter I 2 der Gründe; BAG, Urteil v. 16.07.1996, AP Nr. 21 zu § 1 BetrAVG Ablösung unter II 1 der Gründe; Urteil v. 23.10.2001, DB 2002, 1383,1384; BAG, Urteil v. 18.09.2001, SAE 2003, 221 ff. (mit Anmerkung Steinmeyer) unter II 2 c aa der Gründe.

555 Heither, RdA 1993, 72, 77; Höfer, BetrAVG, ART Rn. 622; v.Hoyningen-Huene, BB 1992, 1641, 1642; Kallrath, Gerichtliche Kontrolle, S. 83 f.; Richardi, GS Blomeyer, S. 299, 312; Schulin, DB Beilage 10/1984, 1, 9.

556 Däubler, AuR 1984, 1, 26; Kallrath, Gerichtliche Kontrolle, S. 54; Schulin DB Beilage Nr. 10/1984, 1, 9.

557 BAG, Urteil vom 30.01.1970, AP Nr. 142 zu § 242 BGB Ruhegehalt; BAG, Urteil v. 17.04.1985, AP Nr. 4 zu § 1 BetrAVG Unterstützungskassen (mit Anmerkung Loritz) unter II

„Rechtskontrolle" stellt das Bundesarbeitsgericht darauf ab, daß Betriebsvereinbarungen den Grundsätzen der Verhältnismäßigkeit und des Vertrauensschutzes gerecht werden müssen[558]. Die Änderungsgründe werden gegenüber dem Bestandsschutzinteresse der Arbeitnehmer abgewogen. Je stärker in Besitzstände eingegriffen wird, desto schwerwiegender müssen die sachlichen Rechtfertigungsgründe sein[559]. Die Stärke des Versorgungsbesitzstandes und sein Schutz vor Eingriffen bemessen sich wegen des Entgeltcharakters der Versorgungszusage wesentlich danach, in welchem Umfang der Arbeitnehmer vorgeleistet hat. Je länger er bereits seine Arbeitsleistung bzw. seine Betriebstreue erbracht hat, desto stärker ist sein Versorgungsbesitzstand gegen Verschlechterungen geschützt. Besondere Bedeutung bei der Interessenabwägung kommt dem Vertrauen rentennaher Jahrgänge zu[560].

Daß der dritte Senat hiermit lediglich eine Rechtskontrolle durchführen will, wird besonders deutlich an der gerichtlichen Kontrolle von verschlechternden Tarifverträgen im Bereich der Altersversorgung. Insoweit stellt der dritte Senat zunächst ausdrücklich fest, daß Tarifverträge keiner Billigkeitskontrolle unterliegen und nur daraufhin zu überprüfen sind, ob sie gegen das Grundgesetz oder anderes höherrangiges Recht verstoßen[561]. Ebenso wie die Betriebspartner könnten jedoch auch die Tarifparteien die Besitzstände der Arbeitnehmer nicht völlig außer Acht lassen. Vielmehr seien auch bei Änderung von Ruhestands-Tarifverträgen die sich aus dem Rechtsstaatsprinzip ergebenden Grundsätze der Verhältnismäßigkeit und des Vertrauensschutzes zu beachten[562]. Bei der

---

3 c (3) der Gründe; BAG (GS), Beschluß v. 16.09.1986, AP Nr. 17 zu § 77 BetrVG 1972 unter C II 5 der Gründe; BAG Urteil v. 17.03.1987, SAE 1987, S. 281 ff. unter II 1 der Gründe; Dieterich, NZA 1987, 545, 548; Kallrath, Gerichtliche Kontrolle, S. 83; Leinemann, BB 1989, 1905, 1906.

558 BAG, Urteil vom 22.05.1990, SAE 1992, S. 293 ff. unter 2 a der Gründe; BAG, Urteil vom 23.10.1990, BB 1991, S. 699 f. unter I der Gründe; BAG, Urteil v. 09.04.1991, BB 1991, 2161 ff. unter II der Gründe; BAG, Urteil v. 21.01.1992, AP Nr. 24 zu § 1 BetrAVG Ablösung unter I 2 der Gründe; BAG, Urteil v. 16.07.1996, AP Nr. 21 zu § 1 BetrAVG Ablösung unter II 1 der Gründe; BAG, Urteil v. 18.09.2001, SAE 2003, 221 ff. (mit Anmerkung Steinmeyer) unter II 2 c aa der Gründe; BAG, Urteil v. 23.10.2001, DB 2002, 1383,1384; BAG, Urteil v. 18.03.2003, AP Nr. 41 zu § 1 BetrAVG Ablösung unter B II 2 a der Gründe.

559 BAG (GS), Beschluß v. 16.09.1986, AP Nr. 17 zu § 77 BetrVG 1972; BAG, Urteil v. 17.03.1987, SAE 1987, S. 281 ff. (mit Anmerkung Reuter).

560 BAG, Beschluß v. 08.12.1981, AP Nr. 1 zu § 1 BetrAVG Ablösung (mit Anmerkung Herschel) unter B III 1 b der Gründe.

561 BAG, Urteil v. 14.12.1982, AP Nr. 1 zu § 1 BetrAVG Besitzstand (mit Anmerkung Wiedemann/Mangen) unter II 3 der Gründe; BAG, Urteil v.29.01.1991, AP Nr. 23 zu § 18 BetrAVG unter 3 a der Gründe; BAG, Urteil v. 20.02.2001, ZTR 2002, 93 f..

562 BAG, Urteil v. 10.10.1989, AP Nr. 3 zu § 1 TVG Vorruhestand (mit Anmerkung

Konkretisierung dieser Grundsätze wendet der dritte Senat weitgehend die für ablösende Betriebsvereinbarungen entwickelten Regeln an, insbesondere unterscheidet er auch insoweit zwischen zwingenden, triftigen und sachlichen Gründen[563]. Tarifverträge und Betriebsvereinbarungen werden damit letztlich einer Normenkontrolle unterworfen, wie sie das Bundesarbeitsgericht auch über Versorgungsgesetze ausübt[564].

e) Festhalten an der „konkreten Billigkeitskontrolle"

Während der dritte Senat den Terminus der „abstrakten Billigkeitskontrolle" aufgegeben hat, hält er an der sog. „konkreten Billigkeitskontrolle" auch weiterhin fest und überprüft die nachfolgende Betriebsvereinbarung dahingehend, ob deren Regelungen im konkreten Fall hinsichtlich des einzelnen Arbeitnehmers billiger Leistungsbestimmung entspricht[565].

6. Das „Drei-Stufen-Modell"

Zur Präzisierung der allgemeinen Regel, wonach der Grund für den Eingriff um so gewichtiger sein muß, je stärker in Besitzstände eingegriffen wird, hat das Bundesarbeitsgericht ein Prüfungsschema entwickelt, das den Besitzstand der

---

Wiedemann/Arnold) unter II 3 der Gründe; BAG, Urteil v. 24.04.1990, AP Nr. 43 zu § 1 BetrAVG Zusatzversorgungskassen unter III 3 u. 4 der Gründe; BAG, Urteil v. 29.01.1991, AP Nr. 23 zu § 18 BetrAVG unter 3 b der Gründe.

[563] BAG, Urteil v. 10.10.1989, AP Nr. 3 zu § 1 TVG Vorruhestand (mit Anmerkung Wiedemann/Arnold) unter II 3 der Gründe; BAG, Urteil v. 20.02.2001, ZTR 2002, 93 f.; Hanau/Preis, RdA 1988, 65, 73; Preis/Temming, GS Blomeyer, S. 247, 262; Steinmeyer, GS Blomeyer, S 423, 435 ff. befürwortet insbesondere unter Berufung auf § 17 Abs. 3 BetrAVG einen weiteren Gestaltungsspielraum der Tarifparteien.

[564] Hierzu BAG, Urteil v. 12.03.1996, AP Nr. 1 zu § 3 RuhegeldG Hamburg, bestätigt durch BVerfG Beschluß v. 03.12.1998, NZA-RR 1999, 204 f..

[565] BAG, Beschluß v. 08.12.1981, AP Nr. 1 zu § 1 BetrAVG Ablösung (mit Anmerkung Herschel) = SAE 1983, 197 ff. (mit Anmerkung Reuter) unter II 2 der Gründe; BAG, Urteil v. 08.12.1981, AP Nr. 1 zu § 1 BetrAVG Unterstützungskassen = SAE 1983 191 ff. (mit Anmerkung Reuter) unter II 3 der Gründe ; BAG, Urteil v. 17.03.1987, AP Nr. 9 zu § 1 BetrAVG Ablösung unter III der Gründe; BAG, Urteil v. 21.01.1992, AP Nr. 24 zu § 1 BetrAVG Ablösung unter I 2 c u. d der Gründe; BAG, Urteil v. 16.07.1996, AP Nr. 21 zu § 1 BetrAVG Ablösung unter IV der Gründe; BAG, Urteil v. 28.07.1998, 3 AZR 74/98 (nicht veröffentlicht) unter II 3 b der Gründe; BAG, Urteil v. 28.07.1998, 3 AZR 77/98 (nicht veröffentlicht) unter B I 4 der Gründe; zur „konkreten Billigkeitskontrolle" bei Altersgrenzen: BAG, Urteil v. 20.11.1987, AP Nr. 2 zu § 620 BGB Altersgrenze unter VI der Gründe (mit Anmerkung Joost).; zur konkreten Billigkeitskontrolle bei ablösenden Dienstvereinbarungen: BAG, Urteil v. 23.09.1997, AP Nr. 23 zu § 1 BetrAVG Ablösung; zur konkreten Billigkeitskontrolle bei Sozialplänen: BAG, Urteil v. 22.02.1983, 1 AZR 478/81 (nicht veröffentlicht).

alten Regelung in Stufen aufteilt und jeder Stufe Eingriffsgründe zuordnet[566]. Das Bundesarbeitsgericht selbst bezeichnet dieses Stufenmodell als Konkretisierung der Grundsätze der Verhältnismäßigkeit und des Vertrauensschutzes [567]. Zunächst ging es dabei von einem zweistufigen Modell aus, welches zwischen der „erdienten“ und der „noch nicht erdienten“ Versorgungsanwartschaft unterschied[568].

Seit dem Urteil vom 18.04.1985[569] gilt das sog. „Drei-Stufen-Modell“. Dieses soll auch schon auf Zeiträume vor seiner Entwicklung anwendbar sein, was das Bundesarbeitsgericht mit dem „lediglich fortführenden Charakter seines Modells begründet, das nur längst anerkannte Prinzipien präzisiere“[570].

Liegt ein vom Prüfungsschema nicht erfaßter Sachverhalt vor, ist auf die allgemeinen Grundsätze der Verhältnismäßigkeit und des Vertrauensschutzes zurückzugreifen[571].

---

[566] BAG, Beschluß v. 08.12.1981, AP Nr. 1 zu § 1 BetrAVG Ablösung; BAG, Urteil v. 17.04.1985, AP Nr. 4 zu § 1 BetrAVG Unterstützungskassen (mit Anmerkung Loritz); BAG, Urteil v. 17.03.1987, AP Nr. 9 zu § 1 BetrAVG Ablösung; BAG, Urteil v. 22.05.1990, SAE 1992, 293 ff. (mit Anmerkung Herrmann))unter 2 a der Gründe; BAG, Urteil v. 26.08.1997, AP Nr. 27 zu § 1 BetrAVG Ablösung (mit Anmerkung Rolfs); BAG, Urteil v. 21.08.2001, DB 2002, 952; BAG, Urteil v. 18.09.2001, AP Nr. 34 zu § 1 BetrAVG Ablösung (mit Anmerkung Feuerborn) unter II 2 c aa der Gründe = SAE 2003, 221 ff. (mit Anmerkung Steinmeyer); BAG, Urteil v. 18.03.2003, AP Nr. 41 zu § 1 BetrAVG Ablösung unter B II 2 a der Gründe.

[567] BAG, Urteil v. 17.11.1992, NZA 1993, 939 ff. unter II 3 der Gründe; BAG, Urteil v. 26.08.1997, AP Nr. 27 zu § 1 BetrAVG Ablösung (mit Anmerkung Rolfs) unter III 2 b bb der Gründe; Heither, RdA 1993, 72, 76.

[568] BAG, Urteil v. 24.11.1977, AP Nr. 177 zu § 242 BGB Ruhegehalt (mit Anmerkung Weitnauer); BAG, Urteil v. 17.01.1980, AP Nr. 185 zu § 242 BGB Ruhegehalt; BAG, Beschluß v. 08.12.1981, AP Nr. 1 zu § 1 BetrAVG Ablösung (mit Anmerkung Herschel).

[569] AP Nr. 4 zu § 1 BetrAVG Unterstützungskassen (mit Anmerkung Loritz); seitdem ständige Rechtsprechung: BAG, Urteil v. 17.03.1987, AP Nr. 9 zu § 1 BetrAVG Ablösung; BAG, Urteil v. 22.05.1990, SAE 1992, 293 ff. (mit Anmerkung Herrmann))unter 2 a der Gründe; BAG, Urteil v. 26.08.1997, AP Nr. 27 zu § 1 BetrAVG Ablösung (mit Anmerkung Rolfs); BAG, Urteil v. 21.08.2001, DB 2002, 952; BAG, Urteil v. 18.09.2001, AP Nr. 34 zu § 1 BetrAVG Ablösung (mit Anmerkung Feuerborn) unter II 2 c aa der Gründe = SAE 2003, 221 ff. (mit Anmerkung Steinmeyer); BAG, Urteil v. 18.03.2003, AP Nr. 41 zu § 1 BetrAVG Ablösung unter B II 2 a der Gründe.

[570] BAG, Urteil v. 11.09.1990, AP Nr. 8 zu § 1 BetrAVG Besitzstand; BAG, Urteil v. 17.11.1992, AP Nr. 13 zu § 1 BetrAVG Besitzstand. DB 1993, 1241; kritisch hierzu: Andresen/Förster/Rößler/Rühmann, Altersversorgung, Teil 12, Rn. 671f.; Loritz, ZfA 1989, 1, 36ff., jeweils mit weiteren Nachweisen.

[571] BAG Urteil v. 26.08.1997, AP Nr. 27 zu § 1 BetrAVG Ablösung (mit Anmerkung Rolfs) unter III 2 b bb der Gründe; Heither, BB 1998, 1155, 1157.

a) Erste Stufe:

Die erste, am stärksten geschützte Stufe besteht aus dem bereits erdienten Besitzstand der Arbeitnehmer[572]. Erdiente Versorgungsanwartschaften seien als Gegenleistung für erbrachte Betriebstreue ähnlich schützenswert wie Eigentumspositionen vor entschädigungslosen Enteignungen[573]. Da die Betriebliche Altersversorgung sowohl Versorgungs- als auch Entgeltcharakter habe, würde ein Eingriff in die unverfallbaren Anwartschaften bereits verdientes Arbeitsentgelt rückwirkend entziehen[574].

Welche Anwartschaften bereits als erdient anzusehen sind, läßt sich der Versorgungszusage in der Regel nicht entnehmen; diese enthält meist nur eine Regelung des Vollrechts, nicht aber der Versorgungsanwartschaft. Das Bundesarbeitsgericht greift zur Ermittlung des erdienten Teilwerts auf das ratierliche Berechnungsverfahren gemäß § 2 BetrAVG zurück[575]. Die bis zum Änderungsstichtag erreichte Dauer der Betriebszugehörigkeit wird ins Verhältnis gesetzt zur Gesamtdauer der Betriebszugehörigkeit, die der Arbeitnehmer bis zum Eintritt in den Ruhestand erreichen würde. Da sich der Bestandsschutz nach dem Umfang der erbrachten Gegenleistung des Arbeitnehmers bestimmt, hängt er nicht davon ab, ob die Anwartschaft schon gemäß § 1b BetrAVG unverfallbar ist; diese Vorschrift betrifft allein die Frage, wann dem Arbeitnehmer die Anwartschaft bei einem Ausscheiden aus dem Arbeitsverhältnis vor dem Eintritt des Versorgungsfalles verbleibt[576].

In Anwendung der Grundsätze der Verhältnismäßigkeit und des Vertrauensschutzes hält die Rechtsprechung eine Kürzung der bereits erdienten Anwartschaften nur „in seltenen Ausnahmefällen“ aus „zwingenden Gründen“ für möglich[577]. Derartige zwingende Gründe seien nur bei wesentlicher Änderung

---

572 BAG, Urteil v. 17.04.1985 AP Nr. 4 zu § 1 BetrAVG Unterstützungskassen (mit Anmerkung Loritz).

573 BAG, Beschluß v. 08.12.1981, AP Nr. 1 zu § 1 BetrAVG Ablösung (mit Anmerkung Herschel); BAG, Urteil v. 17.04.1985 AP Nr. 4 zu § 1 BetrAVG Unterstützungskassen (mit Anmerkung Loritz).

574 BAG, Urteil v. 10.03.1972, AP Nr. 156 zu § 242 BGB Ruhegehalt (mit Anmerkung Weitnauer); BAG, Beschluß v. 12.06.1975, AP Nr. 1 zu § 87 BetrVG 1972 Altersversorgung (mit Anmerkungen von Richardi, Steindorff und Blomeyer); BAG, Urteil v. 08.12.1981, SAE 1983, 197 (mit Anmerkung Reuter); Heither, RdA 1993, 72, 73; Steinmeyer, Betriebliche Altersversorgung, S. 97.

575 BAG, Urteil v. 08.12.1981, AP Nr. 1 zu § 1 BetrAVG Ablösung.

576 Blomeyer/Otto, BetrAVG, Einl. Rn 607.

577 BAG, Urteil v. 08.12.1981, AP Nr. 1 zu § 1 BetrAVG Ablösung; BAG, Urteil v. 17.03.1987, AP Nr. 9 zu § 1 BetrAVG Ablösung; BAG, Urteil v. 23.10.1990, AP Nr. 13 zu § 1 BetrAVG Ablösung; BAG, Urteil v. 09.04.1991, AP Nr. 15 zu § 1 BetrAVG Ablösung.

oder Wegfall der Geschäftsgrundlage gegeben, insbesondere bei Eintritt einer planwidrigen Überversorgung der Arbeitnehmer[578]. Eine solche liegt dann vor, wenn sich die Rente nach dem Lebensstandard des aktiven Arbeitnehmers richten, die Versorgungsleistung also eine Gesamtversorgung in Höhe des bisherigen Nettoeinkommens gewährleisten soll, die tatsächliche Rente dann aber höher liegt[579]. An der Planwidrigkeit der Überversorgung fehlt es, wenn die Versorgungszusage von vornherein die Möglichkeit eröffnet, eine Gesamtversorgung von mehr als 100% des letzten Arbeitsentgelts zu erreichen.

Einen weiteren „zwingenden Grund" für einen Eingriff in bereits erdiente Anwartschaften erkannte das Bundesarbeitsgericht - unter Geltung des BetrAVG a.F. – vor allem bei Vorliegen einer wirtschaftlichen Notlage[580]. Deren Annahme setzt voraus, daß der Bestand des Unternehmens infolge wirtschaftlicher Schwierigkeiten ernsthaft gefährdet ist, ein betriebswirtschaftlich geprüfter und aussichtsreicher Sanierungsplan vorliegt und der Widerruf zur Sanierung des Unternehmens unerläßlich erscheint[581]. Erforderlich ist eine Bestandsgefährdung des Unternehmens durch die zu erbringenden Versorgungsleistungen. Darüber hinaus muß das Unternehmen überhaupt sanierungsfähig sein; das heißt ein Eingriff in Versorgungszusagen ist unzulässig, wenn eine Rettung des Unternehmens nicht möglich erscheint[582].

Nachdem der Gesetzgeber den Sicherungsfall der wirtschaftlichen Notlage gemäß § 7 Abs. 1 S. 3 Nr. 5, S. 4 BetrAVG a.F. gestrichen hat, wird die Möglichkeit eines Eingriffs in bereits erdiente Anwartschaften aufgrund einer wirtschaftlichen Notlage in Zweifel gezogen[583]. Das Bundesarbeitsgericht hat diese Frage in einer jüngeren Entscheidung ausdrücklich offengelassen[584].

---

578 BAG, Urteil v. 09.07.1985, AP Nr. 6 zu § 1 BetrAVG Ablösung; BAG, Urteil v. 23.10.1990, AP Nr. 13 zu § 1 BetrAVG Ablösung; BAG, Urteil v.09.04.1991, AP Nr. 15 zu § 1 BetrAVG Ablösung.

579 Dieterich, FS Hilger/Stumpf, S. 77, 98.

580 BAG, Urteil v. 10.12.1971, AP Nr. 154 zu § 242 BGB Ruhegehalt (mit Anmerkung Hueck); BAG, Urteil v. 18.07.1972, AP Nr. 157 zu § 242 BGB Ruhegehalt; BAG, Beschluß v. 08.12.1981, AP Nr. 1 zu § 1 BetrAVG Ablösung (mit Anmerkung Herschel); BAG, Urteil v. 23.10.1990, AP Nr. 13 zu § 1 BetrAVG Ablösung.

581 BAG, Urteil v. 18.05.1977, AP Nr. 175 zu § 242 BGB Ruhegehalt.

582 BAG, Urteil v. 03.08.1978, AP Nr. 1 zu § 7 BetrAVG Widerruf (mit Anmerkung Weitnauer).

583 Caspers, Anmerkung zu BAG, Urteil v.11.12.2001, RdA 2004, 48, 60; Feuerborn, Sachliche Gründe, S. 517; Schwerdtner, FS Uhlenbruck, S. 799 ff..

584 BAG, Urteil v.11.12.2001, RdA 2004, 48 ff. (mit Anmerkung Caspers) unter II 1 der Gründe.

b) Zweite Stufe:

Die zweite Stufe des Bestandsschutzes bildet die sog. „erdiente Dynamik"[585]. Diese Stufe gibt es nur bei dynamischen Leistungsplänen. Sie berücksichtigt die auf die bis zum Änderungszeitpunkt abgeleistete Dienstzeit entfallende Dynamik der Versorgungsanwartschaft. Von Bedeutung ist dies insbesondere, wenn das Ruhegeld endgehaltsbezogen berechnet werden soll, der Arbeitnehmer also bei Eintritt in den Ruhestand einen bestimmten Prozentsatz des zuletzt bezogenen Gehalts als Ruhegehalt erhalten soll. In solchen Fällen sieht die Versorgungszusage Steigerungen nach dienstzeitunabhängigen Faktoren vor.

Auch der Zuwachs, der sich aus zukünftigen Gehaltssteigerungen ergibt, gilt nach der Rechtsprechung des Bundesarbeitsgerichts als bereits erdient[586]. Zwar steht der Berechnungsfaktor erst in der Zukunft fest, weil es auf die Höhe des Endgehalts bei Eintritt des Versorgungsfalles ankommt. Bis zur Änderung der Versorgungszusage habe der Arbeitnehmer aber bereits Betriebstreue dafür geleistet, daß sein erreichbares Endgehalt die Höhe seiner Rente beeinflußt[587]. Der Zweck der dienstzeitunabhängigen Steigerungsraten bestehe nicht in der Vergütung fortdauernder Betriebstreue; vielmehr gehe es darum, den Versorgungsbedarf, der sich aus der Höhe des Gehalts ergebe, flexibel zu erfassen[588]. Der Anwartschaftswert solle sich dem durch die Höhe des Arbeitsentgelts geprägten Lebensstandard des begünstigten Arbeitnehmers bis zum Eintritt des Versorgungsfalles anpassen.

Wegen der Zukunftsbezogenheit der Dynamik und der weniger engen Orientierung an der erbrachten Gegenleistung sei die „erdiente Dynamik" allerdings weniger schutzwürdig als der bereits erdiente Teilbetrag einer Versorgungsanwartschaft. Dies folge aus den fehlenden Regelungen zur Unverfallbarkeit und zum Insolvenzschutz im BetrAVG. Für die Rechtfertigung eines Eingriffs verlangt das Bundesarbeitsgericht daher lediglich einen „triftigen Grund"[589],

---

[585] BAG, Urteil v. 17.04.1985, AP Nr. 4 zu § 1 BetrAVG Unterstützungskassen (mit Anmerkung Loritz; BAG, Urteil v. 07.07.1992, AP Nr. 11 zu § 1 BetrAVG Besitzstand; BAG, Urteil v. 11.12.2001, AP Nr. 36 zu § 1 BetrAVG Ablösung = RdA 2004, 48 ff. (mit Anmerkung Caspers); BAG, Urteil v. 10.09.2002, AP Nr. 37 zu § 1 BetrAVG Ablösung.

[586] BAG, Urteil v. 17.04.1985, AP Nr. 4 zu § 1 BetrAVG Unterstützungskassen unter B II 3 c (2) der Gründe.

[587] BAG, Urteil v. 17.04.1985, AP Nr. 4 zu § 1 BetrAVG Unterstützungskassen.

[588] BAG, Urteil v. 17.04.1985, AP Nr. 4 zu § 1 BetrAVG Unterstützungskassen unter B II 3 c und (2) der Gründe.

[589] BAG, Urteil v. 17.04.1985, AP Nr. 4 zu § 1 BetrAVG Unterstützugskassen (mit Anmerkung Loritz) unter B II 3 c) der Gründe; BAG, Urteil v. 17.03.1987, AP Nr. 9 zu § 1 BetrAVG Ablösung; BAG, Urteil v. 18.04.1989, AP Nr. 2 zu § 1 BetrAVG Betriebsvereinbarung (mit Anmerkung Hanau); BAG, Urteil v. 11.12.2001, AP Nr. 36 zu § 1 BetrAVG

welchen es ebenfalls durch eine Abwägung des Kürzungs- und des Bestandsschutzinteresses bestimmt. Eine insolvenzgleiche Situation sei nicht erforderlich, die Kürzungsmaßnahme müsse aber eine gewisse Dringlichkeit aufweisen[590]. Ein triftiger Eingriffsgrund sei bei einer langfristigen Substanzgefährdung des Unternehmens gegeben, bei deren Prüfung sich das Bundesarbeitsgericht an § 16 Abs. 1 BetrAVG anlehnt. Ein triftiger Grund liege dann vor, wenn die wirtschaftliche Lage des Unternehmens derart angespannt ist, daß sie keinen Teuerungsausgleich nach § 16 BetrAVG zuließe[591]. Diese Voraussetzung ist erfüllt, wenn aufgrund ernsthafter wirtschaftlicher Schwierigkeiten die Unternehmenssubstanz langfristig gefährdet ist[592]. Erforderlich ist, daß die Kosten des bisherigen Versorgungswerks in Zukunft voraussichtlich nicht mehr aus den Erträgen des Unternehmens und etwaigen Wertzuwächsen finanziert werden können oder eine angemessene Eigenkapitalverzinsung nicht mehr sichergestellt ist[593].

Nach der jüngeren Rechtsprechung des Bundesarbeitsgerichts hat der Arbeitnehmer keinen Anspruch darauf, daß der im Ablösungszeitpunkt erdiente dynamisierte Besitzstand und die Steigerungsbeträge aus der neuen Versorgungsordnung addiert werden[594]. Vielmehr wendet das Bundesarbeitsgericht nunmehr eine „ergebnisbezogene Betrachtungsweise“[595] an, welche lediglich sicherstellen soll, daß der Wert, den der Arbeitnehmer auf der Grundlage der abändernden Versorgungsordnung erhält, nicht hinter dem Betrag zurückbleibt,

---

Ablösung; bei dem Begriff des „triftigen Grundes“ handelt es sich um eine Wortschöpfung des Bundesverfassungsgerichtes: BVerfG Urteil v. 19.10.1983, AP Nr. 2 zu § 1 BetrAVG Unterstützungskassen, unter C III 2 der Gründe.

[590] BAG, Urteil v. 05.06.1984, AP Nr. 3 zu § 1 BetrAVG Unterstützungskassen (mit Anmerkung Schulin) unter V 3 a der Gründe; BAG, Urteil v. 17.03.1987, AP Nr. 9 zu § 1 BetrAVG Ablösung, unter II 3 c der Gründe.

[591] BAG, Urteil v. 05.06.1984, AP Nr. 3 zu § 1 BetrAVG Unterstützungskassen (mit Anmerkung Schulin); BAG, Urteil v. 17.04.1985, AP Nr. 4 zu § 1 BetrAVG Unterstützungskassen (mit Anmerkung Loritz); BAG, Beschluß v. 30.04.1985, AP Nr. 4 zu § 1 BetrAVG Ablösung; BAG, Urteil v. 11.12.2001, AP Nr. 36 zu § 1 BetrAVG Ablösung.

[592] BAG, Urteile v. 23.04.1985, AP Nr. 16 u. 17 zu § 16 BetrAVG (mit gemeinsamer Anmerkung Blomeyer); BAG, Urteil v. 21.08.2001, DB 2002, 952.

[593] BAG, Urteil v. 18.04.1989, AP Nr. 23 zu § 1 BetrAVG Unterstützungskassen; BAG, Urteil v. 17.04.1996, AP Nr. 35 zu § 16 BetrAVG; BAG, Urteil v. 11.05.1999, BAGE 91, 310.

[594] BAG, Urteile v. 11.12.2001, AP Nr. 36 zu § 1 BetrAVG Ablösung = RdA 2004, 48 ff. (mit Anmerkung Caspers) und AP Nr. 34 zu § 1 BetrAVG Unterstützungskassen; BAG, Urteil v.10.09.2002, SAE 2004, 26 ff. (mit Anmerkung Vienken).

[595] BAG, Urteil v.10.09.2002, SAE 2004, 26 ff. (mit Anmerkung Vienken) unter III 3 b der Gründe.

der ihm nach dem 3-Stufen-Modell im Hinblick auf die ursprüngliche Versorgungszusage gewährleistet bleiben muß[596].

c) *Dritte Stufe:*

Die dritte Besitzstandsstufe bildet die allein von weiterer Betriebstreue abhängige Steigerung[597]. Derartige dienstzeitabhängige Steigerungsfaktoren liegen insbesondere in einem jährlich zu erdienenden Festbetrag oder Prozentsatz[598]. Zwar ist dieser Teil der Versorgungsanwartschaft noch nicht erdient, es wird jedoch ein schutzwürdiges Vertrauen des Arbeitnehmers unterstellt, ihn noch erdienen zu können[599]. Auch insoweit sei daher eine Abwägung der Änderungsgründe gegenüber den Bestandsschutzinteressen geboten. Allerdings verlange der Vertrauensschutz des Arbeitnehmers hier weniger strenge Maßstäbe, da die begünstigten Arbeitnehmer nicht ohne weiteres davon ausgehen könnten, daß die einmal geschaffene Versorgungsordnung unverändert aufrechterhalten bleibe: „In einer sich ständig wandelnden Welt dürfen Versorgungssysteme nicht versteinern, müssen Anpassungen an veränderte Versorgungsbedürfnisse und wirtschaftliche Rahmenbedingungen möglich bleiben“[600].

Ein Eingriff in die dienstzeitabhängige Dynamik ist daher nach Auffassung des Bundesarbeitsgerichts bereits bei Vorliegen eines sachlich-proportionalen, nachvollziehbaren und nicht willkürlich erscheinenden Grundes gerechtfertigt[601]. Auch die sachlichen Gründe werden jedoch vom Bundesarbeitsgericht auf ihr Gewicht hin überprüft und am Grundsatz der Verhältnismäßigkeit gemessen; das Änderungsinteresse des Arbeitgebers wird mit dem Bestands-

---

[596] Kritisch hierzu: Schumann, DB 2003, 1528; Vienken, Anmerkung zu BAG, Urteil v. 10.09.2003, SAE 2004, 26, 37 f..

[597] BAG, Urteil v. 17.04.1985, AP Nr. 4 zu § 1 BetrAVG Unterstützungskassen; BAG, Urteil v. 17.03.1987, AP Nr. 9 zu § 1 BetrAVG Ablösung unter II 4 der Gründe; BAG, Urteil v. 18.09.2001, AP Nr. 35 zu § 1 BetrAVG Ablösung (mit Anmerkung Feuerborn); BAG, Urteil v. 18.03.2003, AP Nr. 41 zu § 1 BetrAVG Ablösung unter B II 2 b der Gründe.

[598] Griebeling, ZIP 1993, 1055, 1059.

[599] BAG, Beschluß v. 08.12.1981, AP Nr. 1 zu § 1 BetrAVG Ablösung (mit Anmerkung Herschel) unter III 1 der Gründe; Heither, RdA 1993, 72, 77; Steinmeyer, Betriebliche Altersversorgung, S. 109.

[600] BAG, Beschluß v. 08.12.1981, AP Nr. 1 zu § 1 BetrAVG Ablösung unter B III 1 b der Gründe.

[601] BAG, Urteil v. 17.04.1985, AP Nr. 4 zu § 1 BetrAVG Unterstützungskassen; BAG, Urteil v. 18.09.2001, AP Nr. 34 zu § 1 BetrAVG Ablösung (mit Anmerkung Feuerborn) = SAE 2003, 221 ff. (mit Anmerkung Steinmeyer); BAG, Urteil v. 18.03.2003, AP Nr. 41 zu § 1 BetrAVG Ablösung unter B II 2 a der Gründe.

schutzinteresse der Arbeitnehmer abgewogen[602]. Anderweitige naheliegende Einsparmöglichkeiten müssen zumindest erwogen und ihre Unterlassung erklärt werden[603].

Als sachlicher Grund gilt zunächst eine Verschlechterung der wirtschaftlichen Lage des Unternehmens, so daß die Ertragsfähigkeit unter Beibehaltung der bisherigen Versorgungsregelung nicht mehr gewährleistet ist[604]. Weiterhin kann die nach einem Betriebsübergang erwünschte Harmonisierung der Versorgungsregelungen einen sachlichen Grund darstellen[605]. Auch die veränderten Vorstellungen der Begünstigten über die Leistungsgerechtigkeit können umgesetzt werden[606]. Ebenfalls als sachlicher Grund anerkannt werden Kostensteigerungen, die auf einer unvorhersehbaren Änderung der Rechtslage, z.B. der Einführung der Insolvenzsicherung und der flexiblen Altergrenze, beruhen[607]. Schließlich können auch grundlegende Änderungen des Sozialversicherungsrechtes, die zu erheblichen Mehrbelastungen (des Gesamtversorgungssystems) führen, eine Anpassung rechtfertigen[608]. Kein sachlicher Grund soll dagegen die durch Einführung der gesetzlichen Unverfallbarkeit und des Teuerungsausgleichs verursachte Kostensteigerung sein. Durch diese Regelungen habe der

---

602 BAG, Urteil v. 08.12.1981, AP Nr. 1 zu § 1 BetrAVG Unterstützungskassen (mit Anmerkung Herschel); BAG, Urteil v. 22.04.1986, AP Nr. 8 zu § 1 BetrAVG Unterstützungskassen (mit Anmerkung Schulin) = SAE 1986, 300 (mit Anmerkung Blomeyer) unter III 2 b) der Gründe; BAG, Urteil v. 17.04.1985, AP Nr. 4 zu § 1 BetrAVG Unterstützungskassen (mit Anmerkung Loritz) unter II 3 c (3) der Gründe; BAG, Urteil v. 17.03.1987, AP Nr. 9 zu § 1 BetrAVG Ablösung unter II 4 der Gründe; BAG, Urteil v. 11.12.2001, RdA 2004, 48 ff. (mit Anmerkung Caspers) unter II 3 und V der Gründe; Heither, RdA 1993, 72, 76; Hilger/Stumpf, BB 1990, 929, 934 verlangen eine „strenge Auslegung in Anwendung des Grundsatzes der Verhältnismäßigkeit"; ebenso Griebeling, NZA Beilage 3/1989, 26, 33.

603 BAG, Urteil v. 18.09.2001, AP Nr. 35 zu § 1 BetrAVG Ablösung (mit Anmerkung Feuerborn) = SAE 2003, 221 ff. (mit Anmerkung Steinmeyer).

604 BAG, Urteil v. 18.09.2001, AP Nr. 35 zu § 1 BetrAVG Ablösung (mit Anmerkung Feuerborn) unter II 2 c bb der Gründe; Blomeyer DB 1984, 926, 932; Blomeyer/Otto, BetrAVG Anh. § 1 Rn. 532; Schumann, ZIP 1987, 137, 147.

605 BAG, Urteil v. 08.12.1981, AP Nr. 1 zu § 1 BetrAVG Unterstützungskassen (mit Anmerkung Herschel).

606 BAG, Urteil v. 17.03.1987, AP Nr. 9 zu § 1 BetrAVG Ablösung, unter II 3 c der Gründe; BAG, Urteil v. 27.08.1996, AP Nr. 22 zu § 1 BetrAVG Ablösung unter V 2 d der Gründe.

607 BAG, Urteil v. 22.04.1986, AP Nr. 8 zu § 1 BetrAVG Unterstützungskassen (mit Anmerkung Schulin).

608 BAG, Urteil v. 22.04.1986 AP Nr. 8 zu § 1 BetrAVG Unterstützungskassen (mit Anmerkung Schulin) unter III 2 c) der Gründe.

Gesetzgeber lediglich den Grundsätzen von Treu und Glauben Rechnung getragen und diese in das Gesetz eingefügt[609].

7. *Bewertung des „Drei-Stufen-Modells" im arbeitsrechtlichen Schrifttum*

a) *Schutz der erdienten Anwartschaften*

Hinsichtlich des Schutzes der bereits erdienten Anwartschaften stimmt die allgemeine Auffassung in der Literatur mit den Ergebnissen der Rechtsprechung überein[610]. Lediglich in der Begründung finden sich Unterschiede. Ausgehend von einer unmittelbaren Grundrechtsbindung der Betriebspartner werden Eingriffe in erdiente Rechtspositionen vielfach unmittelbar an Art. 14 Abs. 1 GG gemessen[611]. Andere Stimmen berufen sich auf die Grundsätze des Vertrauensschutzes[612] und der Verhältnismäßigkeit[613]. Auch wer der Lehre *Sieberts*[614] von der Bestandsfestigkeit „wohlerworbener Rechte" folgt, gelangt zum Schutz der erdienten Versorgungsanwartschaften[615].

---

609 BAG, Urteil v. 22.04.1986, AP Nr. 8 zu § 1 BetrAVG Unterstützungskassen (mit Anmerkung Schulin).

610 Griebeling, NZA Beilage 3/1989, 26, 32; Hanau/Preis, RdA 1988, 65, 78; v. Hoyningen-Huene, BB 1992, 1640, 1644; Lieb, gemeinsame Anmerkung zu BAG, Urteil v. 12.08.1982 und BAG, Beschluß v. 08.12.1982, SAE 1983,130, 132; Schumann, DB 1990, 2165.

611 Blomeyer, gemeinsame Anmerkung zu den Urteilen des BAG, v. 17.04.1985 und v. 23.04.1985, SAE 1986, 98, 99; Däubler, AuR 1984, 1, 7 ff.; Herschel, Anmerkung zu BAG, Beschluß v. 08.12.1981, AP Nr. 1 zu § 1 BetrAVG Ablösung; Nause, Regelungsbefugnis, S. 166 ff.; Reuter, gemeinsame Anmerkung zu BAG, Urteil v. 08.12.1981 und BAG, Beschluß v. 08.12.1981, SAE 1983, 201 ff., 203; ders., Anmerkung zu BAG, Urteil v. 17.03.1987, SAE 1987, 281, 286.

612 Lieb, gemeinsame Anmerkung zu BAG, Urteil v. 12.08.1982 und BAG, Beschluß v. 08.12.1982, SAE 1983, 130, 132; Schaub, BB 1992, 1058, 1060; Richardi, RdA 1983, 201, 204; ders., GS Blomeyer, S. 299, 311; in Form des Rückwirkungsverbots: Blomeyer, gemeinsame Anmerkung zu den Urteilen des BAG v. 17.04.1985 und v. 23.04.1985, SAE 1986, 98, 99; Reuter, gemeinsame Anmerkung zu BAG, Urteil v. 08.12.1981 und BAG, Beschluß v. 08.12.1981, SAE 1983, 201 ff., 203.

613 Blomeyer, DB 1984, 926, 928, 930; Blomeyer/Otto, BetrAVG, Anh. § 1 Rn. 509; Griebeling, NZA Beilage 3/1989, 26, 3 f.; Höfer, BetrAVG, ART, Rn. 487; Kreutz in: GK-BetrVG, § 77 Rn. 328; Molkenbur/Roßmanith, AuR 1990, 333,337; Richardi, GS Blomeyer, S. 299, 311; Schaub, BB 1992, 1058, 1060.

614 BB 1953, 241 ff.; hierzu oben § 8, I, 3.

615 Blomeyer, DB 1984, 926, 927, 929; Löwisch, DB 1983, 1709, 1712.

b) *Kritik am Schutz der „erdienten Dynamik"*

Anders als der Schutz bereits erdienter Versorgungsanwartschaften ist der Schutz der „erdienten Dynamik" in der Literatur grundsätzlich umstritten. Die Lösung der Rechtsprechung wird zum Teil unterstützt[616], aber auch angegriffen[617].

Blomeyer[618] kritisiert den Bestandsschutz der „erdienten Dynamik", da diese keinen Bezug zur Betriebszugehörigkeit aufweise. Wenn die Betriebliche Altersversorgung Entgelt für geleistete Betriebstreue sei, müßten Faktoren, die keinen Bezug zur Betriebstreue haben, leichter entziehbar sein. Auch dienten Gehaltssteigerungen nicht stets der Anpassung an den allgemeinen Lebensstandard, sondern ergäben sich häufig aus der Übernahme qualifizierterer Tätigkeiten durch den Arbeitnehmer. Insoweit handle es sich um eine „höchstpersönliche, individuelle" Dynamik, die der Arbeitnehmer bis zum Änderungsstichtag noch gar nicht erdient haben könne[619].

Insbesondere *Loritz* wendet ein, eine Rechtsposition könne nicht erworben werden, solange deren Eintritt überhaupt fraglich ist[620]. Auch bei der gehaltsbezogenen Dynamik werde die Wertsteigerung erst in der Zukunft erdient, da der begünstigte Arbeitnehmer das Arbeitsverhältnis fortsetzen muß, um in den Genuß weiterer Gehaltssteigerungen zu kommen. Selbst wenn er das Arbeitsverhältnis fortsetze, begründe das Vertrauen in zukünftige Gehaltserhöhungen keinen gesteigert schutzwürdigen Besitzstand. Es bestünde keine Garantie auf Lohnsteigerungen in der Zukunft; vielmehr könnten Löhne auch sinken. Wenn also eine Lohndynamik nicht für die Zukunft erdient werden könne, müsse dies auch für die Rentendynamik gelten[621]. Schließlich sei der einzelne Arbeitnehmer

---

616 Griebeling, NZA Beilage 3/1989, 26, 33; ders., in: FS Wiese, S. 139, 142; Höfer, BetrAVG, ART, Rn. 632 ff.; Heither, BB 1992, 148.

617 Andresen/Förster/Rößler/Rühmann, Altersversorgung, Teil 12 Rn. 710 f.; Blomeyer, Anmerkung zu BAG, Urteil v. 23.04.1985, SAE 1986, 98, 100; Blomeyer/Otto, BetrAVG, Anh. § 1 Rn. 518; Loritz, Anmerkung zu BAG, Urteil v. 17.04.1985, AP Nr. 4 zu § 1 BetrAVG Unterstützungskassen, ders., ZfA 1989, 1 ff.; ders., RdA 1991, 65 ff.; Schumann, ZIP 1987, 137, 146; ders., DB 1990, 2165, 2166; Steinmeyer, Betriebliche Altersversorgung, S. 107 f.; Vienken, Anmerkung zu BAG, Urteil v. 10.09.2002, SAE 2004, 26, 38; differenzierend: Hanau/Preis, RdA 1988, 65, 80 f..

618 Blomeyer, gemeinsame Anmerkung zu den Urteilen des BAG v. 17.04.1985 und v. 23.04.1985, SAE 1986, 98, 100.

619 Blomeyer, gemeinsame Anmerkung zu den Urteilen des BAG v. 17.04.1985 und v. 23.04.1985, SAE 1986, 98 , 100f..

620 Loritz, Anmerkung zu BAG, Urteil v. 17.04.1985, AP Nr. 4 zu § 1 BetrAVG Unterstützungskassen; ders., ZfA 1989, 1, 12 ff., 24 ff..

621 Loritz, Anmerkung zu BAG, Urteil v. 17.04.1985, AP Nr. 4 zu § 1 BetrAVG Unterstüt-

noch nicht einmal im Vertrauen auf den Bestand seines Arbeitsplatzes geschützt[622].

Auch *Schumann* zweifelt daran, ob die gehaltsabhängige Dynamik generell schon als erdient angesehen werden kann. Die zukünftigen Gehaltssteigerungen hingen davon ab, ob der Arbeitnehmer überhaupt höher qualifizierte und damit besser bezahlte Tätigkeiten im Unternehmen übernehme. Im Zeitpunkt der Neuregelung stehe aber noch gar nicht fest, ob der Arbeitnehmer einen solchen beruflichen Aufstieg erreichen könne[623]. Es sei schwer nachvollziehbar, warum der Arbeitnehmer in der Vergangenheit etwas verdienen könne, auf dessen Realisierung in der Zukunft kein Anspruch, sondern nur eine Hoffnung bestehe[624]. Die gehaltsabhängige Dynamik sei daher erst dann verdient, wenn es tatsächlich zu Gehaltssteigerungen gekommen sei; bis zu diesem Zeitpunkt handele es sich um eine bloße Erwerbsaussicht[625].

Hanau/Preis[626] differenzieren zwischen Eingriffen in die leistungsabhängige Dynamik und Eingriffen in die leistungsunabhängige Dynamik. Da der Arbeitnehmer in der Vergangenheit in der berechtigten Erwartung gearbeitet habe, sein zur Zeit erdienter Anwartschaftswert werde dynamisiert, müsse die Dynamik, soweit sie nicht auf der zukünftigen beruflichen Entwicklung beruhe, einen weitgehenden Bestandsschutz genießen. Bei Eingriffen in diese leistungsunabhängige Dynamik könnten daher triftige Gründe gefordert werden. Bei der Dynamisierung seien aber nur solche Steigerungen zu berücksichtigen, die einer Anpassung an den allgemeinen Lebensstandard dienen; maßgebend solle die Lohn- bzw. Gehaltsstufe sein und bleiben, in welcher der Arbeitnehmer im Zeitpunkt der Änderung der Versorgungsregelung eingestuft war. Hingegen sei die leistungsabhängige Dynamik, also die Gehaltsentwicklung, die erst durch den beruflichen Aufstieg des Arbeitnehmers begründet wird, zum Zeitpunkt der Neuregelung noch nicht erdient. Insoweit müßten sachliche Gründe für eine Anpassung ausreichen.

---

zungskassen, ders., ZfA 1989, 1, 28.

622 Loritz, ZfA 1989, 28.

623 Schumann, ZIP 1987, 137, 146.

624 Schumann, FS Ahrend, S. 221, 224.

625 Blomeyer, Anmerkung zu BAG, Urteil v. 23.04.1985, SAE 1986, 98, 100; Loritz, Anmerkung zu BAG, Urteil v. 17.04.1985, AP Nr. 4 zu § 1 BetrAVG Unterstützungskassen, ders., ZfA 1989, 1, 28; Schumann, DB 1990, 2166.

626 Hanau/Preis, RdA 1988, 65, 79 ff.; sich der Argumentation von Hanau/Preis anschließend: Höfer, BetrAVG, ART Rn. 582.

c) Schutz der „dienstzeitabhängigen Dynamik“

Der Schutz der „dienstzeitabhängigen Dynamik“ ist nur selten Gegenstand ausführlicher Kritik. Soweit in der Literatur überhaupt näher auf diese Frage eingegangen wird, erschöpft sich die Begründung meist in einem knappen Verweis auf den Vertrauensschutz. Der Arbeitnehmer dürfe sich darauf verlassen, daß die ihn betreffende Versorgungsregelung nur insoweit abgeändert werde, wie es im Interesse des Betriebes erforderlich und zweckmäßig sei[627].

Demgegenüber tritt *v.Hoyningen-Huene* für eine freie Veränderbarkeit der noch nicht erdienten Zuwachsraten ein[628]. Es bestünde kein schützenswertes Vertrauen der Arbeitnehmer, daß ihnen zukünftig nur günstigere, nicht aber ungünstigere Rechtspositionen eingeräumt werden. Auch ohne sachlichen Grund könne daher durch Betriebsvereinbarung ausgeschlossen werden, daß in der Zukunft Versorgungsanwartschaften für die Arbeitnehmer entstehen[629]. Auch *Blomeyer* bezweifelt die Berechtigung des Schutzes erst zukünftig zu erdienender Anwartschaften. Kollektive Regelungen besäßen eine gewisse „Flüchtigkeit“, die sich vor allem aus der permanenten Möglichkeit der Betriebspartner abweichende Regelungen zu treffen ergebe[630]. Kein Arbeitnehmer könne heute mehr davon ausgehen, daß er seinen Arbeitsplatz beim gleichen Arbeitgeber bis zum Eintritt des Versorgungsfalles behält. Daher sei die Frage zu stellen, „ob die vom BAG seit langem vertretene Meinung, ablösende Betriebsvereinbarungen dürften Zuwachsraten nur bei Vorliegen eines sachlichen Grundes beseitigen oder kürzen, noch aufrecht zu erhalten ist“[631].

Im übrigen wird der Schutz der Möglichkeit, durch zukünftige Betriebstreue weitere Versorgungsanwartschaften zu erdienen, vor allem im Zusammenhang mit der Kündigung von Betriebsvereinbarungen über betriebliche Alterversorgung diskutiert. Hier hängt der Bestandsschutz davon ab, welche Wirkungen der Kündigung der Betriebsvereinbarung beigemessen werden[632]. Für den Bestands-

---

[627] Reuter, gemeinsame Anmerkung zu BAG, Beschluß v. 08.12.1981 u. zu BAG, Urteil v. 08.12.1981, SAE 1983, 201, 203 f.; Steinmeyer, Altersversorgung, S. 109.

[628] BB 1992, 1640, 1644.

[629] v. Hoyningen-Huene, BB 1992, 1640, 1644.

[630] Blomeyer, Anmerkung zu BAG, Urteil v. 17.08.1999, SAE 2000, 225, 231.

[631] Blomeyer, Anmerkung zu BAG, Urteil v. 17.08.1999, SAE 2000, 225, 236 unter Hinweis auf v.Hoyningen-Huene, BB 1992, 1640, 1644; Blomeyer, FS Ostheim, S. 517 ff. (zur Parallelproblematik beim vorbehaltenen Widerruf von Pensionszusagen).

[632] hierzu BAG, Urteil v. 18.04.1989, AP Nr. 2 zu § 1 BetrAVG Betriebsvereinbarung; BAG, Beschluß v. 10.03.1992, AP Nr. 5 zu § 1 BetrAVG Betriebsvereinbarung; BAG, Urteil v. 26.08.1997, AP Nr. 27 zu § 1 BetrAVG Ablösung; BAG, Urteil v. 11.05.1999,AP Nr. 6 zu § 1 BetrAVG Betriebsvereinbarung (mit Anmerkung Käppler) = RdA 2000, 365 (mit Anmerkung Blomeyer/Vienken); BAG, Urteil v. 17.08.1999, SAE 2000, 225 (mit Anmerkung

schutz gegenüber nachfolgenden Betriebsvereinbarungen lassen sich aus dieser Diskussion jedoch kaum Rückschlüsse ziehen.

8. Stellungnahme

Das vom Bundesarbeitsgericht rechtsfortbildend entwickelte „Drei-Stufen-Modell" ist daran zu messen, ob es mit den in dieser Arbeit entwickelten Grenzen der Betriebsvereinbarungsautonomie in Einklang zu bringen ist. Hiernach unterliegen ablösende Betriebsvereinbarungen grundsätzlich keinen engeren Schranken als ablösende Tarifverträge. Sofern sie in grundrechtlich geschützte Rechtspositionen der Arbeitnehmer eingreifen, haben sie das Übermaßverbot zu beachten. Weiterhin müssen die Betriebspartner dem Vertrauensschutz der Arbeitnehmer in Gestalt der Rückwirkungsgrundsätze Rechnung tragen. Eine darüber hinausgehende Inhalts- oder Billigkeitskontrolle findet nicht statt.

a) Schutz der erdienten Versorgungsanwartschaften

aa) Eingriff in grundrechtlich geschützte Rechtspositionen nur unter Beachtung des Übermaßverbots

Zweifellos müssen die bereits erdienten Versorgungsanwartschaften einen weitgehenden Bestandsschutz genießen. Dieser folgt allerdings nicht schon aus der Lehre *Sieberts* vom „kollektivfreien Individualbereich"; ein absoluter Bestandsschutz gewordener Individualrechte ist abzulehnen[633]. Ebensowenig ergibt sich die Unwirksamkeit verschlechternder Betriebsvereinbarungen daraus, daß die Neuregelung zu einer ausschließlichen Belastung der Arbeitnehmer führt. Eine derartige starre Schranke gegenüber belastenden Betriebsvereinbarungen ist nicht anzuerkennen. Ohnehin sehen selbst die Vertreter der Schutzzwecklehre für nachfolgende Betriebsvereinbarungen eine Ausnahme von der Regel der Unzulässigkeit ausschließlich belastender Betriebsvereinbarungen vor[634]. Weiterhin kann der Bestandsschutz bei einer durch Betriebsvereinbarung geregelten betrieblichen Altersversorgung auch nicht unmittelbar auf den Grundsatz „pacta sunt servanda" gestützt werden, da die Arbeitnehmer nicht Partei der Betriebsvereinbarung sind und die Betriebsvereinbarung nicht

---

Blomeyer) = ZIP 2000, 850 (mit Anmerkung Strick); BAG, Beschluß v. 21.08.2001, AP Nr. 8 zu § 1 BetrAVG Betriebsvereinbarung; BAG, Urteil v. 18.09.2001, AP Nr. 34 zu § 1 BetrAVG Ablösung (mit Anmerkung Feuerborn); Hanau/Preis, NZA 1991, 81 ff.; Lieb, gemeinsame Anmerkung zu BAG, Urteil v. 12.08.1982 und BAG, Beschluß v. 08.12.1982, SAE 1983,130, 134; Reichold, GS Blomeyer, S. 275 ff.; Roßmanith, DB 1999, 634 ff..

[633] siehe oben § 8, I, 3.

[634] siehe oben § 9, I.

Bestandteil des Arbeitsvertrages wird, sondern gemäß § 77 Abs. 4 S. 1 BetrVG normativ wirkt[635]. Auch sind Eingriffe in erdiente Anwartschaften der betroffenen Arbeitnehmer nicht unmittelbar an Art. 14 Abs. 1 GG zu messen. Die Betriebspartner unterliegen keiner unmittelbaren Grundrechtsbindung[636].

Die Freiheitsgrundrechte, zu denen auch das Grundrecht aus Art. 14 Abs. 1 GG gehört, sind jedoch (mittelbar) über § 75 Abs. 2 S. 1 BetrVG geschützt[637]. Zum Kreis der Eigentumsrechte im Sinne von Art. 14 Abs. 1 GG gehören auch diejenigen Anwartschaftsteile, die der Arbeitnehmer durch seine Arbeitsleistung bzw. Betriebstreue erdient hat[638]. Bei diesen handelt es sich nicht mehr nur um bloße in der Zukunft liegende Chancen und Verdienstmöglichkeiten[639].

Diese Wertung entspricht der Rechtsprechung des Bundesverfassungsgerichts zum Schutz gesetzlicher Rentenanwartschaften. Das Bundesverfassungsgericht hat Anwartschaften aus der gesetzlichen Rentenversicherung dem Schutz des Art. 14 Abs. 1 GG unterstellt. Dabei stützt es den Eigentumsschutz der Rentenanwartschaft auf die persönliche Arbeitsleistung des Berechtigten, die das fehlende Element der Privatnützigkeit kompensiere. Ob die weiteren rechtlichen Voraussetzungen der Rentenanwartschaft, insbesondere die Wartezeit, erfüllt sind, ist hiernach unerheblich[640]. Dementsprechend sind auch privatrechtliche Anwartschaften aus dem Arbeitsverhältnis dem Schutzbereich des Art. 14 Abs. 1 GG zuzuordnen, sofern sie auf einer Leistung des Arbeitnehmers beruhen[641]. Eingriffe in erdiente Versorgungsanwartschaften sind am Grundsatz der Verhältnismäßigkeit zu messen. Insoweit ist zunächst zu prüfen, ob die

---

635 Feuerborn, Sachliche Gründe, S. 510.

636 siehe oben § 6, I.

637 siehe oben § 6, II.

638 BAG, Urteil v. 17.01.1980, AP Nr. 185 zu § 242 BGB Ruhegehalt unter 2 der Gründe; BAG, Urteil v. 17.04.1985, AP Nr. 4 zu § 1 BetrAVG Unterstützungskassen (mit Anmerkung Loritz) unter B II 3 c (3) der Gründe; Blomeyer, gemeinsame Anmerkung zu den Urteilen des BAG, v. 17.04.1985 und v. 23.04.1985, SAE 1986, 98, 99; Blomeyer/Otto, BetrAVG, Einl. Rn. 606; Rech, Nachwirkung, S. 121 ff.; Reuter, Anmerkung zu BAG, Urteil v. 17.03.1987, SAE 1987, S. 281 ff., 286; ders., gemeinsame Anmerkung zu BAG, Beschluß v. 08.12.1981 u. zu BAG, Urteil v. 08.12.1981, SAE 1983, 201, 203; Schumann, ZIP 1987, 137, 145; Steinmeyer, Altersversorgung, S. 115.

639 BVerfG Beschluß v. 31.10.1984, BVerfGE 68, 193, 222.

640 BVerfG Urteil v. 28.02.1980, BVerfGE 53, 257, 288 ff..

641 Blomeyer, gemeinsame Anmerkung zu den Urteilen des BAG v. 17.04.1985 und v. 23.04.1985, SAE 1986, 98, 99; Blomeyer/Otto, BetrAVG, Einl. Rn. 606; Florig, Abdingbarkeit, S. 163 f.; Rech, Nachwirkung, S. 121 ff.; Reuter, Anmerkung zu BAG, Urteil v. 17.03.1987, SAE 1987, S. 281 ff., 286; ders., gemeinsame Anmerkung zu BAG, Beschluß v. 08.12.1981 u. zu BAG, Urteil v. 08.12.1981, SAE 1983, 201, 203; Schumann, ZIP 1987, 137, 145; Steinmeyer, Altersversorgung, S. 115.

Anpassung geeignet und erforderlich ist, um das angestrebte Ziel zu erreichen. Dabei ist der Prognose- und Beurteilungsspielraum der Betriebspartner zu beachten; zur Gewährleistung dieses Spielraums ist die gerichtliche Kontrolle auf eine Evidenzkontrolle zurückzuführen[642]. Eine Betriebsvereinbarung ist erst dann unwirksam, wenn die in der Betriebsvereinbarung getroffene Regelung offensichtlich ungeeignet ist bzw. eindeutig feststeht, daß ein anderes Mittel den Regelungszweck in gleicher Weise mit geringeren Nachteilen für die Betroffenen erreichen kann. Die Erforderlichkeit eines Eingriffs in die bereits erdienten Anwartschaften kann beispielsweise dann zu verneinen sein, wenn eine angestrebte Kostenreduzierung auch durch Eingriffe in die nicht erdienten Anwartschaften oder die Anwartschaftsdynamik erreicht werden kann[643]. Schließlich muß der Eingriff verhältnismäßig i.e.S. sein.

bb) Berücksichtigung des Vertrauensschutzes bei Prüfung der Verhältnismäßigkeit i.e.S.

Sind – wie beim Eingriff in erdiente Anwartschaften – neben dem Vertrauen der Normunterworfenen auch grundrechtlich geschützte Positionen betroffen, ist der Gesichtspunkt des Vertrauensschutzes auf der Stufe der Verhältnismäßigkeit im engeren Sinne zu berücksichtigen, so daß sich beide rechtsstaatlichen Prinzipien verbinden[644].

Insoweit ist zunächst festzustellen, daß es sich bei der Änderung von Versorgungszusagen hinsichtlich noch nicht entstandener Versorgungsansprüche nicht um eine echte Rückwirkung handeln kann[645]. Der Erwerb von Versorgungsanwartschaften ist ein auf die Zukunft gerichteter Tatbestand, nämlich Vorstufe des Anspruchs auf den Bezug eines betrieblichen Ruhegelds als Ruheständler. Durch die Änderung der Versorgungszusage wird die Erstarkung der Anwartschaft zum Vollrecht verhindert.

Allein in Betracht kommt damit ein Fall der unechten Rückwirkung. Eine solche liegt vor, wenn eine Rechtsnorm auf gegenwärtige, noch nicht abgeschlossene Sachverhalte und Rechtsbeziehungen einwirkt und dadurch eine Rechtsposition nachträglich entwertet[646]. Diese Voraussetzungen sind beim Eingriff in bereits

---

642 siehe oben § 7, II, 2.

643 Hanau/Preis, NZA 1991, 81, 93.

644 BVerfG Beschluß v. 15.05.1995, BVerfGE 92, 277, 344; Rensmann, JZ 1999, 168, 169; Sommermann in: v. Mangoldt/Klein/Starck, GG II, Art. 20 Abs. 3, Rn 286.

645 vgl. BAG, Urteil v. 12.03.1996, AP Nr. 1 zu § 3 RuhegeldG Hamburg; BVerfG Beschluß v. 03.12.1998, NZA-RR 1999, 204, 205 (zur Verfassungskonformität des 9. Änderungsgesetzes des Hamburger Ruhegelgesetzes).

646 BVerfG Beschluß v. 15.10.1996, BVerfGE 95, 64, 86; BAG, Urteil v. 15.11.2000, BAGE 96, 249, 256; BAG, Urteil v. 29.10.2002, RdA 2003, 290 ff. (mit Anmerkung Feuerborn).

erdiente Anwartschaften erfüllt. Die Zusage des Arbeitgebers, den Arbeitnehmer entsprechend dem Versorgungswerk zu versorgen, ist Teil der vereinbarten Gegenleistung. Der Arbeitnehmer erbringt im Vertrauen auf das Versorgungsversprechen des Arbeitgebers über lange Zeit Vorleistungen. Unabhängig davon, ob man das Ruhegeld zur vereinbarten Vergütung im Sinne des § 611 Abs. 1 BGB zählt[647] oder als Entgelt für die geleistete Betriebstreue ansieht[648], würde durch eine Kürzung des erdienten Teilwerts dem Arbeitnehmer die entgeltwerte Gegenleistung entzogen werden[649]. Durch den Eingriff in bereits erdiente, noch verfallbare Anwartschaften werden also Dispositionen der Vergangenheit, nämlich die vom Arbeitnehmer in Form der Arbeitsleistung bzw. Betriebstreue im Vertrauen auf die vorangehende Versorgungszusage erbrachte Gegenleistung, entwertet. Die damit vorliegende unechte Rückwirkung ist unzulässig, wenn das Vertrauen des einzelnen das betriebliche Interesse an einer rückwirkenden Änderung überwiegt[650]. Hiervon ist aus den genannten Gründen im Regelfall auszugehen. Durch seine Vorleistung hat der Arbeitnehmer eine irreversible Vertrauensinvestition getätigt; „gelebtes Leben läßt sich nicht rückabwickeln"[651]. Vielfach wird die private Vorsorge in Erwartung der Betriebstreue vernachlässigt worden sein. Ein Eingriff in die bereits erdienten Versorgungsanwartschaften kann daher nur in eng begrenzten Ausnahmefällen – bei Vorliegen „zwingender Gründe" – zulässig sein. Dabei kommt es nicht darauf an, ob die verschlechternde Betriebsvereinbarung in verfallbare oder unverfallbare Anwartschaften eingreift. Die Vorschriften der §§ 1 und 2 BetrAVG betreffen die inhaltliche Kontrolle von Versorgungsvereinbarungen und schränken die Wirksamkeit der Verfallklausel ein. Damit verschaffen sie der Versorgungsanwartschaft nur insoweit eine andere Qualität, als sie trotz anderslautender Vereinbarung bei vorzeitigem Ausscheiden aufrechterhalten bleibt[652]. Für die Beurteilung des Bestandsschutzes passen die für die Unverfallbarkeit geltenden Maßstäbe nicht. Für diesen ist vielmehr entscheidend, daß die

---

[647] Steinmeyer, Betriebliche Altersversorgung, S. 49 ff.; ders., in: ErfK BetrAVG Vorb. Rn 10; vgl. auch Lieb, ZfA 1996, 319, 323.

[648] BAG, Urteil 05.07.1979, AP Nr. 9 zu § 242 BGB Ruhegehalt-Unterstützungskassen (mit Anmerkung Blomeyer); BAG, Urteil v. 26.08.1997, AP Nr. 27 zu § 1 BetrAVG Ablösung 8mit Anmerkung Rolfs) unter B III 2 b cc der Gründe; BAG, Urteil v. 09.12.1997, AP Nr. 40 zu § 1 BetrAVG Gleichbehandlung, unter B II 2 a der Gründe; BAG, Urteil v. 11.05.1999, AP Nr. 6 zu § 1 BetrAVG Betriebsvereinbarung (mit Anmerkung Käppler) unter III 2 a der Gründe; Blomeyer/Otto, BetrAVG, Einleitung, Rn. 48; Wackerbarth, Entgelt, S. 41 ff..

[649] Feuerborn, Sachliche Gründe, S. 492; Griebeling, FS Ahrend, S. 208, 210; ders., ZIP 1993, 1055, 1059; Heither, RdA 1993, 72, 73; Steinmeyer, Betriebliche Altersversorgung, S. 96.

[650] Siehe oben § 8, I, 1, b.

[651] Griebeling, FS Ahrend, S. 208, 212.

[652] Schulin, DB 1984, Beil. 10, S. 7 f.; Steinmeyer, Altersversorgung, S. 100.

Arbeitnehmer auch hinsichtlich der noch verfallbaren Anwartschaften bereits die ihnen obliegende Gegenleistung in Form von Betriebstreue bzw. Arbeitsleistung erbracht haben. Der Entgeltcharakter setzt nicht erst mit Unverfallbarkeit ein[653].

Eine nach diesen Grundsätzen geschützte Rechtsposition kann allerdings nicht entstehen, wenn das Vertrauen der Arbeitnehmer in den Fortbestand der bisherigen Versorgungsregelung – beispielsweise durch entsprechende Ankündigungen des Arbeitgebers oder der Betriebspartner[654] – bereits vor deren Änderung beseitigt wurde. In einem solchen Fall ist eine rückwirkende Regelung bis zu dem Zeitpunkt, in dem die Arbeitnehmer mit einer Änderung rechnen mußten, auch ohne Vorliegen eines zwingenden Grundes möglich.

b) Schutz der „erdienten Dynamik"

Dispositionen der Vergangenheit werden auch entwertet, wenn die nachfolgende Betriebsvereinbarung die vorgesehene Dynamisierung der erdienten Anwartschaften beseitigt oder kürzt. Die zugesagte Gegenleistung des Arbeitgebers würde teilweise durch die nicht ausgeglichene Inflation aufgezehrt. Insoweit liegt also auch bei Eingriffen in die sog. „erdiente Dynamik" eine unechte Rückwirkung vor, zu deren Beurteilung das Vertrauen der Arbeitnehmer am Fortbestand der Dynamik mit dem betrieblichen Anpassungsinteresse abzuwägen ist.

Von einem schutzwürdigen Vertrauen der Arbeitnehmer kann allerdings nicht die Rede sein, sofern die Dynamisierung der Versorgungsanwartschaften vom nicht voraussehbaren beruflichen Aufstieg des Arbeitnehmers abhängt[655]. Derartige Erhöhungen beruhen auf dem weiteren Verhalten des Arbeitnehmers, insbesondere seinem Verbleib im Betrieb und seinen weiteren Leistungen. Ist der Anstieg des Gehalts derart karrierebedingt, erfüllt die gehaltsabhängige Dynamik lediglich den Zweck einer Anpassung an den gestiegenen individuellen Lebensstandard.

Anders zu beurteilen ist diejenige Dynamik, die einer Anpassung an den allgemeinen Lebensstandard dient und damit einer Entwertung der zum Zeitpunkt der Neuregelung erdienten Teilanwartschaften entgegenwirken soll. Zwar bezieht sich die dynamische Regelung nicht auf das allgemein gezahlte Arbeitsentgelt, sondern allein auf das individuelle Endgehalt. Eine Anpassung an den allgemeinen Lebensstandard wird aber insofern erreicht, als das indivi-

---

[653] Griebeling, NZA Beilage 3/1989, 26, 32.

[654] vgl. BAG, Urteil v. 18.09.2001, AP Nr. 34 zu § 1 BetrAVG Ablösung (mit Anmerkung Feuerborn) = SAE 2003, 221 ff. (mit Anmerkung Steinmeyer); BAG, Urteil v.11.12.2001, AP Nr. 36 zu § 1 BetrAVG Ablösung = RdA 2004, 48, 52 f. (mit Anmerkung Caspers).

[655] Hanau/Preis, RdA 1988, 65, 79; Schumann, ZIP 1987, 137, 146.

duelle Gehalt die allgemeine Gehaltsentwicklung nachvollzieht. Auf eine solche Dynamisierung der Anwartschaften entsprechend den vom beruflichen Aufstieg unabhängigen Gehaltssteigerungen kann der Arbeitnehmer vertrauen. Die dynamischen Bestimmungsfaktoren der Ruhegeldberechnung ergeben sich unmittelbar aus der Versorgungszusage und sind in ihrem Rechtsgrund bereits mit deren Abgabe angelegt. Der Arbeitnehmer erbringt seine vertragsgemäße Gegenleistung in der berechtigten Erwartung, sein Ruhegehalt werde an die Gehaltsentwicklung angepaßt. Ein Eingriff in diese Dynamik würde die bereits erdienten Teilanwartschaften entwerten. Zwar kann der Arbeitnehmer nicht auf Lohnsteigerungen in der Zukunft vertrauen[656], wohl aber auf die Ankoppelung der Rentenhöhe an die (nicht vorhersehbare) Entwicklung des Arbeitsentgelts. Kürzungen des Arbeitsentgelts können sich auch negativ auf die Höhe des Anwartschaftswertes auswirken[657].

Im Ergebnis kann daher im Anschluß an *Hanau/Preis*[658] zwischen leistungsabhängiger und leistungsunabhängiger Dynamik unterschieden werden. Bei Eingriffen in letztere werden Dispositionen der Vergangenheit, nämlich die erbrachte Arbeitsleistung bzw. Betriebstreue, nachträglich entwertet, indem die zugesagte Dynamisierung ausbleibt. Die damit vorliegende unechte Rückwirkung ist unzulässig, wenn das schutzwürdige Vertrauen der Arbeitnehmer die betrieblichen Interessen an der Änderung der Versorgungszusage überwiegt.

Ein solches Übergewicht des Vertrauens der Arbeitnehmer kann grundsätzlich bis zum Vorliegen triftiger Gründe angenommen werden kann. Die Voraussetzung des triftigen Grundes trägt der Charakteristik der gehaltsabhängigen Dynamik als Zwischenstufe zwischen den bereits erdienten Teilbeträgen und den noch zu erdienenden zeitabhängigen Steigerungsbeträgen Rechnung. Sie wird dem Vertrauen des Arbeitnehmers in die dynamische Ruhegehaltsentwicklung auf der einen Seite und der Ungewißheit hinsichtlich der tatsächlichen Gehaltsentwicklung auf der anderen Seite gerecht.

c) Kein Schutz vor rein zukunftsbezogenen Anpassungen der Versorgungszusage

Die leistungsabhängige „erdiente Dynamik" ist ebenso zu behandeln wie die übrigen dienstzeitabhängigen Steigerungsraten. Wegen deren Zukunftsbezogenheit stellt sich die Frage, ob eine auf dieser Stufe eingreifende Betriebsvereinbarung überhaupt Einschränkungen nach Maßgabe des Übermaßverbots und des Vertrauensschutzes unterliegt.

---

656 Loritz, Anmerkung zu BAG, Urteil v. 17.04.1985, AP NR. 4 zu § 1 BetrAVG Unterstützungskassen.

657 Hanau/Preis, RdA 1988, 65, 79.

658 RdA 1988, 65, 79 ff..

aa) Kein Eingriff in grundrechtlich geschützte Rechtspositionen

Wie dargestellt setzt eine Prüfung anhand des Verhältnismäßigkeitsgrundsatzes entscheidend voraus, daß eine grundrechtlich geschützte Rechtsposition des Versorgungsberechtigten besteht. Die klassische Funktion des Verhältnismäßigkeitsprinzips als Eingriffsschranke bei hoheitlichem Handeln des Gesetzgebers, wenn dieser in Freiheits- bzw. Eigentumsrechte des Bürgers eingreift, besteht im Schutz von Rechten, die der Eingriffsadressat bereits zur Zeit des Eingriffs innehat[659]. Der Grundsatz der Verhältnismäßigkeit kann nicht auf alle auf die Änderung eines bestehenden Zustandes abzielenden Maßnahmen angewandt werden, sondern nur dort Bedeutung erlangen, wo die Betriebspartner aufgrund ihrer vom Gesetzgeber zugelassenen Normsetzungsbefugnis in bereits bestehende Rechtspositionen eingreifen[660]. Einfluß auf die zukünftige Gestaltung von Ansprüchen kann die Verhältnismäßigkeit nicht haben.

Der dritte Senat spricht auch auf der dritten Stufe des „Drei-Stufen-Modells" von einem „Besitzstand" der Arbeitnehmer[661], den er in einem weiten Sinn versteht als „rechtlich geschützte Position, die auf Dauer angelegt ist, die also ungeachtet der weiteren Entwicklung im Zeitablauf fortbestehen soll"[662]. Eine eigentumsähnliche, mittelbar über § 75 Abs. 2 S. 1 BetrVG geschützte Position der Arbeitnehmer kann aber hinsichtlich der erst zukünftig zu erdienenden Anwartschaften nicht festgestellt werden. Bei diesen handelt es sich vielmehr um in der Zukunft liegende bloße Chancen oder Erwerbsmöglichkeiten, die nicht dem Schutz des Art. 14 Abs. 1 GG unterliegen[663]. Die „dienstzeitabhängige Dynamik" ist vom Arbeitnehmer erst noch in der – ungewissen – Zukunft zu erdienen.

Entgegen der Terminologie des dritten Senats geht es damit bei Eingriffen auf der dritten Stufe des „Drei-Stufen-Modells" nicht um eine Besitzstandsfrage, sondern um das Festhalten des Arbeitgebers an einer einmal freiwillig gemachten Zusage. Lediglich das Austauschverhältnis zwischen künftiger Betriebstreue bzw. Arbeitsleistung und Versorgungszusage wird verändert. Da nicht in bestehende Rechtspositionen der Arbeitnehmer eingegriffen wird, ist die

---

[659] Loritz, RdA 1991, 65, 67 f..

[660] Kreutz in: GK BetrVG, § 77 Rn. 306, 321ff.; Loritz, RdA 1991, 65, 67 f.; Sommer, Kündigung, S. 69 f..

[661] BAG, Urteil v. 21.01.1992, AP NR. 24 zu § 1 BetrAVG Ablösung; BAG, Urteil v. 16.07.1996; BAG, Urteil v. 18.09.2001, NZA 2002, 1164, 1168.

[662] BAG, Urteil v. 22.09.1987, AP Nr. 5 zu § 1 BetrAVG Besitzstand; hierzu Leinemann, BB 1989, 1905, 1905 f..

[663] vgl. BVerfG Beschluß v. 31.10.1984, BVerfGE 68, 193, 222; BVerfG Beschluß v. 09.01.1991, BVerfGE 83, 201, 211.

Einschränkung dienstzeitabhängiger Steigerungsraten nicht am Grundsatz der Verhältnismäßigkeit zu messen.

bb) Kein schutzwürdiges Vertrauen in den unveränderten Fortbestand der Versorgungszusage

Ein Schutz der Betroffenen vor der Abschaffung einer begünstigenden Norm für die Zukunft kann sich also allein aus Vertrauensschutzgrundsätzen ergeben. Zwar führen auch diese Grundsätze letztlich zu einer Interessenabwägung zwischen Vertrauen und verfolgtem Zweck; Voraussetzung einer solchen Prüfung ist aber, daß überhaupt ein schützenswertes Vertrauen vorliegt.

Eine typisierende Vertrauenslage in Gestalt der (unechten) Rückwirkung ist bei einem Eingriff in die dienstzeitabhängige Dynamik nicht gegeben. Die unechte Rückwirkung setzt voraus, daß eine Rechtsposition der Arbeitnehmer nachträglich entwertet wird; Rückwirkung liegt nur vor bei einer Anknüpfung an einen (auch) in der Vergangenheit liegenden Sachverhalt[664]. Durch Eingriffe in die dienstzeitabhängige Dynamik wird jedoch allein die Möglichkeit durch zukünftige Betriebstreue bzw. Arbeitsleistung Steigerungsbeträge zu erwerben beeinträchtigt, so daß eine unechte Rückwirkung nicht festzustellen ist.

Mit dieser Feststellung ist allerdings noch nicht jeder Vertrauensschutz ausgeschlossen. Vertrauensschutz kann auch außerhalb der Rückwirkungsproblematik eine Rolle spielen. Wie dargestellt[665], steht jedoch der Rechtsetzung durch Betriebsvereinbarung in der Regel ein Vertrauensschutz der Arbeitnehmer nicht entgegen, sofern es sich um eine rein zukunftsbezogene Neuregelung handelt. Andernfalls würde die Gestaltungsfreiheit der Betriebspartner unzulässig verkürzt. Dies entspricht der Rechtsprechung des Bundesverfassungsgerichts zur staatlichen Gesetzgebung, der zufolge der Bürger grundsätzlich nicht darauf vertrauen kann, daß eine günstige Gesetzeslage unverändert bleibt[666]. Beispielsweise schützt die Verfassung nicht „die bloße Erwartung, das geltende Steuerrecht werde fortbestehen, und zwar auch dann nicht, wenn die Betroffenen bei ihren Dispositionen in der Regel von den bisherigen niedrigen Steuersätzen ausgegangen sind“[667]. Das Vertrauen auf den unveränderten Fortbestand einer Betriebsvereinbarung ist wegen der Abhängigkeit vom Willen der Betriebspartner eher noch stärker eingeschränkt, als das Vertrauen in den Fortbestand einer

---

664 BVerfG Beschluß v. 22.03.1983, BVerfGE 63, 343, 356; BVerfG Beschluß v. 14.05.1986, BVerfGE 72, 200, 241; BVerfG Beschluß v. 08.06.1988, BVerfGE 78, 249, 283 f..

665 siehe oben § 8, I.

666 BVerfG Beschluß v. 17.07.1974, BVerfGE 38, 61, 83; BVerfG Beschluß v. 31.10.1984, BVerfGE 68, 193, 222; BVerfG Beschluß v. 12.03.1996, BVerfGE 94, 241, 258.

667 BVerfG Beschluß v. 17.07.1974, BVerfGE 38, 61, 83.

günstigen Gesetzeslage. Nur wenn ein besonderer Vertrauenstatbestand begründet wäre, könnten daher – der Rechtsprechung des Bundesverfassungsgerichts zur staatlichen Gesetzgebung[668] entsprechend – die Regeln zur unechten Rückwirkung Anwendung finden, so daß eine Interessenabwägung stattfinden müßte.

Ein solcher besonderer Vertrauenstatbestand liegt hinsichtlich der erst in der Zukunft zu erdienenden Versorgungsanwartschaften in der Regel nicht vor. Weder mit dem unveränderten Bestand der Betriebsvereinbarung, noch mit dem zukünftigen Bestand des Arbeitsplatzes kann der Arbeitnehmer rechnen. Bei der betrieblichen Altersversorgung handelt es sich um eine freiwillige Leistung des Arbeitgebers. Die sie regelnden Betriebsvereinbarungen unterliegen der Gestaltungsmacht der Betriebspartner. Demzufolge muß der Arbeitnehmer jederzeit damit rechnen, daß Arbeitgeber und Betriebsrat das System der betrieblichen Altersversorgung durch eine nachfolgende Betriebsvereinbarung ändern[669]. Angesichts eines immer flexibler werdenden Arbeitsmarktes kann heute auch kein Arbeitnehmer mehr darauf vertrauen, daß er seinen Arbeitsplatz beim gleichen Arbeitgeber bis zum Eintritt des Versorgungsfalles behält[670]. Schließlich kann sich der Arbeitnehmer auch im Falle der Insolvenz – anders als bei erdienten Anwartschaften (§ 7 Abs. 1 und Abs. 2 BetrAVG) – nicht auf den Schutz der dienstzeitabhängigen Dynamik verlassen[671].

Im Ergebnis kann daher ein schutzwürdiges Vertrauen der Arbeitnehmer in den Erhalt der Möglichkeit, durch zukünftige Betriebstreue bzw. Arbeitsleistung weitere Versorgungsanwartschaften zu erdienen, nur dann ausnahmsweise festgestellt werden, wenn die Betriebspartner selbst – beispielsweise durch Eingehen einer zeitlichen Bindung – dieses Vertrauen begründen. Mangels eines Eingriffs in rechtlich geschützte Positionen bzw. in berechtigtes Vertrauen der Arbeitnehmer bleibt ansonsten kein Raum für die Einschränkung der Abänderungsbefugnis der Betriebspartner durch die Grundsätze der Verhältnismäßigkeit und des Vertrauensschutzes.

---

[668] siehe oben § 8, I, 1, c.

[669] Loritz, RdA 1991, 65, 70.

[670] Blomeyer, Anmerkung zu BAG, Urteil v. 17.08.1999, SAE 2000, 225, 236.

[671] Nach einer im Vordringen befindlichen Auffassung genießen dienstzeitabhängige Steigerungsraten daher keinen Vertrauensschutz gegenüber einer Kündigung der Betriebsvereinbarung: Blomeyer, Anmerkung zu BAG, Urteil v. 17.08.1999 SAE 2000, 225, 236; Käppler, Anmerkung zu BAG, Urteil v. 11.05.1999, AP Nr. 6 zu § 1 BetrAVG Betriebsvereinbarung; Reichold, GS Blomeyer, S. 275, 294 ff.; Strick, Anmerkung zu BAG, Beschluß v. 17.08.1999, ZIP 2000, 855, 858 f..

cc) Vergleich mit dem Bestandsschutz bei sonstigen freiwilligen Leistungen des Arbeitgebers

Diese Einschätzung läßt sich mit einem Blick auf die Lage bei sonstigen Sonderleistungen stützen. Obwohl es das Bundesarbeitsgericht nicht für ausgeschlossen hält, die für Versorgungsansprüche entwickelten Regeln auch auf andere Sozialleistungen zu übertragen[672], wird für diese hinsichtlich noch nicht erdienter Leistungen kein Bestandsschutz gewährt[673]. Insoweit besäßen die Arbeitnehmer „keine geschützte Rechtsposition“[674]. Bis zum Stichtag hätten sie „noch keinen rechtlich geschützten Besitzstand erworben“[675]. Die Arbeitnehmer müßten bis zur (teilweisen) Auszahlung einer Jahresabschlußvergütung damit rechnen, daß die Betriebspartner die von ihnen geschaffene Regelung noch beseitigen und für das laufende Bezugsjahr durch eine andere, ungünstigere Regelung ersetzen. Ein schutzwürdiges Vertrauen könne vor diesem Zeitpunkt nicht entstehen[676].

Es ist kein Grund ersichtlich, warum die Änderung einer – erst in der Zukunft zu erdienenden – dienstzeitabhängigen Dynamik von strengeren Voraussetzungen abhängig sein soll als die Änderung einer Betriebsvereinbarung über Jahressonderleistungen, bei denen der Arbeitnehmer einen Teil der geforderten Betriebstreue bereits erbracht hat. Die Besonderheiten der betrieblichen Altersversorgung rechtfertigen eine solche Ungleichbehandlung zwar hinsichtlich der erdienten Anwartschaften, nicht aber hinsichtlich der zukünftig zu erdienenden Anwartschaften. Nur für erstere läßt sich den Vorschriften des BetrAVG ein besonderer Schutz entnehmen: Gemäß §§ 2 Abs. 1, 7 Abs. 2 BetrAVG sind auch schon vor Eintritt des Versorgungsfalles Anwartschaften bei Ausscheiden des Arbeitnehmers oder Insolvenz des Arbeitgebers geschützt. Diese Regelungen lassen den Schluß darauf zu, daß der Arbeitnehmer – anders als bei sonstigen die Betriebstreue belohnenden Sonderleistungen – Teilanwartschaften erdienen kann. Keine Anhaltspunkte bietet das BetrAVG aber für einen besonderen Schutz der noch nicht erdienten Rechtspositionen. Ein solcher ist auch nicht durch die übrigen Besonderheiten der betrieblichen Altersversorgung bedingt. Insbesondere der Umstand, daß die Betriebliche Altersversorgung während des Arbeitsverhältnisses über Jahre hinweg anwächst, betrifft nicht die erst in der Zukunft erdienbaren Anwartschaften.

---

672 BAG, Beschluß v. 16.09.1986, AP Nr. 17 zu § 77 BetrVG 1972 unter C II 5 der Gründe = SAE 1987, 175 ff. (mit Anmerkung Löwisch); BAG, Urteil v. 29.10.2002, RdA 2003, 290, 293 (mit Anmerkung Feuerborn).

673 hierzu näher unten § 10, II.

674 BAG, Urteil v. 29.10.2002, RdA 2003, 290, 292 (mit Anmerkung Feuerborn).

675 BAG, Urteil v. 29.10.2002, RdA 2003, 290, 292 f. (mit Anmerkung Feuerborn).

676 BAG, Urteil v. 29.10.2002, RdA 2003, 290, 293 (mit Anmerkung Feuerborn).

In seinem Vertrauen auf eine erst noch zu erdienende Dynamik ist der Arbeitnehmer daher nicht schutzwürdiger als in seinem Vertrauen auf den unveränderten Bestand einer anspruchsbegründenden Betriebsvereinbarung bei Eintritt eines Stichtages. Für die Zukunft muß er stets mit einer Änderung oder Kündigung[677] der Betriebsvereinbarung rechnen. Da es sich nur um einen zukunftsbezogenen Eingriff handelt, kann er seine private Vorsorgeplanung entsprechend umstellen. Hierdurch werden auch nicht etwa ältere Arbeitnehmer besonders schwer belastet. Da nur die Möglichkeit im Verlauf der zukünftigen Betriebszugehörigkeit weitere Anwartschaften zu erdienen eingeschränkt wird, trifft die Änderung die älteren Arbeitnehmer sogar weniger hart als die jüngeren, die einen größeren Ausfall durch private Vorsorge kompensieren müssen. Die bis zum Versorgungsfall für die private Vorsorge verbleibende Zeit entspricht daher dem zusätzlichen Versorgungsbedarf.

9. Ergebnis

Nachfolgende verschlechternde Betriebsvereinbarungen im Bereich der betrieblichen Altersversorgung unterliegen der Rechtskontrolle. Diese klärt, ob die Betriebspartner bei Abschluß der Betriebsvereinbarung die ihnen gesetzten materiellen Schranken beachtet haben. Hierzu gehören die Grundsätze der Verhältnismäßigkeit und des Vertrauensschutzes.

Sind – wie beim Eingriff in erdiente Anwartschaften – grundrechtlich geschützte Rechtspositionen der Arbeitnehmer von einer rückwirkenden Regelung betroffen, ist der Gesichtspunkt des Vertrauensschutzes auf der Stufe der Verhältnismäßigkeit im engeren Sinne zu berücksichtigen. Die dabei vorzunehmende Abwägung führt zu dem Ergebnis, daß bereits erdiente Anwartschaften nur in seltenen Ausnahmefällen, aus „zwingenden Gründen" eingeschränkt werden können.

Fehlt es an einem Eingriff in grundrechtlich geschützte Positionen der Arbeitnehmer, kann sich deren Schutz vor einer verschlechternden Neuregelung allein aus Vertrauensschutzgründen ergeben. Zwar führt dies letztlich ebenfalls zu einer Interessenabwägung; Voraussetzung ist aber, daß überhaupt ein schützenswertes Vertrauen der Arbeitnehmer besteht. Ein solches Vertrauen der Arbeitnehmer ist hinsichtlich des Fortbestands der leistungsunabhängigen „dienstzeitunabhängigen Dynamik" regelmäßig gegeben. Die Gegenleistung für erbrachte Betriebstreue bzw. Arbeitsleistung wird durch den Wegfall der Dynamik nachträglich entwertet; es handelt sich um einen Fall der unechten Rückwirkung, die nur aus „triftigen Gründen" zugelassen werden kann.

---

677 Ob diese die Möglichkeit der bereits begünstigten Arbeitnehmer, durch zukünftige Betriebszugehörigkeit bzw. Arbeitsleistung weitere Versorgungsanwartschaften zu erwerben, beseitigen kann, ist allerdings streitig – vgl. hierzu die Nachweise in Fn. 540.

Bei Einschränkung der Möglichkeit, in Zukunft weitere Versorgungsanwartschaften auf Grundlage der unveränderten Betriebsvereinbarung erdienen zu können, wird ein schützenswertes Vertrauen der Arbeitnehmer in der Regel nicht enttäuscht. Die Arbeitnehmer müssen stets mit einer zukunftsbezogenen Anpassung der Versorgungszusage rechnen; ein Vertrauen auf den unveränderten Fortbestand der Betriebsvereinbarung ist grundsätzlich nicht schutzwürdig. Beim Eingriff in dienstzeitabhängige Steigerungsraten sind den Betriebspartnern daher keine Schranken durch die Grundsätze der Verhältnismäßigkeit und des Vertrauensschutzes gesetzt; Anpassungen sind unabhängig vom Vorliegen sachlich-proportionaler Gründe zulässig[678]. Es erfolgt lediglich eine allgemeine Willkürkontrolle nach Maßgabe des § 138 BGB. Damit kann eine Einschränkung beispielsweise auch dazu dienen, den Unternehmensgewinn zu erhöhen, einen Gewinnrückgang auszugleichen oder die Wettbewerbsfähigkeit des Unternehmens gegenüber Konkurrenten zu verbessern. Auch ist nicht erforderlich, daß der Grund der Anpassung summenmäßig die Nachteile der Arbeitnehmer abdeckt.

Dieses Ergebnis trägt dem Wesen der Versorgungszusagen als freiwilliger Leistung des Arbeitgebers Rechnung. Weist man den bloßen zukünftigen Erwerbschancen der Arbeitnehmer Bestandsschutz zu, verliert die Leistung im Ergebnis ihren freiwilligen Charakter[679].

10. Die „konkrete Billigkeitskontrolle“

Grundsätzlich von der Frage nach der Intensität der Rechtskontrolle verschlechternder Betriebsvereinbarungen zu unterscheiden ist die Frage nach der Zulässigkeit einer „konkreten Billigkeitskontrolle“. An dieser hält der dritte Senat – ohne nähere dogmatische Begründung – auch in jüngeren Entscheidungen fest[680].

---

[678] im Ergebnis insoweit ebenso v. Hoyningen-Huene, BB 1992, 1640, 1644.

[679] Vgl. Käppler, Anmerkung zu BAG, Urteil v. 11.05.1999, AP Nr. 6 zu § 1 BetrAVG (zur Kündigung von Betriebsvereinbarungen).

[680] BAG, Beschluß v. 08.12.1981AP Nr. 1 zu § 1 BetrAVG Ablösung (mit Anmerkung Herschel) = SAE 1983, 197 ff. (mit Anmerkung Reuter) unter II 2 der Gründe; BAG, Urteil v. 08.12.1981, AP Nr. 1 zu § 1 BetrAVG Unterstützungskassen = SAE 1983 191 ff. (mit Anmerkung Reuter) unter II 3 der Gründe ; BAG, Urteil v. 17.03.1987, AP Nr. 9 zu § 1 BetrAVG Ablösung unter III der Gründe; BAG, Urteil v. 21.01.1992, AP Nr. 24 zu § 1 BetrAVG Ablösung unter I 2 c u. d der Gründe; BAG, Urteil v. 16.07.1996, AP Nr. 21 zu § 1 BetrAVG Ablösung unter IV der Gründe; BAG, Urteil v. 28.07.1998, 3 AZR 74/98 (nicht veröffentlicht) unter II 3 b der Gründe; BAG, Urteil v. 28.07.1998, 3 AZR 77/98 (nicht veröffentlicht) unter B I 4 der Gründe; zur konkreten Billigkeitskontrolle bei ablösenden Dienstvereinbarungen: BAG, Urteil v. 23.09.1997, AP Nr. 23 zu § 1 BetrAVG Ablösung; zur „konkreten Billigkeitskontrolle“ bei Altersgrenzen: BAG, Urteil v. 20.11.1987, AP Nr. 2 zu § 620 BGB Altersgrenze unter VI der Gründe (mit Anmerkung Joost); zur konkreten

Bei der „konkreten Billigkeitskontrolle“ handelt es sich um eine Billigkeitskontrolle im eigentlichen Sinn[681]. Das Bundesarbeitsgericht überprüft die Betriebsvereinbarung dahingehend, ob ihre Regelungen im konkreten Fall hinsichtlich des einzelnen Arbeitnehmers billiger Leistungsbestimmung entspricht. Im Falle der Unbilligkeit will das Gericht eine Vertragskorrektur vornehmen, also seine eigene Vorstellung von einer billigen Regelung an die Stelle der von den Betriebspartnern getroffenen Regelung setzen. Zu Recht wird daher festgestellt, daß die gerichtliche Einflußnahme auf die betriebliche Regelungsmacht der Betriebsvereinbarungsparteien mit der „konkreten Billigkeitskontrolle“ auf einer weiteren Stufe der Intensivierung angelangt ist[682].

Die Literatur stimmt der konkreten Billigkeitskontrolle teilweise zu, wobei auch hier eine dogmatische Begründung meist nicht erfolgt[683]. Insbesondere rentennahe Jahrgänge könnten in ihrer Versorgungsplanung besonders hart getroffen werden, so daß Ablösungen für besondere Härtefälle ein Ventil vorsehen müßten. Überwiegend steht das Schrifttum der konkreten Billigkeitsprüfung aber kritisch gegenüber[684].

Auch insoweit wird zutreffend geltend gemacht, daß es für eine Billigkeitskontrolle von Betriebsvereinbarungen – in ihrer konkreten wie in ihrer abstrakten Form – an einer dogmatischen Grundlage fehlt. Wie bereits dargelegt, kann die Billigkeitskontrolle von Betriebsvereinbarungen weder auf § 75 Abs. 1 BetrVG, noch auf §§ 315 ff. BGB, noch auf § 76 Abs. 5 S. 3 BetrVG oder einen in diesen Vorschriften zum Ausdruck kommenden allgemeinen Rechtsgedanken gestützt werden[685].

Allerdings wird die vom Bundesarbeitsgericht durchgeführte konkrete Billigkeitskontrolle in der Literatur zum Teil im Sinne einer ergänzenden Vertragsaus-

---

Billigkeitskontrolle bei Sozialplänen: BAG, Urteil v. 22.02.1983, 1 AZR 478/81 (nicht veröffentlicht).

681 Däubler, AuR 1984, 1, 28; Kallrath, Gerichtliche Kontrolle, S. 80; Preis, Vertragsgestaltung, S. 183.

682 Leinemann, BB 1989, 1905, 1906; ders., in: Hromadka, Änderung von Arbeitsbedingungen, S. 146, 148.

683 Brecht, Umsetzung, S. 244 f.; Griebeling, NZA Beilage 3/1989, 26, 33; Höfer, BetrAVG, ART Rn. 632 ff. (aber begrenzt auf „seltene Ausnahmefälle“, Rn. 636); ebenso Höfer/Küpper, BB 1982, 565, 567; Löwisch, DB 1983, 1709, 1713; Löwisch/Kaiser, BetrVG, § 77 Rn. 30.

684 Ahrend, FS Hilger/Stumpf, S. 17, 28; Ahrend/Förster/Rühmann, DB 1982, 224, 229; Ahrend/Förster/Rößler/Rühmann, Betriebliche Altersversorgung, Teil 12 Rn. 665; Feuerborn, Sachliche Gründe, S. 531; Heinrich, Formale Freiheit, S. 534 f.; v.Hoyningen-Huene, BB 1992, 1640, 1641; Kallrath, Gerichtliche Kontrolle, S. 172; Koenig, Änderung, S. 165f.; Rolfs, Anmerkung zu BAG, Urteil v. 26.08.1991, AP Nr. 27 zu § 1 BetrAVG Ablösung.

685 Siehe oben § 4, II, 3.

legung verstanden[686]. Für diese Wertung spricht die Feststellung des dritten Senats, eine Betriebsvereinbarung könne im Einzelfall Wirkungen entfalten, „die nach dem Regelungsplan nicht beabsichtigt sein können", bzw. die nach dem Inhalt der Betriebsvereinbarung „nicht gewollt oder vorhersehbar" waren[687]. Das Bundesarbeitsgericht scheint den Betriebspartnern den gemeinsamen Willen zuzuschreiben, übermäßig nachteilige Folgen durch den Abschluß der Betriebsvereinbarung nicht eintreten zu lassen und derartige Fälle nicht abschließend zu regeln.

Eine ergänzende Auslegung der Betriebsvereinbarung kommt jedoch nur in Betracht, wenn eine echte Regelungslücke über einen regelungsbedürftigen Tatbestand feststellbar ist. Nur dann können die Regeln über eine ergänzende Vertragsauslegung gemäß §§ 157, 242 BGB anwendbar sein, wonach der hypothetische Wille der Parteien unter Berücksichtigung von Treu und Glauben und der Verkehrssitte zu ermitteln ist[688]. Bei der Feststellung einer planwidrigen Regelungslücke ist wegen der Sachnähe der Betriebspartner und des Kompromißcharakters der Betriebsvereinbarung Zurückhaltung geboten[689]. Eine Lückenfüllung kann nur dann in Betracht kommen, wenn aus der Betriebsvereinbarung der eindeutige Wille der Betriebspartner erkennbar wird, eine bestimmte Regelung zu treffen[690]. Andernfalls griffen die Arbeitsgerichte in die durch das Betriebsverfassungsgesetz allein den Betriebspartnern zugewiesene Gestaltungsfreiheit ein. Den Entscheidungen des Bundesarbeitsgerichts zur „konkreten Billigkeitskontrolle" lassen sich Anhaltspunkte für eine planwidrige Regelungslücke nicht entnehmen, jedenfalls ergeben sich solche nicht aus Tatbestand und Entscheidungsgründen. Vielmehr waren auch die „Härtefälle" in den Regelungsbereich der Betriebsvereinbarung einbezogen. Das Gericht nimmt also keine Vertragsauslegung vor, sondern setzt seine Auffassung einer billigen Vertragsgestaltung ohne Anhaltspunkte aus der Betriebsvereinbarung an die Stelle der Auffassung der Betriebspartner. Dies ist eine Form der richterlichen Vertragshilfe, für die es an einer dogmatischen Grundlage fehlt.

---

686 Ahrend/Förster/Rößler/Rühmann, Altersversorgung, Teil 12 Rn. 742; Ahrend/Förster /Rühmann , DB 1982, 224, 229; Barkey-Heine, Einigungsstelle, S. 89 f.; Jobs, AuR 1986, 147; Reuter, gemeinsame Anmerkung zu BAG, Beschluß v. 08.12.1981 und BAG, Urteil v. 08.12.1981, JuS 1982, 787, 788.

687 BAG, Urteil v. 08.12.1981, AP Nr. 1 zu § 1 BetrAVG Ablösung unter B II 2 der Gründe.

688 Kreutz in: GK-BetrVG, § 77 Rn. 70.

689 Kreutz in: GK- BetrVG, § 77 Rn. 70; Worzalla in: Hess/Schlochauer/Worzalla/Glock, BetrVG, § 77 Rn. 65.

690 Wank, FS Kraft, S. 665, 676 f..

Ohnehin ist eine derartige Vertragshilfe entbehrlich[691]. Ein hinreichender Schutz der betroffenen Arbeitnehmer ist bereits durch die abstrakte Rechtskontrolle der nachfolgenden Betriebsvereinbarung anhand der Verhältnismäßigkeit und der Rückwirkungsgrundsätze gewährleistet. Hält die Betriebsvereinbarung dieser Kontrolle stand, bleibt kein Raum mehr für eine Korrektur im Einzelfall; eine anschließende konkrete Billigkeitskontrolle ist nicht erforderlich. Besondere Härten, die nicht bereits im Rahmen der abstrakten Kontrolle zu berücksichtigen sind, können sich allein aus dem außerbetrieblichen Bereich, beispielsweise aus besonders geringfügigen gesetzlichen Rentenansprüchen ergeben[692]. Gerade wenn die Neuordnung aber für eine Vielzahl von Arbeitnehmern nach einheitlichen Maßstäben erfolgen soll – und aus Gleichbehandlungsgründen erfolgen muß –, ist es für die Betriebspartner kaum möglich, derartige individuelle Umstände zu berücksichtigen. Eine generelle Regelung wie die Betriebsvereinbarung kann naturgemäß nicht jedes Einzelschicksal bedenken[693]. Die Überprüfung auf die Beachtung eines bestimmten Individualinteresses widerspräche ihrem normativen Charakter[694]. Dementsprechend stellte auch der dritte Senat in seiner Entscheidung vom 30.01.1970[695] heraus, daß es im Recht der Betriebsvereinbarung um eine notwendig objektivierende und typisierende Abwägung geht. Auch das Bundesverfassungsgericht verlangt bei Eingriffen des Gesetzgebers in die Rentenversicherung keine vergleichbar weitgehende Einzelfallgerechtigkeit, sondern akzeptiert ausnahmsweise auftretende besondere Härten im Einzelfall[696].

Im Ergebnis ist die vom Bundesarbeitsgericht durchgeführte „konkrete Billigkeitskontrolle“ daher abzulehnen; es findet lediglich eine abstrakte Rechtskontrolle statt. Nicht zuletzt ist damit auch der Rechtssicherheit der Betriebspartner gedient. Diese müssen bislang – auch Jahrzehnte nach Abschluß der Betriebsvereinbarung – mit einer Vielzahl korrigierender Eingriffe durch die Arbeitsgerichte und unvorhersehbaren Ansprüchen einzelner Arbeitnehmer rechnen[697].

---

691 Ahrend, FS Hilger/Stumpf, S. 17, 28; Feuerborn, Sachliche Gründe, S. 531; Hanau/Preis, NZA 1991, 81, 913; Koenig, Änderung, S. 165; Rolfs, Anmerkung zu BAG, Urteil v. 26.08.1991, AP Nr. 27 zu § 1 BetrAVG Ablösung.

692 Ahrend, FS Hilger/Stumpf, S. 17, 28 f..

693 Ahrend/Förster/Rühmann, DB 1982, 224, 229.

694 Fastrich, Inhaltskontrolle, S. 209 ff, 310; Feuerborn, Sachliche Gründe, S. 531; v.Hoyningen-Huene, BB 1992, 140, 1641 f..

695 AP Nr. 142 zu § 242 BGB Ruhegehalt (mit Anmerkung Richardi).

696 BVerfG Beschluß v. 11.10.1962, BVerfGE 14, 288, 298 f..

697 Ahrend, FS Hilger/Stumpf, S. 17, 27.

II. Nachfolgende Betriebsvereinbarungen außerhalb des Rechts der Betrieblichen Altersversorgung

Neben der betrieblichen Altersversorgung können auch sonstige freiwillige Sonderleistungen des Arbeitgebers eine erhebliche finanzielle Belastung für ein Unternehmen bedeuten und damit in den Blickpunkt der Einsparungsbemühungen rücken. Von Kürzungen betroffen sind insbesondere Zuwendungen in Form von Urlaubs-, Jubiläums- oder Weihnachtsgeld. Derartige Leistungen spielen in der wirtschaftlichen Planung der Arbeitnehmer häufig eine nicht zu unterschätzende Rolle. Versprochene Sonderzahlungen werden vielfach schon lange Zeit im voraus für größere Anschaffungen, Reisen oder Weihnachtsgeschenke eingeplant[698]. Auch die Überlassung von Werkswohnungen, Werkskantinen oder Werkskindergärten bedeutet für die Arbeitnehmer einen oft erheblichen geldwerten Vorteil und unterliegt einschränkenden Maßnahmen. Ähnlich wie bei Eingriffen in Versorgungszusagen stellt sich damit die Frage, inwieweit die Arbeitnehmer vor Kürzungen der zugesagten Leistungen geschützt sind. Findet ein Leistungsversprechen seine Rechtsgrundlage in einer Betriebsvereinbarung, ist die nachfolgende verschlechternde Betriebsvereinbarung das maßgebliche Instrument zur einvernehmlichen Leistungsreduzierung. Insoweit ist wiederum zu klären, welche Grenzen der nachfolgenden verschlechternden Betriebsvereinbarung gesetzt sind.

Das Bundesarbeitsgericht orientiert sich zur Beantwortung dieser Frage an seiner Rechtsprechung aus dem Recht der betrieblichen Altersversorgung. Ausdrücklich hat der Große Senat des Bundesarbeitsgerichts in seinem Beschluß vom 16.09.1986[699] die Grundsätze zur „Billigkeitskontrolle“ nachfolgender Betriebsvereinbarungen im Bereich der betrieblichen Altersversorgung auf alle zusätzlichen Sozialleistungen ausgeweitet. Vor jeder Verschlechterung solcher Leistungen seien die schutzwürdigen Interessen des Arbeitgebers gegenüber denen der Arbeitnehmer abzuwägen. Für diese Prüfung wählten auch die hier zuständigen Senate zunächst den Terminus der „Billigkeitskontrolle“[700]. In jüngerer Zeit bezeichnen jedoch sowohl der erste Senat[701] als auch der fünfte Senat[702] – ebenso wie der dritte Senat im Bereich der betrieblichen Altersversor-

---

[698] Hilger, FS Gaul, S. 327, 330.

[699] AP Nr. 17 zu § 77 BetrVG 1972 unter C II 5 der Gründe.

[700] BAG, Urteil v. 03.11.1987, AP Nr. 25 zu § 77 BetrVG 1972 (mit Anmerkung Hromadka) = SAE 1988, 311 ff. (mit Anmerkung Eich); BAG, Urteil v. 20.02.2001, AP Nr. 107 zu § 87 BetrVG Lohngestaltung, unter B 2 b der Gründe.

[701] BAG, Urteil v. 29.10.2002, SAE 2003, 290 (mit Anmerkung Feuerborn) unter I 2 a der Gründe.

[702] BAG, Urteil v. 15.11.2000, AP Nr. 84 zu § 77 BetrVG 1972 (mit Anmerkung Reichold) unter III 2 der Gründe.

gung – die zur Begrenzung der Ablösungswirkung durchgeführte Kontrolle der nachfolgenden Betriebsvereinbarung ausdrücklich als „Rechtskontrolle“.

Hinsichtlich des Bestandsschutzes gegenüber nachfolgenden verschlechternden Betriebsvereinbarungen kann unterschieden werden zwischen (auch) die Betriebstreue belohnenden Leistungen und Leistungen mit reinem Entgeltcharakter. Hat die Sonderleistung reinen Entgeltcharakter, entsteht der Anspruch des Arbeitnehmers zeitanteilig entsprechend der erbrachten Arbeitsleistung. Verfolgt die Sonderleistung hingegen auch den Zweck, Betriebstreue zu entgelten, ist zweifelhaft, ob der Arbeitnehmer bereits vor Abschluß des Bezugszeitraums eine geschützte Anwartschaft erwerben kann.

1. Sonderleistungen zur Belohnung der Betriebstreue

Das Bundesarbeitsgericht hatte bereits mehrfach über die Einschränkung von Sonderleistungen zu entscheiden, die an das (ungekündigte) Bestehen des Arbeitsverhältnisses zu einem bestimmten Stichtag anknüpfen, und damit zumindest auch der Belohnung der bis zum Bezugsstichtag im gesamten Bezugszeitraum erwiesenen Betriebstreue dienen[703]. Wie im Recht der betrieblichen Altersversorgung unterliegen auch nachfolgende Betriebsvereinbarungen zur Einschränkung solcher freiwilliger Leistungen einer Kontrolle anhand der Grundsätze der Verhältnismäßigkeit und des Vertrauensschutzes[704]. Allerdings gelten diese Grundsätze nach der Rechtsprechung des Bundesarbeitsgerichts in ihrer allgemeinen, nicht durch das im Bereich der betrieblichen Altersversorgung entwickelte „Drei-Stufen-Modell“ konkretisierten Form.

Insoweit hatte der Große Senat des Bundesarbeitsgerichts in seinem Beschluß vom 16.09.1986[705] noch angemerkt, was für erdiente Teilanwartschaften von Versorgungsansprüchen gelte, könne auch für andere Sozialleistungen in Betracht kommen. Dennoch lehnte das Bundesarbeitsgericht in den bislang entschiedenen Fällen die Übertragung des Drei-Stufen-Modells auf Jubiläumsgeldregelungen[706], Jahresabschlußvergütungen[707] und auch Regelungen über

---

[703] BAG, Urteil v. 03.11.1987, AP Nr. 25 zu § 77 BetrVG 1972 unter II 4 b der Gründe; BAG, Urteil v. 29.10.2002, SAE 2003, 290 (mit Anmerkung Feuerborn) unter I 2 b der Gründe.

[704] BAG, Urteil v. 03.11.1987, SAE 1988, 311 (mit Anmerkung Eich) unter II 4 a der Gründe; BAG, Urteil v. 29.10.2002, SAE 2003, 290 (mit Anmerkung Feuerborn) unter I 2 b der Gründe.

[705] BAG (GS), Beschluß v. 16.09.1986, AP Nr. 17 zu § 77 BetrVG 1972 = SAE 1987, 175 ff. (mit Anmerkung Löwisch); ebenso BAG, Urteil v.15.11.2000, AP Nr. 84 zu § 77 BetrVG 1972 (mit Anmerkung Reichold); Urteil v. 29.10.2002, RdA 2003, 290 ff..

[706] BAG, Urteil v. 03.11.1987, AP Nr. 25 zu § 77 BetrVG 1972 (mit Anmerkung Hromadka) unter II 4 b der Gründe = SAE 1988, 311 (mit Anmerkung Eich).

[707] BAG, Urteil v. 29.10.2002, RdA 2003, 290 ff. (mit Anmerkung Feuerborn) unter I 2 b bb

verlängerte Entgeltfortzahlung[708] ab. Begründet wird dies mit den Besonderheiten der betrieblichen Altersversorgung[709]: Anders als in den genannten Bereichen wächst die Betriebliche Altersversorgung während des Arbeitsverhältnisses über Jahre hinweg an. Die Vorleistung an Betriebstreue, die ein Arbeitnehmer in Erwartung der betrieblichen Altersversorgung erbringt, erstreckt sich regelmäßig über einen langen Zeitraum. Des weiteren ist die Versorgungsanwartschaft für den Lebensunterhalt des Arbeitnehmers in der Regel von sehr viel größerer Bedeutung als die übrigen Sozialleistungen. Schließlich sind nur Versorgungsanwartschaften nach Maßgabe des BetrAVG im Falle des vorzeitigen Ausscheidens des Arbeitnehmers und bei Insolvenz gegen den Verfall geschützt. Für die übrigen freiwilligen Sozialleistungen des Arbeitgebers fehlt es an entsprechenden gesetzlichen Regelungen.

Als Konsequenz der Nichtübertragbarkeit des „Drei-Stufen-Modells" verneint das Bundesarbeitsgericht einen Vertrauensschutz bei Änderung von Jubiläumsgeldregelungen[710] und Jahresleistungen, die vom Zurücklegen des gesamten Kalenderjahres oder vom Erreichen eines bestimmten Kalendertages abhängig sind[711]. Sofern freiwillige Sonderleistungen des Arbeitgebers an eine Stichtagsregelung geknüpft sind, entstehe der Anspruch erst mit Erreichen des Stichtages[712]. Vor diesem Zeitpunkt entstünden keine Teilansprüche oder -anwartschaften pro rata der zurückgelegten Dienstzeit[713]. Angesichts der vielfältigen Möglichkeiten, die das Erreichen des Stichtages verhindern könnten, bestehe auch kein schutzwürdiges Vertrauen der Arbeitnehmer, daß die erst zum Stichtag versprochenen Leistungen trotz Wegfalls oder Änderung der Betriebsvereinbarung vor dessen Erreichen gewährt würden[714]. Außerhalb des Rechts der

---

der Gründe.

[708] BAG, Urteil v. 15.11.2000, AP Nr. 84 zu § 77 BetrVG 1972 (mit Anmerkung Reichold) unter B III 4 a der Gründe.

[709] BAG, Urteil v. 03.11.1987, SAE 1988, 311 (mit Anmerkung Eich) unter II 4 b der Gründe; BAG, Urteil v. 29.10.2002, RdA 2003, 290 ff. (mit Anmerkung Feuerborn) unter II 2 b bb der Gründe.

[710] BAG, Urteil v. 03.11.1987, SAE 1988, 311 (mit Anmerkung Eich) unter II 4 b der Gründe.

[711] BAG, Urteil v. 29.10.2002, RdA 2003, 290 ff. (mit Anmerkung Feuerborn) unter I 2 b bb der Gründe.

[712] BAG, Urteil v. 03.11.1987, SAE 1988, 311 (mit Anmerkung Eich) unter II 4 b der Gründe.

[713] BAG, Urteil v. 26.04.1990, AP Nr. 4 zu § 77 BetrVG Nachwirkung unter II 2 b (1) der Gründe; BAG, Urteil v. 03.11.1987, SAE 1988, 311 (mit Anmerkung Eich) unter II 4 b der Gründe; BAG, Urteil v. 29.10.2002, RdA 2003, 290 ff. (mit Anmerkung Feuerborn) unter 2 b aa der Gründe.

[714] BAG, Urteil v. 26.04.1990, AP Nr. 4 zu § 77 BetrVG Nachwirkung unter II 2 b (1) der Gründe; BAG, Urteil v. 29.10.2002, RdA 2003, 290 ff. (mit Anmerkung Feuerborn) unter II 2 b cc der Gründe.

Betrieblichen Altersversorgung genießen nicht erdiente Sonderzuwendungen also nach der Rechtsprechung des Bundesarbeitsgerichts keinen Besitzstandsschutz. Dies entspricht der hier auch für den Bereich der Betrieblichen Altersversorgung vertretenen Auffassung.

Demgegenüber kann nach zum Teil in der Literatur vertretener Ansicht auch vor Eintritt des Stichtages ein schutzwürdiges Vertrauen des Arbeitnehmers entstehen[715]. Auch bei laufenden Leistungen oder auf ein Jahr bezogenen Entgelten vertraue der Arbeitnehmer darauf, daß ihm einmal begründete Ansprüche und Anwartschaften nicht ohne Not wieder genommen werden; dieses Vertrauen verdiene den Schutz der Rechtsordnung[716]. Wer das Jahr im Vertrauen auf eine bestimmte Gratifikationsordnung beginne, dürfe sich im allgemeinen darauf verlassen, daß er die ihm nach dieser Ordnung zukommende Leistung erhalte. Eine Änderung der Gratifikationsordnung zuungunsten der Arbeitnehmer könne sich daher grundsätzlich erst im folgenden Regelungszeitraum auswirken[717]. Zum Teil wird eine Parallele zum Schutz der sogenannten rentennahen Jahrgänge im Bereich der betrieblichen Alterversorgung gezogen[718], deren Anwartschaften nach der Rechtsprechung des Bundesarbeitsgerichts einen besonderen Schutz genießen[719]. Ab einem gewissen Zeitpunkt könne dem Arbeitnehmer der Anspruch auf die Sonderzuwendung nicht mehr genommen werden. Nach Auffassung von *Däubler*[720] soll der Arbeitnehmer gar bereits Jahre vor Erreichen eines Dienstjubiläums eine nach Art. 14 GG geschützte Teilanwartschaft erdient haben. Art. 14 GG erfasse auch die voraussichtlich in Zukunft aus dem Arbeitsverhältnis entstehenden Ansprüche.

2. *Stellungnahme*

Der Rechtsprechung ist im Ergebnis zuzustimmen. Da den §§ 2 Abs. 1, 7 Abs. 2 BetrAVG entsprechende Regelungen für sonstige freiwillige Leistungen des Arbeitgebers fehlen, können die Arbeitnehmer vor Eintritt des Stichtages keine

---

715 Däubler, AuR 1984, 1, 8; Hilger/Stumpf, FS Müller, S. 209, 219; Hilger, FS Gaul, S. 327, 331 (zum Vertrauensschutz bei Kündigung der Betriebsvereinbarung); Schulz, Bestandsschutz, S. 254 ff..

716 Hilger/Stumpf, FS Müller, S. 209, 219; Hilger, FS Gaul, S. 327, 331 (zum Vertrauensschutz bei Kündigung der Betriebsvereinbarung).

717 Hilger/Stumpf, FS Müller, S. 209, 219.

718 Hromadka, NZA Beilage 3/1987, 2, 7; ders., Anmerkung zu BAG, Urteil v. 03.11.1987, AP Nr. 25 zu § 77 BetrVG 1972; der Rechtsprechung im Ergebnis zustimmend aber in RdA 1992, 234, 250.

719 BAG, Beschluß v. 08.12.1981, AP Nr. 1 zu § 1 BetrAVG Ablösung (mit Anmerkung Herschel) unter III 2 a der Gründe.

720 AuR 1984, 1, 8.

geschützten Teilanwartschaften erdienen. Würde man die Möglichkeit des zeitanteiligen Erwerbs anerkennen, verlöre der Zweck der Motivation zu weiterer Betriebstreue seine Bedeutung[721]. Zahlungszweck ist gerade die Bindung des Arbeitnehmers für den gesamten Zeitraum, so daß dem nur zeitanteiligen Verbleiben im Betrieb ein Teilwert nicht zugeordnet werden kann. Entgegen *Däubler* wird der erst in Zukunft voraussichtlich entstehende Anspruch auf ein Jubiläumsgeld nicht vom Schutzbereich des Art. 14 GG erfaßt. Vielmehr handelt es sich um eine bloße Erwerbschance. Eine vermögenswerte, grundrechtlich geschützte Position erlangt der Arbeitnehmer erst am Stichtag.

Bis zu diesem Zeitpunkt kann sich ein Bestandsschutz allein aus Vertrauensschutzgründen ergeben. Nach hier vertretener Auffassung kann der Arbeitnehmer aber schon im Recht der betrieblichen Altersversorgung grundsätzlich nicht auf den unveränderten Fortbestand ihn begünstigender Regelungen vertrauen[722]. Bei rein zukunftsbezogenen Anpassungen sind den Betriebspartnern daher in der Regel keine Schranken durch die Grundsätze der Verhältnismäßigkeit und des Vertrauensschutzes gesetzt. Dies gilt erst recht für sonstige freiwillige Sonderleistungen. Erst bei Eintritt des Stichtages kann der Arbeitnehmer mit dem Erhalt der Sonderzuwendung rechnen. Vorher steht die Stichtagsregelung einem schutzwürdigen Vertrauen entgegen. Der Arbeitnehmer weiß, daß er die Sonderleistung insbesondere im Falle der Beendigung des Arbeitsverhältnisses und auch bei Änderung oder Kündigung der Betriebsvereinbarung nicht erhält.

3. Sonderzuwendungen mit reinem Entgeltcharakter

Von den (auch) die Betriebstreue belohnenden Sonderleistungen des Arbeitgebers sind Sonderzuwendungen mit reinem Entgeltcharakter zu unterscheiden. Bei diesen handelt es sich um Arbeitsentgelt im engeren Sinne; die Zulage verfolgt allein den Zweck, die Arbeitsleistung zu entgelten. Der Ausschüttungstermin hat dann keine andere Funktion als die einer Fälligkeitsregelung.

Da Sonderzahlungen mit reinem Entgeltcharakter unmittelbar an die Arbeitsleistung des Arbeitnehmers anknüpfen, werden sie von diesem entsprechend der zurückgelegten Zeitdauer und Arbeitsleistung (pro rata temporis) verdient[723]. Anders als bei Gratifikationen, die (auch) der Belohnung der Betriebstreue dienen, ist hier eine Unterscheidung zwischen anteilig erdienten und noch zu erdienenden Teilbeträgen möglich. Soweit der Arbeitnehmer die Sonderzuwendung bereits „erdient" hat, ist der Anspruch bereits entstanden. Der entstandene

---

[721] Misera, gemeinsame Anmerkung zu den Urteilen des BAG, v. 25.04.1991, SAE 1992, 242, 242 f..

[722] siehe oben § 10, I, 8, c.

[723] BAG, Urteil v. 24.10.1990, AP Nr 135 zu § 611 BGB Gratifikaton; Hanau/Vossen, DB 1992, 213, 213.

Anspruch zeichnet sich dadurch aus, daß der Erwerb bereits in der Vergangenheit abgeschlossen wurde. Ein rückwirkender Eingriff in einen solchen Besitzstand ist also ein Fall echter Rückwirkung. Diese ist mit dem Vertrauensgrundsatz nur dann vereinbar, wenn das Vertrauen der betroffenen Arbeitnehmer ausnahmsweise nicht schutzwürdig ist oder gänzlich fehlt[724].

Hinsichtlich der noch zu erdienenden Teilbeträge ist auch bei Sonderzuwendungen mit reinem Entgeltcharakter ein Bestandsschutz nach den Grundsätzen der Verhältnismäßigkeit und des Vertrauensschutzes zu verneinen. Das Vertrauen der Arbeitnehmer in den unveränderten Fortbestand der Betriebsvereinbarung ist in der Regel nicht schutzwürdig. Anpassungen der Leistungszusage mit Wirkung für die Zukunft sind also uneingeschränkt möglich.

---

[724] Siehe oben § 8, I.

§ 11 Gerichtliche Kontrolle von Bindungsklauseln

Die gerichtliche Kontrolle von Betriebsvereinbarungen dient nicht allein der Einschränkung des Zeitkollisionsprinzips bei ablösenden Betriebsvereinbarungen. Auch darüber hinaus ist der Regelungsinhalt von Betriebsvereinbarungen der richterlichen Kontrolle unterworfen. Dies gilt insbesondere für die durch Betriebsvereinbarung geregelten Anspruchsvoraussetzungen freiwilliger Sonderleistungen des Arbeitgebers. Vor allem die Verknüpfung der Leistungszusagen mit Gratifikationsrückzahlungsklauseln oder Stichtagsregelungen war vielfach Gegenstand arbeitsgerichtlicher Entscheidungen. Hier liegt der Ursprung der gerichtlichen „Billigkeitskontrolle" von Betriebsvereinbarungen. Deren Grundsätze wurden zwar in erster Linie im Recht der betrieblichen Altersversorgung entwickelt, Ausgangspunkt hierfür war jedoch die Rechtsprechung des Bundesarbeitsgerichts zur Zulässigkeit von Rückzahlungsklauseln[725]. Anders als bei Tarifverträgen hatte das Bundesarbeitsgericht für Betriebsvereinbarungen die Anwendbarkeit der auf die Inhaltskontrolle von Einzelarbeitsverträgen gemünzten Richtlinien zur zulässigen Bindungsdauer bejaht. Aufgrund der Unterschiede zwischen Tarifverträgen und Betriebsvereinbarungen, insbesondere der mangelnden Unabhängigkeit des Betriebsrates, seien die für tarifvertragliche Rückzahlungsklauseln entwickelten Grundsätze nicht auf Betriebsvereinbarungen übertragbar[726]. Aus diesen Überlegungen schloß das Bundesarbeitsgericht in seiner Entscheidung vom 30.01.1970[727] auf das generelle Erfordernis einer Billigkeitskontrolle von Betriebsvereinbarungen.

I. Begriff und Zweck der Sonderleistungen

Sonderleistungen sind Zuwendungen, die der Arbeitgeber seinen Arbeitnehmern meist aus bestimmten Anlässen (z.B. Weihnachten, Urlaub, Dienstjubiläum, Jahresabschluß) zusätzlich zum laufenden Arbeitsentgelt gewährt[728]. Im Gegensatz zu Lohn und Gehalt werden Sonderleistungen des Arbeitgebers

---

[725] Bötticher, Anmerkung zu BAG, Urteil v. 17.10.1968, AP Nr. 66 zu § 611 BGB Gratifikation; Richardi, FS 100 Jahre Arbeitsgerichtsverband, S. 537, 567; Thiele, FS Larenz, S. 1043, 1044.

[726] BAG, Urteil v. 16.11.1967, AP Nr. 63 zu § 611 BGB Gratifikation (mit zustimmender Anmerkung Gamillscheg) = SAE 1968, 121 ff. (mit zustimmender Anmerkung Küchenhoff); BAG, Urteil v. 17.10.1968, AP Nr. 66 zu § 611 BGB Gratifikation (mit Anmerkung Bötticher); BAG, Urteil v. 09.10.1969, AP Nr. 68 zu § 611 BGB Gratifikation (mit Anmerkung Canaris).

[727] AP Nr. 142 zu § 242 BGB Ruhegehalt.

[728] Gaul in: AR-Blattei, SD 1460 Rn. 1.

freiwillig erbracht, bedürfen also stets einer „besonderen Rechtsgrundlage". Sonderzuwendungen können als Geld- oder Sachleistungen gewährt werden.

Zweck der Sonderzahlung kann zunächst die Entlohnung der im Bezugszeitraum geleisteten Arbeit sein; es liegt dann eine Sonderleistung mit reinem Entgeltcharakter vor. Anwendungsfall hierfür ist die Zahlung einer Anwesenheitsprämie. Des weiteren kann die Belohnung erbrachter Betriebstreue oder der Anreiz für zukünftige Betriebstreue sowie die Entlohnung für Arbeit und Betriebstreue (Sonderleistung mit Mischcharakter) bezweckt sein[729]. Schließlich kann auch der bloße Fortbestand des Arbeitsverhältnisses honoriert werden[730].

Der Zweck einer Sonderzuwendung ist im Wege der Auslegung zu ermitteln. Dabei kommt der Leistungsbezeichnung lediglich Indizfunktion zu[731]. Entscheidend ist, von welchen Voraussetzungen die Leistungszusage abhängig gemacht wird[732]. Auf den Entgeltcharakter der Leistung läßt beispielsweise eine in der Zusage enthaltene Kürzungsbefugnis für krankheitsbedingte Fehlzeiten des Arbeitnehmers schließen[733]. Demgegenüber spricht die Vereinbarung einer Rückzahlungsverpflichtung, die gerade die Vergütung der Betriebstreue betont, gegen den reinen Entgeltcharakter der zu Grunde liegenden Vereinbarung[734]. Gleiches gilt für die Vereinbarung einer Stichtagsregelung. Mit Bindungsklauseln versehene Zusagen stehen also der Annahme einer Leistung mit reinem Entgeltcharakter typischerweise entgegen, weshalb sich das Problem der Kollision von Bindungsklauseln und Sonderzahlungen mit reinem Entgeltcharakter in der Praxis nur selten stellen wird.

Wird eine Jahressonderleistung an keine besonderen Voraussetzungen geknüpft, ist nach ständiger Rechtsprechung des Bundesarbeitsgerichts von einer

---

[729] BAG, Urteil v. 10.01.1991, AP Nr. 136 zu § 611 BGB Gratifikation, unter II 2 a der Gründe; Lipke, Sonderleistungen, S. 39 f; Beckers, NZA 1997, 129 ff.; Reiserer, NZA 1992, 436, 437 ff.; a.A. Wackerbarth, Entgelt für Betriebstreue, S. 136 ff., der die Möglichkeit einer Sonderleistung mit Mischcharakter verneint, da andernfalls der Wert der Arbeitsleistung von einer Voraussetzung abhängig gemacht werde, die mit der Arbeitsleistung als solcher nichts zu tun habe.

[730] siehe unten § 11, IV.

[731] Beckers, NZA 1997, 130; Dörner, RdA 1993, 24; Lipke, Sonderleistungen, S. 35; Preis, Arbeitsvertrag S II 40, Rn. 8.

[732] BAG, Urteil v. 27.10.1978, AP Nr. 98 zu § 611 BGB Gratifikation (mit Anmerkung Herschel); BAG, Urteil v. 10.01.1991, AP Nr. 136 zu § 611 BGB Gratifikation; Reichold, DB 1988, 499.

[733] Beckers, NZA 1997, 130.

[734] Beckers, NZA 1997, 134.

Sonderleistung mit reinem Entgeltcharakter auszugehen; wolle der Arbeitgeber (auch) die Betriebstreue vergüten, müsse er dies deutlich machen[735].

II. Stichtagsregelungen und Rückzahlungsklauseln

Der mit der Sonderleistung verfolgte Zweck ist von maßgeblicher Bedeutung insbesondere für die Beurteilung der Zulässigkeit von Rückzahlungsvereinbarungen. Mit einer Rückzahlungsverpflichtung unvereinbar ist eine Sonderleistung, die ausschließlich zusätzliches Entgelt für bereits erbrachte Arbeit sein soll; andernfalls würde dem Arbeitnehmer bereits verdientes Entgelt entzogen[736]. Will der Arbeitgeber hingegen Sonderzahlungen (auch) für vergangene oder zukünftige Betriebstreue gewähren, kann er die Leistung an eine Bindungsklausel in Form der Stichtagsregelung oder Rückzahlungsklausel knüpfen:

Durch die Rückzahlungsklausel wird der Arbeitnehmer, der vor einem bestimmten Termin aus dem Betrieb ausscheidet, verpflichtet, die bereits erhaltene Sonderzahlung an den Arbeitgeber zurückzugewähren. Ziel der Rückzahlungsklausel ist es, den Arbeitnehmer zu bewegen, Kündigungsmöglichkeiten auszulassen und im Betrieb zu verbleiben; die Rückzahlungsklausel verstärkt auf diese Weise die Bindungswirkung der Jahresleistungen[737].

Während die Rückzahlungsklausel also eine bereits vollzogene Zahlung voraussetzt und einen Rückzahlungsanspruch des Arbeitgebers sichert, gestaltet die Stichtagsregelung die Anspruchsvoraussetzungen der Sonderzahlung. Stichtagsregelungen legen als Voraussetzung der Jahressonderzahlung das Bestehen des Arbeitsverhältnisses an einem bestimmten Stichtag fest. Liegt eine solche Regelung vor, besteht ein Anspruch auf die Sonderzuwendung nur, wenn sich der Arbeitnehmer zum Stichtag noch in einem (ungekündigten) Arbeitsverhältnis befindet. Als Stichtag kann sowohl ein Termin innerhalb als auch außerhalb des Bezugszeitraums vereinbart werden.

III. Zulässigkeit von Bindungsklauseln

1. Grundsätzliche Zulässigkeit von Bindungsklauseln

Dem Grundsatz der Vertragsfreiheit folgend steht es den Arbeitsvertragsparteien

---

[735] BAG, Urteil v. 27.10.1978, AP Nr. 98 zu § 611 BGB Gratifikation (mit Anmerkung Herschel); BAG, Urteil v. 10.01.1991, AP Nr. 136 zu § 611 BGB Gratifikation; Preis, Arbeitsvertrag S II 40, Rn. 5 f..

[736] BAG, Urteil v. 13.09.1974, AP Nr. 84 zu § 611 BGB Gratifikation (mit Anmerkung Schwerdtner); Beckers, NZA 1997,129, 134.

[737] Kasseler Handbuch/Lipke, 2.3 Rn 271.

und auch den Betriebspartnern zunächst frei, durch entsprechende Vereinbarungen Gratifikationszahlungen des Arbeitgebers an den Arbeitnehmer rechtsverbindlich festzulegen, wobei die Ausgestaltung der Gratifikationsvereinbarung grundsätzlich den Parteien überlassen bleibt. Auch die Vereinbarung von Stichtagsregelungen und Rückzahlungsklauseln ist in der Regel zulässig. Da die Sonderzahlungen durch den Arbeitgeber ausschließlich freiwillig erbracht werden, muß auch die Möglichkeit bestehen, die Leistungen mit dem von ihm gewünschten Zweck der Betriebsbindung zu verknüpfen[738]. Der vom Arbeitgeber verfolgte Bindungszweck gerät allerdings in Konflikt mit der Kündigungsfreiheit des Arbeitnehmers; für diesen stellt die Bindungsklausel ein Hemmnis bei der freien Wahl seines Arbeitsplatzes dar. Dementsprechend können Bindungsklauseln nicht unabhängig von der Höhe der Zahlungspflicht und der Bindungsdauer hingenommen werden.

2. *Zulässige Bindungsdauer*

Den Schwerpunkt der gerichtlichen Kontrolle von Rückzahlungsklauseln bildet die Begrenzung der zeitlichen Bindungswirkung. Die Gefahr einer übermäßigen Bindungsdauer besteht in erster Linie bei der Vereinbarung von Rückzahlungsklauseln, die typischerweise eine Bindungswirkung über den Bezugszeitraum hinaus entfalten. Demgegenüber ist bei der Stichtagsregelung danach zu unterscheiden, ob der Stichtag innerhalb oder außerhalb des Bezugszeitraums liegt. Im ersteren Fall hält das Bundesarbeitsgericht die Stichtagregelung generell für zulässig[739]. Zwar kann auch eine derartige Klausel eine über den Bezugszeitraum hinausreichende Wirkung entfalten, wenn die Leistung ein ungekündigtes Arbeitsverhältnis am Stichtag voraussetzt; der Arbeitnehmer bleibt nämlich noch während der Kündigungsfrist an den Betrieb gebunden. Diese als „Sogwirkung" bezeichnete Bindungswirkung wird jedoch als weniger intensiv als die von Rückzahlungsklauseln ausgehende angesehen[740]. Von der Vereinbarung eines außerhalb des Bezugszeitraums liegenden Stichtags kann dagegen eine den Rückzahlungsklauseln vergleichbare Bindungswirkung ausgehen, wenn nicht ein enger zeitlicher Zusammenhang zum Ende des Bezugszeitraumes gegeben ist[741].

---

[738] BAG, Urteile v. 10.05.1962, AP Nr. 22 und 23 zu § 611 BGB Gratifikation unter 2.) der Gründe (mit gemeinsamer Anmerkung Nikisch); Becker, Sonderzuwendungen, S. 37; Beckers, NZA 1997, 129, 135; Bickel, SAE 1980, 14, 17; Mangen, Anmerkung zu BAG, Urteil v. 04.09.1985, AP Nr. 123 zu § 611 BGB Gratifikation; Reiserer, NZA 1992, 436, 438; Trieschmann, AuR 1962, 137, 145.

[739] BAG, Urteil v. 25.04.1991, AP Nr. 137 zu § 611 BGB Gratifikation.

[740] Preis, Arbeitsvertrag, II S 40 Rn. 27.

[741] Dörner, RdA 1993, 24, 26; Preis, Arbeitsvertrag, II S 40 Rn.30, 93.

3. *Grenzen einzelvertraglicher Bindungsklauseln*

Das Bundesarbeitsgericht hat zum Schutze der Arbeitnehmer vor einer übermäßigen Bindungsdauer einzelvertraglichen Abreden zur Festlegung von Umständen, welche Zahlungsansprüche kürzen, entfallen oder nicht entstehen lassen, bzw. die Rückzahlung bereits ausgeschütteter Gratifikationen zur Folge haben sollen, richterrechtlich enge Grenzen gezogen. Ausgangspunkt der Rechtsprechung ist das Verhältnis der Höhe der Gratifikationszahlung zum monatlichen Arbeitsentgelt im Zeitpunkt der Auszahlung.

Demzufolge sollen Sonderzahlungen bis zu einem Betrag von 200,- DM (100,- Euro) überhaupt keiner Bindung unterliegen dürfen[742]. Es sei dem Arbeitnehmer nicht zuzumuten, einen derart niedrigen und in der Regel schnell verbrauchten Betrag bei seiner Kündigungsentscheidung zu berücksichtigen[743].

Bei einem Betrag zwischen 200,- DM (100,- Euro) und einem Monatsgehalt soll die zulässige Höchstbindungsfrist drei Monate betragen. Will sich also der Arbeitnehmer die empfangene Gratifikation erhalten, darf er mit Ablauf des 31. März des Folgejahres aus dem Arbeitsverhältnis ausscheiden[744]. Diese Bindungsfrist von drei Monaten gilt auch bei Beträgen, die etwa einem Monatsgehalt entsprechen. Allerdings ist insoweit nach der Anzahl der Kündigungsmöglichkeiten des Arbeitnehmers zu differenzieren. Hat der Arbeitnehmer bis zum 31.03. des Folgejahres nur eine Kündigungsmöglichkeit, ist ihm zuzumuten, diese auszulassen, um im Genuß der Gratifikation zu bleiben. Hat der Arbeitnehmer mehrere Kündigungsmöglichkeiten, muß er diejenige wählen, mit der er erst nach dem 31.03. ausscheidet[745].

Beläuft sich der Betrag auf ein bis zwei Monatsgehälter, beträgt die zulässige Bindungsfrist sechs Monate[746].

---

[742] BAG, Urteile v. 10.05.1962, AP Nr. 22 und 23 zu § 611 BGB Gratifikation (mit gemeinsamer Anmerkung Nikisch); BAG, Urteile v. 17.03.1982, AP Nr. 108 und 110 zu § 611 BGB Gratifikation (mit Anmerkung Blomeyer).

[743] BAG, Urteil v. 11.06.1964, AP Nr. 36 zu § 611 BGB Gratifikation (mit Anmerkung Trieschmann) unter III.2.) der Gründe; BAG, Urteile v. 17.03.1982, AP Nr. 108 und 110 zu § 611 BGB Gratifikation unter I.2a) der Gründe.

[744] BAG, Urteile v. 10.05.1962, AP Nr. 22 und 23 zu § 611 BGB Gratifikation (mit Anmerkung Nikisch) unter 4.) der Gründe; BAG, Urteil v. 09.06.1993, AP Nr. 150 zu § 611 BGB Gratifikation unter II 2 der Gründe; BAG, Urteil v. 21.05.2003, NZA 2003, 1032 ff. unter II 2 b der Gründe.

[745] BAG, Urteile v. 10.05.1962, AP Nr. 22 und 23 zu § 611 BGB Gratifikation (mit gemeinsamer Anmerkung Nikisch) unter 4.) der Gründe.

[746] BAG, Urteil v. 27.10.1978, AP Nr. 99 zu § 611 BGB Gratifikation (mit Anmerkung Herschel).

Bei einer Sonderleistung in Höhe von zwei Monatsgehältern und mehr ist grundsätzlich auch eine längere Bindung möglich. Allerdings kann die Bindungsfrist mit steigender Gratifikationshöhe nicht grenzenlos verlängert werden, da dem Arbeitnehmer ein Mindestzeitraum im Jahr verbleiben soll, in welchem er unbehelligt von Rückzahlungspflichten kündigen darf[747]. Eine ganzjährige Bindung ist demzufolge nicht zulässig.

4. Übertragung der für einzelvertragliche Abreden entwickelten Grundsätze auf Betriebsvereinbarungen

Die für einzelvertragliche Abreden entwickelten Grenzen gelten nach ständiger Rechtsprechung des Bundesarbeitsgerichts nicht für Tarifverträge. Vielmehr sollen die Tarifvertragsparteien auch zuungunsten der rückzahlungspflichtigen Arbeitnehmers von den Richtlinien abweichen können[748]. Auf Tarifebene bestehe kein dem Verhältnis zwischen Arbeitgeber und Arbeitnehmer vergleichbares Schutzbedürfnis. Die Tarifvertragsparteien seien in der Lage, selbst eine Ordnung zu schaffen, wie sie die von der Rechtsprechung für einzelvertragliche Rückzahlungsabreden geschaffenen Richtlinien bezweckten[749].

Demgegenüber hat die Rechtsprechung in Betriebsvereinbarungen enthaltene Rückzahlungsklauseln den Grundsätzen unterworfen, die sie für einzelvertraglich vereinbarte Rückzahlungsvorbehalte aufgestellt hat[750]. Der gegenüber den Betriebspartnern weitere Gestaltungsspielraum der Tarifparteien tritt damit deutlicher zu Tage als im Bereich der Betrieblichen Alterversorgung. Zwar betont das Bundesarbeitsgericht auch dort die Unzulässigkeit einer Inhalts- oder Billigkeitskontrolle von Tarifverträgen[751]. Es ist jedoch anhand der bislang zur

---

[747] BAG, Urteil v. 13.11.1969, AP Nr. 69 zu § 611 BGB (mit Anmerkung Mayer-Maly); Preis, Arbeitsvertrag, II S 40, Rn. 106.

[748] BAG, Urteil v. 31.03.1966, AP Nr. 54 zu § 611 BGB Gratifikation (mit Anmerkung Biedenkopf); BAG, Urteil v. 23.02.1967, AP Nr. 57 zu § 611 BGB Gratifikation (mit Anmerkung Hueck) = SAE 1967, 261 ff. (mit Anmerkung Bötticher); BAG, Urteil v. 09.10.1969, AP Nr. 68 zu § 611 BGB Gratifikation (mit Anmerkung Canaris).

[749] BAG, Urteil v. 31.03.1966, AP Nr. 54 zu § 611 BGB Gratifikation (mit Anmerkung Biedenkopf); BAG, Urteil v. 23.02.1967, AP Nr. 57 zu § 611 BGB Gratifikation (mit Anmerkung Hueck) = SAE 1967, 261 ff. (mit Anmerkung Bötticher).

[750] BAG, Urteil v. 16.11.1967, AP Nr. 63 zu § 611 BGB Gratifikation (mit zustimmender Anmerkung Gamillscheg) = SAE 1968, 121 ff. (mit zustimmender Anmerkung Küchenhoff); BAG, Urteil v. 17.10.1968, AP Nr. 66 zu § 611 BGB Gratifikation (mit Anmerkung Bötticher); BAG, Urteil v. 09.10.1969, AP Nr. 68 zu § 611 BGB Gratifikation (mit Anmerkung Canaris).

[751] BAG, Urteil v. 14.12.1982, AP Nr. 1 zu § 1 BetrAVG Besitzstand (mit Anmerkung Wiedemann/Mangen) unter II 3 der Gründe; BAG, Urteil v.29.01.1991, AP Nr. 23 zu § 18 BetrAVG unter 3 a der Gründe; BAG, Urteil v. 20.02.2001, ZTR 2002, 93 f..

Entscheidung gestandenen, eher unproblematischen Konstellationen nicht erkennbar, inwieweit der Besitzstandsschutz der Arbeitnehmer gegenüber abändernden Tarifverträgen tatsächlich weniger ausgeprägt sein soll als gegenüber abändernden Betriebsvereinbarungen.

Das Bundesarbeitsgericht hat den Kontrollmaßstab für in Betriebsvereinbarungen enthaltene Bindungsklauseln nicht speziell begründet, sondern sich auf die Überlegung beschränkt, ob die Betriebspartner den gleichen Regeln wie die Arbeitsvertragsparteien unterworfen sein sollen, oder ob sie einen den Tarifvertragsparteien vergleichbaren weiteren Regelungsspielraum nutzen können. Letzteres wurde – vor allem wegen des vom Bundesarbeitsgericht angenommenen Machtungleichgewichts zwischen Arbeitgeber und Betriebsrat – verneint. Das Schutzbedürfnis des einzelnen Arbeitnehmers sei durch die Mitwirkung des Betriebsrates nicht hinreichend gedeckt. Der Betriebsrat verfüge nicht über eine den Gewerkschaften vergleichbare Machtposition, da ihm insbesondere die Möglichkeit des Streiks nicht offenstehe. Außerdem seien die Betriebsratsmitglieder als Arbeitnehmer vom Arbeitgeber abhängig und gemäß § 49 BetrVG 1952 (§ 2 Abs. 1 BetrVG 1972) gehalten, stets auch die Belange des Betriebs im Auge zu halten. Die schwächere Stellung des Betriebsrats finde weiterhin darin Ausdruck, daß der Gesetzgeber den Tarifparteien durch Schaffung tarifdispositiven Gesetzesrechts einen besonderen Spielraum verschaffe, während vergleichbare Befugnisse für die Betriebspartner nicht bestünden. Schließlich begründe auch die grundrechtliche Gewährleistung der Tarifautonomie und die privatautonome Legitimation des Tarifvertrages durch Mitgliedschaft einen weitergehenden Spielraum der Tarifvertragsparteien[752].

Da das Bundesarbeitsgericht die Geltung der rechtsfortbildend entwickelten Richtlinien zur Zulässigkeit der Bindungsdauer auch für Betriebsvereinbarungen mit einem zwischen Betriebsrat und Arbeitgeber bestehenden Verhandlungsungleichgewicht begründet, liegt die Annahme einer unzulässigen Inhaltskontrolle von Betriebsvereinbarungen nahe. Ob eine solche stattfindet, kann erst beantwortet werden, wenn der auf Betriebsvereinbarungen übertragene Maßstab der Kontrolle einzelvertraglicher Rückzahlungsklauseln geklärt ist. Es ist also zunächst ein Blick auf die Rechtsprechung zur Kontrolle einzelvertraglich vereinbarter Rückzahlungsklauseln zu werfen. Ist der dort angelegte Prüfungsmaßstab analysiert, kann geprüft werden, ob eine Übertragung dieses Maßstabs auf durch Betriebsvereinbarungen geregelte Rückzahlungsklauseln gerechtfertigt ist.

---

[752] BAG, Urteil v. 16.11.1967, AP Nr. 63 zu § 611 BGB Gratifikation (Mit Anmerkung Gamillscheg); BAG, Urteil v. 17.10.1968, AP Nr. 66 zu § 611 BGB Gratifikation (mit Anmerkung Bötticher).

a) *Die dogmatische Einordnung der Kontrolle einzelvertraglicher Rückzahlungsklauseln*

Das Bundesarbeitsgericht hat zur dogmatischen Begründung der von ihm aufgestellten Richtlinien verschiedene Rechtsinstitute einzeln oder gemeinsam herangezogen. Während Rückzahlungsvereinbarungen im Bereich der Ausbildungskosten seit dem Urteil des fünften Senats vom 24.07.1991[753] einer offenen Inhaltskontrolle auf Grundlage des § 242 BGB unterzogen werden, basieren die richterrechtlich entwickelten Leitlinien zur zulässigen Bindungsdauer bei Gratifikationsrückzahlungsklauseln noch immer auf Grundsatzentscheidungen aus den 60er Jahren. Diese stützen sich auf das Prinzip der Gleichheit der Kündigungsfristen[754], die Fürsorgepflicht des Arbeitgebers[755] und Art. 12 GG[756]. Daß – anders als auf dem Gebiet der Ausbildungskosten – die dogmatische Rechtfertigung der Kontrolle bislang nicht überdacht wurde, ist wohl in erster Linie darauf zurückzuführen, daß das Bundesarbeitsgericht in seinen jüngeren Entscheidungen die Zulässigkeit der Bindungsdauer allein anhand der von ihm rechtsfortbildend entwickelten Richtlinien beurteilt hat, ohne deren Grundlage in Frage zu stellen. Die Frage nach der Rechtfertigung der Kontrolle wird allein mit dem Hinweis auf die Rechtsprechungstradition des Gerichts begründet[757].

aa) *Die Vereinbarkeit von Rückzahlungsklauseln mit § 622 Abs. 6 BGB*

In Rechtsprechung und Literatur wird die dogmatische Grundlage der vom Bundesarbeitsgericht entwickelten Richtlinien zum Teil in der Rechtsfigur der Gesetzesumgehung erkannt. Insoweit ist umstritten, ob die Problematik der

---

[753] BAGE 68, 178.

[754] BAG, Urteil v. 31.05.1960, AP Nr. 15 zu § 611 BGB Gratifikation unter 1.) der Gründe, (mit Anmerkung Hefermehl) = AuR 1961, 30 ff. (mit Anmerkung Herschel); BAG, Urteil v. 08.12.1960, AP Nr. 20 zu § 611 BGB Gratifikation, unter 3.) der Gründe (mit zustimmender Anmerkung Hueck) = SAE 1961, 217 ff. (mit Anmerkung Isele); BAG, Urteile v. 10.05.1962, AP Nr. 22 und 23 zu § 611 BGB Gratifikation (mit Anmerkung Nikisch); BAG, Urteil v. 06.12.1963, AP Nr. 28 zu § 611 BGB Gratifikation (mit Anmerkung Mayer-Maly); BAG, Urteil v. 11.06.1964, AP Nr. 36 zu § 611 BGB Gratifikation (mit Anmerkung Trieschmann).

[755] BAG, Urteil v. 08.12.1960, AP Nr. 20 zu § 611 BGB Gratifikation, unter 3.) der Gründe (mit Anmerkung Hueck) = SAE 1961, 217 ff. (mit Anmerkung Isele); BAG, Urteile v. 10.05.1962, AP Nr. 22 unter 3 der Gründe und 23 zu § 611 BGB Gratifikation (mit Anmerkung Nikisch); BAG, Urteil v. 06.12.1963, AP Nr. 28 zu § 611 BGB Gratifikation (mit Anmerkung Mayer-Maly); BAG, Urteil v. 11.06.1964, AP Nr. 36 zu § 611 BGB Gratifikation (mit Anmerkung Trieschmann).

[756] BAG, Urteil v. 03.10.1963, BAG, AP NR. 1 zu § 611 BGB Urlaub und Gratifikation; BAG, Urteil v. 06.12.1963, AP Nr. 28 zu § 611 BGB Gratifikation.

[757] BAG, Urteil v. 21.05.2003, NZA 2003, 1032 ff. unter II 2 b der Gründe.

Gesetzesumgehung allein als eine Frage der Auslegung der umgangenen Norm[758] oder als ein eigenes Rechtsinstitut[759] zu verstehen ist. Einigkeit besteht jedoch dahingehend, daß es für das Vorliegen einer Gesetzesumgehung entscheidend darauf ankommt, ob das Verbotsgesetz nach seinem durch Auslegung zu ermittelnden Sinn und Zweck den mit dem Umgehungsgeschäft angestrebten Erfolg schlechthin verhindern will[760]. Die unterschiedlichen Ansätze kommen daher kaum zu verschiedenen Ergebnissen[761]. Beide Auffassungen führen zu der Frage, ob die tatbestandsvermeidende Fallgestaltung in den Interventionsbereich der Verbotsnorm fällt.

Nach Auffassung des Bundesarbeitsgerichts kann sich eine eingeschränkte Zulässigkeit von Rückzahlungsvereinbarungen aus dem Gesichtspunkt der Gleichheit der Kündigungsfristen ergeben[762]. Der erste Senat des Bundesarbeitsgerichts vertrat die Auffassung, aus § 122 GewO (a.F.) und § 67 HGB (a.F.) ergebe sich, daß auch die beiderseitige Kündigungslage für Arbeitgeber und Arbeitnehmer gleich sein müsse[763]. Insbesondere dürfe die Kündigung für den Arbeitnehmer nicht mit einseitigen Vermögensnachteilen verbunden sein. Dieser Auffassung schloß sich der fünfte Senat an[764]; § 122 GewO und § 67 Abs. 1 HGB dürften nicht durch eine Abrede umgangen werden, die für den Fall der arbeitnehmerseitigen Kündigung einen einseitigen Vermögensnachteil beinhalte. Allerdings sah der fünfte Senat in der Rückzahlung der freiwillig geleisteten Gratifikation keinen Vermögensnachteil, sondern die Rückgängigmachung eines Vermögensvorteils, auf dessen Erhalten der Arbeitnehmer keinen und auf dessen Behalten er nur einen auflösend bedingten Anspruch habe. Eine Umgehung des

---

[758] Flume, Rechtsgeschäft, S. 35; Westhoff, Inhaltskontrolle, S. 25.

[759] Mayer-Maly, in: MüKo § 134, Rn 12; Preis, Vertragsgestaltung, S. 163.

[760] BGH Urteil v. 30.11.1955, JZ 1956, 119, 120; Preis, Vertragsgestaltung, S. 164.

[761] Preis, Vertragsgestaltung, S. 163; Staudinger, Rückzahlungsklauseln, S. 47.

[762] BAG, Urteil v. 31.05.1960, AP Nr. 15 zu § 611 BGB Gratifikation unter 1.) der Gründe, (mit Anmerkung Hefermehl) = AuR 1961, 30 ff. (mit Anmerkung Herschel); BAG, Urteil v. 08.12.1960, AP Nr. 20 zu § 611 BGB Gratifikation, unter 3.) der Gründe (mit zustimmender Anmerkung Hueck) = SAE 1961, 217 ff. (mit Anmerkung Isele); BAG, Urteile v. 10.05.1962, AP Nr. 22 und 23 zu § 611 BGB Gratifikation (mit Anmerkung Nikisch); BAG, Urteil v. 06.12.1963, AP Nr. 28 zu § 611 BGB Gratifikation (mit Anmerkung Mayer-Maly); BAG, Urteil v. 11.06.1964, AP Nr. 36 zu § 611 BGB Gratifikation (mit Anmerkung Trieschmann).

[763] BAG, Urteil v. 09.02.1956, AP Nr. 1 zu § 394 BGB (mit zustimmender Anmerkung Dersch).

[764] BAG, Urteil v. 31.05.1960, AP Nr. 15 zu § 611 BGB Gratifikation unter 1.) der Gründe, (mit Anmerkung Hefermehl) = AuR 1961, 30 ff. (mit Anmerkung Herschel); BAG, Urteil v. 08.12.1960, AP Nr. 20 zu § 611 BGB Gratifikation, unter 3.) der Gründe (mit zustimmender Anmerkung Hueck) = SAE 1961, 217 ff. (mit Anmerkung Isele); BAG, Urteile v. 10.05.1962, AP Nr. 22 und 23 zu § 611 BGB Gratifikation (mit Anmerkung Nikisch).

§ 67 Abs. 1 HGB liege nur dann vor, wenn die Rückzahlungsverpflichtung über eine unangemessen lange Zeit ausgedehnt werde[765].

Auch in der Literatur wird die eingeschränkte Zulässigkeit von Rückzahlungsklauseln teilweise mit der Annahme einer Gesetzesumgehung begründet[766]. Die Verknüpfung der arbeitnehmerseitigen Kündigung mit einer Rückzahlungsverpflichtung sei geeignet, den Arbeitnehmer von einer Kündigung abzuhalten und bewirke somit faktisch eine einseitige Verlängerung der Kündigungsfrist[767]. Zweck des Verbots des § 622 Abs. 6 BGB sei auch die Verhinderung einer solchen faktischen Fristverlängerung.

Die im Schrifttum überwiegend vertretene Auffassung verneint dagegen zu Recht die Voraussetzungen einer Gesetzesumgehung[768]. Eine Umgehung des § 622 Abs.6 BGB läge nur dann vor, wenn diese Norm nach ihrem durch Auslegung zu ermittelnden Sinn und Zweck den mit der Rückzahlungsklausel erstrebten Erfolg schlechthin verhindern will[769]. Dies ist nicht der Fall. Rückzahlungsvereinbarungen stehen dem von § 622 Abs. 6 BGB verfolgten Zweck nicht entgegen. Weder nach seinem Wortlaut, noch nach seinem Sinn und Zweck verlangt § 622 Abs. 6 die Gleichheit aller mit der Kündigung zusammenhängenden Bedingungen[770]. Zwar kann die durch Kündigung des Arbeitnehmers ausgelöste Pflicht zur Rückzahlung einer Gratifikation geeignet sein, den Arbeitnehmer in seinem Kündigungsentschluß zu beeinflussen; § 622 Abs. 6 BGB kann aber nicht die ratio entnommen werden, jede einseitige Kündigungserschwerung verbieten zu wollen[771]. Eine derartige Interpretation ist mit dem

---

765 BAG, Urteil v. 31.05.1960, AP Nr. 15 zu § 611 BGB Gratifikation unter 1.) der Gründe; BAG, Urteile v. 10.05.1962, AP Nr. 22 und 23 zu § 611 BGB Gratifikation (mit Anmerkung Nikisch) unter 2.) der Gründe.

766 Dersch, Anmerkung zu BAG, Urteil v. 09.02.1956, AP Nr. 1 zu § 394 BGB; Hefermehl, Anmerkung zu BAG, Urteil v. 18.06.1960, AP Nr. 1 zu § 611 BGB Gratifikation; Herschel, Anmerkung zu BAG, Urteil v. 31.05.1960, SAE 1961, 30, 32; Isele, Anmerkung zu BAG, Urteil v. 08.12.1960, SAE 1961, 217 ff.; Mayer-Maly, Anmerkung zu BAG, Urteil v. 06.12.1963, AP Nr. 28 zu § 611 BGB Gratifikation; Trieschmann, AuR 1962, 137, 145 ff..

767 Herschel, Anmerkung zu BAG, Urteil v. 31.05.1960, SAE 1961, 30, 32.

768 Falkenstein, DB 1962, 570, 571; Marienhagen, Anmerkung zu LAG Hamm, Urteil v. 08.09.1961, BB 1962, 49 ff.; Molitor, Anmerkung zu BAG, Urteil v. 10.05.1962, SAE 1962, 177, 180; Nikisch, BB 1962, 1332 ff.; Preis, Vertragsgestaltung, S. 169; Schmidt, DB 1961, 1355, 1356; Staudinger, Rückzahlungsklauseln, S. 59 ff.; Westhoff, Inhaltskontrolle, S. 25 ff.; Winkemann, Gratifikationen, S. 112 ff.; Wolf, Anmerkung zu BAG, Urteil v. 03.10.1963, AP Nr. 1 zu § 611 BGB Urlaub und Gratifikation.

769 vgl. Preis, Vertragsgestaltung, S. 163f.; Winkemann, Gratifikationen, S.112.

770 Lübbersmann, Rückzahlungsklauseln, S. 48 f.; Preis, Vertragsgestaltung, S. 169.

771 Preis, Vertragsgestaltung, S. 169; Westhoff, Inhaltskontrolle, S. 25.

eindeutigen Wortlaut des § 622 Abs. 6 BGB nicht vereinbar. § 622 Abs. 6 BGB bestimmt lediglich, daß für die Kündigung des Arbeitsverhältnisses durch den Arbeitnehmer keine längere Frist vereinbart werden darf als für die arbeitgeberseitige Kündigung. Die Kündigungsfristen und deren Zielsetzung werden jedoch durch die Vereinbarung von Rückzahlungsklauseln nicht berührt. Zweck der Kündigungsfristen ist es, den Arbeitsparteien die Möglichkeit zu geben, sich auf die Auflösung des Arbeitsverhältnisses einzustellen[772]. Demgegenüber zielen die Rückzahlungsklauseln darauf ab, den Arbeitnehmer bereits von der Abgabe einer Kündigungserklärung abzuhalten[773]. Während also § 622 Abs. 6 BGB den Schutz des Arbeitnehmers vor einer Kündigung des Arbeitgebers bezweckt, also eine Kündigungsschutzbestimmung ist, liegt das Problem der Rückzahlungsvereinbarungen in einer Beeinträchtigung der Kündigungsfreiheit des Arbeitnehmers[774]. Eine die Kündigungsfreiheit schützende Wirkung ist der Regelung des § 622 Abs. 6 BGB aber wegen ihres eindeutigen Wortlautes weder im Wege der Auslegung, noch im Wege einer lückenschließenden Gesetzesanalogie[775] zu entnehmen.

Ohnehin bietet der Gedanke der Gesetzesumgehung keine geeignete Grundlage für die vom Bundesarbeitsgericht angestellten Zumutbarkeitserwägungen[776]. Wenn die unzulässige Kündigungserschwerung einen Vermögensnachteil des Arbeitnehmers voraussetzt, in der Rückzahlungsverpflichtung aber lediglich die Rückgängigmachung eines Vermögensvorteils zu sehen ist, kann auch die Dauer der Rückzahlungspflicht die Annahme einer Gesetzesumgehung nicht begründen[777].

bb) Die Vereinbarkeit von Rückzahlungsvereinbarungen mit der Fürsorgepflicht des Arbeitgebers

Kumulativ zu seinen weiteren Begründungsansätzen hat das Bundesarbeitsgericht Rückzahlungsklauseln unter dem Gesichtspunkt eines Verstoßes gegen die Fürsorgepflicht des Arbeitgebers geprüft[778]. Der Arbeitgeber dürfe den Arbeit-

---

[772] Preis, Vertragsgestaltung, S. 169.

[773] Staudinger, Rückzahlungsklauseln, S. 62.

[774] Blomeyer/Buchner, Rückzahlungsklauseln, S. 13; Bötticher, AuR 1965, 161 ff.; Winkemann, Gratifikationen, S. 112 f..

[775] vgl. hierzu Westhoff, Inhaltskontrolle, S. 26.

[776] Blomeyer/Buchner, Rückzahlungsklauseln, S. 13; Bötticher, AuR 1965, 161, 167.

[777] Falkenstein, DB 1962, 570, 571; Marienhagen, Anmerkung zu LAG Hamm, Urteil v. 08.09.1961, BB 1962, 49 ff.; Nikisch, Gemeinsame Anmerkung zu BAG, Urteile v. 10.05.1962, AP Nr. 22 und 23 zu § 611 BGB Gratifikation; Schmidt, DB 1961, 1355, 1356.

[778] BAG, Urteil v. 08.12.1960, AP Nr. 20 zu § 611 BGB Gratifikation, unter 3.) der Gründe

nehmer wegen seiner Fürsorgepflicht nicht überfordern[779]. Rückzahlungsklauseln mit einer unüberschaubaren Bindungsdauer seien daher wegen Verletzung der Fürsorgepflicht unwirksam[780].

Auch in der – vor allem älteren – Literatur wurde zum Teil dem Fürsorgedanken eine Begrenzung der Zulässigkeit von Rückzahlungsklauseln entnommen[781]. Die Fürsorgepflicht aus dem Arbeitsverhältnis reiche wesentlich weiter als der in § 242 BGB niedergelegte Grundsatz von Treu und Glauben. Dem Arbeitgeber sei es verwehrt, Anforderungen zu stellen, die „unzumutbar, unbillig, schikanös oder auch nur unüblich" wären[782]. Die Pflicht des Arbeitgebers zur Rücksichtnahme verwehre es diesem daher, eine Sonderzahlung an eine unangemessen lange Bindung des Arbeitnehmers zu knüpfen.

Nach zutreffender Auffassung[783] ist die Fürsorgepflicht nicht geeignet, die Gestaltungsmöglichkeiten der Arbeitsvertragsparteien einzuschränken. Diese ist als Sammelbezeichnung für die Nebenpflichten des Arbeitgebers gemäß § 242 BGB zu verstehen[784], umschreibt also die jedem Vertragsverhältnis immanenten Nebenpflichten der Rücksichtnahme, des Schutzes und der Förderung des Vertragszweckes[785]. Damit kann sie nur Ansprüche des Arbeitnehmers begründen, nicht aber solche des Arbeitgebers beschränken[786]. Eine Grenze der

---

(mit Anmerkung Hueck) = SAE 1961, 217 ff. (mit Anmerkung Isele); BAG, Urteile v. 10.05.1962, AP Nr. 22 unter 3 der Gründe und 23 zu § 611 BGB Gratifikation (mit Anmerkung Nikisch); BAG, Urteil v. 06.12.1963, AP Nr. 28 zu § 611 BGB Gratifikation (mit Anmerkung Mayer-Maly); BAG, Urteil v. 11.06.1964, AP Nr. 36 zu § 611 BGB Gratifikation (mit Anmerkung Trieschmann).

779 BAG, Urteile v. 10.05.1962, AP Nr. 22 zu § 611 BGB Gratifikation (mit Anmerkung Nikisch) unter 3 der Gründe.

780 BAG, Urteile v. 10.05.1962, AP Nr. 22 zu § 611 BGB Gratifikation (mit Anmerkung Nikisch) unter 3. der Gründe.

781 Horschitz, BB 1969, 1354, 1356; Hueck, Anmerkung zu BAG, Urteil v. 29.05.1962, AP Nr. 25 zu Art. 12 GG; Koenig, Rückzahlungsklauseln, S. 56 ff.; Göller, Weihnachtsgratifikation, S. 39 ff..

782 Göller, Weihnachtsgratifikation, S. 44.

783 Fastrich, Inhaltskontrolle, S. 171 ff.; Lipke in: Kasseler Handbuch, 2.3 Rn. 277; Molitor, Anmerkung zu BAG, Urteil v. 10.05.1962, SAE 1962, 177, 181; Nikisch, BB 1962, 1332, 1334; Westhoff, Inhaltskontrolle, S. 21 ff.; Winkemann, Gratifikationen, S. 120 f.; Wolf, Anmerkung zu BAG, Urteil v. 03.10.1963, AP Nr. 1 zu § 611 BGB Urlaub und Gratifikation.

784 Westhoff, Inhaltskontrolle, S. 27; Wolf, Anmerkung zu BAG, Urteil v. 03.10.1963, AP Nr. 1 zu § 611 BGB Urlaub und Gratifikation.

785 Preis, Vertragsgestaltung, S. 190.

786 Blomeyer/Buchner, Rückzahlungsklauseln, S. 14; Gamillschegg, Anmerkung zu BAG, Urteil v. 16.11.1967, AP Nr. 63 zu § 611 BGB Gratifikation; Preis, Vertragsgestaltung,

Vertragsfreiheit kann der Fürsorgepflicht nicht entnommen werden. Vielmehr unterliegt ihre nähere Ausgestaltung den Vertragsparteien[787]. Die Fürsorgepflicht ist den Parteivereinbarungen grundsätzlich untergeordnet und damit nicht in der Lage, inhaltliche Schranken der Vertragsgestaltung zu begründen.

cc) Die unmittelbare Drittwirkung des Art. 12 GG

Während der fünfte Senat im Bereich der Gratifikationen vorwiegend auf den Gesichtspunkt der objektiven Gesetzesumgehung als Ansatz für eine begrenzte Zulässigkeit von Rückzahlungsvereinbarungen abstellte, stützte der erste Senat seine Entscheidungen über die Zulässigkeit von Ausbildungskosten betreffenden Rückzahlungsklauseln ursprünglich – ausgehend von der Theorie der unmittelbaren Drittwirkung der Grundrechte im Privatrecht – in erster Linie auf Art. 12 GG[788]. Das Grundrecht der Berufsfreiheit sei Ordnungssatz für das gesamte soziale Leben und gestalte praktisch das Leben jedes einzelnen Bürgers, beinhalte also nicht nur ein Abwehrrecht gegenüber dem Staat[789]. Durch die Vereinbarung einer Rückzahlungsverpflichtung werde in das Grundrecht des Arbeitnehmers auf freie Wahl des Arbeitsplatzes gemäß Art. 12 Abs. 1 S. 1 GG eingegriffen[790]. Eine Rückzahlungsklausel sei nur dann mit Art. 12 GG vereinbar, wenn sie „unter Berücksichtigung aller Umstände des Einzelfalles nach Treu und Glauben dem Arbeitnehmer zuzumuten sei und vom Standpunkt eines verständigen Betrachters aus einem begründeten und zu billigenden Interesse des Arbeitgebers“ entspreche[791]. Andernfalls sei die Vereinbarung wegen Verletzung des in Art. 12 GG enthaltenen Verbots gemäß § 134 BGB nichtig[792].

Diese Argumentation fand auch Eingang in die Rechtsprechung zu Rückzahlungsklauseln im Gratifikationsrecht[793]. Nach den grundlegenden Entscheidun-

---

S. 190.

[787] Fastrich, Inhaltskontrolle, S. 172; Preis, Vertragsgestaltung, S. 170.

[788] BAG, Urteil v. 29.06.1962, AP Nr. 25 zu Art 12 GG (mit Anmerkung Hueck); BAG, Urteil v. 29.06.1962, AP Nr. 26 zu Art. 12 GG (mit Anmerkung Hueck) (beide zu Rückzahlung von Ausbildungskosten).

[789] BAG, Urteil v. 29.06.1962, AP Nr. 25 zu Art. 12 GG unter II 1 der Gründe.

[790] BAG, Urteil v. 29.06.1962, AP Nr. 25 zu Art. 12 GG unter II 2 der Gründe.

[791] BAG, Urteil v. 29.06.1962, AP Nr. 25 zu Art 12 GG unter II 3 b der Gründe; BAG, Urteil v. 29.06.1962, AP Nr. 26 zu Art. 12 GG unter I 4 der Gründe.

[792] BAG, Urteil v. 29.06.1962, AP Nr. 25 zu Art. 12 GG unter II 3 b der Gründe.

[793] BAG, Urteil v. 03.10.1963, AP NR. 1 zu § 611 BGB Urlaub und Gratifikation (mit Anmerkung Wolf); BAG, Urteil v. 06.12.1963, AP Nr. 28 zu § 611 BGB Gratifikation (mit Anmerkung Mayer-Maly).

gen des 1. Senats vom 29.06.1962[794] ergänzte der 5. Senat seinen bisherigen Begründungsansatz entsprechend. Wegen der „sich aus Art. 12 Abs. 1 GG ergebenden Wirkungen, im Hinblick auf die Fürsorgepflicht des Arbeitgebers und auch aus dem Gesichtspunkt der Gesetzesumgehung" seien Rückzahlungsklauseln insoweit unverbindlich, als sie für eine unangemessen lange Zeit vereinbart seien[795].

Mittlerweile lehnt das Bundesarbeitsgericht[796] allerdings die unmittelbare Drittwirkung des Art. 12 GG in Übereinstimmung mit der Rechtsprechung des Bundesverfassungsgerichts[797] und des Bundesgerichtshofs[798] sowie der ganz herrschenden Meinung in der Literatur[799] ab. Auch dieser Begründungsansatz kann also die von der Rechtsprechung angenommene beschränkte Zulässigkeit von Rückzahlungsvereinbarungen nicht mehr tragen. Für den Bereich der Gratifikationsrückzahlungsvereinbarungen wurden jedoch aus der Aufgabe der Theorie von der unmittelbaren Drittwirkung der Grundrechte bislang keine Konsequenzen gezogen. Auch in jüngsten Entscheidungen begründet das Bundesarbeitsgericht die Geltung der von ihm entwickelten Grenzwerte neben dem Verweis auf seine Rechtsprechungstradition mit dem Argument, daß der Arbeitnehmer bei Überschreitung der Grenzwerte „durch die vereinbarte Rückzahlung in unzulässiger Weise in seiner durch Art. 12 Abs. 1 GG garantierten Berufsfreiheit behindert werde"[800]; die Vorschrift des § 134 BGB wird allerdings nicht mehr zitiert.

dd) Rückzahlungsvereinbarungen als Vertragsstrafeversprechen

Von der Rechtsprechung des Bundesarbeitsgerichts bislang nicht aufgegriffen wurde der Vorschlag *Böttichers*[801], Rückzahlungsvereinbarungen über die Vorschrift des § 343 BGB zu korrigieren. Nach der Auffassung *Böttichers* ist die Rückzahlungsvereinbarung als selbständiges Vertragsstrafeversprechen

---

[794] BAG, AP Nr. 25 und 26 zu Art. 12 GG.

[795] BAG, Urteil v. 03.10.1963, BAG, AP NR. 1 zu § 611 BGB Urlaub und Gratifikation; BAG, Urteil v. 06.12.1963, AP Nr. 28 zu § 611 BGB Gratifikation.

[796] BAG, Urteil v. 24.07.1991, AP Nr. 16 zu § 611 BGB Ausbildungsbeihilfe.

[797] BVerfG Urteil v. 15.11.1951, BVerfGE 7, 198, 205; BVerfG Beschluß v. 10.02.1960, BVerfGE 10, 302, 322.

[798] BGH Urteil v. 25.05.1954, BGHZ 13, 334, 338; BGH Urteil v. 14.02.1958, BGHZ 26, 329, 353.

[799] Canaris, AcP 184 (1984), 201, 208 ff.; Dürig, FS Nawiaski, 157, 176 ff.; Kirchhof, Rechtsetzung, S. 519; Scholz, FS BAG (1979), S. 511 ff..

[800] BAG, Urteil v. 21.05.2003, NZA 2003, 1032 ff. unter II 2 b der Gründe.

[801] Anmerkung zu BAG, Urteil v. 29.06.1962, SAE 1963, 7, 8; ders., AuR 1965, 161 ff..

i.S.v. § 343 Abs. 2 BGB einzuordnen[802]. Die Rückzahlungsverpflichtung gewinne nach dem Parteiwillen zumindest auch den Charakter einer Sanktion für das Ausscheiden, denn der drohende Vermögensnachteil solle den Arbeitnehmer von der Kündigung abschrecken. Das Wesen der Bedingung werde dieser Strafabrede als Druckmittel zur Erzielung des gewünschten Verhaltens nicht gerecht. Über § 343 BGB könne auch die Herabsetzung einer der Zeit nach unangemessenen Bindung erreicht werden. Man fasse § 343 BGB zu eng auf, wenn man ihn nur als Ermächtigungsgrundlage zur Herabsetzung eines geschuldeten Geldbetrages verstehe[803]. Folgte man der Auffassung Böttichers und verstünde Rückzahlungsvereinbarungen als selbständige Vertragsstrafeversprechen, wäre nach dem Wegfall der Bereichsausnahme für das Arbeitsrecht (§ 23 Abs. 1 AGBG a.F.) für vorformulierte Rückzahlungsvereinbarungen die Frage zu stellen, ob das Klauselverbot des § 309 Nr. 6 BGB auch auf Arbeitsverträge Anwendung findet, oder ob dem die Besonderheiten des Arbeitsrechts entgegenstehen[804].

Der Ansatz Böttichers fand im Schrifttum teilweise Zustimmung[805], stieß aber auch auf deutliche Kritik[806]. Die Annahme eines Vertragsstrafeversprechens berücksichtige nicht den Zusammenhang zwischen der Zuwendung des Arbeitgebers und der Rückzahlungspflicht; der Charakter einer bedingten Vermögensverfügung werde aufgehoben[807]. Der Rückzahlungspflicht fehle ein wesentliches Merkmal der Vertragsstrafe, da sich deren Umfang allein nach der Höhe der Gratifikation richtet und damit weder am voraussichtlichen Schaden des Arbeitgebers ausgerichtet sei, noch eine realistische Beziehung zur Schwere des sanktionierten Verstoßes aufweise[808]. Weiterhin gehe es bei Rückzahlungsvereinbarungen nicht um die von § 343 BGB geregelte Herabsetzung des Vertragsstrafeversprechens auf einen angemessenen Betrag, sondern um die Kürzung der Bindungsdauer. Dies sei aber ein ganz anderer Eingriff als der von § 343 BGB vorgesehene. Die Abkürzung des Bindungszeitraumes führe nämlich dazu, daß der Arbeitnehmer so gestellt werde, als habe er nicht vorzeitig im

---

802 Bötticher, Anmerkung zu BAG, Urteil v. 29.06.1962, SAE 1963, 7, 8.

803 Bötticher, AuR 1965, 161, 169; ders., ZfA 1970, 6, 21.

804 so BAG,Urteil v. 04.03.2004, DB 2004, 1616; Gotthardt, ZIP 2002, 277, 283; Preis, Arbeitsvertrag, II V 30 Rn. 27; a.A.: ArbG Bochum, Urteil v. 08.07.2002, NZA 2002, 978; Däubler, NZA 2001, 1329, 1336.

805 Beckers, NZA 1997, 129, 137; Hanau in: Erman, § 611 BGB Rn. 402; Müller-Glöge in: ErfK, §§ 339-345 BGB Rn. 2; Schaub, Arbeitsrechtshandbuch, § 60 Rn. 6.

806 Blomeyer/Buchner, Rückzahlungsklauseln, S. 24; Westhoff, Inhaltskontrolle, S. 47 ff..

807 Blomeyer/Buchner, Rückzahlungsklauseln, S. 34; Westhoff, Inhaltskontrolle, S. 51ff.; Wiedemann, Arbeitsverhältnis, S. 66.

808 Westhoff, Inhaltskontrolle, S. 52.

Sinne der Rückzahlungsklausel gekündigt. Der richterliche Eingriff richte sich also nicht gegen die Höhe der Strafe, sondern gegen das vertraglich bestimmte Verhalten, an welches die Rückzahlungspflicht anknüpfe[809]. Auch eine Analogie zu § 343 BGB könne im Ergebnis nur zu einer Kürzung des Rückzahlungsbetrages, nicht aber zu einer Kürzung der Bleibefrist führen[810]. Schließlich sei die einzelfallorientierte Regelung des § 343 BGB auch keine geeignete Grundlage, um generelle, fallunabhängige Grenzen im Sinne der Rechtsprechung des Bundesarbeitsgerichts zu setzen[811].

Für das hier zu lösende Problem der Rechtswirksamkeitskontrolle von Rückzahlungsklauseln in Betriebsvereinbarungen kann deren Einordnung als Vertragsstrafeversprechen dahinstehen. Selbst wenn man Rückzahlungsklauseln als selbständige Vertragsstrafeversprechen verstehen wollte, könnte die Regelung des § 343 BGB die Frage nach deren Wirksamkeit nicht beantworten. § 343 BGB setzt seinerseits ein grundsätzlich wirksames Vertragsstrafeversprechen voraus; einer Korrektur nach dieser Vorschrift muß also eine Wirksamkeitskontrolle vorausgehen[812].

ee) Die Kontrolle von Gratifikationsrückzahlungsvereinbarungen als verdeckte Inhaltskontrolle

Können die vorgenannten Begründungsansätze also die richterliche Kontrolle von Gratifikationsrückzahlungsklauseln, jedenfalls in der vom Bundesarbeitsgericht durchgeführten Form, nicht tragen, liegt die Vermutung nahe, daß es sich bei dieser Kontrolle in Wahrheit um eine verkappte Inhaltskontrolle handelt[813].

In der Sache zielen die Lösungen der Rechtsprechung darauf ab, die Notwendigkeit einer Inhaltskontrolle zu begründen[814]. Dies wird erkennbar vor allem an der vom Bundesarbeitsgericht gewählten Terminologie, wonach entscheidend sein soll, ob die Rückzahlungsverpflichtung „für eine unangemessen lange Zeit“[815] ausgedehnt wird[816]. Lehnt man die Begründungsansätze der Rechtspre-

---

809 Westhoff, Inhaltskontrolle, S. 50.

810 Westhoff, Inhaltskontrolle, S. 51.

811 Westhoff, Inhaltskontrolle, S. 48 f..

812 Preis, Vertragsgestaltung, S. 196, 475 f.; ders., Arbeitsvertrag, II V 30 Rn. 23 ff..

813 Fastrich, Inhaltskontrolle, S. 171; Preis, Vertragsgestaltung, S. 156 ff; S. 500 f.; ders., AuR 1994, 139, 146; vgl. auch Lieb, Arbeitsrecht, § 4 VI, Rn. 416.

814 Preis, Vertragsgestaltung, S. 166.

815 BAG, Urteil v. 31.05.1960, AP Nr. 15 zu § 611 BGB Gratifikation (mit Anmerkung Hefermehl).

816 Preis, Vertragsgestaltung, S. 169 f..

chung – insbesondere die unmittelbare Drittwirkung der Grundrechte – ab, läßt sich eine derartige Kontrolle dogmatisch nur mit einer Angemessenheitsbindung der Arbeitsvertragsparteien erklären[817]. Weiteres Anzeichen für einen Fall verdeckter Inhaltskontrolle ist die Heranziehung des Arguments der Imparität zur Begründung inhaltlicher Schranken[818]. Zwar tritt der Unterlegenheitsaspekt in der Rechtsprechung des Bundesarbeitsgerichts zu einzelvertraglichen Rückzahlungsklauseln nicht deutlich zu Tage; das BAG begründet die Tarifdisponibilität der von ihm entwickelten Richtlinien aber mit dem angenommenen Machtgleichgewicht zwischen den Tarifparteien[819].

Daß es sich tatsächlich um eine verdeckte Inhaltskontrolle handelt, liegt hinsichtlich der Kontrolle von in Betriebsvereinbarungen enthaltenen Rückzahlungsvereinbarungen noch deutlicher auf der Hand als hinsichtlich der in Einzelarbeitsverträgen geregelten Rückzahlungsklauseln. Anders als bei einzelvertraglichen Vereinbarungen stützt das Bundesarbeitsgericht den im Vergleich zu den Tarifparteien strengeren Kontrollmaßstab ausdrücklich und in erster Linie auf das behauptete Machtungleichgewicht zwischen den Betriebspartnern[820]. Damit prüft es eine Voraussetzung der Inhaltskontrolle.

Sieht man die durch das Bundesarbeitsgericht geschaffenen Richtlinien als rechtsfortbildend entwickelten Maßstab einer Inhaltskontrolle, erklärt sich auch der weitergehende Spielraum der Tarifvertragsparteien im Rahmen des „tarifdispositiven Richterrechts"[821]. Mit den bisherigen Begründungsansätzen der Rechtsprechung ist der den Tarifparteien von der Rechtsprechung zugebilligte weitere Gestaltungsspielraum nicht vereinbar, da auch die Tarifparteien unstreitig an höherrangiges Recht gebunden sind[822]. Faßt man hingegen die vom Bundesarbeitsgericht durchgeführte Kontrolle als Inhaltskontrolle auf, ist die Nichtanwendung der richterrechtlich entwickelten Richtlinien auf Tarifverträge als Ergebnis des zwischen den Tarifparteien angenommenen Gleichgewichts zu

---

817 Fastrich, Inhaltskontrolle, S. 175.

818 Fastrich, Inhaltskontrolle, S. 176 ff..

819 Fastrich , Inhalskontrolle, S. 177 f..

820 BAG, Urteil v. 16.11.1967, AP Nr. 63 zu § 611 BGB Gratifikation (mit zustimmender Anmerkung Gamillscheg) = SAE 1968, 121 ff. (mit zustimmender Anmerkung Küchenhoff); BAG, Urteil v. 17.10.1968, AP Nr. 66 zu § 611 BGB Gratifikation (mit Anmerkung Bötticher); BAG, Urteil v. 09.10.1969, AP Nr. 68 zu § 611 BGB Gratifikation (mit Anmerkung Canaris).

821 Lieb, Arbeitsrecht, § 4 VI, Rn. 416; Preis, Grundfragen, S. 209 f..

822 Bötticher, Anmerkung zu BAG, Urteil v. 17.10.1968, AP Nr. 66 zu § 611 BGB Gratifikation; Kallrath, Gerichtliche Kontrolle, S. 100 f.; Lieb, RdA 1972, 129ff.; ders., AcP 178 (1978), 196, 214; derselbe, Arbeitsrecht, § 4 VI, Rn. 416; Preis, Vertragsgestaltung, S. 157; derselbe, AuR 1994, 139, 146; Reuter, RdA 1985, 321, 324.

erklären. Ausgehend vom Standpunkt des Bundesarbeitsgerichts, welches ein Verhandlungsungleichgewicht zwischen den Parteien des Arbeitsvertrages und der Betriebsvereinbarung behauptet, ist demgegenüber eine strengere Inhaltskontrolle dieser Verträge nur konsequent.

Für die Einordnung als verdeckte Inhaltskontrolle spricht schließlich auch ein Vergleich mit der Rückzahlungsklauseln für Ausbildungskosten betreffenden Rechtsprechung. Der diesbezüglich bis 1962 zuständige 1. Senat leitete die beschränkte Zulässigkeit von Rückzahlungsvereinbarungen zunächst – wie dargestellt[823] – aus der unmittelbaren Drittwirkung des Art. 12 GG ab[824]. Dieser Rechtsprechung schloß sich der ab 1963 zuständige 5. Senat, auch hinsichtlich der Wirksamkeitskontrolle unter dem Gesichtspunkt des Art. 12 GG, zunächst an[825]. Seit dem Urteil vom 24.07.1991[826] unterwirft der 5. Senat jedoch Vereinbarungen über die Rückzahlung von Ausbildungskosten ausdrücklich einer Inhaltskontrolle auf Grundlage des § 242 BGB. Hiermit folgte der fünfte Senat der Rechtsprechung des 6. Zivilsenats des Bundesgerichtshofs[827] und gab die Lehre von der unmittelbaren privatrechtlichen Wirkung der Grundrechte endgültig auf[828]. In seinen jüngeren Entscheidungen lehnt sich der 5. Senat eng an die Rechtsprechung des Bundesverfassungsgerichts – insbesondere an die Bürgschaftsentscheidung[829] – an. Jedes Arbeitsverhältnis sei durch eine strukturelle Unterlegenheit des einzelnen Arbeitnehmers gegenüber dem Arbeitgeber gekennzeichnet. Da die im Bereich der Rückzahlungsklauseln bestehenden Regelungen nicht ausreichend seien, sei eine gerichtliche Inhaltskontrolle der Vereinbarungen geboten[830].

---

[823] Siehe oben § 11, III, 4, a, cc.

[824] BAG, Urteile v. 29.06.1962, AP Nr. 25 und Nr. 26 zu Art. 12 GG (mit Anmerkungen von Hueck).

[825] BAG, Urteil v. 24.01.1963, AP Nr. 29 zu Art. 12 GG (mit Anmerkung Bötticher).

[826] AP Nr. 16 zu § 611 BGB Ausbildungsbeihilfe, seitdem ständige Rechtsprechung: BAG, Urteil v. 16.03.1994, AP Nr. 18 zu § 611 BGB Ausbildungsbeihilfe (mit Anmerkung Wiedemann) unter IV der Gründe; BAG, Urteil v. 06.09.1995, AP Nr. 23 zu § 611 BGB Ausbildungsbeihilfe unter 2 der Gründe; BAG, Urteil v. 05.05.1998, AP Nr. 28 zu § 611 BGB Ausbildungsbeihilfe(mit Anmerkung Becker-Schaffner) unter II der Gründe; BAG, Urteil v. 21.11.2001, AP Nr. 31 zu § 611 BGB Ausbildungsbeihilfe unter I 2 der Gründe.

[827] BGH, Urteil v. 05.06.1984, AP Nr. 11 zu § 611 BGB Ausbildungsbeihilfe.

[828] BAG, Urteil v. 24.07.1991, BAGE 68, 178 unter III.3.) der Gründe.

[829] BVerfG, Beschluß v. 19.10.1993, BVerfGE 89, 214.

[830] BAG, Urteil v. 16.03.1994, AP Nr. 18 zu § 611 BGB Ausbildungsbeihilfe (mit Anmerkung Wiedemann) unter II 1 der Gründe.

Soweit also Rückzahlungsvereinbarungen über Ausbildungskosten zu beurteilen sind, hat das Bundesarbeitsgericht den Wandel von der verkappten zur offenen Inhaltskontrolle auf Grundlage des § 242 BGB bereits vollzogen. Demgegenüber wurden die Grundlagen der – ebenfalls vom fünften Senat – entwickelten Richtlinien zur zulässigen Bindungsdauer bei Gratifikationsrückzahlungsklauseln in den zurückliegenden Jahrzehnten nicht an die Entwicklungen der Wissenschaft und der übrigen Rechtsprechung angepaßt. Auch hierbei handelt es sich jedoch in der Sache um eine Inhaltskontrolle im Sinne einer Angemessenheitskontrolle, deren Maßstab für Allgemeine Arbeitsbedingungen sich zukünftig an § 307 BGB zu orientieren hat.

b) Konsequenzen

Steht damit fest, daß die Kontrolle einzelvertraglicher Rückzahlungsklauseln am Maßstab der vom Bundesarbeitsgericht rechtsfortbildend entwickelten Richtlinien nur als Inhaltskontrolle und nur unter deren Voraussetzungen gerechtfertigt sein kann, muß die Frage nach der Anwendbarkeit dieser Richtlinien auf Betriebsvereinbarungen neu gestellt werden. Die zukünftig für einzelvertragliche Rückzahlungsklauseln geltende Grundlage der Inhaltskontrolle befindet sich in § 307 BGB. Eine identische Kontrolle von Betriebsvereinbarungen scheidet damit schon wegen § 310 Abs. 4 S. 1 BGB aus[831]. Da Betriebsvereinbarungen nach der hier vertretenen Auffassung[832] auch keiner Inhaltskontrolle außerhalb der AGB-Vorschriften unterworfen sind, kann für sie nicht der gleiche Prüfungsmaßstab gelten wie für Rückzahlungsvereinbarungen, die aus einem strukturellen Verhandlungsungleichgewicht resultieren. Bei den richterrechtlich entwickelten Leitlinien zur Kontrolle von Rückzahlungsklauseln handelt es sich um ein Sonderrecht für Ungleichgewichtslagen, welches auf Betriebsvereinbarungen keine Anwendung findet. Ebenso wie für ausgehandelte einzelvertragliche Rückzahlungsvereinbarungen muß künftig auch für Betriebsvereinbarungen ein gegenüber nicht ausgehandelten Vereinbarungen differenzierter Kontrollmaßstab greifen.

In den Vordergrund der Prüfung rückt dabei der über § 75 Abs. 2 BetrVG vermittelte Schutz der Berufsfreiheit der Arbeitnehmer. Das Grundrecht der Berufsfreiheit aus Art. 12 GG umfaßt auch die freie Wahl des Arbeitsplatzes[833]. Der Arbeitnehmer muß grundsätzlich die Möglichkeit haben, unbeeinflußt und in freier Entscheidung abzuwägen, ob er den bisherigen Arbeitgeber verlassen und einen neuen Arbeitsplatz antreten möchte. Wird aber der Erhalt einer Zahlung vom Verbleib im Betrieb abhängig gemacht, ist die Kündigung für den

---

[831] im Ergebnis ebenso Kania in: ErfK § 75 BetrVG, Rn. 5.

[832] Siehe oben § 3.

[833] BVerfG Urteil v. 24.04.1991, BVerfGE 84, 133, 146.

Arbeitnehmer mit finanziellen Nachteilen verbunden. Die Betriebspartner sind allerdings nur mittelbar an die Grundrechte gebunden[834], so daß die durch die Abgrenzung von Berufswahl und Berufsausübung geprägte 3-Stufen-Lehre des Bundesverfassungsgerichts[835] nicht auf die Kontrolle von Betriebsvereinbarungen übertragen werden kann. Die Regelung einer Gratifikationsrückzahlungsklausel in einer Betriebsvereinbarung ist nur dann unwirksam, wenn sie evident unverhältnismäßig in die grundrechtlich geschützte Position der Arbeitnehmer eingreift[836]. Dabei ist im Rahmen der Verhältnismäßigkeitsprüfung vor allem zu berücksichtigen, daß es sich bei der Rückzahlungsklausel lediglich um die Ausgestaltung einer freiwilligen Leistung des Arbeitgebers handelt.

Im Ergebnis können damit – jedenfalls soweit man von einer unmittelbaren Grundrechtsbindung der Tarifvertragsparteien ausgeht[837] – Bindungsklauseln in Betriebsvereinbarungen keinen engeren Schranken unterliegen als entsprechende Klauseln in Tarifverträgen. Die mittelbare Grundrechtsbindung der Betriebspartner ist nicht enger als die unmittelbare der Tarifvertragsparteien.

IV. Beendigungstatbestände

Neben der Frage nach der zulässigen Bindungsdauer ist vor allem die Frage, an welche Beendigungstatbestände die Rückzahlungspflicht anknüpfen darf, Gegenstand der gerichtlichen Kontrolle von in Betriebsvereinbarungen enthaltenen Bindungsklauseln. Stichtags- und Rückzahlungsklausel können im Hinblick auf den mit ihnen verfolgten Zweck – die Bindung des Arbeitnehmers an den Betrieb – zunächst unproblematisch für alle Fälle wirksam vereinbart werden, in denen die Beendigung vom Arbeitnehmer veranlaßt ist[838]. Hierzu zählen auch

---

[834] siehe oben § 6, II.

[835] BVerfG Urteil v, 11.06.1958, BVErfGE 7, 377, 404 ff..

[836] siehe oben § 7, II.

[837] so die wohl noch h.M.: BAG, Urteil v. 23.03.1957, AP Nr. 16 zu Art. 3 GG; BAG, Urteil v. 14.07.1961, AP Nr. 1 zu Art. 24 VerfNW; BAG, Urteil v. 01.06.1983, AP Nr. 5 zu § 611 BGB Deputat; BAG, Urteil v. 21.03.1991, AP Nr. 31 zu § 622 BGB; BAG, Urteil v. 20.06.1995, AP Nr. 11 zu § 1 TVG Tarifverträge Chemie; BAG, Urteil v. 29.10.1998, AP Nr. 3 zu § 27 BAT-O; BAG, Urteil v. 30.09.1999, AP NR. 1 zu § 71 BAT; BAG, Urteil v. 04.04.2000, AP Nr. 2 zu § 1 TVG Gleichbehandlung; Belling, ZfA 1999, 547, 575 ff.; H. Hanau, RdA 1996, 158, 159 f.; Löwisch, RdA 2000, 310, 313 f.; a.A. BAG, Urteil v. 25.02.1998, AP Nr. 11 zu § 1 TVG; Tarifverträge: Luftfahrt; BAG, Urteil v. 11.03.1998, AP Nr. 12 zu § 1 TVG Tarifverträge: Luftfahrt; Dieterich, FS Schaub, S. 117 ff.; Kirchhof, Rechtsetzung, S. 512 ff.; Preis, Kollektivarbeitsrecht, § 105 V; Rieble, Arbeitsmarkt, Rn. 1273 ff..

[838] Preis, Arbeitsvertrag, II S 40, Rn. 112.

arbeitgeberseitige Kündigungen, für die der Arbeitnehmer durch sein Verhalten oder in seiner Person liegende Gründe verantwortlich ist.

5. *Die betriebsbedingte Kündigung als Anknüpfungspunkt für die Rückzahlungspflicht*

Demgegenüber ging das Bundesarbeitsgericht ursprünglich davon aus, daß der Fall der betriebsbedingten Kündigung weder von Stichtagsregelungen noch von Rückzahlungsklauseln wirksam erfaßt werden könne[839]. Diese Rechtsprechung, die anfangs nur einzelvertragliche Klauseln betraf, beruhte zunächst auf einer Auslegung der Bindungsklausel gemäß §§ 133, 157 BGB. Der Sinn einer Gratifikation schließe es im Regelfall aus, eine Rückzahlung auch dann zu verlangen, wenn der Arbeitnehmer zur Einhaltung der Betriebstreue bereit sei, der Arbeitgeber aber aus nicht in der Person des Arbeitnehmers liegenden Gründen darauf verzichte und seinerseits kündige. Eine allgemein gehaltene Klausel sei daher im Zweifel dahingehend auszulegen, daß sie den Fall der betriebsbedingten Kündigung nicht erfasse[840]. Wolle der Arbeitgeber vereinbaren, daß eine Rückzahlung der Gratifikation auch im Falle der betriebsbedingten Kündigung erfolgen solle, müsse dies eindeutig zum Ausdruck gebracht werden; über die Wirksamkeit einer solchen Vereinbarung hatte das Bundesarbeitsgericht zunächst nicht zu entscheiden[841]. Eine derartige Kontrolle fand aber mit dem Urteil vom 13.09.1974[842] statt, in welchem der fünfte Senat – unter Hinweis auf die Grundsatzentscheidung des dritten Senats zur Kontrolle im Recht der Betrieblichen Altersversorgung[843] – erstmals eine Betriebsvereinbarung im Bereich der Jahressonderzahlungen ausdrücklich einer gerichtlichen „Billigkeitskontrolle“ unterwarf. Für Betriebsvereinbarungen sollten andere Maßstäbe gelten als für einen Tarifvertrag, der von gleichberechtigten Partnern des Arbeitslebens ausgehandelt werde[844]. Die in einer Betriebsvereinbarung enthaltene Stichtagsregelung, die an eine betriebsbedingte Kündigung anknüpfe,

---

[839] BAG, Urteil v. 27.04.1972, AP Nr. 72 zu § 611 BGB Gratifikation (mit Anmerkung Schwerdtner); BAG, Urteil v. 07.06.1972, AP Nr. 73 zu § 611 BGB Gratifikation (mit Anmerkung Blomeyer).

[840] BAG, Urteil v. 27.04.1972, AP Nr. 72 zu § 611 BGB Gratifikation (mit Anmerkung Schwerdtner) unter 2 der Gründe.

[841] BAG, Urteil v. 27.04.1972, AP Nr. 72 zu § 611 BGB Gratifikation (mit Anmerkung Schwerdtner) unter 3 der Gründe; BAG, Urteil v. 07.06.1972, AP Nr. 73 zu § 611 BGB Gratifikation (mit Anmerkung Blomeyer) unter 1 der Gründe.

[842] AP Nr. 84 zu § 611 BGB Gratifikation (mit Anmerkung Schwerdtner).

[843] BAG, Urteil v. 30.01.1970, AP Nr. 142 zu § 242 BGB Ruhegehalt.

[844] BAG, Urteil v. 13.09.1974, AP Nr. 84 zu § 611 BGB Gratifikation (mit Anmerkung Schwerdtner) unter 3 c der Gründe.

sei rechtsmißbräuchlich und damit unwirksam. Es sei ein widersprüchliches Verhalten, eine Jahresprämie als Entgelt dafür auszusetzen, daß der Arbeitnehmer im Bezugsjahr im Dienst des Arbeitgebers gearbeitet habe und darüber hinaus im Betrieb verbleibe, zugleich aber einem solchen Mitarbeiter die in Aussicht gestellte Jahresprämie zu versagen, wenn er diese Prämie durch Mitarbeit während des gesamten Bezugszeitraums verdient habe und bereit gewesen sei, dem Betrieb auch weiterhin anzugehören. Wollte man die Stichtagsregelung auf den Fall der betriebsbedingten Kündigung anwenden, würde der Bezug von einem Umstand abhängig gemacht, der von den Arbeitnehmern nicht beeinflußt werden könne. Diese Auffassung übertrug der fünfte Senat später auf einzelvertragliche Klauseln[845] und Tarifverträge[846]. Mit der Entscheidung vom 27. 10. 1978[847] modifizierte der Senat außerdem seine Begründung: Im Anschluß an *Blomeyer*[848] und *Schwerdtner*[849] stützte er sich nunmehr auf den Rechtsgedanken des § 162 BGB[850]. Es sei einer Vertragspartei nach den Grundsätzen von Treu und Glauben untersagt, sich auf den Nichteintritt eines für die Leistungsgewährung vorausgesetzten Erfolges zu berufen, wenn sie selbst diesen Erfolg vereitelt habe. Ein derartiges Verhalten liege dann vor, wenn der Arbeitnehmer seine Arbeitsleistung während des Bezugszeitraums bereits voll erbracht habe und der Arbeitgeber ihm unter Berufung auf eine Bindungsklausel die Gratifikation verweigere, obgleich der Arbeitnehmer nur durch eine betriebsbedingte Kündigung gehindert werde, die darüber hinaus von ihm erwartete Betriebstreue zu erbringen.

Schrittweise gab das Bundesarbeitsgericht diese Rechtsprechung für Stichtagsregelungen auf. Zunächst wurde entschieden, daß eine entsprechende Regelung in Tarifverträgen nur dann gegen § 162 BGB verstoße, wenn die Kündigung erfolge, um die Entstehung des Gratifikationsanspruchs zu verhindern[851]. Grundsätzlich sei das von § 162 BGB vorausgesetzte treuwidrige Verhalten in der betriebsbedingten Kündigung nicht zu erkennen. Diese könne nämlich nicht

---

845 BAG, Urteil v. 26.06.1975, AP Nr. 86 zu § 611 BGB Gratifikation (mit Anmerkung Schwerdtner).

846 BAG, Urteil v. 27.10.1978, AP Nr. 98 zu § 611 BGB Gratifikation (mit Anmerkung Herschel) unter 3 der Gründe.

847 BAG, Urteil v. 27.10.1978, AP Nr. 98 zu § 611 BGB Gratifikation (mit Anmerkung Herschel).

848 Anmerkung zu BAG, Urteil v. 07.06.1972, AP Nr. 73 zu § 611 BGB Gratifikation.

849 Anmerkung zu BAG, Urteil v. 27.04.1972, AP Nr. 72 zu § 611 BGB Gratifikation.

850 BAG, Urteil v. 27.10.1978, AP Nr. 98 zu § 611 BGB Gratifikation (mit Anmerkung Herschel) unter II 2 der Gründe.

851 BAG, Urteil v. 04.09.1985, AP Nr. 123 zu § 611 BGB Gratifikation (mit Anmerkung Mangen) unter II.2) der Gründe.

beliebig, sondern nur unter den Voraussetzungen der Kündigungsschutzregelungen wirksam ausgesprochen werden.

In der Folgezeit erkannte der sechste Senat des Bundesarbeitsgerichts die Zulässigkeit entsprechender Regelungen auch in Betriebsvereinbarungen[852] an. Betriebsvereinbarungen seien ebenso wie Tarifverträge auf ihre Vereinbarkeit mit der Verfassung, dem zwingenden Gesetzesrecht und den guten Sitten zu überprüfen. Darüber hinaus sei anerkannt, daß Betriebsvereinbarungen einer weitergehenden gerichtlichen Kontrolle unterworfen seien. Auch der sechste Senat hält daher eine „Inhaltskontrolle“ und eine „Billigkeitskontrolle, wie sie in § 75 BetrVG beschrieben ist“, für erforderlich, wobei er beide Begriffe synonym verwendet[853]. Maßstab dieser Kontrolle sei „die Verpflichtung der Betriebsorgane, dem Wohl des Betriebes und seiner Arbeitnehmer unter Berücksichtigung des Gemeinwohls zu dienen“, wobei diese „den billigen Ausgleich zwischen den Interessen der Belegschaft und dem Betrieb sowie den Ausgleich zwischen den verschiedenen Teilen der Belegschaft zu suchen“ hätten[854]. Einer solchen Prüfung halte die überprüfte Betriebsvereinbarung stand, da sie weder gegen das Grundgesetz, ein Gesetz oder die guten Sitten verstoße, noch i.S.v. § 75 BetrVG unbillig sei. Die Unbilligkeit folge insbesondere nicht daraus, daß das zukunftsbezogene Element einer Bindungsklausel in Form der Stichtagsregelung den Gedanken der Betriebstreue ausdrücke.

Diesem Rechtsprechungswandel liegt ein verändertes Verständnis des mit der Gratifikation verfolgbaren Zwecks zu Grunde[855]. Eine zukunftsbezogene Stichtagsregelung müsse nicht Anreiz für die Nichtausübung des Kündigungsrechts seitens des Arbeitnehmers sein. Ebensogut könnten die Betriebspartner die fortdauernde Betriebszugehörigkeit als solche über den Stichtag hinaus unabhängig vom Verhalten des Arbeitnehmers belohnen wollen. Gegenleistung für die Gratifikation sei dann allein die fortdauernde Betriebszugehörigkeit über einen nahen Zeitraum. Der fehlende Vorwurf mangelnder Betriebstreue oder gar Bestrafung für nicht beeinflußbare Tatsachen ist ausgehend von dieser Zwecksetzung nicht von Bedeutung[856]. Das Vertrauen des Arbeitnehmers, die Voraus-

---

[852] BAG, Urteil v. 25.04.1991, AP Nr. 138 zu § 611 BGB Gratifikation = EzA Nr. 85 zu § 611 BGB Gratifikation, Prämie (mit Anmerkung Henssler) = SAE 1992, 237 ff. (mit Anmerkung Misera).

[853] BAG, Urteil v. 25.04.1991, AP Nr. 138 zu § 611 BGB Gratifikation.

[854] BAG, Urteil v. 25.04.1991, AP Nr. 138 zu § 611 BGB Gratifikation.

[855] Henssler, Anmerkung zu BAG, Urteil v. 25.04.1991, EzA Nr. 85 zu § 611 BGB Gratifikation, Prämie.

[856] BAG, Urteil v. 25.04.1991, AP Nr. 138 zu § 611 BGB Gratifikation unter II 3 f der Gründe.

setzungen für den Bezug einer Sonderleistung zu erfüllen, sei weder kollektivrechtlich noch individualrechtlich schutzwürdig[857]. Sei die fortdauernde Betriebszugehörigkeit Zweck der Sonderzuwendung, komme es auf die Art der Verhinderung dieser Voraussetzung nicht an, sofern diese nicht selbst rechtswidrig sei. Hiervon könne bei einer das Arbeitsverhältnis beendenden arbeitgeberseitigen Kündigung nicht ausgegangen werden.

In seinem Urteil vom 19.11.1992[858] übertrug der zehnte Senat diese neue Rechtsprechung auf einzelvertragliche Stichtagsregelungen. Auch diese seien in der Regel nicht schon deshalb unwirksam, weil sie Arbeitnehmer im Fall einer sozial gerechtfertigten betriebsbedingten Kündigung vom Bezug einer freiwilligen Sonderzahlung ausnähmen.

6. *Unzulässige Inhaltskontrolle von Betriebsvereinbarungen*

Den Entscheidungen sowohl des fünften Senats vom 13.09.1974[859], als auch des sechsten Senats vom 25.04.1991[860] liegt die Auffassung zu Grunde, daß der für Tarifverträge geltende eingeschränkte Kontrollmaßstab auf Betriebsvereinbarungen keine Anwendung finde. Betriebsvereinbarungen seien zunächst ebenso wie Tarifverträge auf ihre Vereinbarkeit mit der Verfassung, dem zwingenden Gesetzesrecht und den guten Sitten zu überprüfen.

Darüber hinaus werden die überprüften Betriebsvereinbarungen jedoch einer weitergehenden gerichtlichen Kontrolle unterworfen. Während der fünfte Senat diese Kontrolle als „Billigkeitskontrolle“[861] bezeichnet, hält der sechste Senat[862] eine „Inhaltskontrolle“ und eine „Billigkeitskontrolle, wie sie in § 75 BetrVG beschrieben ist“, für erforderlich, wobei beide Begriffe synonym verwandt werden.

Bei dem tatsächlich angelegten Kontrollmaßstab handelt es sich – wie schon bei der Kontrolle der zulässigen Bindungsdauer – um den Maßstab einer Inhaltskontrolle[863]. Die Betriebsvereinbarung wird daraufhin überprüft, ob die Betriebspartner einen Ausgleich zwischen den Interessen der Belegschaft und den Betriebsinteressen sowie zwischen den verschiedenen Teilen der Belegschaft

---

[857] BAG, Urteil v. 25.04.1991, AP Nr. 138 zu § 611 BGB Gratifikation unter II 3 g der Gründe.

[858] BAG, AP Nr. 147 zu § 611 BGB Gratifikation.

[859] AP Nr. 84 zu § 611 BGB Gratifikation (mit Anmerkung Schwerdtner).

[860] AP Nr. 138 zu § 611 BGB Gratifikation unter I e) der Gründe.

[861] BAG, Urteil v. 13.09.1974, AP Nr. 84 zu § 611 BGB Gratifikation unter 4.) der Gründe.

[862] BAG, Urteil v. 25.04.1991, AP Nr. 138 zu § 611 BGB Gratifikation unter I e) der Gründe.

[863] Kallrath, Gerichtliche Kontrolle, S. 114 ff..

gesucht haben; damit wird eine für die Inhaltskontrolle typische Interessenabwägung durchgeführt. Auf eine solche deutet auch die Begründung des im Vergleich zu Tarifverträgen engeren Kontrollmaßstabs. Dieser soll nämlich daraus resultieren, daß Betriebsvereinbarungen, anders als Tarifverträge, nicht „von gleichberechtigten Partnern des Arbeitslebens ausgehandelt" werden[864]. Damit wird wiederum auf ein Machtungleichgewicht zwischen den Betriebspartnern als einer Voraussetzung der Inhaltskontrolle abgestellt.

Die vom fünften und sechsten Senat durchgeführte Inhaltskontrolle aufgrund gestörter Vertragsparität ist abzulehnen. Entgegen der Annahme des Bundesarbeitsgerichts ist auch die Zulässigkeit einer Anknüpfung an eine betriebsbedingte Kündigung bei Betriebsvereinbarungen nicht grundsätzlich anders zu beurteilen als bei Tarifverträgen.

7. Zulässigkeit einer Anknüpfung an betriebsbedingte Kündigung

Die Anknüpfung einer Stichtagsregelung oder Rückzahlungsklausel an eine betriebsbedingte Kündigung ist daher allein am höherrangigen zwingenden Recht zu messen. Hinsichtlich der Voraussetzungen für den Erhalt einer Sonderzuwendung gilt der Grundsatz der Vertragsfreiheit. Da es sich bei Sonderzuwendungen um freiwillige Leistungen des Arbeitgebers handelt, kann dieser grundsätzlich frei darüber entscheiden, ob eine Rückzahlungsklausel in die Betriebsvereinbarung aufzunehmen ist und wie diese ausgestaltet werden soll[865]. Die Betriebspartner haben damit auch die Möglichkeit, die fortdauernde Betriebszugehörigkeit der Arbeitnehmer nach Beendigung des Bezugszeitraums bis zu einem bestimmten Stichtag als Gegenleistung der Zuwendung festzulegen[866]. Von einer solchen Zwecksetzung ist in der Regel auszugehen, wenn die Sonderzahlung den ungekündigten Bestand des Arbeitsverhältnisses zu einem bestimmten Stichtag voraussetzt[867].

Dient die Sonderzuwendung in dieser Weise dazu, den bloßen Fortbestand des Arbeitsverhältnisses zu honorieren, ist die Berufung auf die Bindungsklausel

---

[864] BAG, Urteil v. 13.09.1974, AP Nr. 84 zu § 611 BGB Gratifikation (mit Anmerkung Schwerdtner).

[865] Becker, Sonderzuwendungen, S. 37; Beckers, NZA 1997, 129, 135; Bickel, SAE 1980, 14, 17; Mangen, Anmerkung zu BAG, Urteil v. 04.09.1985, AP Nr. 123 zu § 611 BGB Gratifikation; Reiserer, NZA 1992, 436, 438; Trieschmann, AuR 1962, 137, 145.

[866] Becker, Sonderzuwendungen, S. 37 ff.; Beckers, NZA 1997, 129, 135; Lübbersmann, Rückzahlungsklauseln, S. 248; Misera, Anmerkung zu BAG, Urteil v. 25.04.1991, SAE 1992, 237, 244 f..

[867] Beckers, NZA 1997, 129, 135; Henssler, Anmerkung zu BAG, Urteil v.25.04.1991, EzA Nr. 85 zu § 611 BGB Gratifikation, Prämie.

auch im Fall einer betriebsbedingten Kündigung nicht rechtsmißbräuchlich[868]. Zwar gilt auch für Betriebsvereinbarungen – ebenso wie für Tarifverträge – das allgemeine Verbot des Rechtsmißbrauchs[869], doch kann von einem rechtsmißbräuchlichen Verhalten dann nicht die Rede sein, wenn der Arbeitgeber auf der Erfüllung der Leistungsvoraussetzungen besteht[870].

Im Ergebnis ist damit der jüngeren Rechtsprechung des Bundesarbeitsgerichts zuzustimmen, wonach Bindungsklauseln auch für den Fall einer betriebsbedingten Kündigung in Betriebsvereinbarungen wirksam vereinbart werden können. Dies gilt für Rückzahlungsklauseln in gleicher Weise.

---

868 Beckers, NZA 1997, 129, 135; Lübbersmann, Rückzahlungsklauseln, S. 248; Misera, Anmerkung zu BAG, Urteil v. 25.04.1991, SAE 1992, 237, 244 f..

869 Hanau in: MünchArbR, § 69, Rn. 54.

870 Kraft, Anmerkung zu BAG, Urteil v. 04.09.1985, SAE 1986, 206, 207.

§ 12 Gerichtliche Kontrolle von Sozialplänen

Nach Auffassung des Bundesarbeitsgerichts sind Sozialpläne, obwohl ihnen gemäß § 112 Abs. 1 S. 3 BetrVG nur die Wirkung eines Sozialplanes zukommt, Betriebsvereinbarungen im Sinne von § 77 BetrVG[871]. Dementsprechend hat das Bundesarbeitsgericht in Anknüpfung an seine Rechtsprechung im Bereich der betrieblichen Altersversorgung auch Sozialpläne einer gerichtlichen „Billigkeitskontrolle" unterworfen[872]. Diese stützt sich zum Teil auf die Vorschrift des § 75 Abs. 1 BetrVG[873]. Daneben wird jedoch auch im Sozialplanrecht die behauptete Ungleichgewichtslage zwischen den Betriebspartnern als Begründung angeführt[874]. Nur im Grundsatz sei davon auszugehen, daß der Betriebsrat die Interessen der von ihm vertretenen Arbeitnehmer wahre. Es dürfe nicht außer Betracht bleiben, daß „der Betriebsrat in vielfältige betriebliche Interessen eingebunden ist und nicht die Stellung hat, wie sie etwa Tarifvertragsparteien innehaben"[875]. Die Mitglieder der Belegschaft seien als Arbeitnehmer vom Arbeitgeber abhängig und der Betriebsrat habe nicht die Machtmittel, die der Gewerkschaft zur Verfügung stünden. Vor allem bestehe für den Betriebsrat eine Friedenspflicht[876].

---

[871] BAG, Urteil v. 27.08.1975, AP Nr. 2 zu § 112 BetrVG 1972; BAG, Urteil v. 17.02.1981, AP Nr. 11 zu § 112 BetrVG (mit Anmerkung Kraft).

[872] BAG, Urteil v. 11.06.1975, AP Nr. 1 zu § 77 BetrVG Auslegung; BAG, Urteil v. 17.02.1981, AP Nr. 11 zu § 112 BetrVG 1972 (mit Anmerkung Kraft); BAG, Urteil v. 24.03.1981, AP Nr. 12 zu § 112 BetrVG 1972 (mit Anmerkung Hilger) = SAE 1982, 76 ff. (mit Anmerkung Mayer-Maly); BAG, Urteil v. 09.12.1981, AP Nr. 14 zu § 112 BetrVG 1972 = SAE 1982, 299 ff. (mit Anmerkung Wolf/Hammen); offen gelassen in: BAG, Urteil v. 14.02.1984, AP Nr. 21 zu § 112 BetrVG 1972 (mit Anmerkung Konzen) unter 2 der Gründe = SAE 1985, 321 ff. (mit Anmerkung Löwisch/Bittner); BAG, Urteil v. 18.01.1990, AP Nr. 19 zu § 1 KSchG 1969 Soziale Auswahl; BAG, Urteil v. 28.04.1993, AP Nr. 67 zu § 112 BetrVG 1972; BAG, Urteil v. 31.07.1996, AP Nr. 103 zu § 112 BetrVG 1972; BAG, Urteil v. 12.11.2002, AP Nr. 159 zu § 112 BetrVG 1972; BAG, Urteil v. 21.10.2003, AP Nr. 163 zu § 112 BetrVG 1972.

[873] BAG, Urteil v. 09.12.1981, AP Nr. 14 zu § 112 BetrVG 1972 = SAE 1982, 299 ff. (mit Anmerkung Wolf/Hammen); BAG, Urteil v. 18.01.1990, AP Nr. 19 zu § 1 KSchG 1969 Soziale Auswahl.

[874] BAG, Urteil v. 09.12.1981, AP Nr. 14 zu § 112 BetrVG 1972 = SAE 1982, 299 ff. (mit Anmerkung Wolf/Hammen).

[875] BAG, Urteil v. 09.12.1981, AP Nr. 14 zu § 112 BetrVG 1972 = SAE 1982, 299 ff. (mit Anmerkung Wolf/Hammen).

[876] BAG, Urteil v. 26.07.1988, AP Nr. 45 zu § 112 BetrVG 1972 (mit Anmerkung Löwisch) unter III 1 der Gründe.

Wie im Bereich der betrieblichen Altersversorgung und der sonstigen freiwilligen Leistungen ist auch im Sozialplanrecht zwischen der Kontrolle nachfolgender verschlechternder Sozialpläne und der Kontrolle des Regelungsinhalts von Sozialplanregelungen zu unterscheiden.

I. Gerichtliche Kontrolle abändernder Sozialpläne

Die in einem Sozialplan enthaltenen Regelungen bedürfen häufig der Anpassung, wenn die Betriebsänderung nicht wie vorgesehen durchgeführt werden kann oder sich die für den Abschluß des Sozialplanes maßgebenden Umstände verändern. Insbesondere bei langfristig angelegten Betriebsänderungen können die Betriebspartner nur schwer die erforderliche Zukunftsprognose – vor allem hinsichtlich der wirtschaftlichen Leistungsfähigkeit des Betriebes – abgeben.

1. Einseitige Reaktionsmöglichkeiten

Einer Neuregelung durch die Betriebspartner kann eine einseitige Maßnahme, insbesondere die Kündigung des Sozialplans vorausgehen. Rechtsprechung und herrschende Meinung halten allerdings die ordentliche Kündigung eines Sozialplans, obwohl es sich bei Betriebsvereinbarungen nach Auffassung des Bundesarbeitsgerichts um echte Betriebsvereinbarungen im Sinne des Betriebsverfassungsgesetzes handelt, für grundsätzlich ausgeschlossen[877], sofern nicht zwischen den Betriebspartnern eine Kündigungsklausel vereinbart wurde[878] oder der Sozialplan Dauerregelungen mit wiederkehrenden Leistungen enthält[879].

Auch ein Wegfall der Geschäftsgrundlage kann eine Anpassung des Sozialplans an die geänderten Umstände erforderlich machen[880]. Dieser führt nach der Rechtsprechung des Bundesarbeitsgerichts nicht zur Beendigung des Sozialplans, sondern läßt diesen – mit einem anzupassenden Inhalt – fortbestehen. Die

---

[877] BAG, Beschluß v. 10.08.1994, AP Nr. 86 zu § 112 BetrVG 1972 (mit Anmerkung v. Hoyningen-Huene) = SAE 1995, 304 (mit Anmerkung Pottmeyer); Däubler, NZA 1985, 545, 549; Kessen, Sozialplan, S. 71, jeweils mit weiteren Nachweisen.

[878] dann ist die Kündigung stets zulässig: BAG, Beschluß v. 10.08.1994, AP Nr. 86 zu § 112 BetrVG 1972 (mit Anmerkung v. Hoyningen-Huene) = SAE 1995, 304 (mit Anmerkung Pottmeyer); Meyer, Abänderung, S. 54.

[879] BAG, Urteil v. 24.03.1981, AP Nr. 12 zu § 112 BetrVG 1972 (mit Anmerkung Hilger) = SAE 1982, 76 ff. (mit Anmerkung Mayer-Maly).

[880] BAG, Urteil v. 17.02.1981, AP Nr. 11 zu § 112 BetrVG 1972 (mit Anmerkung Kraft); BAG, Beschluß v. 10.08.1994, AP Nr. 86 zu § 112 BetrVG 1972 (mit Anmerkung v. Hoyningen-Huene) = SAE 1995, 304 (mit Anmerkung Pottmeyer); BAG, Urteil v. 28.08.1996, AP Nr. 104 zu § 112 BetrVG 1972 (mit Anmerkung Meyer) = SAE 1998, 274 ff. (mit Anmerkung Pollert) = EzA Nr. 87 zu § 112 BetrVG 1972 (mit Anmerkung Gaul).

Anpassung müsse von den Betriebspartnern vereinbart werden, wobei derjenige Betriebspartner, der sich auf einen Wegfall der Geschäftsgrundlage beruft, einen Anspruch auf die Aufnahme von Verhandlungen über eine Anpassungsregelung habe. Würden solche Verhandlungen verweigert oder ohne Ergebnis geführt, könne die Einigungsstelle angerufen werden[881].

2. *Einvernehmliche Abänderung des Sozialplans durch die Betriebspartner*

Stellen die Betriebspartner übereinstimmend die Änderungsbedürftigkeit eines Sozialplans fest, ist eine Neuregelung in Form einer freiwilligen Betriebsvereinbarung auch ohne vorausgehende Kündigung oder Geschäftsgrundlagenwegfall möglich. Arbeitgeber und Betriebsrat können einen Sozialplan jederzeit für die Zukunft abändern. Die einvernehmliche Änderung eines Sozialplans durch die Betriebspartner unterliegt wie diejenige einer Betriebsvereinbarung dem Ablösungsprinzip[882]. Wird also ein Sozialplan durch einen nachfolgenden Sozialplan abgelöst, gelten grundsätzlich nur dessen Regelungen; das Günstigkeitsprinzip findet keine Anwendung[883]. Eine verschlechternde Vereinbarung muß sich jedoch innerhalb der allgemeinen Grenzen der Betriebsautonomie bewegen.

a) Eingriff in bereits entstandene Sozialplanansprüche

aa) Eingriff in bereits entstandene Ansprüche nur bei Wegfall der Geschäftsgrundlage

Durch eine nachfolgende Betriebsvereinbarung kann grundsätzlich auch in bereits entstandene Ansprüche eingegriffen werden, soweit sie auf einer Betriebsvereinbarung beruhen[884]. Grenzen für Eingriffe in derartige eigentumsähnliche Positionen der Arbeitnehmer ergeben sich aus dem Grundsatz der Verhältnismäßigkeit und des Vertrauensschutzes. Dabei ist die Verhältnismäßigkeit in der Regel nur dann gewahrt, wenn die Maßnahme geeignet und

---

[881] BAG, Beschluß v. 10.08.1994, AP Nr. 86 zu § 112 BetrVG 1972 (mit Anmerkung v. Hoyningen-Huene) = SAE 1995, 304 (mit Anmerkung Pottmeyer).

[882] BAG, Urteil v. 24.03.1981, AP Nr. 12 zu § 112 BetrVG 1972 (mit Anmerkung Hilger) = SAE 1982, 76 ff. (mit Anmerkung Mayer-Maly); BAG, Beschluß v. 10.08.1994, AP Nr. 86 zu § 112 BetrVG 1972 (mit Anmerkung v. Hoyningen-Huene) = SAE 1995, 304 (mit Anmerkung Pottmeyer); BAG, Urteil v. 11.02.1998, SAE 1999, 199 ff.; Annuß in: Richardi, BetrVG, § 112 Rn. 183; Fabricius/Oetker in: GK-BetrVG/, §§ 112, 112a, Rn. 162.

[883] BAG, Beschluß v. 10.08.1994, AP Nr. 86 zu § 112 BetrVG 1972 (mit Anmerkung v. Hoyningen-Huene) = SAE 1995, 304 (mit Anmerkung Pottmeyer).

[884] Kreutz in: GK-BetrVG, § 77 Rn. 321.

erforderlich ist, eine wirtschaftliche Notlage des Arbeitgebers in für die Arbeitnehmer zumutbarer Weise zu sanieren[885].

In der Literatur werden diese für Betriebsvereinbarungen geltenden Regeln zum Teil unverändert auf Sozialpläne übertragen, womit eine rückwirkende Änderung zu Lasten der Arbeitnehmer grundsätzlich zulässig wäre[886]. Zur Begründung wird angeführt, daß die Betriebspartner durch eine einvernehmliche Anpassung am besten eine interessengerechte Neuregelung vornehmen könnten. Der Arbeitnehmerschutz sei hinreichend durch die bei ablösenden Betriebsvereinbarungen zu beachtenden Schranken (Verhältnismäßigkeitsgrundsatz und Vertrauensschutz) gewährleistet.

Auch nach Auffassung des Bundesarbeitsgerichts bestimmt sich das Verhältnis von vorangehendem und nachfolgendem Sozialplan grundsätzlich nach dem Ablösungsprinzip[887]. Dieses soll nach der Rechtsprechung des zehnten Senats allerdings im Sozialplanrecht nur eingeschränkt gelten. In seinem Beschluß vom 10.08.1994[888] stellte der Senat fest, daß die Betriebspartner in Ansprüche der Arbeitnehmer, die bereits auf Grundlage des aufgehobenen Sozialplans entstanden sind, nicht zu Lasten der Arbeitnehmer eingreifen können. Für die Kürzung bereits entstandener Ansprüche der Arbeitnehmer bedürfe es des „weiteren Rechtsgrundes" des Wegfalls der Geschäftsgrundlage; die Beachtung der Grundsätze der Verhältnismäßigkeit und des Vertrauensschutzes reiche nicht aus[889]. Auch wenn generell für Betriebsvereinbarungen rückwirkende Änderungen zu Lasten der Arbeitnehmer unter bestimmten Voraussetzungen zulässig

---

885 Kreutz in: GK-BetrVG, § 77 Rn. 321.

886 Halser, Betriebsvereinbarung, S. 175; Meyer, Abänderung, S. 83 ff.; ders., NZA 1997, 289, 293; Wolff, Gestaltungsformen, S. 124.

887 BAG, Urteil v. 24.03.1981, AP Nr. 12 zu § 112 BetrVG 1972 (mit Anmerkung Hilger) = SAE 1982, 76 ff. (mit Anmerkung Mayer-Maly) = BAG, Beschluß v. 10.08.1994, AP Nr. 86 zu § 112 BetrVG 1972 (mit Anmerkung v. Hoyningen-Huene) = SAE 1995, 304 (mit Anmerkung Pottmeyer); BAG, Urteil v. 11.02.1998, SAE 1999, 199 ff..

888 BAG, Beschluß v. 10.08.1994, AP Nr. 86 zu § 112 BetrVG 1972 (mit Anmerkung v. Hoyningen-Huene) = SAE 1995, 304 (mit Anmerkung Pottmeyer).

889 BAG, Beschluß v. 10.08.1994, AP Nr. 86 zu § 112 BetrVG 1972 (mit Anmerkung v. Hoyningen-Huene) = SAE 1995, 304 (mit Anmerkung Pottmeyer); bestätigt durch BAG, Urteil v. 28.08.1996, AP Nr. 104 zu § 112 BetrVG 1972 (mit Anmerkung Meyer) unter II 2 b der Gründe = SAE 1998, 274 ff. (mit Anmerkung Pollert) = EzA Nr. 87 zu § 112 BetrVG 1972 (mit Anmerkung Gaul).

seien, könne dies nicht für den Sozialplan gelten[890]. Mit dieser restriktiven Ansicht stimmt ein großer Teil der Literatur überein[891].

Der zehnte Senat verweist zur Begründung darauf, daß die von einer Betriebsänderung betroffenen Arbeitnehmer diese nur im Hinblick auf ihre Sozialplanansprüche hinnehmen würden. Aus Sicht des Arbeitgebers sei es auch Sinn des Sozialplans, die Akzeptanz der Betriebsänderung zu fördern, um diese möglichst störungsfrei durchführen zu können. Die Betriebspartner dürften die Erwartungen der Arbeitnehmer nicht dadurch enttäuschen, daß sie durch einen nachfolgenden Sozialplan bereits entstandene Sozialplanansprüche zu Lasten der Arbeitnehmer abänderten. Unter den Voraussetzungen eines Wegfalls der Geschäftsgrundlage erkennt der Senat jedoch – anders als im Bereich der betrieblichen Altersversorgung[892] – eine Kompetenz der Betriebspartner an, den Sozialplan auch mit Wirkung gegenüber den bereits aus dem Betrieb ausgeschiedenen Arbeitnehmern anzupassen[893].

In einer jüngeren Entscheidung des ersten Senats deutet sich ein Wandel der Rechtsprechung an. Anders als der zehnte Senat überträgt der erste Senat in seinem Urteil vom 05.10.2000 die bei Betriebsvereinbarungen geltenden Eingriffsschranken uneingeschränkt auf das Sozialplanrecht und zieht dem Eingriff in entstandene Ansprüche der Arbeitnehmer Grenzen in Gestalt der Grundsätze der Verhältnismäßigkeit und des Vertrauensschutzes[894]. Obwohl der Senat in seiner Urteilsbegründung auf die vorangehende Rechtsprechung des zehnten Senats verweist, setzt er sich mit der Frage eines Wegfalls der Geschäftsgrundlage nicht auseinander.

bb) Stellungnahme

Die vom zehnten Senat und einem Teil der Literatur befürwortete Einschränkung der ablösenden Wirkung eines nachfolgenden Sozialplans überzeugt nicht. Entgegen der Argumentation des zehnten Senats besteht zwischen der Hinnah-

---

[890]BAG, Beschluß v. 10.08.1994, AP Nr. 86 zu § 112 BetrVG 1972 (mit Anmerkung v. Hoyningen-Huene) = SAE 1995, 304 (mit Anmerkung Pottmeyer).

[891] Däubler in: D/K/K, BetrVG, §§ 112, 112a, Rn. 135; Fabricius/Oetker in: GK-BetrVG, §§ 112, 112a, Rn. 163, F/K/H/E/S, BetrVG, §§ 112, 112a Rn. 135.

[892] BAG, (GS) Beschluß v. 16.03.1956, AP Nr. 1 zu § 57 BetrVG 1952; BAG, Urteil v. 13.05.1997, AP Nr. 65 zu § 77 BetrVG 1972.

[893] BAG, Beschluß v. 10.08.1994, AP Nr. 86 zu § 112 BetrVG 1972 (mit Anmerkung v. Hoyningen-Huene) = SAE 1995, 304 (mit Anmerkung Pottmeyer); ebenso BAG, Urteil v. 05.10.2000, SAE 2002, 193 ff. (mit Anmerkung Meyer); v.Hoyningen-Huene, RdA 1983, 225, 228; Meyer, Abänderung, S. 95 f.; a.A.: Däubler, NZA 1985, 545, 548.

[894] BAG, Urteil v. 05.10.2000, SAE 2002, 193 (mit Anmerkung Meyer) unter II 2 a der Gründe.

me der Betriebsänderung und der Leistung aus dem Sozialplan keine quasi-synallagmatische Verknüpfung. Vielmehr ist der Arbeitnehmer bereits von Rechts wegen verpflichtet, die Betriebsänderung hinzunehmen[895]. Die Sozialplanleistungen werden von den Betriebspartnern unabhängig davon vereinbart, ob die Arbeitnehmer die Betriebsänderung dulden, oder dagegen protestieren[896]. Die entstandenen Ansprüche der Arbeitnehmer sind hinreichend geschützt durch die für nachfolgende Betriebsvereinbarungen generell geltenden Grenzen. Der nachfolgende Sozialplan muß dem Grundsatz der Verhältnismäßigkeit Rechnung tragen, soweit in grundrechtlich geschützte Positionen der Arbeitnehmer eingegriffen wird[897]. Darüber hinaus ist der Vertrauensschutz der Arbeitnehmer zu beachten[898].

Soweit die Sozialplanansprüche der Arbeitnehmer bereits entstanden sind, unterfallen diese dem Schutzbereich des Art. 14 Abs. 1 GG. Eingriffe in entstandene Sozialplanansprüche sind also am Maßstab der Verhältnismäßigkeit zu messen. Dabei muß dem Gestaltungsspielraum der Betriebspartner Rechnung getragen werden. Deren Einigung trägt bereits die Vermutung eines angemessenen Interessenausgleichs in sich. Die Verhältnismäßigkeitskontrolle ist daher auf eine Evidenzkontrolle zu beschränken[899].

Der Eingriff ist nur dann zulässig, wenn eine zur Erreichung des erstrebten Zwecks erforderliche, aber geeignete Änderung vorgenommen wird. Schließlich muß der Eingriff dem Grundsatz der Verhältnismäßigkeit i.e.S. Rechnung tragen, in deren Prüfung der Vertrauensschutz der Arbeitnehmer in Gestalt der Rückwirkungsgrundsätze einzubeziehen ist. Insoweit ist insbesondere zu beachten, daß die infolge der Betriebsänderung gekündigten Arbeitnehmer vielfach im Vertrauen auf den Erhalt einer bestimmten Abfindung auf die fristgerechte Erhebung einer Kündigungsschutzklage verzichten. Diese von den Arbeitnehmern getroffene Vertrauensdisposition ist – jedenfalls sofern man nicht dem Vertrauensschutz der Arbeitnehmer auf individualrechtlicher Ebene durch Zulassung einer verspäteten Kündigungsschutzklage Rechnung tragen will – nicht umkehrbar.

Der bereits erworbene Anspruch zeichnet sich als Vollrecht dadurch aus, daß der Erwerb bereits in der Vergangenheit abgeschlossen wurde. Ein rückwirkender Eingriff in einen solchen Besitzstand ist also ein Fall echter Rückwirkung. Diese

---

[895] v.Hoyningen-Huene, Anmerkung zu BAG, Beschluß v. 10.08.1994, AP Nr. 86 zu § 112 BetrVG 1972.

[896] Wolff, Gestaltungsformen, S. 124.

[897] Siehe oben § 7.

[898] Siehe oben § 8.

[899] Siehe oben § 7, II, 2.

ist mit dem Vertrauensgrundsatz lediglich vereinbar, wenn das Vertrauen der betroffenen Arbeitnehmer nicht schutzwürdig ist oder gänzlich fehlt. Insbesondere ist ein Eingriff in bereits entstandene Ansprüche zulässig in den Fällen des Wegfalls der Geschäftsgrundlage. Ist die Geschäftsgrundlage entfallen, können die Arbeitnehmer nicht auf den uneingeschränkten Fortbestand des Sozialplans vertrauen[900]. Darüber hinaus ist das Vertrauen der Arbeitnehmer nicht schutzwürdig, wenn diese zum Zeitpunkt, auf den zurückbezogen wird, mit einer Neuregelung rechnen mußten[901], beispielsweise weil die Sozialplanansprüche von vornherein mit ganz erheblichen Risiken behaftet waren und dies für die Arbeitnehmer offensichtlich war[902].

Obwohl damit bei der Abänderung von Sozialplänen grundsätzlich die gleichen Schranken gelten wie bei Änderungen von Versorgungszusagen, dürfen die Unterschiede zwischen beiden Bereichen nicht unbeachtet bleiben. Der Vertrauensschutzgedanke ist im Bereich der betrieblichen Altersversorgung von anderen Prämissen geleitet als im Sozialplanrecht[903]. Anders als Leistungen auf Grundlage des Sozialplans trägt die Alterssicherung Entgeltcharakter und wird durch die Betriebstreue bzw. Arbeitsleistung der Arbeitnehmer erdient. Im Sozialplanrecht ist daher eher von einer geringeren Festigkeit der Ansprüche gegenüber späteren Sozialplanänderungen auszugehen.

b) Schutz noch nicht entstandener Sozialplanansprüche

Den Schranken der Verhältnismäßigkeit und des Vertrauensschutzes unterliegen die Betriebspartner nicht, sofern sie den Sozialplan mit Wirkung lediglich für die Zukunft abändern. Vor Ausspruch der Kündigung ist eine hinreichend gesicherte Rechtsposition des Arbeitnehmers, welche einen Veränderungsschutz durch Anwendung der Grundsätze der Verhältnismäßigkeit und des Vertrauensschutzes erfordern würde, nicht gegeben. Hat ein Arbeitnehmer noch keine Kündigung erhalten, besitzt er allenfalls eine Exspektanz auf einen zukünftigen Sozialplananspruch. Insbesondere entsteht durch Abschluß des Sozialplans kein Anwartschaftsrecht der Arbeitnehmer[904].

---

[900] F/K/H/E/S, §§ 112, 112a, Rn. 205, 207; Heither in: AR-Blattei, SD 530.14.5, Rn. 257; Kreutz in: GK-BetrVG, § 77 Rn. 199.

[901] Siehe oben § 8.

[902] vgl. BAG, Urteil v. 05.10.2000, SAE 2002, 193 (mit Anmerkung Meyer).

[903] BAG, Beschluß v. 10.08.1994, AP Nr. 86 zu § 112 BetrVG 1972 (mit Anmerkung v. Hoyningen-Huene) = SAE 1995, 304 (mit Anmerkung Pottmeyer); Meyer, Abänderung, S. 143 f..

[904] Luding, Beendigung, S. 106; Meyer, Änderung, S. 193.

c) *Zeitpunkt der Entstehung des Sozialplananspruchs*

Für die einer einvernehmlichen Neuregelung zu ziehenden Grenzen kommt es also maßgeblich darauf an, wann von einer Entstehung des Sozialplananspruchs auszugehen ist. Diese Frage ist vorrangig durch die Betriebspartner selbst zu beantworten, welche die Entstehung des Anspruchs kalendermäßig festlegen oder zusätzliche Voraussetzungen für die Entstehung des Anspruchs bestimmen können[905]. Fehlt jedoch eine entsprechende Vereinbarung, ist in Rechtsprechung und Literatur umstritten, wann ein Sozialplananspruch entsteht.

Das Bundesarbeitsgericht sieht in diesem Fall den Abfindungsanspruch im Zeitpunkt des Ausspruchs der Kündigung des Arbeitsverhältnisses als entstanden an[906]. Es sei nicht entscheidend, ob der Arbeitnehmer bereits ausgeschieden und die Abfindung damit fällig geworden sei.

Demgegenüber wird in der Literatur zum Teil ein konkret-individualrechtlicher Ansatz vertreten, wonach der Sozialplananspruch erst mit Beendigung des Arbeitsverhältnisses entsteht. Erst zu diesem Zeitpunkt verliere der Arbeitgeber das Beschäftigungsrisiko, wodurch die Zahlung einer Abfindung gerechtfertigt werde[907].

Nach anderer Auffassung entsteht der Sozialplananspruch bereits bei Vorliegen einer sozialplantypischen Situation, von der typischerweise Nachteile für die Arbeitnehmer ausgehen[908]. Eine solche Situation sei regelmäßig bereits zum Zeitpunkt des Sozialplanabschlusses bzw. zu Beginn der Betriebsänderung gegeben. Auf die Entstehung tatsächlicher Nachteile kommt es hiernach nicht an.

Die besseren Argumente sprechen für die Lösung des Bundesarbeitsgerichtes, welches Ansprüche aus Sozialplänen grundsätzlich mit Ausspruch der Kündigung des Arbeitsverhältnisses durch den Arbeitgeber als entstanden ansieht[909]. Nach allgemeinen bürgerlichrechtlichen Grundsätzen kommen Rechte zur Entstehung, sobald der gesamte Tatbestand vorliegt, an den die Rechtsordnung

---

905 Hansen, NZA 1985, 609, 610; Wolff, Gestaltungsformen, S. 108.

906 BAG, Urteil v. 28.08.1996, AP Nr. 104 zu § 112 BetrVG (mit Anmerkung Meyer) unter II 1 der Gründe = SAE 1998, 274 ff. (mit Anmerkung Pollert) = EzA Nr. 87 zu § 112 BetrVG 1972 (mit Anmerkung Gaul); ebenso Pottmeyer, Anmerkung zu BAG, Beschluß v. 10.08.1994, SAE1995, 297, 307; Wolff, Gestaltungsformen, S. 109.

907 Meyer, Änderung, S. 130 ff.; ders., NZA 2000, 297, 305.

908 Hansen, NZA 1985, 609, 611.

909 BAG, Urteil v. 28.08.1996, AP Nr. 104 zu § 112 BetrVG (mit Anmerkung Meyer) = SAE 1998, 274 ff. (mit Anmerkung Pollert) = EzA Nr. 87 zu § 112 BetrVG 1972 (mit Anmerkung Gaul).

die Entstehung des Rechts knüpft[910]. Ein Anspruch entsteht also zu dem Zeitpunkt, in dem seine Tatbestandsvoraussetzungen in sachlicher, personeller und zeitlicher Hinsicht voll erfüllt sind. Bezogen auf Sozialplanansprüche ist insoweit – sofern der Sozialplan selbst keine zusätzlichen Bedingungen enthält – die Kündigung als maßgebliche Voraussetzung der Anspruchsentstehung anzusehen. Mit dieser hat der Arbeitgeber alles zur Beendigung des Arbeitsverhältnisses Erforderliche getan. Zum Zeitpunkt der Kündigung steht fest, daß der Arbeitnehmer von der Betriebsänderung betroffen ist und sich auf die Beendigung des Arbeitsverhältnisses einstellen muß[911]. Das bloße Vorliegen einer sozialplantypischen Situation führt hingegen noch nicht zu einem Entstehen des Anspruchs, da die Betriebsänderung stets noch der individualrechtlichen Umsetzung in Form der Versetzung, Umgruppierung oder Kündigung bedarf[912].

II. Gerichtliche Kontrolle des Regelungsinhalts von Sozialplänen

Bei der Aufstellung eines Sozialplans ergeben sich die den Betriebspartnern gesetzten Grenzen allein aus dem zwingenden höherrangigen Recht. Die Richtlinien des § 112 Abs. 5 BetrVG, wonach sich die Einigungsstelle im Rahmen billigen Ermessens von den dort genannten Grundsätzen leiten zu lassen hat, gelten dabei nicht für den vereinbarten Sozialplan[913]. Die Betriebspartner haben einen weiten Regelungsspielraum, welche Nachteile sie wie ausgleichen oder mildern wollen[914]. Insoweit können sie nicht nur nach der Vermeidbarkeit der Nachteile unterscheiden, sondern sogar von jeglichem Nachteilsausgleich absehen[915]. Die Betriebspartner sind also auch berechtigt, einzelne Arbeitnehmergruppen gänzlich von Sozialplanleistungen auszunehmen[916].

---

910 Larenz/Wolf, BGB AT, § 18 Rn. 15.

911 Wolff, Gestaltungsformen, S. 109.

912 Meyer, Änderung, S. 131.

913 Kallrath, Kontrolle, S. 123; Matthes in MünchArbR, § 362, Rn. 11.

914 BAG, Urteil v. 16.03.1994, AP Nr. 75 zu § 112 BetrVG 1972; BAG, Urteil v. 30.03.1994, AP Nr. 76 zu § 112 BetrVG 1972; BAG, Urteil v. 30.11.1994, AP Nr. 89 zu § 112 BetrVG 1972; BAG, Urteil v. 19.07.1995, AP Nr. 96 zu § 112 BetrVG 1972 = SAE 1996, 236 (mit Anmerkung Kraft).

915 BAG, Urteil v. 09.11.1994, AP Nr. 85 zu § 112 BetrVG 1972; BAG, Urteil v. 19.07.1995, AP Nr. 96 zu § 112 BetrVG 1972 = SAE 1996, 236 (mit Anmerkung Kraft).

916 BAG, Urteil v. 19.07.1995, AP Nr. 96 zu § 112 BetrVG 1972 = SAE 1996, 236 (mit Anmerkung Kraft).

1. Kontrolle anhand des Gleichbehandlungsgrundsatzes

Maßgebliches Kriterium der gerichtlichen Kontrolle von Sozialplänen ist der Gleichbehandlungsgrundsatz, der in § 75 Abs. 1 BetrVG seine positivrechtliche Ausprägung gefunden hat. Der Gleichbehandlungsgrundsatz verbietet eine willkürliche Ungleichbehandlung der im Betrieb tätigen Arbeitnehmer durch die Betriebspartner. Dabei ist sowohl die sachlich nicht zu rechtfertigende Schlechterstellung einzelner Arbeitnehmer im Vergleich zu anderen Arbeitnehmern in gleicher Lage, als auch die sachfremde Differenzierung zwischen Arbeitnehmern in einer bestimmten Ordnung verboten[917]. Als willkürlich gilt eine Differenzierung dann, wenn sie dazu führt, daß im wesentlichen gleichliegende Fälle aus unsachlichen oder sachfremden Gründen unterschiedlich behandelt werden. Ob eine sachfremde Differenzierung und damit ein Verstoß gegen den Gleichbehandlungsgrundsatz vorliegt, ist insbesondere anhand des einem Sozialplan gesetzlich zugedachten Zweck zu prüfen[918]. Dieser dient nach der Rechtsprechung des Bundesarbeitsgerichts in erster Linie den von Entlassungen betroffenen Arbeitnehmern als Überbrückungshilfe[919].

Das Bundesarbeitsgericht prüft die Einhaltung des Gleichbehandlungsgrundsatzes in älteren Entscheidungen[920] zum Teil als selbständiges Kriterium neben der „Billigkeitskontrolle", in der jüngeren Rechtsprechung wird der Gleichbehandlungsgrundsatz hingegen als der wichtigste Unterfall der Billigkeit bezeichnet[921]. Diese Gleichsetzung von Billigkeitskontrolle und Gleichbehandlungsprüfung wird in der Literatur zu Recht kritisiert. Während die Gleichbehandlungsprüfung einen kollektiven Bezug durch Vergleich der Behandlung mehrerer Gewaltunterworfener hat, ist die Frage der Billigkeit eine solche der Einzelfallgerechtigkeit als Ausdruck des Gebots eines möglichst gerechten Leistungsaustausches[922]. Die Pflicht zur Gleichbehandlung setzt den Betriebspartnern ebenso wie dem Arbeitgeber keine unmittelbaren Schranken; sie betrifft nicht das Verhältnis von Leistung und Gegenleistung. Maßgeblicher Gesichtspunkt der Gleichbehand-

---

[917] BAG, Urteil v. 11.02.1998, SAE 1999, 190 (mit Anmerkung Meyer) unter II 1 der Gründe.

[918] BAG, Urteil v. 19.07.1995; AP Nr. 96 zu § 112 BetrVG 1972 = SAE 1996, 236 (mit Anmerkung Kraft); BAG, Urteil v. 31.07.1996 AP Nr. 103 zu § 112 BetrVG 1972.

[919] BAG, Urteil v. 15.01.1991, AP Nr. 57 zu § 112 BetrVG 1972 = SAE 1992, 70 (mit Anmerkung Danne).

[920] BAG, Urteil v. 17.02.1981, AP Nr. 11 zu § 112 BetrVG 1972.

[921] BAG, Urteil v. 15.01.1991, AP Nr. 57 zu § 112 BetrVG 1972; BAG, Urteil v.11.08.1993, AP Nr. 71 zu § 112 BetrVG 1972; BAG, Urteil v.24.11.1993, AP Nr. 72 zu § 112 BetrVG 1972; BAG, Urteil v. 09.11.1994, AP Nr. 85 zu § 112 BetrVG 1972; BAG, Urteil v. 31.07.1996 AP Nr. 103 zu § 112 BetrVG 1972; BAG, Urteil v. 11.02.1998, SAE 1999, 190 (mit Anmerkung Meyer) unter II 1 der Gründe.

[922] Konzen, Anmerkung zu BAG, Urteil v. 14.02.1984, AP Nr. 21 zu § 112 BetrVG 1972.

lungspflicht ist vielmehr die Anknüpfung an das Arbeitsverhältnis bei Durchführung einer Regel, die nicht bloß gegenüber einem einzelnen Arbeitnehmer, sondern gegenüber mehreren Arbeitnehmern Anwendung findet[923].

Festzuhalten ist jedoch, daß sich die Entscheidungen des Bundesarbeitsgerichts trotz der vielfach gewählten Bezeichnung als „Billigkeitskontrolle" – abgesehen von wenigen Ausnahmen[924] – in einer Prüfung des Gleichbehandlungsgrundsatzes erschöpfen. Die im Rahmen der „Billigkeitskontrolle" vom Bundesarbeitsgericht gestellte Frage, ob die von den Betriebspartnern vereinbarte Regelung „in sich der Billigkeit entspricht oder ob einzelne Arbeitnehmer oder Gruppen von ihnen in unbilliger Weise benachteiligt werden"[925], läuft auf eine solche Prüfung anhand des Gleichbehandlungsgrundsatzes hinaus[926]. Dementsprechend hat auch das Bundesarbeitsgericht selbst festgestellt, daß die „Billigkeitskontrolle sich nur auf die sog. Innenschranken der Betriebsvereinbarung" bezieht und „insoweit eine Rechtskontrolle" ist[927]

2. *Unzulässige Inhalts- und Billigkeitskontrolle von Sozialplänen*

Obwohl die gerichtliche Kontrolle von Sozialplänen zumeist nicht über eine allgemeine Rechtskontrolle – insbesondere anhand des Gleichbehandlungsgrundsatzes – hinausgeht, lassen sich auch im Sozialplanrecht Beispiele nennen, in denen die Betriebsautonomie stärker eingeschränkt, zum Teil gar eine Billigkeitskontrolle im eigentlichen Sinn durchgeführt wird.

Als ein Fall der Billigkeitskontrolle wird in der Literatur zu Recht häufig die Entscheidung des fünften Senats vom 09.12.1981[928] bezeichnet[929]. In dieser Entscheidung hatte der Senat über die Wirksamkeit eines Sozialplans (II) zu befinden, welcher die von der zuvor erfolgten Teilstillegung des Unternehmens betroffenen Arbeitnehmer nicht berücksichtigte. Für diese war ein anderer Sozialplan (I) aufgestellt worden, der jedoch erheblich geringere finanzielle Mittel zur Verfügung stellte. Der Senat sah das „aus § 75 BetrVG folgende

---

[923] Richardi in: MünchArbR, § 14 Rn. 4 f..

[924] hierzu unter § 12, II, 2.

[925] BAG, Urteil v. 17.02.1981, AP Nr. 11 zu § 112 BetrVG 1972; BAG, Urteil v. 26.07.1988, AP Nr. 45 zu § 112 BetrVG 1972;

[926] Kallrath, Kontrolle, S. 125 ff.; Konzen, Anmerkung zu BAG, Urteil v. 14.02.1984, AP Nr. 21 zu § 112 BetrVG 1972; Löwisch/Bittner, Anmerkung zu BAG, Urteil v. 14.02.1984, SAE 1985, 321, 325.

[927] BAG, Urteil v. 26.07.1988, AP Nr. 45 zu § 112 BetrVG 1972 unter III 1 der Gründe.

[928] BAG, Urteil v. 09.12.1981, AP Nr. 14 zu § 112 BetrVG 1972 unter II 2 a der Gründe.

[929] z.B. Schliemann, FS Hanau, S. 577, 602.

Gebot, Recht und Billigkeit zu wahren, dadurch außer acht gelassen, daß sie die Mitarbeiter, die unter den Sozialplan I fielen, bei der Verteilung der Mittel unberücksichtigt ließen, die bei Abschluß des Sozialplans II zur Verfügung standen". Daher erklärte der Senat die (den Sozialplan II betreffende) Betriebsvereinbarung für unwirksam und setzte an deren Stelle einen eigenen Sozialplan. Dabei rechnet es die für beide Sozialpläne zur Verfügung stehenden Mittel zusammen und beteiligt an dem sich hieraus ergebenden Gesamtbetrag „alle Arbeitnehmer nach Betriebszugehörigkeit und Alter", wodurch es letztlich selbst die Abfindungen bestimmt[930]. Hiermit wurde der Senat an Stelle der Betriebspartner vertragsgestaltend tätig, indem er einen eigenen Sozialplan an die Stelle eines für unwirksam erachteten Sozialplans setzte. Unbeachtet blieb dabei, daß die Mittel aus Sozialplan II bereits verteilt waren, insbesondere nahm das Bundesarbeitsgericht nicht zu der Frage Stellung, ob die unter den Sozialplan II fallenden Arbeitnehmer rückzahlungspflichtig sind.

Weiterhin unterwarf das Bundesarbeitgericht den in dieser Entscheidung zu prüfenden Sozialplan einer Kontrolle anhand des Maßstabs des „billigen Ermessens"[931]. Dieser Kontrollmaßstab gilt jedoch gemäß §§ 76 Abs. 5 S. 3, 112 Abs. 5 S. 2 BetrVG nur für die Beschlüsse der Einigungsstelle. Aus den bereits genannten Gründen kommt eine Übertragung dieser Prüfungskriterien auf den vereinbarten Sozialplan nicht in Betracht. Anders als die Entscheidung der Einigungsstelle beruht der vereinbarte Sozialplan auf einer frei ausgehandelten Vereinbarung, was eine Ermessenskontrolle entbehrlich macht[932].

Schon vor der Entscheidung vom 09.12.1981 ging die gerichtliche Kontrolle von Sozialplänen über eine allgemeine Rechtskontrolle hinaus. Bereits in seiner Entscheidung vom 11.06.1975[933], in welcher die „Billigkeitskontrolle" von Sozialplänen ihren Ausgangspunkt fand, nennt der fünfte Senat als Prüfungsmaßstab die Verpflichtung der Betriebspartner, „einen billigen Ausgleich zwischen den Interessen der Belegschaft und dem Betrieb sowie einen Ausgleich zwischen den verschiedenen Teilen der Belegschaft zu suchen"[934]. Zwar führt die Forderung eines Ausgleichs zwischen den verschiedenen Teilen der Belegschaft im Ergebnis zu einer Prüfung des Gleichbehandlungsgrundsatzes[935]. Soweit aber daneben der billige Ausgleich zwischen den Interessen der Beleg-

---

930 BAG, Urteil v. 09.12.1981, AP Nr. 14 zu § 112 BetrVG 1972 unter III der Gründe.

931 BAG, Urteil v. 09.12.1981, AP Nr. 14 zu § 112 BetrVG 1972 unter II 2 a der Gründe.

932 siehe oben § 4, II, 3, b.

933 BAG, Urteil v. 11.06.1975, AP Nr. 1 zu § 77 BetrVG 1972 Auslegung.

934 BAG, Urteil v. 11.06.1975, AP Nr. 1 zu § 77 BetrVG 1972 Auslegung unter 2 der Gründe.

935 Kallrath, Kontrolle, S. 126 f..

schaft und des Betriebes geprüft wird, handelt es sich um eine Inhaltskontrolle im Sinne einer Angemessenheitskontrolle. Eine solche ist unzulässig[936].

Das Bundesarbeitsgericht hat allerdings bereits mit der Entscheidung vom 17.02.1981 von diesem Kontrollmaßstab Abstand genommen und festgestellt, daß sich die gerichtliche „Billigkeitskontrolle" von Sozialplänen nur auf „den Inhalt der getroffenen Regelung selbst" beziehe. Es könne nur darum gehen, ob die getroffene Regelung „in sich der Billigkeit entspricht oder ob einzelne Arbeitnehmer oder Gruppen von ihnen in unbilliger Weise benachteiligt werden"[937]. Jedenfalls im Individualprozeß des einzelnen Arbeitnehmers gegen seinen Arbeitgeber sei daher die „Angemessenheit der finanziellen Gesamtausstattung" einer gerichtlichen Kontrolle entzogen. Bei der sonst erforderlichen Neuaufstellung des Sozialplans sei die Berücksichtigung der Belange der übrigen Arbeitnehmer nicht gewährleistet. Es bestehe die Gefahr, daß jeder Arbeitnehmer seinen eigenen Sozialplan erstreite[938]. Nur „als mittelbare Folge der unmittelbar auf den Inhalt der Sozialplanregelung gerichteten Billigkeitskontrolle" könne sich eine Erweiterung des finanziellen Gesamtrahmens ergeben. Dabei gehe es lediglich um einzelne Korrekturen „zur Vermeidung unbilliger Benachteiligungen einzelner Belegschaftsmitglieder oder Gruppen von ihnen"[939].

---

[936] siehe oben § 3.

[937] BAG, Urteil v. 17.02.1981, AP Nr. 11 zu § 112 BetrVG 1972 unter II 2 c der Gründe.

[938] BAG, Urteil v. 17.02.1981, AP Nr. 11 zu § 112 BetrVG 1972 unter II 2 c der Gründe.

[939] BAG, Urteil v. 17.02.1981, AP Nr. 11 zu § 112 BetrVG 1972 unter II 2 c der Gründe.

§ 13 Zusammenfassung der wichtigsten Ergebnisse in Thesen

1. Die Betriebsvereinbarung steht in einem Spannungsverhältnis zur Selbstbestimmung der Arbeitnehmer. Zwar folgt ihr Begründungsakt den Regeln der Privatautonomie, ihre Wirkung beschränkt sich aber nicht auf die am Vertragsschluß Beteiligten, sondern erfaßt auch die betriebsangehörigen Arbeitnehmer, unabhängig von deren Willen. Da Handeln für einen anderen grundsätzlich Handeln in pflichtgemäßer Bindung ist, können die allgemeinen Grenzen der Vertragsfreiheit für die Betriebsvereinbarung nicht gelten.

2. Trotz ihrer normativen Wirkung unterliegt die Betriebsvereinbarung keiner unmittelbaren Grundrechtsbindung. Da die Betriebsvereinbarung gerade ein die Arbeitnehmerstellung stärkendes Instrument ist, paßt die Anwendung der Grundrechte in ihrer abwehrrechtlichen Funktion nicht. Es gelten aber die Grundsätze zur mittelbaren Drittwirkung der Grundrechte und die Grundsätze über die grundrechtsbezogenen staatlichen Schutzpflichten. Seiner Schutzpflicht gegenüber der fremdbestimmenden Wirkung der Betriebsvereinbarung ist der Gesetzgeber vor allem durch die Regelung des § 75 BetrVG nachgekommen, der die Betriebspartner nach Abs. 1 zur Wahrung der Gleichheitsrechte und nach Abs. 2 zur Wahrung der Freiheitsrechte der Arbeitnehmer verpflichtet.

3. Greift eine Betriebsvereinbarung in die mittelbar über § 75 Abs. 2 BetrVG geschützten Freiheitsrechte der Arbeitnehmer ein, ist sie am Grundsatz der Verhältnismäßigkeit zu messen. Die Verhältnismäßigkeitskontrolle muß jedoch den Gestaltungsspielraum der Betriebspartner beachten und darf nicht zu einer umfassenden Inhaltskontrolle instrumentalisiert werden. Den Betriebspartnern werden durch den Verhältnismäßigkeitsgrundsatz nur äußere Grenzen aufgezeigt, innerhalb derer sich die Rechtsetzung durch Betriebsvereinbarung bewegen muß. In Anerkennung des Gestaltungsspielraums der Betriebspartner ist die Verhältnismäßigkeitskontrolle auf eine Evidenzkontrolle zu beschränken.

4. Die Betriebspartner haben beim Abschluß von Betriebsvereinbarungen dem Vertrauensschutz der regelungsunterworfenen Arbeitnehmer Rechnung zu tragen. Dabei gilt im Ausgangspunkt die im Verfassungsrecht zur Zulässigkeit rückwirkender Gesetze entwickelte Abwägungssystematik. Bei der Ermittlung schutzwürdiger Aspekte im Einzelnen ist jedoch den unterschiedlichen rechtlichen und tatsächlichen Gegebenheiten bei staatlicher und betrieblicher Rechtsetzung Rechnung zu tragen. Insbesondere sind die räumliche und persönliche Nähe der regelungsbetroffenen Arbeitnehmer zu den normsetzenden Betriebspartnern und die besondere „Flüchtigkeit“ der Betriebsvereinbarung aufgrund ihrer jederzeitigen Kündbarkeit und Abänderbarkeit in die Erwägungen einzubeziehen. Engere Grenzen in Form eines absoluten Schutzes „wohlerworbener Rechte“ sind rückwirkenden Betriebsvereinbarungen nicht gesetzt.

5. Einer weitergehenden Inhaltskontrolle im Sinne einer Angemessenheitskontrolle unterliegen Betriebsvereinbarungen nicht. Die rechtsfortbildende Begründung einer Inhaltskontrolle von Betriebsvereinbarungen aufgrund gestörter Vertragsparität würde contra legem erfolgen. Der Gesetzgeber hat sich mit der neugefaßten Bereichsausnahme des § 310 Abs. 4 S. 1 BGB sowie dem Ausschluß einer indirekten Inhaltskontrolle gemäß § 310 Abs. 4 S. 3 BGB gegen eine Inhaltskontrolle von Betriebsvereinbarungen entschieden. Ohnehin fehlt es an einer zwischen Betriebsrat und Arbeitgeber gestörten Vertragsparität als Legitimation einer Inhaltskontrolle.

6. Auch eine Billigkeitskontrolle von Betriebsvereinbarungen findet nicht statt. Für eine solche fehlt es an einer dogmatischen Grundlage. Weder auf § 75 Abs. 1 BetrVG, noch auf einen allgemeinen, in § 315 BGB, §§ 75 Abs. 1 S. 1, 76 Abs. 5 S. 3 BetrVG enthaltenen, allgemeinen Rechtsgedanken läßt sich eine allgemeine Billigkeitskontrolle von Betriebsvereinbarungen stützen. Einer rechtsfortbildenden Begründung einer Billigkeitskontrolle steht die Regelung des § 310 Abs. 4 S. 1 BGB entgegen, die auch insoweit eine Sperrwirkung entfaltet.

7. Der Betriebsvereinbarungsautonomie ist keine starre Schranke im Sinne einer generellen Unzulässigkeit „ausschließlich belastender“ Betriebsvereinbarungen gesetzt. Betriebsvereinbarungen, die sich erst über den Umweg der Förderung des Betriebswohls zugunsten der Arbeitnehmer auswirken können, sind nicht grundsätzlich unwirksam. Vor einem Mißbrauch der Regelungsmacht der Betriebspartner schützt bereits das Verhältnismäßigkeitsprinzip.

8. Nachfolgende verschlechternde Betriebsvereinbarungen im Bereich der Betrieblichen Altersversorgung unterliegen der Rechtskontrolle. Diese klärt, ob die Betriebspartner bei Abschluß der Betriebsvereinbarung die ihnen gesetzten materiellen Schranken beachtet haben. Hierzu gehören insbesondere die Grundsätze der Verhältnismäßigkeit und des Vertrauensschutzes.

9. Sind – wie beim Eingriff in erdiente Anwartschaften – grundrechtlich geschützte Rechtspositionen der Arbeitnehmer von einer rückwirkenden Regelung betroffen, ist der Gesichtspunkt des Vertrauensschutzes auf der Stufe der Verhältnismäßigkeit im engeren Sinne zu berücksichtigen. Die dabei vorzunehmende Abwägung führt zu dem Ergebnis, daß bereits erdiente Anwartschaften nur in seltenen Ausnahmefällen, aus „zwingenden Gründen“ eingeschränkt werden können.

Fehlt es an einem Eingriff in grundrechtlich geschützte Positionen der Arbeitnehmer, kann sich deren Schutz vor einer verschlechternden Neuregelung allein aus Vertrauensschutzgründen ergeben. Zwar führt dies letztlich ebenfalls zu einer Interessenabwägung; Voraussetzung ist aber, daß überhaupt ein schützenswertes Vertrauen der Arbeitnehmer besteht. Ein solches Vertrauen der Arbeitnehmer ist hinsichtlich des Fortbestands der leistungsunabhängigen „dienstzeitunabhängigen Dynamik“ regelmäßig gegeben. Die Gegenleistung für erbrachte Betriebstreue bzw. Arbeitsleistung wird durch den Wegfall der Dynamik nachträglich entwertet; es handelt sich um einen Fall der unechten Rückwirkung, die nur aus „triftigen Gründen“ zugelassen werden kann.

Bei Einschränkung der Möglichkeit, in Zukunft weitere Versorgungsanwartschaften auf Grundlage der unveränderten Betriebsvereinbarung erdienen zu können, wird ein schützenswertes Vertrauen der Arbeitnehmer in der Regel nicht enttäuscht. Die Arbeitnehmer müssen stets mit einer zukunftsbezogenen Anpassung der Versorgungszusage rechnen; ein Vertrauen auf den unveränderten Fortbestand der Betriebsvereinbarung ist grundsätzlich nicht schutzwürdig. Beim Eingriff in dienstzeitabhängige Steigerungsraten sind den Betriebspartnern daher keine Schranken durch die Grundsätze der Verhältnismäßigkeit und des Vertrauensschutzes gesetzt; Anpassungen sind unabhängig vom Vorliegen sachlich-proportionaler Gründe zulässig.

10. Auch außerhalb des Rechts der Betrieblichen Altersversorgung sind den Betriebspartnern bei rein zukunftsbezogenen Anpassungen in der Regel keine Schranken durch die Grundsätze der Verhältnismäßigkeit und des Vertrauensschutzes gesetzt. Insbesondere steht der Anpassung einer an eine Stichtagsregelung geknüpften Leistungszusage vor Eintritt des Stichtages ein schützenswertes Vertrauen der Arbeitnehmer nicht entgegen.

11. Bei der Kontrolle einzelvertraglicher Rückzahlungsklauseln am Maßstab der vom Bundesarbeitsgericht rechtsfortbildend entwickelten Richtlinien handelt es sich um ein Sonderrecht für Ungleichgewichtslagen, welches nicht nur „tarifdispositiv“, sondern auch „betriebsvereinbarungsdispositiv“ ist. Die den Betriebspartnern gesetzten Schranken ergeben sich erst aus deren mittelbaren Bindung an die Freiheitsgrundrechte der Arbeitnehmer gemäß § 75 Abs. 2 BetrVG. Damit ist der Regelungsspielraum der Betriebspartner nicht grundsätzlich enger als derjenige der Tarifparteien.

12. Die Ablösung eines Sozialplans unterliegt denselben Grenzen wie die Ablösung einer Betriebsvereinbarung durch eine nachfolgende Betriebsvereinbarung. Grenzen für Eingriffe in bereits entstandene Ansprüche der Arbeitnehmer ergeben sich aus dem Grundsatz der Verhältnismäßigkeit und des Vertrauensschutzes. Eines „weiteren Rechtsgrundes“ des Wegfalls der Geschäftsgrundlage bedarf es daneben nicht.

13. Bei der häufig als „Billigkeitskontrolle“ bezeichneten gerichtlichen Prüfung des Regelungsinhalts von Sozialplanen handelt es sich – von seltenen Ausnahmen abgesehen – in Wahrheit um eine Rechtskontrolle am Maßstab des Gleichbehandlungsgrundsatzes.

Literaturverzeichnis

Adomeit, Klaus: Zur Rechtsnatur der Betriebsvereinbarung - Mit Folgerungen für ihre Entstehung, Aufhebung und Kündbarkeit, BB 1962, S. 1246 ff.

- Rechtsquellenfragen im Arbeitsrecht, München 1969 (zitiert: Rechtsquellenfragen)

Ahrend, Peter: Die ablösende Betriebsvereinbarung im Ruhegeldrecht – ein Beitrag zum „sozialen Fortschritt"?, in: Festschrift für Marie Luise Hilger und Hermann Stumpf, München 1983, S. 17 ff.

Ahrend, Peter / Förster, Wolfgang / Rühmann, Jochen: Die ablösende Betriebsvereinbarung – Instrument zur Anpassung betrieblicher Versorgungsregelungen – Zugleich eine Besprechung der Entscheidungen des Bundesarbeitsgerichts vom 8.12.1981 – 3 ABR 53/80 und 3 AZR 518/80, DB 1982, S. 224 ff.

Ahrend, Peter / Förster, Wolfgang / Rühmann, Jochen: Gesetz zur Verbesserung der betrieblichen Altersversorgung - Mit zivilrechtlichen, arbeitsrechtlichen und steuerrechtlichen Vorschriften, Kommentar, 9. Auflage, München 2003 (zitiert: BetrAVG)

Ahrens, Martin: Eingeschränkte Rechtskontrolle von Betriebsvereinbarungen, NZA 1999, S. 686 ff.

Andresen, Boy-Jürgen/ Förster, Wolfgang / Rößler, Norbert / Rühmann, Jochen: Arbeitsrecht der betrieblichen Altersversorgung mit sozialversicherungsrechtlicher Grundlegung, Loseblattsammlung, Köln (zitiert: Altersversorgung)

Annuß, Georg: Der Eingriff in den Arbeitsvertrag durch Betriebsvereinbarung, NZA 2001, S. 756 ff.

- AGB-Kontrolle im Arbeitsrecht: Wo geht die Reise hin?, BB 2002, S. 458 ff.

Artus, Ingrid / Liebold, Renate / Lohr, Karin / Schmidt, Evelyn / Schmidt, Rudi / Strohwald, Udo: Betriebliches Interessenhandeln – Band 2: Zur politischen Kultur der Austauschbeziehungen zwischen Management und Betriebsrat in der ostdeutschen Industrie, Opladen 2001 (zitiert: Austauschbeziehungen)

Artus, Ingrid / Schmidt, Rudi / Sterkel, Gabriele: Brüchige Tarifrealität – Der schleichende Bedeutungsverlust tariflicher Normen in der ostdeutschen Industrie, Berlin 2000 (zitiert: Tarifrealität)

Bakopoulos, Konstantinos: Zuständigkeitsverteilung zwischen tarifvertraglicher und innerbetrieblicher Normsetzung, Berlin 1991 (zitiert: Zuständigkeitsverteilung)

Barkey-Heine, Annette: Inhaltliche Kontrollmaßstäbe für die gerichtliche Überprüfung der betriebsverfassungsgerichtlichen Einigungsstelle, Münster 1993 (zitiert: Einigungsstelle)

Barwasser, Franz H.: Zur Zulässigkeit von Betriebsvereinbarungen über materielle Arbeitsbedingungen in nichttarifgebundenen Betrieben, insbesondere in Mischbetrieben, DB 1975, S. 2275 ff.

Bauer, Hartmut: Bundesverfassungsgericht und Rückwirkungsverbot, JuS 1984, S. 241 ff.

Beathalter, André: Einseitige Gestaltungsmöglichkeiten der Arbeitgeberseite zur Einwirkung auf Gesamtvereinbarungen im Rahmen wirtschaftlicher Krisen, Berlin 1999 (zitiert: Gestaltungsmöglichkeiten)

Becker, André: Zur Stellung von Sonderzuwendungen des Arbeitgebers im Vergütungsgefüge, Aachen 1997 (zitiert: Sonderzuwendungen)

Beckers, Markus: Jahressonderzahlung - Wegfall der Zahlungsverpflichtung - Zulässigkeit von Bindungs- und Rückzahlungsklauseln, NZA 1997, S. 129 ff.

Belling, Detlev W.: Das Günstigkeitsprinzip nach dem Beschluß des Großen Senats des Bundesarbeitsgerichts vom 16.9.1986, DB 1987, S. 1888 ff.

- Die Haftung des Betriebsrats und seiner Mitglieder für Pflichtverletzungen, Tübingen 1990 (zitiert: Haftung)

- Die Verantwortung des Staats für die Normsetzung durch die Betriebspartner, ZfA 1999, S. 547 ff.

Biberacher, Hansjörg: Betriebliche Rechtssetzungsmacht, Frankfurt 1983 (zitiert: Rechtsetzungsmacht)

Bickel, Dietrich: Die normative Wirkung von Betriebsvereinbarungen, ZfA 1971, S. 181 ff.

Biedenkopf, Kurt H.: Grenzen der Tarifautonomie, Karlsruhe 1964 (zitiert: Tarifautonomie)

- Über das Verhältnis wirtschaftlicher Macht zum Privatrecht, in: Wirtschaftsordnung und Staatsverfassung – Festschrift für Franz Böhm zum 80. Geburtstag, Tübingen 1975, S. 113 ff.

Blomeyer, Wolfgang: Anmerkung zu BAG Urteil v. 07.06.1972, AP Nr. 73 zu § 611 BGB Gratifikation

- Der Interessenkonflikt zwischen Arbeitnehmer und Betriebsrat bei Individualmaßnahmen, in: Gedächtnisschrift für Rolf Dietz, München 1973, S. 147 ff.

- Das Übermaßverbot im Betriebsverfassungsrecht, in: 25 Jahre Bundesarbeitsgericht, München 1979; S. 17 ff.

- Der Bestandsschutz der Ruhegeldanwartschaften bei einer Einschränkung der betrieblichen Altersversorgung, in: Festschrift für Marie Luise Hilger und Hermann Stumpf, München 1983, S. 43 ff.
- Die „Billigkeitskontrolle" der abändernden Betriebsvereinbarung über betriebliche Ruhegelder, DB 1984, S. 926 ff.
- gemeinsame Anmerkung zu den Urteilen des BAG v. 17.04.1985 und v. 23.04.1985, SAE 1986, S. 98 ff.
- in: Änderung von Arbeitsbedingungen, Heidelberg 1993, S. 193 ff.
- Das kollektive Günstigkeitsprinzip - Bemerkungen zum Beschluß des Großen Senats des Bundesarbeitsgerichts vom 16.9.1986, DB 1987, S. 634 ff.
- Nachwirkung und Weitergeltung abgelaufener Betriebsvereinbarungen über „freiwillige" Sozialleistungen, BB 1990, S. 173 ff.
- Beiträge zum Zivil- und Handelsrecht – Festschrift für Rolf Ostheim zum 65. Geburtstag, Wien 1990, S. 517 ff.
- Das Günstigkeitsprinzip in der Betriebsverfassung, NZA 1996, S. 337 ff.
- Nachwirkung und Weitergeltung abgelaufener Betriebsvereinbarungen über „freiwillige Sozialleistungen", DB 1990, S. 173 ff.
- Anmerkung zu BAG Urteil v. 17.08.1999, SAE 2000, S. 225 ff.
- Ansätze zu einer Dogmatik des Betriebsrentenrechts nach 25 Jahren BetrAVG und einer ersten Gesetzesreform (RRG 1999); RdA 2000, S. 279 ff.

Blomeyer, Wolfgang / Buchner, Herbert: Rückzahlungsklauseln im Arbeitsrecht – Insbesondere bei Vereinbarungen über Gratifikationen, Sonderzuwendungen, Aus- und Fortbildungskosten, Umzugskosten, Urlaubsgelder, Urlaubsentgelte und Darlehen, Karlsruhe 1969

Blomeyer, Wolfgang /Otto, Klaus: Gesetz zur Verbesserung der betrieblichen Altersversorgung, Kommentar, 3. Auflage, München 2004 (zitiert: BetrAVG)

Boecken, Winfried: Wie sollte der Übergang vom Erwerbsleben in den Ruhestand rechtlich gestaltet werden?, in: Verhandlungen des zweiundsechzigsten deutschen Juristentages, Band I (Gutachten), Bremen 1998, S. B 1 ff.

Bogs, Walter: Autonomie und verbandliche Selbstverwaltung im modernen Arbeits- und Sozialrecht, RdA 1956, S. 1 ff.

Bosch, Aida: Vom Interessenkonflikt zur Kultur der Rationalität: Neue Verhandlungsbeziehungen zwischen Management und Betriebsrat, München 1997 (zitiert: Interessenkonflikt)

Bötticher, Eduard: Einseitige Leistungsbestimmungen im Arbeitsverhältnis, AuR 1967, S. 324 ff.

- Anmerkung zu BAG Urteil v. 17.10.1968, AP Nr. 66 zu § 611 BGB Gratifikation

- Wesen und Arten der Vertragsstrafe sowie deren Kontrolle, ZfA 1970, S. 3 ff.

Brecht, Holger: Die Umsetzung von Tarifverträgen auf Betriebsebene – Das Verhältnis betrieblicher und tariflicher Rechtsetzung auf der Grundlage rechtstatsächlicher Erkenntnisse, Berlin 2003 (zitiert: Umsetzung)

Buchner, Herbert: Rechtswirksamkeit der tarifvertraglichen Regelung über die Flexibilisierung der Arbeitszeit in der Metallindustrie, DB 1985, S. 913 ff.

Bulla, Gustav-Adolf: Anmerkung zu BAG Urteil v. 05.03.1959, SAE 1959, S. 145 ff.

- Die Nachwirkung der Normen einer beendeten Betriebsvereinbarung, DB 1962, S. 1207 ff.

Bunte, Hermann-Josef: Inhaltskontrolle notariell beurkundeter Verträge, ZIP 1984, S. 1313 ff.

Canaris, Claus-Wilhelm: Funktionelle und inhaltliche Grenzen kollektiver Gestaltungsmacht bei der Betriebsvereinbarung, AuR 1966, S. 129 ff.

- Grundrechte und Privatrecht, AcP 184 (1984), S. 201 ff.

- Grundrechtswirkungen und Verhältnismäßigkeitsprinzip in der richterlichen Anwendung und Fortbildung des Privatrechts, JuS 1989, S. 161 ff.

Coester-Waltjen, Dagmar: Die Inhaltskontrolle von Verträgen außerhalb des AGBG, AcP 190 (1990), S. 1 ff.

Damm, Reinhard: Verbraucherrechtliche Sondergesetzgebung und Privatrechtssystem , JZ 1978, S. 173 ff

Däubler, Wolfgang: Verschlechterung der Arbeitsbedingungen durch Betriebsvereinbarung?, AuR 1984, S. 1 ff.

- Nachträgliche Kürzung von Soziaplanansprüchen?, NZA 1985, S. 545 ff.

- Individuum und Kollektiv im Arbeitsrecht, NZA 1988, S. 857 ff.

- Diskussionsbeitrag zur Veranstaltung der Otto-Brenner-Stiftung „Betriebsvereinbarung und Tarifvertrag“, RdA 1994, S. 169 ff.

- Die Auswirkungen der Schuldrechtsmodernisierung auf das Arbeitsrecht, NZA 2001, S. 1329 ff.

Däubler, Wolfgang, Dorndorf, Eberhard: AGB-Kontrolle im Arbeitsrecht, Kommentierung zu den §§ 305 bis 310 BGB, München 2004

Däubler, Wolfgang / Kittner, Michael / Klebe, Thomas: Betriebsverfassungsgesetz, Kommentar für die Praxis, 8. Auflage, Frankfurt am Main 2002 (zitiert: D/K/K)

Dauner-Lieb, Barbara: Verbraucherschutz durch Ausbildung eines Sonderprivatrechts für Verbraucher: systemkonforme Weiterentwicklung oder Schrittmacher der Systemveränderung?, Berlin, 1983

- Empfiehlt es sich, die Regelungsbefugnisse der Tarifparteien im Verhältnis zu en Betriebsparteien neu zu ordnen?, DZWir 1996, S. 317 ff.

Dersch, Hermann: Anmerkung zu BAG Urteil v. 09.02.1956, AP Nr. 1 zu § 394 BGB

Dieterich, Thomas: Grundgesetz und Privatautonomie im Arbeitsrecht, RdA 1995, S. 129 ff.

- Zur „Überversorgung" durch Betriebsrenten, in: Festschrift für Marie Luise Hilger und Hermann Stumpf, München 1983, S. 77 ff.
- Die jüngste Rechtsprechung des BAG zur Anpassung und Kürzung von Betriebsrenten - Vortrag - gehalten am 5.5.1985 bei der 47. Jahrestagung der Arbeitsgemeinschaft für Betriebliche Altersversorgung in Berlin, NZA 1986, S. 41 ff.
- Aktuelle Rechtsprechung des BAG zur betrieblichen Altersversorgung, NZA 1987, S. 545 ff.
- Die Grundrechtsbindung von Tarifverträgen, in: Tarifautonomie für ein neues Jahrhundert, Festschrift für Günter Schaub zum 65. Geburtstag, München 1998, S. 117 ff.
- Flexibilisiertes Tarifrecht und Grundgesetz, RdA 2002, S. 1 ff.
- Die grundrechtsdogmatischen Grenzen der Tarifautonomie in der Rechtsprechung des Bundesarbeitsgerichts, Festschrift für Herbert Wiedemann zum 70. Geburtstag, München 2002, S. 229 ff.

Dieterich, Thomas / Müller-Glöge, Rudi / Preis, Ulrich / Schaub, Günter: Erfurter Kommentar zum Arbeitsrecht, 4. Auflage, München 2004 (zitiert: ErfK)

Dietz, Rolf: Betriebsvereinbarung und Dienstvereinbarung, in: Festschrift für Friedrich Sitzler, Sozialpolitik, Arbeits- und Sozialrecht, Stuttgart 1956, S. 131 ff.

Doetsch, Peter A.: Renaissance tariflicher Versorgungswerke, in: Altersgrenzen und Alterssicherung im Arbeitsrecht, Gedenkschrift für Wolfgang Blomeyer, München 2003, S. 49 ff.

Dörner, Hans-Jürgen: Die Rechtsprechung des Bundesarbeitsgerichts zum Gratifikationsrechts in den Jahren 1988 bis 1991, RdA 1993, S. 24 ff.

Dreier, Horst: Grundgesetz, Band 2, Artikel 20-82. Tübingen 1998 (zitiert: GG II)

Ehmann, Horst: Empfiehlt es sich, die Regelungsbefugnisse der Tarifparteien im Verhältnis zu den Betriebsparteien neu zu ordnen?, ZRP 1996, S. 314 ff.

Ehmann, Horst /Lambrich, Thomas: Vorrang der Betriebs- vor der Tarifautonomie kraft des Subsidiaritätsprinzips? Betriebsvereinbarungen als „andere Abmachungen“, NZA 1996, S. 346 ff.

Engelhardt, Frank: Kündigung und Nachwirkung von teilmitbestimmten Betriebsvereinbarungen (unter besonderer Berücksichtigung der betrieblichen Altersversorgung, Bonn 1998 (zitiert: Kündigung)

Erman, Walter: Bürgerliches Gesetzbuch, Band I (§§ 1-853), 10. Auflage, 2000 (zitiert: Erman)

Fabricius, Fritz / Kraft, Alfons / Wiese, Günther / Kreutz, Peter / Oetker, Hartmut / Raab, Thomas / Weber, Christoph: Gemeinschaftskommentar zum BetrVG, Band I, §§ 1-73b BetrVG, 7. Auflage 2002, Band II, §§ 74-132 BetrVG, 7. Auflage, Neuwied / Kriftel 2002 (zitiert: GK-BetrVG)

Falkenstein, W.: Besonderheiten für Rückzahlungsverpflichtungen bei betrieblichen Treueprämien, DB 1962, S. 570 ff.

Fastrich, Lorenz: Richterliche Inhaltskontrolle im Privatrecht, München 1992 (zitiert: Inhaltskontrolle)

- Betriebsvereinbarung und Privatautonomie, RdA 1994, S. 129 ff.
- Inhaltskontrolle im Arbeitsrecht nach der Bürgschaftsentscheidung des Bundesverfassungsgerichts vom 19.10.1993, RdA 1997, S. 65 ff.

Feuerborn, Andreas: Sachliche Gründe im Arbeitsrecht - Konkretisierung eines normativen Rechtsbegriffs zwischen Vertragsfreiheit und Arbeitnehmerschutz, München 2003 (zitiert: Sachliche Gründe)

Fiedler, Jürgen: Neuorientierung der Verfassungsrechtsprechung zum Rückwirkungsverbot und zum Vertrauensschutz?, NJW 1988, S. 1624 ff.

Fischer, Kristian: Die Verfassungsmäßigkeit rückwirkender Normen, JuS 2001, S. 861 ff.

Fitting, Karl / Kaiser, Heinrich / Heither, Friedrich / Engels, Gerd / Schmidt, Ingrid: Betriebsverfassungsgesetz, Handkommentar, 21. Auflage, München 2002 (zitiert: BetrVG)

Florig, Hans-Georg: Die Rechtsnatur und Abdingbarkeit betrieblicher Übungen, arbeitsvertraglicher Einheitsregelungen und Gesamtzusagen, Frankfurt am Main, 1993 (zitiert: Abdingbarkeit)

Flume, Werner: Allgemeiner Teil des Bürgerlichen Rechts, 2. Band, Das Rechtsgeschäft, 4. Auflage, Berlin, Heidelberg, New York, London, Paris, Tokyo, Hong Kong, Barcelona, Budapest 1992 (zitiert: Rechtsgeschäft)

Gamillschegg, Franz: Anmerkung zu BAG Urteil v. 16.11.1967, AP Nr. 63 zu § 611 BGB Gratifikation

Gast, Wolfgang: Arbeitsvertrag und Direktion: Zweiseitige Leistungsbestimmung im Arbeitsverhältnis, Berlin 1978 (zitiert: Arbeitsvertrag)

Göller, Heinrich: Die Weihnachtsgratifikation unter Rückzahlungsvorbehalt, Köln 1966 (zitiert: Weihnachtsgratifikation)

Gotthardt, Michael: Arbeitsrecht nach der Schuldrechtsreform, 2. Auflage, München 2003 (zitiert: Schuldrechtsreform)

- Der Arbeitsvertrag auf dem AGB-rechtlichen Prüfstand, ZIP 2002, S. 277 ff.

Griebeling, Gert: Abänderung von Versorgungszusagen, NZA Beilage 3/1989, S. 26 ff.

- Die Änderung und Ablösung betrieblicher Versorgungsordnungen in der Rechtsprechung des Bundesarbeitsgerichts, ZIP 1993, S. 1055 ff.
- Bestandsschutz und Billigkeitskontrolle in der betrieblichen Altersversorgung aus der Sicht des Bundesarbeitsgerichts, in: Betriebliche Altersversorgung in der Diskussion zwischen Praxis und Wissenschaft, Festschrift für Peter Ahrend zum 60. Geburtstag, Köln 1992, S. 208 ff.
- Das Bundesarbeitsgericht und die Heilige Dreifaltigkeit, in: Festschrift für Günther Wiese zum 70. Geburtstag, Neuwied, Kriftel 1998, S. 139 ff.

Halser, Ulrich: Die Betriebsvereinbarung, 2. Auflage, Berlin 1995

Hammen, Horst: Die „richterliche Inhaltskontrolle" von Betriebsvereinbarungen (Sozialplänen) durch das Bundesarbeitsgericht insbesondere aus revisionsrechtlicher Sicht, RdA 1986, S. 23 ff.

Hammer, Michael: Die betriebsverfassungsrechtliche Schutzpflicht für die Selbstbestimmungsfreiheit des Arbeitnehmers: Bedeutung des § 75 Abs. 2 BetrVG für Grund und Grenzen betrieblicher Regelungsgewalt, Heidelberg 1998 (zitiert: Schutzpflicht)

Hanau, Hans: Individualautonomie und Mitbestimmung in sozialen Angelegenheiten, Köln, Berlin, Bonn, München 1994 (zitiert: Individualautonomie)

- Zur Verfassungsmäßigkeit von tarifvertraglichen Betriebsnormen am Beispiel der qualitativen Besetzungsregeln, RdA 1996, S. 158 ff.

Hanau, Peter: Buchbesprechung zu Reinhard, Richardi: Kollektivgewalt und Individualwille bei der Gestaltung des Arbeitsverhältnisses, JZ 1969, S. 642 ff.

- Rechtswirkungen der Betriebsvereinbarung, RdA 1989, S. 207 ff.

- Denkschrift zu dem Regierungsentwurf eines Gesetzes zur Reform des Betriebsverfassungsgesetzes, RdA 2001, S. 65 ff.

Hanau, Peter / Adomeit, Klaus: Arbeitsrecht, 12. Auflage, Neuwied, Kriftel 2000

Hanau, Peter / Preis, Ulrich: Der Übergang von der Gesamtversorgung zu einer von der Sozialversicherung abgekoppelten Betriebsrente, RdA 1988, S. 65 ff.

- Die Kündigung von Betriebsvereinbarungen, NZA 1991, S. 81 ff.

Hanau, Peter / Vossen, Reinhard: Die Kürzung von Jahressonderzahlungen aufgrund fehlender Arbeitsleistung, DB 1992, S. 213 ff.

Hänlein, Andreas: Die Legitimation betrieblicher Rechtsetzung, RdA 2003, S. 26 ff.

Hansen, Hans Joachim: Der Entstehungszeitpunkt des Anspruchs auf eine Sozialplanabfindung, NZA 1985, S. 609 ff.

Heinrich, Christian: Formale Freiheit und materiale Gerechtigkeit - Die Grundlagen der Vertragsfreiheit und Vertragskontrolle am Beispiel ausgewählter Probleme des Arbeitsrechts, Tübingen 2000 (zitiert: Formale Freiheit)

Heinze, Meinhard: Nichtsozialplanpflichtige Betriebsänderung - Vortrag, gehalten vor der Arbeitsgemeinschaft Arbeitsrecht im Deutschen Anwaltsverein am 7.3.1986 in Kassel, NZA 1987, S. 41 ff.

- Wege aus der Krise des Arbeitsvertragsrechts - Der Beitrag der Wissenschaft, NZA 1997, S. 1 ff.

Heither, Friedrich: Die Rechtsprechung des BAG zur Beteiligung des Betriebsrats bei der Ausgestaltung der betrieblichen Altersversorgung, DB 1991, S. 700 ff.

- Möglichkeiten und Grenzen der Änderung von Zusagen auf betriebliche Altersversorgung, BB 1992, S. 1991 ff.

- Bestandsschutz und Billigkeitskontrolle in der betrieblichen Altersversorgung, RdA 1993, S. 72 ff.

- Die Rechtsprechung des Bundesarbeitsgerichts zur betrieblichen Altersversorgung, BB 1998, S. 1155 ff.

Henssler, Martin: Anmerkung zu BAG Urteil v. 25.04.1991, EzA Nr. 85 zu § 611 BGB Gratifikation, Prämie

Herrmann, Elke: Das Günstigkeitsprinzip und die verschlechternde Betriebsvereinbarung, ZfA 1989, 577 ff.

- Anmerkung zum Urteil des BAG v. 22.05.1990, SAE 1992, S. 293 ff.

- Kollektivautonomie contra Privatautonomie: Arbeitsvertrag, Betriebsvereinbarung und Mitbestimmung, Sonderbeilage zu NZA 3/2000, S. 14 ff.

Herschel, Wilhelm: Entwicklungstendenzen des Arbeitsrechts, RdA 1956, S. 161 ff.

- Anmerkung zu BAG Urteil v. 31.05.1960, SAE 1961, S. 30 ff.

- Anmerkung zu BAG Urteil v. 10.03.1976, AP Nr. 17 zu § 618 BGB

- Anmerkung zu BAG Beschluß v. 08.12.1981, AP Nr. 1 zu § 1 BetrAVG Ablösung

Hess, Harald / Schlochauer, Ursula / Worzalla, Michael / Glock, Dirk: Kommentar zum Betriebsverfassungsgesetz, 6. Auflage, München 2003

Hildebrandt, Reinhardt: Disparität und Inhaltskontrolle im Arbeitsrecht, Göttingen 1987 (zitiert: Disparität)

Hilger, Marie Luise: Die Betriebsvereinbarungen über Sonderzuwendungen ist gekündigt – was nun?, in: Festschrift für Dieter Gaul zum 70. Geburtstag, Neuwied 1992, S. 327 ff.

Hilger, Marie Luise / Stumpf, Hermann: Kündigungsfreiheit und Vertrauensschutz im Recht der Betriebsvereinbarung, BB 1990, S. 929 ff.

- Ablösung betrieblicher Gratifikations- und Versorgungsordnungen durch Betriebsvereinbarung, in: Festschrift für Gerhard Müller, Arbeitsleben und Rechtspflege, Berlin 1981, S. 209 ff.

Hippel, Fritz von: Das Problem der rechtsgeschäftlichen Privatautonomie: Beiträge zu einem Natürlichen System des privaten Verkehrsrechts und zur Erforschung der Rechtstheorie des 19. Jahrhunderts, Tübingen 1936 (zitiert: Privatautonomie)

Hirschberg, Lothar: Der Grundsatz der Verhältnismäßigkeit, Göttingen 1981(zitiert: Verhältnismäßigkeit)

- Die Rechtsprechung des Bundesarbeitsgerichts im Jahr 1981, ZfA 1982, S. 505 ff.

Höfer, Reinhold: Gesetz zur Verbesserung der betrieblichen Altersversorgung, Kommentar, Band I: Arbeitsrecht, München, Stand September 2003

Höfer, Reinhold / Küpper, Peter: Die Änderung genereller betrieblicher Versorgungszusagen durch Betriebsvereinbarungen – zugleich Anmerkungen zu den Entscheidungen des Bundesarbeitsgerichts vom 8.12.1981, BB 1982, S. 565 ff.

Hönn, Günther: Kompensation gestörter Vertragsparität, München 1982 (zitiert: Kompensation)

- Wirksamkeitskontrolle als Instrument des allgemeinen Privatrechts zur Bewältigung von Ungleichgewichtslagen, JZ 1983, S. 677 ff.

- Inhaltskontrolle von Gesellschaftsverträgen, JA 1987, S. 337 ff.

Horschitz, Harald: Die Bindung des Arbeitnehmers durch Rückzahlungsverpflichtungen bei betrieblichen Treueprämien, BB 1969, S. 1354 ff.

Hoyningen-Huene, von, Gerrick: Die Billigkeit im Arbeitsrecht, München 1978 (zitiert: Billigkeit)

- Ablösende Betriebsvereinbarungen für ausgeschiedene Arbeitnehmer, Pensionäre und leitende Angestellte, RdA 1983, S. 225 ff.

- Fehlerhafte Betriebsvereinbarungen und ihre Auswirkungen auf Arbeitnehmer, DB 1984 Beilage Nr. 1, S. 1 ff.

- Die Inhaltskontrolle von Betriebsvereinbarungen der betrieblichen Altersversorgung, BB 1992, S. 1640 ff.

- Die Inhaltskontrolle nach § 9 AGBG, Kommentar, Heidelberg 1991 (zitiert: Inhaltskontrolle)

- Anmerkung zu BAG Beschluß v. 10.08.1994, AP Nr. 86 zu § 112 BetrVG 1972

- Anmerkung zu BAG Urteil v. 19.01.1999, AP Nr. 28 zu § 87 BetrVG 1972 Ordnung des Betriebes

- Anmerkung zu BAG Urteil v. 11.07.2000, AP Nr. 16 zu § 87 BetrVG 1972, Sozialeinrichtung

- Betriebsverfassungsrecht, 5. Auflage, München 2002

Hromadka, Wolfgang: Anmerkung zu BAG Urteil v. 25.10.1983, SAE 1984, S. 326 ff.

- Anmerkung zu BAG Urteil v. 03.11.1987, AP Nr. 25 zu § 77 BetrVG 1972

- Änderung und Ablösung von Einheitsarbeitsbedingungen - Zum Beschluß des Großen Senats des BAG über die ablösende Betriebsvereinbarung, NZA Beilage 3/1987, S. 2 ff.

- Änderung von Arbeitsbedingungen, RdA 1992, S. 234 ff.

- Schuldrechtsmodernisierung und Vertragskontrolle im Arbeitsrecht, NJW 2002, S. 2523 ff.

Hueck, Alfred: Anmerkung zu BAG Urteil v. 05.03.1959, AP Nr. 26 zu § 611 BGB Fürsorgepflicht

Hueck, Alfred / Nipperdey, Hans Carl / Säcker, Franz-Jürgen : Lehrbuch des Arbeitsrechts, Band II, 2. Halbband,7. Auflage, Berlin, Frankfurt am Main, 1970 (zitiert: II/2)

Hueck, Götz: Die Betriebsvereinbarung: Wesen – Inhalt – Wirkung, Böhlau 1952 (zitiert: Betriebsvereinbarung)

Isele, Hellmut Georg: Anmerkung zum Urteil des BAG vom 08.12.1960, SAE 1961, S. 217 ff.

Jacobi, Erwin: Grundlehren des Arbeitsrechts, Leipzig, 1927 (zitiert: Grundlehren)

Jahnke, Volker: Tarifautonomie und Mitbestimmung, München 1984 (zitiert: Tarifautonomie)

Jarass, Hans D.: Das allgemeine Persönlichkeitsrecht im Grundgesetz, NJW 1989, S. 857 ff.

Jobs, Friedhelm: Gerichtliche Billigkeitskontrolle bei abändernden Betriebsvereinbarungen?, AuR 1986, S. 147 ff.

Joost, Detlev: Allgemeine Geschäftsbedingungen und Arbeitsvertrag – Ein Beispiel für eine mißglückte Gesetzgebung, in: Festschrift für Peter Ulmer zum 70. Geburtstag, Berlin 2003, S. 1203 ff.

Kallrath, Simone: Gerichtliche Kontrolle von Betriebsvereinbarungen, Köln 1997 (zitiert: Kontrolle)

Käppler, Renate: Die Betriebsvereinbarung als Regelungsinstrument in sozialen Angelegenheiten, in: Arbeitsrecht in der Bewährung, Festschrift für Otto Rudolf Kissel zum 65. Geburtstag, München 1994, S. 475 ff.

- Anmerkung zu BAG Urteil v. 11.05.1999, AP Nr. 6 zu § 1 BetrAVG Betriebsvereinbarung

Karakatsanis, Alexander: Die kollektivrechtliche Gestaltung des Arbeitsverhältnisses und ihre Grenzen, Heidelberg 1963 (zitiert: Gestaltung)

Kempen, Otto Ernst: Betriebsverfassung und Tarifvertrag, RdA 1994, S. 140 ff.

Kemper, Kurt / Kisters-Kölkes, Margret: Arbeitsrechtliche Grundzüge der betrieblichen Altersversorgung, 2. Auflage, Neuwied 2002 (zitiert: Betriebliche Altersversorgung)

Kessen, Martin: Der Inhalt des Sozialplans, Köln 1997 (zitiert: Sozialplan)

Kirchhof, Ferdinand: Private Rechtsetzung, Berlin 1987 (zitiert: Rechtsetzung)

Kissel, Otto Rudolf: Kollektive Arbeitsbedingungen im Spannungsfeld zwischen Tarif- und Betriebsautonomie, NZA 1995, S. 1 ff.

Klebau, Frank: Die richterliche Inhaltskontrolle von Klauseln in notariellen Individualverträgen, Augsburg 1992 (zitiert: Inhaltskontrolle)

Klein, Heinz Dieter: Die Nachwirkung der Betriebsvereinbarung, Köln 1997 (zitiert: Nachwirkung)

Koenig, Eckart: Änderung von Betriebsvereinbarungen über betriebliches Entgelt, Köln 1997 (zitiert: Änderung)

Koenig, Günther: Rückzahlungsklauseln bei freiwilligen Leistungen des Arbeitgebers, Düsseldorf 1968 (zitiert: Rückzahlungsklauseln)

Konzen, Horst: Anmerkung zu BAG Urteil v. 14.02.1984, AP Nr. 21 zu § 112 BetrVG 1972

- Privatrechtssystem und Betriebsverfassung, ZfA 1985, S. 469 ff.

- Betriebsverfassungsrechtliche Leistungspflichten des Arbeitgebers: System der Handlungs-, Duldungs- und Unterlassungsansprüche im BetrVG, Köln 1984 (zitiert: Leistungspflichten)

- Privatrechtssystem und Betriebsverfassung in: Recht und Rechtserkenntnis – Festschrift für Ernst Wolf zum 70. Geburtstag, S. 279 ff.

- Der Mißbrauch betrieblicher Beteiligungsrechte, in: Festschrift für Wolfgang Zöllner zum 70. Geburtstag, Band II, Köln, Berlin, Bonn, München, 1998, S. 799 ff.

Konzen, Horst / Jacobs, Matthias: Betriebsvereinbarung und Ruhestandsverhältnis, in: Richterliches Arbeitsrecht, Festschrift für Thomas Dieterich zum 65 Geburtstag, München 1999, S. 297 ff.

Kotthoff, Hermann: Betriebsräte und Bürgerstatus: Wandel und Kontinuität betrieblicher Mitbestimmung, München, Mering 1994 (zitiert: Betriebsräte)

Kraft, Alfons: Anmerkung zu BAG Urteil v. 17.02.1981, AP Nr. 12 zu § 112 BetrVG 1972

- Anmerkung zu BAG Urteil v. 04.09.1985, SAE 1986, S. 206 f.

Krebs, Peter: Anmerkung zu BAG Urteil v. 26.10.1993, SAE 1995, S. 277 ff.

Kreutz, Peter: Grenzen der Betriebsautonomie, München 1979 (zitiert: Betriebsautonomie)

- Kritische Gedanken zur gerichtlichen Kontrolle von Betriebsvereinbarungen, ZfA 1975, S. 77 ff.

- Kritische Gedanken zur gerichtlichen Billigkeitskontrolle von Betriebsvereinbarungen, ZfA 1976, S. 65 ff.

Kreuz, Harald: Der Grundsatz der Verhältnismäßigkeit im Arbeitskampfrecht, Berlin 1988 (zitiert: Verhältnismäßigkeit)

Lambrich, Thomas: Tarif- und Betriebsautonomie: Ein Beitrag zu den Voraussetzungen und Grenzen des Tarifvorbehalts, insbesondere dem Erfordernis der Tarifbindung des Arbeitgebers, Berlin 1999 (zitiert: Betriebsautonomie)

Langen, Johannes Dieter, von: Von der Tarif- zur Betriebsautonomie; Tendenzen der Rechtsentwicklung, gebremst durch den Tarifvorrang?, Frankfurt am Main, Berlin, Bern, New York, Paris, Wien 1994

Larenz, Karl: Methodenlehre der Rechtswissenschaft, 6. Auflage, Berlin, Heidelberg, New York, London, Paris, Tokyo, Hong Kong, Barcelona, Budapest, 1991 (zitiert: Methodenlehre)

Larenz, Karl / Wolf, Manfred: Allgemeiner Teil des Bürgerlichen Rechts, 9. Auflage, München 2004 (zitiert: BGB AT)

Leibholz, Gerhard / Rinck, Hans-Justus / Hesselberger, Dieter: Grundgesetz für die Bundesrepublik Deutschland: Kommentar an Hand der Rechtsprechung des Bundesverfassungsgerichts, Loseblattsammlung, Köln (zitiert: GG I)

Leinemann, Wolfgang: Änderung von Arbeitsbedingungen durch Betriebsvereinbarungen – Fragen zum Beschluß des Großen Senats des Bundesarbeitsgerichts vom 16. September 1986, BB 1989, S. 1905 ff.

- in: Änderung von Arbeitsbedingungen, Heidelberg 1993, S. 146 ff.

- Kasseler Handbuch zum Arbeitsrecht, Band 1 – Inhalt des Arbeitsverhältnisses und Arbeitsverhältnisse mit erhöhtem Schutz, 2. Auflage, Neuwied, Kriftel 2000 (zitiert: Kasseler Handbuch)

Lieb, Manfred: Kritische Gedanken zum tarifdispositiven Richterrecht, RdA 1972, S. 129 ff.

- Sonderprivatrecht für Ungleichgewichtslagen? Überlegungen zum Anwendungsbereich der sogenannten Inhaltskontrolle privatrechtlicher Verträge, AcP 178 (1978), S. 196 ff.

- gemeinsame Anmerkung zu BAG Urteil v. 12.08.1982 und BAG Beschluß v. 08.12.1982, SAE 1983, S.130 ff.

- Schutzbedürftigkeit oder Eigenverantwortlichkeit ?, DNotZ 1989, S. 274 ff.

- Personelle Differenzierungen und Gleichbehandlung, ZfA 1996, S. 319 ff.

- Arbeitsrecht, 8. Auflage, Heidelberg 2003

- AGB-Recht und Arbeitsrecht nach der Schuldrechtsmodernisierung, in: Festschrift für Peter Ulmer zum 70. Geburtstag, Berlin 2003, S. 1231 ff.

Lindemann, Viola: Flexible Gestaltung von Arbeitsbedingungen nach der Schuldrechtsreform, Köln, 2003

Lingemann, Stefan: Allgemeine Geschäftsbedingungen und Arbeitsvertrag, NZA 2002, S. 181 ff.

Lipke, Gert-Albert: Sonderleistungen im Arbeitsverhältnis: Arbeitsrecht, Steuerrecht, Sozialversicherungsrecht, 2. Auflage, Neuwied 1995 (zitiert: Sonderleistungen)

Loritz, Karl-Georg: Anmerkung zu BAG Urteil v. 17.04.1985, AP Nr. 4 zu § 1 BetrAVG Unterstützungskassen

- Die Änderung betrieblicher Versorgungszusagen und die verfassungsrechtlichen Fragen zum Schutz der sog. erdienten Dynamik, ZfA 1989, S. 1 ff.

- Die Kündigung von Betriebsvereinbarungen und die Diskussion um eine Nachwirkung freiwilliger Betriebsvereinbarungen, RdA 1991, S. 65 ff.

- Altersversorgung und Altersvorsorge – Neuorientierung außerhalb des Arbeitsrechts –, in: Festschrift für Alfons Kraft zum 70. Geburtstag, Neuwied 1998, S. 385 ff.

Löwisch, Manfred: Schutz und Förderung der freien Entfaltung der Persönlichkeit der im Betrieb beschäftigten Arbeitnehmer (§ 75 Abs. 2 BetrVG 1972), AuR 1972, S. 359 ff.

- Möglichkeiten und Grenzen der Betriebsvereinbarung, AuR 1978, S. 97 ff.

- Die Verschlechterung von Individualansprüchen durch Betriebsvereinbarung, DB 1983, S. 1709 ff.

- Schutz der Selbstbestimmung durch Fremdbestimmung, ZfA 1996, S. 293 ff.

- Anmerkung zu BAG Urteil v. 05.10.1999, RdA 2000, S. 310 ff.

- Anmerkung zu BAG Urteil v. 30.08.2000, SAE 2001, S. 289 ff.

- Anmerkung zum Urteil des BAG vom 5.10.1999, RdA 2000, 310 ff.

Löwisch, Manfred / Kaiser, Dagmar: Betriebsverfassungsgesetz, Kommentar, 5. Auflage, Heidelberg 2002 (zitiert: BetrVG)

Lübbersmann, Patrick: Zulässigkeit arbeitsvertraglicher und tarifvertraglicher Rückzahlungsklauseln hinsichtlich der Kosten für die berufliche Fortbildung des Arbeitnehmers, Hagen 2001 (zitiert: Rückzahlungsklauseln)

Luding, Jens: Beendigung und Veränderung von Sozialplänen, Berlin 2002 (zitiert: Beendigung)

Mangoldt, Herrmann von / Klein, Friedrich / Starck, Christian: Das Bonner Grundgesetz: Kommentar, Band 2, 4. Auflage, München 2000(zitiert: GG II)

Martens, Klaus-Peter: Das betriebsverfassungsrechtliche Ablösungsprinzip im System der §§ 87, 88, 77 BetrVG, RdA 1983, S. 217 ff.

Mayer-Maly, Theo: Anmerkung zu BAG Urteil v. 06.12.1963, AP Nr. 28 zu § 611 BGB Gratifikation

Medicus, Dieter: Der Grundsatz der Verhältnismäßigkeit im Privatrecht, AcP 192 (1992), S. 35 ff.

Meyer, Cord: Abänderung von Sozialplanregelungen, NZA 1995, S. 974 ff.

- Die nachträgliche Abänderung von Sozialplänen, Opladen 1996
- Die Nachwirkung von Sozialplänen gem. § 77 VI BetrVG, NZA 1997, S. 289 ff.
- Anmerkung zu BAG Urteil v. 11.02.1998, SAE 1999, S. 190 ff.
- Sozialplangestaltung bei nachträglichem Betriebsübergang, NZA 2000, S. 297 ff.

Meyer-Cording: Die Rechtsnormen, Tübingen 1971 (zitiert: Rechtsnormen)

Misera, Karlheinz: gemeinsame Anmerkung zu den Urteilen des BAG v. 25.04.1991 – 6 AZR 532/89 und 6 AZR 183/90, SAE 1992, S. 237 ff.

Molitor, Erich: Anmerkung zu BAG Urteil v. 10.05.1962, SAE 1962, S. 177 ff.

Molkenbur, Josef / Roßmanith, Günther: Mitbestimmung des Betriebsrats und Betriebsvereinbarungen in der betrieblichen Altersversorgung, AuR 1990, S. 333 ff.

Moll, Wilhelm: Der Ablösungsgedanke im Verhältnis zwischen Vertragsregelung und Betriebsvereinbarung, NZA Beilage 1/1988, S. 17 ff.

Müller-Franken, Sebastian: Die Befugnis zu Eingriffen in die Rechtsstellung des Einzelnen durch Betriebsvereinbarung, Berlin 1997 (zitiert: Befugnis)

Müller-Jentsch, Walther: Soziologie der Industriellen Beziehungen, 2. Auflage, Frankfurt, New York 1997 (zitiert: Soziologie)

Nause, Helmut: Die Grenzen der Regelungsbefugnis von Arbeitgeber und Betriebsrat gegenüber dem einzelnen Arbeitnehmer bei Abschluß von Betriebsvereinbarungen, Göttingen 1982 (zitiert: Regelungsbefugnis)

Nebel, Andreas: Die Normen des Betriebsverbandes am Beispiel der ablösenden Betriebsvereinbarung, Heidelberg, 1989 (zitiert: Normen)

Neumann-Duesberg, Horst: Probleme des Betriebsverfassungsrechts, RdA 1962, S. 404 ff.

Nicklisch, Fritz: Zum Anwendungsbereich der Inhaltskontrolle Allgemeiner Geschäftsbedingungen, BB 1974, S. 941 ff.

Nikisch, Arthur: Weihnachtsgratifikationen mit Rückzahlungsvorbehalt, BB 1962, S. 1332 ff.

- Gemeinsame Anmerkung zu den Urteilen des BAG v. 10.05. 1962, AP Nr. 22 und 23 zu § 611 BGB Gratifikation

- Arbeitsrecht, Band III: Betriebsverfassungsrecht, 2. Auflage, Tübingen, 1966 (zitiert: Arbeitsrecht III)

Oetker, Hartmut: Vorruhestand durch Betriebsvereinbarung, NZA 1986, S. 148 ff.

- Anmerkung zu BAG Urteil v. 11.03.1998, SAE 1999, S. 146 ff.

Otto, Hansjörg: Mitbestimmung des Betriebsrats bei der Regelung von Dauer und Lage der Arbeitszeit, NZA 1992, S. 97 ff.

- Zur Interaktion zwischen Bundesverfassungsgericht und Arbeitsgerichtsbarkeit – Erfahrungen und Erwartungen, in: Festschrift für Wolfgang Zöllner zum 70. Geburtstag, Band II, Köln, Berlin, Bonn, München, 1998, S. 879 ff.

Palandt, Otto: Bürgerliches Gesetzbuch, 63. Auflage, München 2004 (zitiert: Palandt)

Picker, Eduard: Tarifautonomie – Betriebsautonomie – Privatautonomie, NZA 2002, S. 761 ff.

Pottmeyer, Klaus: Anmerkung zu BAG Beschluß v. 10.08.1994, SAE 1995, S. 297 ff.

Preis, Ulrich: Prinzipien des Kündigungsrechts bei Arbeitsverhältnissen: Eine Untersuchung zum Recht des materiellen Kündigungsschutzes, insbesondere zur Theorie der Kündigungsgründe, München 1987 (zitiert: Prinzipien)

- Grundfragen der Vertragsgestaltung im Arbeitsrecht, Neuwied, Kriftel, Berlin 1993 (zitiert: Vertragsgestaltung)

- Kompensation von Ungleichgewichtslagen in der Rechtsprechung der Arbeitsgerichte und Zivilgerichte – ein Vergleich, AuR 1994, S. 139 ff.

- Neuer Wein in alten Schläuchen – zur Neuauflage der Altersgrenzendebatte, in: Arbeitsgesetzgebung und Arbeitsrechtsprechung, Festschrift für Eugen Stahlhacke zum 70. Geburtstag, Neuwied 1995 S. 417 ff.

- Verhältnismäßigkeit und Privatrechtsordnung, in: Richterliches Arbeitsrecht, Festschrift für Thomas Dieterich zum 65. Geburtstag, München 1999, S. 429 ff.

- Arbeitsrecht, Praxis-Lehrbuch zum Kollektivarbeitsrecht, Köln 2003 (zitiert: Kollektives Arbeitsrecht)

- Der Arbeitsvertrag, Köln 2002

Preis, Ulrich / Temming, Felipe: Neuordnung der betrieblichen Altersversorgung im öffentlichen Dienst, in: Altersgrenzen und Alterssicherung im Arbeitsrecht, Gedenkschrift für Wolfgang Blomeyer, München 2003, S. 247 ff.

Preis, Ulrich / Greiner, Stefan: Religiöse Symbole und Arbeitsrecht, in: Kirche und Religion im sozialen Rechtsstaat, Festschrift für Wolfgang Rüfner zum 70. Geburtstag, Berlin 2003, S. 653 ff.

Preis, Ulrich / Rolfs, Christian: Gestörte Vertragsparität und richterliche Inhaltskontrolle, DB 1994, S. 261 ff.

Quasten, Walter: Zulässigkeit und Unzulässigkeit von Betriebsvereinbarungen, Köln 1971 (zitiert: Zulässigkeit)

Ramm, Thilo: Die Rechtsprechung des Bundesarbeitsgerichts, JZ 1964, S. 546 ff.

Rebmann, Kurt / Säcker, Franz Jürgen / Rixecker, Roland: Münchener Kommentar zum Bürgerlichen Gesetzbuch, Band 1, Allgemeiner Teil, §§ 1-240 BGB, 4. Auflage, München 2001 (zitiert: MüKo)

Rech, Heribert: Die Nachwirkungen freiwilliger Betriebsvereinbarungen: Auswirkungen der Beendigung einer freiwilligen Betriebsvereinbarung auf darin vorgesehene Ansprüche und Anwartschaften, Frankfurt a.M., Berlin, Bern, New York, Paris, Wien 1997 (zitiert: Nachwirkung)

Reichold, Hermann: Vom Bleibegeld zur Stillegungsprämie? - Die Gratifikation bei betriebsbedingter Kündigung als Problem zweckgerechten Arbeitgeberverhaltens, DB 1988, S. 498 ff.

- Betriebsverfassung als Sozialprivatrecht: historisch-dogmatische Grundlagen von 1848 bis zur Gegenwart, München 1995 (zitiert: Sozialprivatrecht)

- Anmerkung zum Urteil des BAG vom 15.11.2000, AP Nr. 84 zu § 77 BetrVG 1972

- Metamorphosen der gekündigten Betriebsvereinbarung, in: Altersgrenzen und Alterssicherung im Arbeitsrecht, Gedenkschrift für Wolfgang Blomeyer, München 2003, S. 275 ff.

Reinecke, Gerhard: Kontrolle Allgemeiner Arbeitsbedingungen nach dem Schuldrechtsmodernisierungsgesetz, DB 2002, S. 583 ff.

Reiserer, Kerstin: Ausschluß- und Rückzahlungsklauseln für Gratifikationen bei betriebsbedingter Kündigung, NZA 1992, S. 436 ff.

Rensmann, Thilo: Reformdruck und Vertrauensschutz - Neuere Tendenzen in der Rückwirkungsdogmatik des Bundesverfassungsgerichts, JZ 1999, S.168 ff.

Reuter, Dieter: Gemeinsame Anmerkung zu BAG Beschluß v. 08.12.1981 u. zu BAG Urteil v. 08.12.1981, SAE 1983, 201 ff.

- Rechtsfortbildung im Arbeitsrecht - Ein Beitrag zum Problem der Einheit oder Vielheit der Rechtsanwendungsmethoden, RdA 1985, S. 321 ff.
- Anmerkung zu BAG Urteil v. 17.03.1987, SAE 1987, S. 281 ff.
- Das Verhältnis von Individualautonomie, Betriebsautonomie und Tarifautonomie, RdA 1991, S. 193 ff.
- Die Lohnbestimmung im Betrieb, ZfA 1993, S. 221 ff.
- Betriebsverfassung und Tarifvertrag, RdA 1994, S. 152 ff.
- Möglichkeiten und Grenzen einer Auflockerung des Tarifkartells, ZfA 1995, S. 1 ff.

Richardi, Reinhard: Auslegung und Kontrolle von Arbeitsverträgen und Betriebsvereinbarungen in der Rechtsprechung des Bundesarbeitsgerichts, in: Die Arbeitsgerichtsbarkeit – Festschrift zum 100-jährigen Bestehen des Deutschen Arbeitsgerichtsverbandes, Neuwied, Kriftel, Berlin 1994, S. 537 ff.

- Kollektivgewalt und Individualwille bei der Gestaltung des Arbeitsverhältnisses, München 1968 (zitiert: Kollektivgewalt)
- Betriebsverfassung und Privatautonomie, Berlin, New York 1973 (zitiert: Betriebsverfassung)
- Eingriff in eine Arbeitsvertragsregelung durch Betriebsvereinbarung, RdA 1983, S. 201 ff.
- Der Beschluß des Großen Senats des Bundesarbeitsgerichts zur ablösenden Betriebsvereinbarung, NZA 1987, S. 185 ff.
- Kollektivvertragliche Arbeitszeitregelung – Fremdbestimmung durch Kollektivnorm oder Regelung der Arbeitsbedingungen für ein rechtsgeschäftliches Dienstleistungsversprechen?, ZfA 1990, S. 211 ff.
- Die Betriebsvereinbarung als Rechtsquelle des Arbeitsverhältnisses, ZfA 1992, S. 307 ff.
- Betriebsverfassungsgesetz mit Wahlordnung, Kommentar, 9. Auflage, München 2004 (zitiert: BetrVG)
- Gestaltung der Arbeitsverträge durch Allgemeine Geschäftsbedingungen nach dem Schuldrechtsmodernisierungsgesetz, NZA 2002, S. 1057 ff.

- Bestandssicherung und Mitbestimmung in der betrieblichen Altersversorgung, in: Altersgrenzen und Alterssicherung im Arbeitsrecht, Gedenkschrift für Wolfgang Blomeyer, München 2003, S. 299 ff.

Richardi, Reinhard / Wlotzke, Otfried: Münchener Handbuch zum Arbeitsrecht, Band 1: Individualarbeitsrecht I, 2. Auflage, München 2000; Band 3: Kollektives Arbeitsrecht, 2. Auflage, München 2000 (zitiert: MünchArbR)

Rieble, Volker: Arbeitsmarkt und Wettbewerb: der Schutz von Vertrags- und Wettbewerbsfreiheit im Arbeitsrecht, Berlin, Heidelberg, New York, Barcelona, Budapest, Hongkong, London, Mailand, Paris, Santa Clara, Singapur, Tokio, 1996 (zitiert: Arbeitsmarkt)

- Anmerkung zu BAG Urteil v.06.08.1991, SAE 1992, S. 197 ff.

Rolfs, Christian: Anmerkung zu BAG Urteil v. 26.08.1991, AP Nr. 27 zu § 1 BetrAVG Ablösung

Roßmanith, Günther: Die Kündigung von Betriebsvereinbarungen über betriebliche Altersversorgung, DB 1999, S. 634 ff.

Rüthers, Bernd: Betriebsverfassungsrechtliches Mitbestimmungsrecht und Individualbereich, in: Zwei arbeitsrechtliche Vorträge, München 1970 (zitiert: Vorträge)

Sachs, Michael: Grundgesetz, Kommentar, 3. Auflage, München 2003

Säcker, Franz Jürgen / Oetker, Hartmut: Grundlagen und Grenzen der Tarifautonomie, München 1992 (zitiert: Tarifautonomie)

Säcker, Franz-Jürgen: Gruppenautonomie und Übermachtkontrolle im Arbeitsrecht, Berlin, 1972 (zitiert: Gruppenautonomie)

- Das neue Entgeltfortzahlungsgesetz und die individuelle und kollektive Vertragsfreiheit, AuR 1994, S. 1 ff.

- Anmerkung zu BAG Urteil v. 30.01.1970, SAE 1970, S. 269 ff.

- Die Regelung sozialer Angelegenheiten im Spannungsfeld zwischen tariflicher und betriebsvereinbarungsrechtlicher Normsetzungsbefugnis, ZfA Sonderheft 1972, S. 41 ff.

Schaub, Günter: Änderungskündigung und Kündigungsschutz bei Betriebsvereinbarungen, BB 1990, S. 289 ff.

- Aktuelle Rechtsfragen der Sonderzuwendungen des Arbeitgebers, ZIP 1994, S. 921 ff.

- Arbeitsrechtshandbuch, 10. Auflage, München 2002

- AGB-Kontrolle in der betrieblichen Altersversorgung, in: Altersgrenzen und Alterssicherung im Arbeitsrecht, Gedenkschrift für Wolfgang Blomeyer, München 2003, S. 355 ff.

Schliemann, Harald: Zur arbeitsgerichtlichen Kontrolle kollektiver Regelungen, in: Arbeitsrecht und Sozialpartnerschaft, Festschrift für Peter Hanau, Köln 1999, S. 577 ff.

- Arbeitsgerichtliche Kontrolle von Tarifverträgen, in: Brennpunkte des Arbeitsrechts 2000, Bochum 2001, S. 141 ff.

Schmidt, K.H.: Rückgewähr gezahlter Gratifikationen bei Aufkündigung des Arbeitsverhältnisses, DB 1961, S.1355 ff.

Schmidt, Ingrid: Altersgrenzen, Befristungskontrolle und die Schutzpflicht der Gerichte, in: Richterliches Arbeitsrecht, Festschrift für Thomas Dieterich zum 65. Geburtstag, München 1999, S.585 ff.

Schmidt, Otto: Kritische Gedanken zu Kollektivwirkung, Individualbereich und personenrechtlichem Gemeinschaftsdenken im Arbeitsrecht, AcP 162 (1963), S. 305 ff.

Schmidt-Rimpler, Walter: Grundfragen einer Erneuerung des Vertragsrechts, AcP 147 (1941), S. 130 ff.

Schoden, Michael: BetrAVG – Betriebliche Altersversorgung, Kommentar für die Praxis, zweite Auflage, Frankfurt am Main 2003 (zitiert: BetrAVG)

Scholz, Rupert: Bundesarbeitsgericht und Arbeitsverfassung, in: Festschrift 25 Jahre Bundesarbeitsgericht, München 1979, S. 511 ff.

Schulin, Bertram: Änderung von betrieblichen Ruhegeldzusagen, DB Beilage Nr. 10/1984, S. 1 ff.

Schulz, Rolf: Der Bestandsschutz von Betriebsvereinbarungen bei Kündigung, Köln 1995 (zitiert: Bestandsschutz)

Schumann, Hans-Heinrich: Unbegrenzter Schutz vor Eingriffen in die zeitanteilig erdiente Dynamik von Versorgungszusagen?, in: Betriebliche Altersversorgung in der Diskussion zwischen Praxis und Wissenschaft, Festschrift für Peter Ahrend zum 60. Geburtstag, Köln 1992, S. 221 ff.

- Gestaltungsmöglichkeiten zur Rückführung ausufernder Lasten der betrieblichen Altersversorgung, ZIP 1987, S. 137 ff.

- Wie sicher ist die Betriebsrente? – Zur Bestandskraft betrieblicher Versorgungsversprechen, Teil I DB 1990, 2118 ff.; Teil II, DB 1990, S. 2165 ff.

- Anmerkung zum Urteil des BAG vom 10.09.2002, DB 2003, S. 1527 ff.

Schwarz, Eckhard: Überraschungskontrolle nach § 3 AGBG im Arbeitsrecht? - Oder gilt § 23 Absatz 1 AGBG doch noch?, BB 1996, S. 1434 ff.

Schwarze, Roland: Der Betriebsrat im Dienst der Tarifvertragsparteien, Berlin 1991 (zitiert: Betriebsrat)

- Die Grundrechtsbindung der Tarifnormen aus der Sicht grundrechtlicher Schutzpflichten, ZTR 1996, S. 1 ff.

Schwerdtner, Peter: Anmerkung zu BAG Urteil v. 27.04.1972, AP Nr. 72 zu § 611 BGB Gratifikation

- Die Änderung kollektivrechtlich begründeter Ruhegeldberechtigungen – Eine Auseinandersetzung mit dem Urteil des Bundesarbeitgerichts vom 30.11.1973 – 3 AZR 96/73 –, ZfA 1975, S. 171 ff.

- Die Kürzung oder Einstellung betrieblicher Versorgungsleistungen wegen wirtschaftlicher Notlage des Arbeitgebers, in: Insolvenzrecht in Wissenschaft und Praxis, FS für Wilhelm Uhlenbruck zum 70. Geburtstag, S. 799 ff.

Seifert, Achim: Umfang und Grenzen der Zulässigkeit von tarifabweichenden Betriebsvereinbarungen, Baden-Baden, 1998 (zitiert: Betriebsvereinbarungen)

Siebert, Wolfgang: Kollektivmacht und Individualsphäre beim Arbeitsverhältnis, BB 1953, S. 241 ff.

- Kollektivnorm und Individualrecht im Arbeitsverhältnis, in: Festschrift für Hans Carl Nipperdey, München Berlin 1955, S. 119 ff.

Singer, Reinhard: Selbstbestimmung und Verkehrsschutz im Recht der Willenserklärungen, München 1995 (zitiert: Selbstbestimmung)

- Tarifvertragliche Normenkontrolle am Maßstab der Grundrechte?, ZfA 1995, S. 611 ff.

- Arbeitsvertragsgestaltung nach der Reform des BGB, RdA 2003, S. 194 ff.

Söllner, Alfred: Tarifmacht - Grenzen und Grenzverschiebungen, Sonderbeilage zu NZA Heft 24/2000, S. 33 ff.

Sommer, Marcus: Die Kündigung von Betriebsvereinbarungen über betriebliche Sozialleistungen, Berlin 1997 (zitiert: Kündigung)

Starck, Christian: Das Bonner Grundgesetz, Kommentar, Band 2: Artikel 20 bis 78, 4. Auflage, München 2000

Staschik, Lothar: Grundfragen zur Betriebsvereinbarung, Köln 1990 (zitiert: Betriebsvereinbarung)

Staudinger, Gisela: Einzelvertragliche Rückzahlungsklauseln bei Ausbildungskosten, Hamburg 1999 (zitiert: Rückzahlungsklauseln)

Steinmeyer, Heinz-Dietrich: Betriebliche Altersversorgung und Arbeitsverhältnis – Das betriebliche Ruhegeld als Leistung im arbeitsrechtlichen Austauschverhältnis, München 1991 (zitiert: Betriebliche Altersversorgung)

- Tarifvertrag und betriebliche Altersversorgung, in:Tarifautonomie für ein neues Jahrhundert, Festschrift für Günter Schaub zum 65. Geburtstag, München 1998, S. 727 ff.

- Grenzen des Eingriffs von Tarifvertragsparteien in Anwartschaften und Ansprüche auf betriebliche Altersversorgung, in: Altersgrenzen und Alterssicherung im Arbeitsrecht, Gedenkschrift für Wolfgang Blomeyer, München 2003, S. 423 ff.

Strasser, Rudolf: Die Betriebsvereinbarung nach österreichischem und deutschem Recht, Wien 1957 (zitiert: Betriebsvereinbarung)

Streicher, Hans-Jürgen: Die Betriebsvereinbarung - Ein Leitfaden für die Praxis, Berlin 2004 (zitiert: Betriebsvereinbarung)

Strick, Kerstin: Anmerkung zum Beschluß des BAG vom 17.08.1999, ZIP 2000, S. 855 ff.

Thiele, Wolfgang: Zur gerichtlichen Überprüfung von Tarifverträgen und Betriebsvereinbarungen, in: Festschrift für Karl Larenz zum 70. Geburtstag, München 1973, S. 1043 ff.

Thüsing, Gregor: Gedanken zur Vertragsautonomie im Arbeitsrecht, in: Festschrift für Herbert Wiedemann zum 70. Geburtstag., München 2002 S. 559 ff.

Travlos-Tzantatos, Dimitrios: Die Regelungsbefugnis der Betriebspartner und ihre Grenzen zum Einzelarbeitsverhältnis – Zugleich ein Beitrag zu der Problematik der Innenschranken der Betriebsautonomie, Berlin 1974 (zitiert: Regelungsbefugnis)

Trieschmann, Günther: Verpflichtung zur Rückgewähr von Urlaubsentgelt und Weihnachtsgratifikationen bei vorzeitiger Beendigung des Arbeitsverhältnisses, AuR 1962, S. 137 ff.

Ulmer, Peter / Brandner, Hans Erich / Hensen, Horst-Diether / Schmidt, Harry: AGB-Gesetz, Kommentar zum Gesetz zur Regelung des Rechts der Allgemeinen Geschäftsbedingungen, 9. Auflage, Köln 2001

Veit, Barbara: Die funktionelle Zuständigkeit des Betriebsrats, München 1998 (zitiert: Zuständigkeit)

Vienken, Ulrich: Anmerkung zu BAG Urteil v. 10.09.2003, SAE 2004, S. 26 ff.

Vollstädt, Oliver: Die Beendigung von Arbeitsverhältnissen durch Vereinbarung einer Altersgrenze, Köln 1997 (zitiert: Altergrenze)

Vossen, Reinhard: Tarifdispositives Richterrecht, Berlin 1974

Wackerbarth, Ulrich: Entgelt für Betriebstreue, Köln 1996 (zitiert: Entgelt)

Wadephul, Johann David: Die Vereinbarungen der Betriebspartner: Eine Untersuchung der Grenzen der Regelungsbefugnis vor dem Hintergrund der Richtlinien gem. § 18 SprAuG, Kiel 1996 (zitiert: Vereinbarungen)

Waltermann, Raimund: Rechtsetzung durch Betriebsvereinbarung zwischen Privatautonomie und Tarifautonomie, Tübingen 1996 (zitiert: Rechtsetzung)

- Berufsfreiheit im Alter: verfassungsrechtliche und arbeitsrechtliche Schranken tarifvertraglicher Altersgrenzenregelungen, Berlin 1989 (zitiert: Berufsfreiheit)

- Kollektivvertrag und Grundrechte, RdA 1990, S. 138 ff.

- Anordnung von Kurzarbeit durch Betriebsvereinbarung?, NZA 1993, S. 679 ff.

- Zuständigkeiten und Regelungsbefugnisse im Spannungsfeld von Tarifautonomie und Betriebsautonomie, RdA 1996, S. 129 ff.

- Gestaltung von Arbeitsbedingungen durch Vereinbarung mit dem Betriebsrat, NZA 1996, S. 357 ff.

- Zu den Grundlagen der Rechtsetzung durch Tarifvertrag, in: Europas universale rechtsordnungspolitische Aufgabe im Recht des dritten Jahrtausends, Festschrift für Alfred Söllner zum 70. Geburtstag, München 2000, S. 1251 ff.

- Zu den Grundlagen der Tarifautonomie, ZfA 2000,S. 53 ff.

Wank, Rolf: Die Auslegung von Betriebsvereinbarungen, in: Festschrift für Alfons Kraft zum 70. Geburtstag, Luchterhand, Neuwied und Kriftel 1998, S. 665 ff.

- Kündigung und Wegfall der Geschäftsgrundlage bei Tarifverträgen in: Tarifautonomie für ein neues Jahrhundert, Festschrift für Günter Schaub zum 65. Geburtstag, München 1998, S. 761 ff.

Westermann, Harm Peter: Sonderprivatrechtliche Sozialmodelle und das allgemeine Privatrecht, AcP 178 (1978), S. 150 ff.

Westhoff, Stefan: Die Inhaltskontrolle von Arbeitsverträgen, Köln 1975 (zitiert: Inhaltskontrolle)

Wiedemann, Anton: Die Bindung der Tarifnormen an die Grundrechte, insbesondere an Art. 12 GG, Heidelberg 1994 (zitiert: Tarifnormen)

Wiedemann, Herbert: Inhaltskontrolle vorformulierter Verträge, in: Festschrift für Max Kummer, Bern 1980, S. 175 ff.

- Das Arbeitsverhältnis als Austausch- und Gemeinschaftsverhältnis, Karlsruhe 1966 (zitiert: Arbeitsverhältnis)

- Anmerkung zu BAG Urteil v. 23.11.1994, AP Nr. 12 zu § 1 TVG Rückwirkung

- Normsetzung durch Vertrag, in: Richterliches Arbeitsrecht, Festschrift für Thomas Dieterich zum 65. Geburtstag, München 1999, S. 661 ff.

Wiedemann, Herbert / Oetker, Hartmut / Wank, Rolf: Tarifvertragsgesetz, 6. Auflage, München 1999 (zitiert: TVG)

Winkemann, Ulrike: Gratifikationen und deren Rückforderbarkeit, Düsseldorf 1989 (zitiert: Gratifikationen)

Wolf, Ernst: Anmerkung zu BAG Urteil v. 03.10.1963, AP Nr. 1 zu § 611 BGB Urlaub und Gratifikation

Wolf, Ernst / Hammen, Horst: Anmerkung zu BAG Urteil v. 9.12.1981 – 5 AZR 549/79, SAE 1982, S. 299 ff.

Wolf, Manfred: Rechtsgeschäftliche Entscheidungsfreiheit und vertraglicher Interessenausgleich, Tübingen 1970 (zitiert: Entscheidungsfreiheit)

- Die Vorformulierung als Voraussetzung der Inhaltskontrolle, in: Festschrift für Hans Erich Brandner zum 70. Geburtstag, Köln 1996, S. 299 ff.

- Inhaltskontrolle von Arbeitsverträgen am Beispiel der Befristung einzelner Arbeitsbedingungen, RdA 1988, S. 270 ff.

Wolff, Andreas: Die Gestaltungsformen des Sozialplans, Einzel-, Rahmen-, Dauer-, vorsorglicher und Transfersozialplan und ihr Verhältnis zueinander, Berlin 2003 (zitiert: Gestaltungsformen)

Wollgast, Kay: Geltung, Wirkung und Nachwirkung von Betriebsvereinbarungen, Frankfurt a.M., Berlin, Bern, New York, Paris, Wien, 1999 (zitiert: Betriebsvereinbarungen)

Zachert, Ulrich: Individuum und Kollektiv im Arbeitsrecht: alte Fragen – neue Probleme, AuR 2002, S. 41 ff.

- Elemente einer Dogmatik der Grundrechtsbindung der Tarifparteien, AuR 2002, S. 330 ff.

Zöllner, Wolfgang: Privatautonomie und Arbeitsverhältnis - Bemerkungen zu Parität und Richtigkeitsgewähr beim Arbeitsvertrag -, AcP 176 (1976), S. 221 ff.

- Flexibilisierung des Arbeitsrechts, ZfA 1988, 265 ff.
- Immanente Grenzen arbeitsvertraglicher Regelungen, RdA 1989, S. 152 ff.

Zöllner, Wolfgang / Loritz, Karl-Georg: Arbeitsrecht: Ein Studienbuch, 5. Auflage, München 1998

MIX
Papier | Fördert gute Waldnutzung
FSC® C083411

Kolibri 360 GmbH
Ferdinand-Jühlke-Straße 7
99095 Erfurt, Deutschland
produktsicherheit@kolibri360.de

Druck:
CPI Druckdienstleistungen GmbH
im Auftrag der
Kolibri 360 GmbH
Ferdinand-Jühlke-Str. 7
99095 Erfurt